医疗机构
医疗废物规范化管理100问
及相关法律、法规、规章选编

河南省卫生健康委员会　编写

河南科学技术出版社
·郑州·

图书在版编目（CIP）数据

医疗机构医疗废物规范化管理100问及相关法律、法规、规章选编 / 河南省卫生健康委员会编写．—郑州：河南科学技术出版社，2020.2（2023.3 重印）
ISBN 978-7-5349-9886-7

Ⅰ．①医… Ⅱ．①河… Ⅲ．①医用废弃物—医药卫生管理—法规—汇编—中国 Ⅳ．① D922.169

中国版本图书馆 CIP 数据核字（2020）第 026790 号

出版发行：河南科学技术出版社
地址：郑州市郑东新区祥盛街 27 号　邮编：450016
电话：（0371）65737028　65788613
网址：www.hnstp.cn
出 版 人：汪林中
策划编辑：马艳茹　李明辉
责任编辑：李明辉　任燕利　李　林
责任校对：牛艳春　丁秀荣
整体设计：张　伟
责任印制：朱　飞
印　　刷：三河市同力彩印有限公司
经　　销：全国新华书店
开　　本：787 mm×1092 mm　1/16　**印张**：21　**字数**：436 千字
版　　次：2023 年 3 月第 2 次印刷
定　　价：198.00 元

《医疗机构医疗废物规范化管理 100 问及相关法律、法规、规章选编》编委会

主 编 王秀萍 范秋萍 许 斯

副主编 吴 睿 苏富萍 陈长英 职晨阳 董风其 刘凤娟

编 委 （按姓氏笔画排序）

丰 羽 王 俊 王 倩 王 敏 王秀萍
王秋亚 王俊杰 田 丽 田翠秀 朱利娜
刘 康 刘天存 刘凤娟 刘玉茹 刘艳涛
刘爱丽 刘慧萍 米 勇 许 斯 孙巧枝
孙利谦 苏富萍 李 洋 李 想 李红梅
李凌乐 李福琴 李毅萍 吴 睿 何丹丹
张卫青 张亚琴 张有英 张福来 陈长英
陈淑敏 范秋萍 范鑫苇 赵 杰 赵心蕊
赵玉玲 徐 慧 高 珊 高志沛 职 志
职晨阳 黄洋洋 董风其 翟清华 樊英戈
魏春玲

此书的编写得到了以下单位的支持，在此一并表示感谢：

郑州大学第一附属医院

郑州大学第五附属医院

新乡市第一人民医院

新乡市中心医院

新乡市传染病医院

河南省医院感染管理质量监控中心

河南省医疗质量监控中心

中原出版传媒集团河南科学技术出版社

微信扫码阅读
电子书

序

医疗废物是指医疗卫生机构在医疗、预防、保健及其他相关活动中，产生的具有直接或者间接感染性、毒性及其他危害性的废物。做好医疗废物规范化管理工作，对于全面落实健康中国战略部署，切实维护人民群众身体健康和环境安全，加快推进生态文明建设，促进经济社会可持续发展具有重大意义。河南省作为全国6个医疗废物综合管理和协同处置项目示范省之一，认真落实习近平总书记关于打好污染防治攻坚战的重要指示精神，省卫生健康委和生态环境部门通力合作，按照边试点、边完善、边推广、边总结、边提升的工作思路，强力推进医疗机构医疗废物规范化管理，持续提升医疗废物管理水平，加强医疗废物自产生至安全移交全过程法制化、科学化、规范化、常态化管理，为打好污染防治攻坚战提供有力保障。

新冠肺炎疫情发生以来，河南省委、省政府全面系统贯彻落实习近平总书记重要讲话、重要指示精神和党中央、国务院决策部署，始终把人民群众生命安全和身体健康放在第一位，成立河南省疫情防控指挥部，及时启动重大突发公共卫生事件一级应急响应，各部门齐心协力、联防联控。在实施及时有效的医疗救治、疫情防控、挽救生命工作时，涉及接触疑似及确诊新冠肺炎患者、医学留观者、密切接触者、医务人员等多个群体和场所，因医疗救治、隔离、防护等所产生的医疗废物量较日常剧增，且种类多、范围广，其所引起的环境污染和健康危害隐蔽性强、持续时间长，如处理不当，会增加医疗机构内感染风险、环境污染。

为了进一步强化各级卫生健康行政主管部门和各医疗机构全院、全员、全过程医疗废物规范化管理意识，职业卫生安全防护意识和监管责任，规范医疗废物管理，在新冠疫情防控期间，河南省卫生健康委员会在加大对医疗机构医疗废物管理的同时，迅速组织专家编写了《医疗机构医疗废物规范化管理100问及相关法律、法规、规章选编》。该书以国家有关医疗废物管理的法律、法规、规章和规范为依据，采取一问一答的形式，摘录、梳理了医疗机构内医疗废物管理过程中的相关规定及要求，并针对实际管理工作中的疑惑、问题等进行了解答，力求做到针对性、系统性、规范性、实用性、有效性，力求贴近机构、贴近基层、贴近临床、贴近实际，实用性、指导性较强。

相信本书的出版会对我们打赢这场新冠肺炎疫情防控阻击战、攻坚战有所帮助；期望对各级卫生健康行政主管部门和医疗机构医疗废物的日常管理，特别是疫情期间医疗废物的规范化管理有所帮助。

2020年2月

前言

医疗机构医疗废物管理是医疗机构管理和公共卫生管理的重要方面，也是全社会开展垃圾分类和规范处理的重要内容。为落实习近平总书记关于打好污染防治攻坚战的重要指示精神，进一步加强医疗机构医疗废物的规范化管理，做好新冠肺炎疫情期间医疗废物管理工作，有效防止疾病传播，保护生态环境和人体健康，保障医疗质量和医疗安全，更好地贯彻《中华人民共和国传染病防治法》《中华人民共和国固体废物污染环境防治法》《医疗废物管理条例》《医疗卫生机构医疗废物管理办法》等法律、法规、规章，指导各级各类医疗机构医疗废物法制化、规范化、科学化、常态化管理，强化医疗废物从产生科室（部门）分类弃置的源头，到安全移交所在地医疗废物集中处置中心的全过程环节质量监控，推进医疗废物管理措施的有效落实，河南省卫生健康委组织专家编写了《医疗机构医疗废物规范化管理100问及相关法律、法规、规章选编》。

本书重点强调了医疗机构建立健全医疗废物管理组织体系、明确责任主体、夯实各方责任、健全规章制度、完善工作流程、加强源头管理、明确管理要求、做好职业安全防护及应急处理等方面内容，为临床一线医务人员的日常工作和应急处理做出明确的专业指导。本书还选编了国家有关医疗废物管理的法律、法规和规章，为各级各类医疗机构在日常医疗废物管理和疫情防控期间科学规范管理医疗废物提供参考，并为各级卫生健康行政主管部门有效履行对医疗机构医疗废物建章立制、规范化操作的监管职责提供依据。

编者

2020年2月

目录

医疗机构医疗废物规范化管理 100 问

医疗废物规范化管理相关法律、法规、规章选编

医疗机构
医疗废物规范化管理
100问

1 我国颁布的与医疗废物管理相关的法律、法规有哪些?

我国颁布的与医疗废物管理相关的法律有：《中华人民共和国传染病防治法》《中华人民共和国固体废物污染环境防治法》《中华人民共和国环境保护法》《中华人民共和国职业病防治法》。

我国颁布的与医疗废物管理相关的法规有：《医疗废物管理条例》《病原微生物实验室生物安全管理条例》《危险化学品安全管理条例》。

2 《医疗废物管理条例》是根据哪些法律制定的？其颁布和实施有何意义？

《医疗废物管理条例》是根据《中华人民共和国传染病防治法》和《中华人民共和国固体废物污染环境防治法》制定的。

《医疗废物管理条例》颁布和实施的意义是加强医疗废物的安全管理，防止疾病传播，保护环境，保障人体健康。

3 《医疗废物管理条例》中所称医疗废物是指哪些废物？医疗废物分几类？

《医疗废物管理条例》中所称医疗废物是指医疗卫生机构在医疗、预防、保健以及其他相关活动中产生的具有直接或者间接感染性、毒性以及其他危害性的废物。

医疗废物分五大类：感染性废物、病理性废物、损伤性废物、药物性废物、化学性废物。

4 《医疗废物管理条例》适用范围有哪些?

《医疗废物管理条例》适用于医疗废物的收集、运送、贮存、处置以及监督管理等活动。医疗卫生机构收治的传染病患者或者疑似传染病患者产生的生活垃圾，按照医疗废物进行管理和处置；医疗卫生机构废弃的麻醉药品、精神药品、放射性药品、毒性药品等及其相关废物的管理，依照有关法律、行政法规和国家有关规定、标准执行。

5 与医疗废物管理相关的部门规章有哪些?

医疗废物管理涉及的相关部门规章有：原卫生部制定的《医疗卫生机构医疗废物管理办法》、原国家环境保护总局制定的《医疗废物管理行政处罚办法》（试行）和《危险废物转移联单管理办法》。

6 原卫生部与原国家环境保护总局公布的与医疗废物管理相关的主要配套文件有哪些?

原卫生部与原国家环境保护总局公布的与医疗废物管理相关的主要配套文件有：《医疗卫生机构医疗废物管理办法》《医疗废物分类目录》《医疗废物专用包装袋、容器和警示标志标准》《医疗废物管理行政处罚办法》《医疗废物集中处置技术规范》。

7 医疗机构依据哪个文件实施医疗废物的分类管理?

医疗机构依据原卫生部、原国家环境保护总局制定的《医疗废物分类目录》实施医疗废物的分类管理。

8 何谓感染性废物？主要包括哪些?

感染性废物是指携带病原微生物具有引发感染性疾病传播危险的医疗废物。

主要包括：被患者血液、体液、排泄物污染的物品；医疗机构收治的隔离传染病患者或者疑似传染病患者产生的生活垃圾；病原体的培养基、标本、菌种和毒种保存液，各种废弃的医学标本；废弃的血液、血清；使用后的一次性使用医疗用品及一次性医疗器械。

9

何谓损伤性废物？主要包括哪些？

损伤性废物是指能够刺伤或者割伤人体的废弃的医用锐器。

主要包括：医用针头、缝合针、解剖刀、手术刀、备皮刀、手术锯、载玻片、玻璃试管、玻璃安瓿等。

10

何谓病理性废物？主要包括哪些？

病理性废物是指诊疗过程中产生的人体废弃物和医学实验动物尸体等。

主要包括：手术及其他诊疗过程中产生的废弃的人体组织、器官等；医学实验动物的组织、尸体；病理切片后废弃的人体组织、病理蜡块等。

11

何谓药物性废物？主要包括哪些？

药物性废物是指过期、淘汰、变质或者被污染的废弃的药品。

主要包括：废弃的一般性药品，废弃的细胞毒性药物和遗传毒性药物，废弃的疫苗、血液制品等。

12

何谓化学性废物？主要包括哪些？

化学性废物是指具有毒性、腐蚀性、易燃易爆性的废弃的化学物品。

主要包括：医学影像科、病理科、实验室废弃的化学试剂；废弃的过氧乙酸、戊二醛等化学消毒剂；废弃的含重金属物质的医疗器具和物品，如汞血压计、汞温度计等。

13

《国家危险废物名录》是根据什么法律制定的？列入的危险废物有哪些特性？

《国家危险废物名录》是根据《中华人民共和国固体废物污染环境防治法》的有关规定制定的。

列入《国家危险废物名录》的危险废物是指具有下列情形之一的固体废物和液态废物：

（1）具有腐蚀性、毒性、易燃性、反应性或者感染性等一种或者几种危险特性的。

（2）不排除具有危险特性，可能对环境或者人体健康造成有害影响，需要按照危险废物进行管理的。

医疗废物属于危险废物。

14

医疗机构应依据哪个文件做好新冠肺炎疫情期间医疗废物管理工作？

医疗机构应依据《关于做好新型冠状病毒感染的肺炎疫情期间医疗机构医疗废物管理工作的通知》（国卫办医函〔2020〕81 号）、《关于印发医疗机构废弃物综合治理工作方案的通知》（国卫医发〔2020〕3 号）等文件要求，做好新冠肺炎疫情期间医疗废物管理工作。

15

《国家卫生健康委办公厅关于做好新型冠状病毒感染的肺炎疫情期间医疗机构医疗废物管理工作的通知》中，对医疗机构在新冠肺炎疫情期间做好医疗废物管理工作提出了哪些要求？

该通知要求医疗机构：落实医疗机构主体责任，加强医疗废物的分类收集，加强医疗废物的运送贮存。

16

《关于做好新型冠状病毒感染的肺炎疫情期间医疗机构医疗废物管理工作的通知》中，对落实医疗机构主体责任提出了哪些要求？

（1）医疗机构要高度重视新冠肺炎疫情期间医疗废物管理，切实落实主体责任，其法定代表人是医疗废物管理的第一责任人，产生医疗废物的具体科室和操作人员是直接责任人。

（2）实行后勤服务社会化的医疗机构要加强对提供后勤服务机构和人员的管理，组织开展培训，督促其掌握医疗废物管理的基本要求，切实履行职责。

（3）加大环境卫生整治力度，及时管理产生的医疗废物，避免各种废弃物堆积，努力创造健康卫生环境。

17

《关于做好新型冠状病毒感染的肺炎疫情期间医疗机构医疗废物管理工作的通知》中，对加强医疗废物的分类收集提出了哪些要求?

（1）明确分类收集范围。医疗机构在诊疗新冠肺炎患者及疑似患者的发热门诊和病区（房）产生的废弃物，包括医疗废物和生活垃圾，均应当按照医疗废物进行分类收集。

（2）规范包装容器。医疗废物专用包装袋、利器盒的外表面应当有警示标识，在盛装医疗废物前，应当进行认真检查，确保其无破损、无渗漏。医疗废物收集桶（装放容器）应为脚踏式并带盖。医疗废物达到包装袋或者利器盒的3/4时，应当有效封口，确保封口严密。应当使用双层包装袋盛装医疗废物，采用鹅颈式封口，分层封扎。

（3）做好安全收集。按照医疗废物类别及时分类收集，确保人员安全，控制感染风险。盛装医疗废物的包装袋和利器盒的外表面被感染性废物污染时，应当增加一层包装袋。分类收集使用后的一次性隔离衣、防护服等物品时，严禁挤压。每个包装袋、利器盒应当系有或粘贴中文标签，标签内容包括医疗废物产生单位、产生部门、产生日期、类别，并在特别说明中标注“新型冠状病毒感染的肺炎”或者简写为“新冠”。

（4）分区域进行处理。收治新冠肺炎患者及疑似患者的发热门诊和病区（房）的潜在污染区和污染区产生的医疗废物，在离开污染区前应当在其外面加套一层医疗废物包装袋；清洁区产生的医疗废物按照常规的医疗废物进行处理。

（5）做好病原体标本处理。医疗废物中含病原体的标本和相关保存液等高危险废物，应当在产生地点进行压力蒸汽灭菌或者化学消毒处理，然后按照感染性废物收集管理。

18

《关于做好新型冠状病毒感染的肺炎疫情期间医疗机构医疗废物管理工作的通知》中，对加强医疗废物的运送、贮存提出了哪些要求?

（1）安全运送管理。在运送医疗废物前，应当检查包装袋或者利器盒的标识、标签以及封口是否符合要求。工作人员在运送医疗废物时，应当防止造成医疗废物专用包装袋和利器盒的破损，防止医疗废物直接接触身体，避免医疗废物泄漏和扩散。每天运送结束后，对运送工具进行清洁和消毒，含氯消毒液浓度为1 000 mg/L；运送工具被感染性医疗废物污染时，应当及时消毒处理。

（2）规范贮存交接。医疗废物暂存处应当有严密的封闭措施，设有工作人员进行管理，防止非工作人员接触医疗废物。医疗废物宜在暂存处单独设置区域存放，尽快交由医疗废物处置单位进行处置。用1 000 mg/L的含氯消毒液对医疗废物暂存处地面进行消毒，每天两次。医疗废物产生部门、运送人员、暂存处工作人员以及医疗废物处置单位转运人员之间，要逐层登记交接，并说明其来源于新冠肺炎患者或疑似患者。

（3）做好转移登记。严格执行危险废物转移联单管理，对医疗废物进行登记。登记内容包括医疗废物的来源、种类、重量或者数量、交接时间、最终去向以及经办人签名，特别注明“新型冠状病毒感染的肺炎”或“新冠”。登记资料保存3年（河南省保存4年）。

19

医疗机构应依据哪个文件做好新冠肺炎疫情期间医疗污水应急处理工作?

（1）应按照《关于做好新型冠状病毒感染的肺炎疫情医疗污水和城镇污水监管工作的通知》（环办水体函〔2020〕52号）要求，做到医疗污水处理管理规范，防止新型冠状病毒通过污水传播扩散，做好医疗机构污水处理工作。

（2）应依据《新型冠状病毒污染的医疗污水应急处理技术方案（试行）》要求，对产生的污水按照传染病医疗机构污水进行管控，强化杀菌消毒，确保出水粪大肠菌群数等各项指标达到《医疗机构水污染物排放标准》（GB 18466—2005）的相关要求。

20

医疗机构在新冠肺炎疫情期间，还应依据哪些文件对污水和废弃物进行分类收集和处理?

医疗机构应严格执行《医疗机构水污染物排放标准》（GB 18466—2005），参照《医院污水处理技术指南》（环发〔2003〕197号）、《医院污水处理工程技术规范》（HJ 2029—2013）和《新型冠状病毒污染的医疗污水应急处理技术方案（试行）》等有关要求，对污水和废弃物进行分类收集和处理，确保稳定达标排放。

21

医疗机构在新冠肺炎疫情期间医疗污水的应急处理中，应注意哪些问题?

（1）加强分类管理，严防污染扩散。

（2）要加强污水处理站废气、污泥排放的控制和管理，防止病原体在不同介质中转移。

（3）禁止将污水直接排放或处理未达标排放。

（4）不得将固体传染性废物、各种化学废液弃置和倾倒排入下水道。

（5）位于室内的污水处理工程应设有强制性通风设备。

（6）应为工作人员配备工作服、医用乳胶手套、防护面罩、护目镜、防毒面具以及急救用品。

22

医疗机构在新冠肺炎疫情期间医疗污水的应急处理中，采用液氯、二氧化氯、氯酸钠、漂白粉或漂白精消毒，有效氯投加量为 50 mg/L 时，消毒接触池的接触时间、余氯及粪大肠菌群数应符合哪些要求?

（1）消毒接触池的接触时间≥1.5 小时，余氯＞6.5 mg/L（以游离氯计），粪大肠菌群数＜100 个 /L。

（2）若因现有氯化消毒设施受能力限制，接触时间为 1.0 小时，余氯＞10 mg/L（以游离氯计），参考有效氯投加量为 80 mg/L，粪大肠菌群数＜100 个 /L；若接触时间不足 1.0 小时，投氯量与余氯还需适当加大。

23

医疗机构在新冠肺炎疫情期间医疗污水的应急处理中，采用臭氧发生器消毒时，污水悬浮物浓度、接触时间、投加量、大肠菌群去除率及粪大肠菌群数应符合哪些要求?

采用臭氧发生器消毒时，污水悬浮物浓度应＜20 mg/L，接触时间＞0.5 小时，投加量＞50 mg/L，大肠菌群去除率≥99.99%，粪大肠菌群数＜100 个 /L。

24 何谓持久性有机污染物？具有哪些特征？简述其环境持久性、生物积累性、长距离迁移能力和高毒性

（1）持久性有机污染物（英文简称 POPs）是指持久存在于环境中，具有很长的半衰期，能够通过空气、水和生物等环境介质长距离迁移，能够通过食物链（网）积聚，对人类健康和环境造成不利影响的有机化学物质。

（2）POPs 具有四种特征：

①环境持久性：POPs 结构非常稳定，对光、热、微生物、生物代谢酶等各种因素的作用具有很强的抵抗能力，在自然条件下很难发生降解。在水、土壤和底泥等环境介质及生物体中长期存留。

②生物积累性：POPs 具有低水溶性、高脂溶性的特点，当它通过各种途径被生物体摄入后，就会在生物体脂肪组织中累积，形成"生物蓄积"。

③长距离迁移能力：POPs 具有半挥发性，能通过蒸汽进入大气，并能够随着大气流动等实现长距离迁移，导致全球范围的污染传播。

④高毒性：POPs 具有"三致"（致癌、致畸、致突变）效应，人类和动物通过饮食、环境污染等途径摄入或接触到 POPs，可能导致生殖、遗传、免疫、神经、内分泌等受到严重负面影响。

25 POPs 具有哪些生态毒性？

（1）抑制生物体免疫系统的功能。

（2）属于内分泌干扰物质，可与雌激素受体结合影响受体活性，进而改变基因组成。

（3）导致生殖障碍、畸形、器官增大、机体死亡等；可影响人的生长发育，尤其是儿童的智力发育。

（4）可促进肿瘤生长，有明显的致癌作用。

（5）可引起慢性阻塞性肺疾病发病率升高、肝纤维化、消化功能障碍、皮肤毒性、精神心理疾患等。

26

什么是二噁英？其毒性特点有哪些？

二噁英是对多氯代二苯并－对－二噁英（英文简称PCDD）、多氯代二苯并呋喃（英文简称PCDF）、PCDD/PCDF等的总称。其来源：不完全燃烧与热解，包括城市垃圾、医疗废物燃烧；含氯化合物的使用；氯碱工业等。

二噁英难以分解、不易排出、毒性强烈、中毒治疗困难，是世界上已知的毒性最强的物质之一。

27

何谓《斯德哥尔摩公约》？其核心内容是什么？

（1）《斯德哥尔摩公约》的全称是《关于持久性有机污染物的斯德哥尔摩公约》（以下简称《POPs公约》），是国际社会鉴于POPs对全人类可能造成的严重危害，为淘汰和削减POPs的生成和排放，保护环境和人类免受危害而共同签署的一项重要国际环境公约。

该公约于2001年5月22～23日在瑞典召开的国际公约大会上签署。中国是《POPs公约》的缔约国之一。2004年11月11日，该公约对中国正式生效。

（2）《POPs公约》的核心内容之一是立即着手减少并最终消除首批列入全球控制的12种有毒POPs，其中包括人类无意生产的两种POPs，即PCDD和PCDF。

该公约将医疗废物燃烧列为二噁英类POPs的重要排放源之一。采用最佳可行技术（英文简称BAT）和最佳环境实践（英文简称BEP）处理医疗废物，减少POPs排放，是缔约方履行POPs公约的重要工作之一。

28

医疗废物管理和处置BAT/BEP要求的核心理念是什么？

医疗废物管理和处置BAT/BEP要求的核心理念是医疗废物的“三化”，即减量化、无害化、资源化。

（1）减量化：对生活垃圾和医疗废物必须有明确的界定标准；在医疗机构的正常工作中尽量采用重复使用的医疗用品；将那些能循环再生利用的医疗废物分门别类单独放置，减少处置终端的医疗废物残骸量。

（2）无害化：能进行产生地处置的医疗废物实行就地处置的原则；所有的处置技术坚

持最少污染物排放的原则，经处置后的医疗废物对环境的综合影响应是最小的。

（3）资源化：医疗废物中的高分子塑料和橡胶制品、金属物品和玻璃类制品，是回收再生利用名录中的首要选择目标。

29 为什么要实行医疗废物源头减量？

实行医疗废物源头减量可有效地排除将生活垃圾混入医疗废物中，减少医疗废物的生成量和终末处置量，减少 POPs 的排放。

30 医疗废物焚烧处理的危害有哪些？

目前，我国医疗废物采用的重要最终处置方式之一仍为焚烧处理。PCDD、PCDF、六氯苯（英文简称 HCB）和多氯联苯（英文简称 PCB）四类物质同为在涉及有机物质和氯的热处理过程中无意生成和排放的化学品，均系燃烧或化学反应不完全所致。医疗废物焚烧是 POPs 生成的重要因素之一，亦是重要排放源之一。

减少医疗废物的焚烧量和提高焚烧质量可以减少上述有害物质的排放，减少其对人类健康的危害。

31 医疗机构内产生的生活垃圾分哪几类？

国家卫生健康委员会等 8 部门印发的《关于在医疗机构推进生活垃圾分类管理的通知》（国卫办医发〔2017〕30 号）文件中规定，医疗机构内产生的生活垃圾按照属性分为有害垃圾、易腐垃圾、可回收垃圾和其他垃圾四类。

32 使用后的一次性医疗器械是否属于医疗废物？

根据原卫生部和原国家环境保护总局制定的《医疗废物分类目录》（卫医发〔2003〕287 号）及《关于明确医疗废物分类有关问题的通知》（卫办医发〔2005〕292 号）的相关规定，使用后的一次性医疗器械，不论是否剪除针头，是否被患者体液、血液、排泄物污染，均属于医疗废物，均应作为医疗废物进行管理。

33

使用后的输液瓶（袋）的分类管理要求有哪些?

医疗机构应依据《关于在医疗机构推进生活垃圾分类管理的通知》（国卫办医发〔2017〕30号）文件相关规定，按照“闭环管理、定点定向、全程追溯”的原则，明确医疗机构内有关主管部门、产生科室的监管职责。医疗机构内使用后的输液瓶（袋）的分类管理要求如下：

（1）对于未被患者血液、体液和排泄物等污染的输液瓶（袋），应当在其与输液管连接处去除输液管后单独集中回收、存放。去除后的输液管、针头等应当严格按照医疗废物进行管理，严禁混入未被污染的输液瓶（袋）及其他生活垃圾中。

（2）残留少量经稀释的普通药液的输液瓶（袋），可以按照未被污染的输液瓶（袋）进行管理。医疗机构应当科学、规范、节约用药，提高药物使用效率，减少浪费，降低药品消耗和环境承载压力。

（3）存在下列情形的输液瓶（袋），即使未被患者血液、体液和排泄物等污染，也不得纳入可回收生活垃圾管理。

①在传染病区使用，或者用于传染病患者、疑似传染病患者以及采取隔离措施的其他患者的输液瓶（袋），应当按照感染性医疗废物进行管理。

②输液涉及使用细胞毒性药物（如肿瘤化疗药物等）的输液瓶（袋），应当按照药物性医疗废物进行管理。

③输液涉及使用麻醉类药品、精神类药品、易制毒药品和放射性药品的输液瓶（袋），应当严格按照相关规定进行管理。

34

医疗机构应依据哪些文件的相关要求做好产妇分娩后胎盘管理?

医疗机构应依据《中华人民共和国传染病防治法》《医疗废物管理条例》《医疗卫生机构医疗废物管理办法》《卫生部关于产妇分娩后胎盘处理问题的批复》（卫政法发〔2005〕123号）等相关要求，做好产妇分娩后胎盘管理。

（1）产妇分娩后胎盘应当归产妇所有。产妇放弃或者捐献胎盘的，可以由医疗机构进行处置。任何单位和个人不得买卖胎盘。

（2）如果胎盘可能造成传染病传播（传染病、疑似传染病、急产孕妇的胎盘），医疗机构应当及时告知产妇，应签署知情同意书，并按照医疗废物进行管理。

35 医疗废物对人体有哪些危害？引发危害的原因主要有哪些？

（1）医疗废物对人体的危害通常是指接触医疗废物可能导致伤害和引起疾病（主要是感染性疾病）。接触包括直接接触和间接接触两种。

（2）引发危害的原因主要有生物因子（如微生物）、物理因子（如放射性物质）、化学因子（如毒物、药物）、机械因子（如锐器）等因素，还包括处理医疗废物过程中产生的POPs。

36 医疗废物可能对人体造成的危害主要有哪些类型？

医疗废物可能对人体造成的危害主要有五种类型：

（1）感染性废物、病理性废物和医用锐器可能引起感染性疾病，甚至引起传染病如乙型肝炎、丙型肝炎、艾滋病等流行。

（2）遗传毒性废物和放射性废物可能引起基因突变，导致遗传性疾病。

（3）药物性废物和化学性废物可能引起药物中毒和化学性损害。

（4）放射性废物可能引起放射性疾病。

（5）压力容器和锐器可能导致物理性损害。

37 医疗废物危害对象是指什么？

医疗废物危害对象是指所有接触（暴露、直接和间接接触）医疗废物并可能受到潜在威胁的人，包括产生医疗废物的医疗机构工作人员、探视者、家庭医疗保健时医疗废物的接触者，以及由于医疗废物管理不善而导致暴露的人群，也包括接触热处理医疗废物产生的POPs的公众。

38 医疗机构含氯元素的医疗废物主要来源有哪些？

医疗机构含氯元素的医疗废物主要来源于聚氯乙烯（PVC）塑料、含氯消毒剂和含氯元素的药品。

39 含氯有机物质对人类造成严重威胁的特征有哪些?

含氯有机物质对人类造成严重威胁的特征表现在以下四个方面：

（1）在环境中持久存在，具有较长的半衰期，能存在几年甚至几十年。

（2）高毒性，在微克（μg）级即有强烈的致畸、致癌、致突变作用，损害动物的生殖功能和其他身体功能。

（3）具有半挥发性，能在空气和水中远距离迁移，造成全球性污染。

（4）在食物链中有明显的蓄积性，由于其疏水性特点，极易在脂肪层积累，并通过食物链放大，在食肉类动物体内可达较高的中毒浓度。

40 何谓高分子废物？医疗机构中的高分子废物主要包括哪些?

高分子废物是指多基的，组分和化学结构极为复杂，甚至含阻燃元素的固体、液体、气体等废物。

医疗机构医疗活动中产生的高分子废物包括塑料、乳胶、橡胶和无纺布等，主要是一次性医疗器械和用品。高分子废物属于高分子材料。

41 医疗机构医疗活动中使用的医用高分子材料制品主要有哪几种类型？按分子主链的化学结构分类主要有哪些?

医疗机构医疗活动中使用的医用高分子材料制品主要有人造器官、医疗器械和药物制剂辅料三种类型。

用于制造人造器官、医疗器械和药物制剂辅料的医用高分子材料，按分子主链的化学结构分类，主要有聚氯乙烯、天然橡胶、聚乙烯、聚酰胺、聚丙烯、聚苯乙烯、硅橡胶、聚酯、聚四氟乙烯、聚甲基丙烯酸甲酯和聚氨酯。

42

高分子废物有哪些特性?

高分子聚合物通常安全无毒，但几乎所有的塑料制品都添加了一定成分的添加剂，使得塑料制品的可塑性和强度得到改善，从而满足塑料制品的各种使用性能；同时也导致其水解和光解速率都非常缓慢，属于难降解有机污染物，在大气、降尘、生物、食品、水体和土壤以及河流底泥、城市污泥等介质中残留，并可在焚烧过程中产生大量的POPs。

43

医疗废物集中处置单位应采用哪种处理技术处理高分子废物?

医疗废物集中处置单位应采用非焚烧处置技术处理高分子废物，包括高温蒸汽处理技术、微波处理技术、化学处理技术和等离子处理技术。

44

化学性、药物性废物的危害有哪些?

化学性废物和药物性废物具有毒性、遗传毒性、腐蚀性、易燃性、易爆性等特点，其危害性如下：

(1）通过皮肤或黏膜吸收化学品或药品可导致中毒；通过呼吸、吞咽、皮肤和眼睛接触易燃性、腐蚀性或有活性的化学品（甲醛或其他挥发性物质)，可导致黏膜损伤，以烧伤为常见。

(2）化学消毒剂在医疗机构用量大且有一定的腐蚀性；具有活性的化学品如环氧乙烷可能代谢生成毒性物质。

(3）排放到医疗机构污水处理系统的化学残余物可能对污水生物处理装置的运行产生不利的影响，或对水自然生态系统产生不良作用。

(4）含有抗菌药物、其他药物、重金属（如汞)、酚及其衍生物、其他消毒剂的废弃物也可以引起与上述类似的问题。

45 遗传毒性废物的危害有哪些?

遗传毒性废物的危害性取决于毒性的特性、暴露的程度和时间。在医疗活动中，主要是在准备、使用遗传毒性药物的过程中接触。主要的暴露途径：吸入粉末或气溶胶，皮肤吸收，摄入被细胞毒性废弃物污染的食物，接触正接受化疗的患者的体液和组织液。

遗传毒性废物的危害如下：

（1）一些抗肿瘤药物具有致癌性、致突变性。

（2）一些细胞毒性药物与皮肤、眼睛直接接触后，具有强烈的刺激性和局部伤害作用，还可能导致眩晕、恶心、头痛或皮炎。

（3）遗传毒性药物若排放到环境中，将给生态带来灾难性的后果。

46 汞对人体有哪些危害?

汞对人体有神经毒性和肾损害，吸入的汞蒸气或汞化合物会通过呼吸道吸收并聚集在大脑中，危害人的神经系统，还可导致急性中毒、间质性肺炎、支气管炎、局部过敏、牙龈炎以及肌肉震颤等。

47 目前常用的汞外溢处理方法有哪些?

目前常用的汞外溢处理方法有以下六种：

（1）少量汞溢出（如汞温度计）至地面时，工作人员戴医用外科（防护）口罩、医用乳胶手套，取适量的硫磺粉覆盖溢出的汞，使其生成硫化汞固体，用叠成簸箕形状的硬纸片将硫化汞固体收集入瓶内并将瓶盖拧紧，减少汞蒸气的散发。清扫有害垃圾（包括打碎的玻璃）装放于封闭容器内妥善处理。处理结束后，人员退出，开窗通风，保持空气流通。

（2）汞滴若洒落到被褥或衣服上，应尽快找出汞滴，按上述方法处理，还应将污染的衣被晾在阳光下暴晒数小时。

（3）大量汞溢出（如汞血压计）时，用密闭收集盒盖在溢出物上以减少汞蒸气的散发，隔离该区域，通知医疗机构指定的相关部门清理。

（4）人体接触汞后立即清理，用冷水冲洗污染的局部；如眼睛接触，应用大量的冷水冲洗。如有误服，应立即与就近的毒物控制中心联系，规范处理。

（5）废物处理：液体汞及其污染物应与其他废物分开收集，装在双层医疗废物专用包装袋内或密闭容器内，医疗废物专用包装袋鹅颈式分层封扎，或在密闭容器外套一层医疗废物专用包装袋鹅颈式封扎，使包装袋或容器的封口紧实、严密，并系中文标记“有害废物，含重金属（汞）”。禁止将含汞废物弃置于生活垃圾内或排入医疗机构污水处理系统。

（6）批量的含有汞的体温计、血压计等医疗器具报废时，应当交由获得危险废物处置资质的专门机构处置。

注意：当发生汞外溢时，应先疏散人员，开窗通风，关闭空调，放置危险品警示牌隔离该区域后，操作者方可进行汞外溢相关处理。

48

酸、碱化学性废物溢出的处理方法有哪些?

（1）皮肤接触时，用大量的清水冲洗15分钟。

（2）如溅入眼睛，立即采用大量的清水彻底冲洗眼结膜囊15～20分钟，频繁瞬目（眨眼睛），并立即就医；不得用手揉搓眼睛。

（3）若发生小面积溢出至地面或物体表面，勿直接清洗，可用相应的颗粒或粉状中和剂覆盖溢出物，反应停止后用纸巾或湿海绵清理。

（4）若发生大面积溢出，应疏散该区域人员，并关闭通往该区域的门。

49

接触细胞毒性药物会产生什么不良反应？细胞毒性药物溢出的处理方法有哪些?

大部分细胞毒性药物不能生物降解。眼睛或皮肤接触细胞毒性药物后可有刺激或过敏反应。细胞毒性药物对骨髓、消化道、生殖腺、免疫系统可能有不良反应，一些细胞毒性药物还能气化，通过皮肤或呼吸道吸收，故应谨慎处理溢出的细胞毒性药物。

细胞毒性药物溢出的处理方法有：

（1）应立即疏散全部人群，隔离溢出区域。对接触者实施急救和医疗救护，向清理现场的人员提供足够的防护用品，控制废弃物溢出速度。

（2）收集所有的溢出物和被污染的物质（锐器不能用手直接拾取），并与其他废物分开收集，弃置于符合一定防渗和撕裂强度性能要求、结实密封的、有标示的包装袋或容器内，作为特殊废物管理。

（3）清理溢出物时，应穿防水外套和戴防水手套、呼吸面屏和护目镜。用吸湿材料吸附溢出的液体，操作人员接触部位立即用大量冷水冲洗，必要时进行医疗救护。

50

我国目前医疗废物集中处置采用的主要处理技术有哪些？其原理分别是什么？

我国目前医疗废物集中处置主要采用高温焚烧、化学处理、高压蒸汽、微波、高温高压粉碎销毁等处理技术。

（1）高温焚烧处理：是将医疗废物置于1 000 ℃左右的高温炉内焚烧，可以较彻底地消毒灭菌和去除绝大部分的污染物，并可实现大幅度的减容。该技术具有对医疗废物适用范围广、处理后的医疗废物难以辨认、消毒灭菌彻底、减容减量效果显著、有关的标准规范齐全、技术成熟等多方面优点。

高温焚烧处理技术不适用于处理放射性废物、高压容器、废弃的细胞毒性药品、剧毒物品、易燃易爆物品、重金属（如铅、镉、汞等）含量高的医疗废物等。

（2）化学处理：是将经专用机器破碎后的医疗废物与化学消毒剂如次氯酸钠等混合均匀，并停留足够的作用时间，在消毒过程中有机物质被分解、传染性病原体被杀灭或失活。

化学处理技术不适用于处理化学性废物、放射性废物、挥发和半挥发性有机化合物等。

（3）高压蒸汽处理：是将医疗废物置于金属压力容器（高压釜，有足够的耐压强度）中并以一定的方式利用过热的蒸汽杀灭其中致病微生物的过程。

高压蒸汽处理技术不能用于处理金属汞及化学性、药物性和病理性废物。

（4）微波处理：是利用一定频率和波长的微波能将大部分微生物杀灭的原理，通过微波激发预先破碎且润湿的废弃物以产生热量并释放出蒸汽，达到消毒灭菌的目的。微波和适量水分是产生热量进行灭菌的两个基本条件。

微波处理技术不适用于处理放射性废物、药物性废物、化学性废物及病理性废物（指人体器官和具有传染性的动物尸体等）。

（5）高温高压粉碎销毁处理：是将医疗废物送入特种压力容器中，由计算机控制对医疗废物进行真空、高温、高压蒸汽消毒处理等。

51

固体医疗废物中的水分来源有哪些？为什么要减少固体医疗废物中的水分？

（1）固体废物中的水分有些是医疗用品在使用过程中伴随产生的，有些是操作过程中无意识带入的，还有部分是由于医疗机构工作人员和医疗废物集中处置作业人员缺乏医疗废物管理 BAT/BEP 理念而人为放入的。

（2）水分带入有无意带入和人为带入两种方式。我国医疗废物由于含水量较高，综合热值大部分低于 2 500 kJ/kg，需要添加燃油或煤块助燃，这种情况实际上间接增加了医疗废物的处理量，加重了 PCDD、PCDF 等 POPs 的排放，也提高了处理成本。因此，应采取有效的措施，减少固体医疗废物中水分的无意带入和人为带入。

52

医疗机构及科室（部门）医疗废物管理第一责任人由谁担任？医疗废物管理组织体系要求是什么？

医疗机构应建立健全医疗废物管理责任制。医疗机构法定代表人为本单位医疗废物管理第一责任人，科室主任为科室医疗废物管理第一责任人，产生医疗废物的具体科室和操作人员是直接责任人。责任人应切实履行职责，防止因医疗废物导致传染病传播和环境污染事故。

医疗机构应建立健全医疗废物管理组织体系，成立医疗机构医疗废物管理工作领导小组，其法定代表人任组长、主要负责人任副组长，与后勤管理部门、感控管理部门、医务处（科）、护理部等管理部门的负责人，临床及医技科室等的负责人组成三级管理组织体系，分工明确，各自履行相关职责。

53

医疗机构医疗废物管理工作领导小组的主要职责有哪些？

医疗机构医疗废物管理工作领导小组负责对全院医疗废物管理工作的领导、协调与管理；制定医院医疗废物管理制度、应急预案等；定期召开会议，研究、协调和解决本单位有关医疗废物管理的问题；负责医疗废物管理重大事件及突发事件的决策等。

54

医疗机构后勤管理部门在医疗废物管理工作中的主要职责有哪些？

医疗机构后勤管理部门作为医疗机构医疗废物管理牵头部门，应负责医疗废物管理各项工作制度的制定和落实，负责指导和检查医疗废物分类收集、运送、暂存及本单位医疗废物管理过程中各项工作的落实情况及职业安全防护工作；负责组织医疗废物流失、泄漏、扩散和意外事故发生时的紧急处理工作；负责有关医疗废物登记和档案资料的管理；负责及时分析和处理医疗废物管理中的其他问题。

55

医疗机构感控管理部门、医务处（科）、护理部和门诊部（办公室）等部门在医疗废物管理工作中的主要职责分别是什么?

医疗机构感控管理部门负责全院工作人员医疗废物管理的理论知识与技能的培训，对医疗机构的医疗废物管理工作实施技术指导和监督。

医疗机构医务处（科）、护理部和门诊部（办公室）等部门负责指导、监督各科室（部门）医疗废物的分类弃置、收集、包装、记录工作。

56

医疗机构医疗废物产生科室（部门）在医疗废物管理工作中的主要职责是什么?

医疗机构医疗废物产生科室（部门）应严格按照医疗废物管理相关要求，规范配置医疗废物专用包装袋、容器，将医疗废物按照分类要求弃置于内衬医疗废物专用包装袋的黄色脚踏式带盖医疗废物装放容器内，使用后的医用锐器弃置于利器盒内等，并做好交接登记和资料保存工作。

57

医疗机构医疗废物管理应制定并落实的制度及要求有哪些?

（1）医疗废物管理的规章制度、工作流程、相关工作职责，以及发生医疗机构内医疗废物流失、泄漏、扩散和意外事故的应急方案。

（2）医疗废物产生科室（部门）医疗废物分类收集方法和工作要求。

（3）医疗废物产生科室（部门）、暂存处的工作制度及从产生科室（部门）运送至暂存处的相关工作要求。

（4）医疗废物在本单位运送及将医疗废物交由所在地医疗废物处置单位的有关交接、登记的规定。

（5）医疗废物管理过程中的特殊操作程序及发生医疗废物流失、泄漏、扩散和意外事故的紧急处理措施。

（6）医疗废物分类收集、运送、暂存、移交过程中有关工作人员的职业安全防护。

58

医疗机构医疗废物管理制度及岗位职责等主要包括哪几个方面？

（1）医疗机构医疗废物管理制度主要包括：医疗废物管理制度、医疗废物管理工作制度、医疗废物暂存处消毒隔离制度、职业安全防护制度等。

（2）医疗废物管理岗位职责主要包括：专（兼）职管理人员、收集、转运及暂存处人员岗位职责。

（3）医疗废物管理的图示和流程有：医疗废物分类图示、医疗废物管理流程（收集、转运、暂存、移交等）、职业暴露处理流程等。

59

医疗机构如何做好各级各类工作人员医疗废物管理相关知识与技能培训？

（1）制定各级各类工作人员医疗废物管理、职业安全防护等相关知识与技能的年度培训计划。

（2）主管领导、主管部门、医疗废物管理专（兼）职人员，应接受省、市、县（市）卫生健康行政主管部门组织的医疗废物管理相关知识与技能培训。

（3）应根据不同专业分期、分批进行培训，培训计划及落实情况相关资料（讲义、培训者签名、考试或考核、总结等）完整、详实。

60

医疗机构各级各类工作人员接受医疗废物管理培训的主要内容包括哪些？

（1）所有工作人员均应接受医疗废物管理相关法律、法规、规章、规范和专业技术，职业安全防护和职业暴露处理流程、紧急处理及应急预案等培训。

（2）医务人员主要接受医疗废物分类、包装袋及装放容器的正确使用、规范封口、及时交接登记等培训。

（3）保洁人员主要接受医疗废物分类收集、规范封口、遗撒（洒）处理等培训。

（4）医疗废物收集及管理人员主要接受医疗废物收集、运送、暂存、移交，以及收集时间、路线，转运工具的清洁及消毒要求，暂存处管理与转运交接等培训。

61 医疗机构从事医疗废物分类收集、运送、暂存及移交等工作的相关人员和管理人员经培训后应掌握哪些相关知识与技能？

（1）掌握国家有关医疗废物管理的法律、法规、规章和有关规范性文件的规定，熟悉本单位医疗废物管理的规章制度、工作流程和各项工作要求。

（2）掌握医疗废物分类收集、运送、暂存的正确方法和流程。

（3）掌握医疗废物分类中的安全、专业技术、职业卫生安全防护等知识。

（4）掌握在医疗废物分类收集、运送、暂存及移交过程中预防职业暴露的方法及暴露后的紧急处理措施。

（5）掌握发生医疗废物流失、泄漏、扩散和意外事故时的紧急处理措施。

62 规范并加强医疗机构医疗废物管理的意义是什么？

医疗废物属于危险废物，对人类和社会环境危害极大。规范并加强医疗废物的安全管理，对于防止疾病传播，保护环境，保障人体健康，保护医疗机构工作人员、医疗废物处置人员和公众有重要意义；亦可以减少由于处置医疗废物产生的POPs，保障公众健康。

63 医疗机构应如何加强医疗废物的环节质量监管？

医疗机构应加强医疗废物管理的环节质量监管，包括从医疗废物产生科室（部门）分类弃置的源头，到安全移交所在地医疗废物集中处置单位；从提升医疗废物无害化、减量化、资源化的核心理念，到实施医疗机构医疗废物的全院、全员和全流程规范化管理；从减少由于医疗废物管理和处理过程不规范对医疗机构、社会环境和人类健康带来的危害，到加强医疗机构医疗废物的安全管理，保障医疗质量和医患安全，保护社会环境。

64

医疗机构采购、使用的医疗废物专用包装袋、容器依据的文件名称是什么？何时开始实施？

医疗机构采购、使用的医疗废物专用包装袋、容器应依据原国家环境保护总局、原卫生部发布的《医疗废物专用包装袋、容器和警示标志标准》（HJ 421—2008）的相关要求。该标准实施日期为2008年4月1日。

65

何谓医疗废物专用包装袋？有哪些技术要求？

（1）医疗废物专用包装袋是指用于盛装除损伤性废物之外的医疗废物初级包装，并符合一定防渗和撕裂强度性能要求的软质口袋（为筒状、平口的口袋）。

（2）医疗废物专用包装袋的技术要求：容积规格应适中且与医疗废物装放容器（桶）或周转箱相匹配，便于操作；材质、形状、韧度等物理和机械性能应符合相关要求；应为淡黄色，明显处应印制有直角菱形（内有四环相套）及中英文文字的医疗废物警示标志，警告语为“警告！感染性废物”。在正常使用情况下，不应出现渗漏、破裂和穿孔；采用高温热处置技术处置医疗废物时，不应使用聚氯乙烯材料。

66

何谓医疗废物装放容器（桶）？有哪些技术要求？

（1）医疗废物装放容器（桶）是指在医疗机构内产生医疗废物的科室（部门）暂时存放医疗废物的专用容器。

（2）装放容器（桶）的技术要求：应为淡黄色，防液体渗漏，便于清洗和消毒，装放容器侧面或桶身明显处应印（喷）制有直角菱形（内有四环相套）及中英文文字的医疗废物警示标志，警告语为“警告！感染性废物”。

67

何谓医疗废物周转箱（桶）？有哪些技术要求？

（1）医疗废物周转箱（桶）是指在医疗废物暂存或运送过程中，用于盛装经初级包装的医疗废物的专用硬质容器。

（2）周转箱（桶）的技术要求：整体为淡黄色，箱体侧面或桶身明显处应印（喷）制有直角菱形（内有四环相套）及中英文文字的医疗废物警示标志，警告语为“警告！感染性废物”；整体应防液体渗漏，应便于清洗和消毒；整体装配密闭，箱（桶）体与箱（桶）盖能牢固扣紧，扣紧后不分离；表面光滑平整，完整无裂损、无明显凹陷，边缘及提手无毛刺；箱（桶）底和顶部有配合牙槽，具有防滑功能。

68

何谓利器盒？有哪些技术要求？

（1）利器盒是指用于盛装损伤性医疗废物的一次性硬质容器。

（2）利器盒的技术要求：整体颜色为淡黄色，其侧面明显处应印制有直角菱形（内有四环相套）及中英文文字的医疗废物警示标志，警告语为“警告！损伤性废物”；整体为硬质材料制成，封闭且防刺穿，以保证在正常情况下，利器盒内盛装物不撒漏，并且利器盒一旦被封口，在不破坏的情况下无法被再次打开；采用高温热处置技术处置损伤性废物时，不应使用聚氯乙烯材料；满盛装量的利器盒从 1.2 m 高处自由跌落至水泥地面，连续 3 次，不会出现破裂、被刺穿等情况；利器盒的规格尺寸根据使用科室（部门）损伤性废物产生量配置。

69

医疗废物专用包装袋、容器及利器盒警示标志和警告语有哪些要求？

（1）警示标志的形状为直角菱形，警告语应与警示标志组合使用，样式如图 1 所示。

图1　带警告语的警示标志

（2）警示标志的颜色和规格应符合《医疗废物专用包装袋、容器和警示标志标准》（HJ　421—2008）的相关要求。

（3）带有警告语的警示标志的底色为包装袋和容器的背景色，边框和警告语的颜色均为黑色，边框长宽比为2∶1，其中宽度与警示标志的高度相同。

70 医疗机构各科室（部门）医疗废物管理有哪些要求？

（1）各科室（部门）医疗废物暂存点应当有医疗废物分类示意图或者文字说明。

（2）在使用医疗废物专用包装袋、装放容器（桶）、利器盒前应认真进行检查，确保无破损、渗漏和其他缺陷。

（3）应将医疗废物分类弃置于符合《医疗废物专用包装袋、容器和警示标志标准》要求、内衬医疗废物专用包装袋的黄色脚踏式带盖医疗废物装放容器（桶）内；禁止将医疗废物混入其他废物和生活垃圾内。

（4）感染性废物、损伤性废物、病理性废物、药物性废物及化学性废物不应混放收集；少量的药物性废物可以混入感染性废物，但应在标签上注明。

（5）废弃的医用针头、刀片、载玻片、玻璃试管、玻璃安瓿等医用锐器应弃置于利器盒内；利器盒一旦被封口，在不破坏的情况下无法被再次打开，应一用一废弃。

（6）废弃的麻醉药品、精神药品、放射性药品、毒性药品等及其相关废物的管理，依照有关法律、法规和国家有关规定、标准执行，严格执行使用、交接、登记相关要求。

（7）化学性废物中批量的废化学试剂、废消毒剂应当交由专门机构处置。

（8）批量的含有汞的体温计、血压计等医疗器具报废时，应当交由获得危险废物处置资质的专门机构处置。

（9）放入医疗废物专用包装袋或者容器内的感染性废物、病理性废物、损伤性废物不得取出。

71 医疗机构医疗废物中病原体的培养基、标本和菌种、毒种保存液等高危险废物处理要求有哪些？

检验科及病原微生物实验室等科室（部门）应当首先在产生地点，将含有病原体的培养基、标本和菌种、毒种保存液等高危险废物进行压力蒸汽灭菌或化学消毒处理，然后按感染性废物收集管理。

72

医疗机构如何规范管理病理性废液?

（1）病理性废液应由专人将其收集于密闭容器内，根据产生量定期交由本单位医疗废物收集人员，并填写医疗废物收集登记表，双本双签字；院内运送时不得遗洒、泄漏。

（2）病理性废液应单独存放，不得与其医疗废物混放。

（3）医疗机构应将病理性废液交由获得危险废物处置资质并与医疗机构签订协议的单位集中回收，填写危险废物转移联单并将其存档备案。

（4）医疗机构和个人不得将病理性废液倾倒于医疗机构污水处理系统或自行处理。

73

医疗机构收集医疗废物应做到哪些?

（1）应当及时收集本单位产生的医疗废物，并按照类别分别弃置于防渗漏、防锐器穿透的专用包装袋或者密闭的容器内。

（2）医疗废物专用包装袋、容器应当有明显的警示标志和警示说明。

（3）医疗废物专用包装袋、容器的警示标志和警示说明应符合《医疗废物专用包装袋、容器和警示标志标准》相关要求。

74

医疗机构医疗废物收集时有哪些注意事项?

（1）医疗废物装放量达到包装袋或者容器的3/4时，应当使用有效的封口方式（医疗废物专用包装袋实施鹅颈式封扎），使包装袋或者容器的封口紧实、严密。

（2）包装袋或者容器的外表面被感染性废物污染时，应当对被污染处进行消毒处理或者增加一层包装。

（3）盛装医疗废物的每个包装袋、容器外表面上都应当有警示标志；在每个包装袋、容器上都应当系有中文标签，标签内容应当包括医疗废物产生科室（部门）、产生日期、类别及需要的特别说明等。

75

医疗机构医疗废物产生科室（部门）的医疗废物存放地点管理要求有哪些?

医疗废物产生科室（部门）的医疗废物存放地点（污物间等）应当有医疗废物分类弃置的示意图或者文字说明；按照感染性废物、损伤性废物、病理性废物、化学性废物和药物性废物分类要求，将其弃置于相应的包装袋或者容器内。

76

医疗机构如何收集、运送、暂存医疗废物？与医疗废物集中处置单位工作人员应如何交接?

医疗机构应安排专人收集医疗废物。首先，按照指定时间到产生医疗废物的科室（部门）的污物间，将已使用有效封扎（封口）且中文标签完整的医疗废物放置于密闭转运工具内，并与该科室（部门）工作人员进行交接和双签字；然后经专用路线（电梯）将收集的医疗废物运送至医疗废物暂存处的暂存间，按类别暂时存放；医疗机构医疗废物收集（暂存处）人员与所在地医疗废物集中处置单位工作人员进行医疗废物的交接和双签字。化学性废物装放于密闭容器内，单独放置，交由获得省级生态环境行政主管部门颁发的危险废物处置资质并与医疗机构签订协议的危险废物处置单位进行交接和双签字。

77

感染性疾病科门诊（发热门诊、肠道门诊等）及病区在严格执行本单位医疗废物管理制度的同时，还应做到哪些?

（1）传染病患者或疑似传染病患者产生的生活垃圾弃置于医疗废物专用包装袋内。

（2）传染病患者或疑似传染病患者产生的医疗废物弃置于内衬双层医疗废物专用包装袋的医疗废物装放容器内。

（3）传染病患者或疑似传染病患者产生的具有传染性的排泄物，应当按照国家规定严格消毒，达到国家规定的排放标准后方可排入污水处理系统。

78

医疗机构工作人员处理医用锐器时，如何预防发生职业暴露？

被血液／体液污染的医用针头、缝合针，其他医用锐器如解剖刀、手术刀、备皮刀、手术锯、载玻片、玻璃试管、玻璃安瓿等刺伤或割伤，是职业暴露后感染乙型肝炎、丙型肝炎和艾滋病病毒等经血液／体液传播的主要途径。因此，在诊疗操作、处理医用锐器、收集医疗废物时，应特别小心，避免受到伤害。预防措施包括：

（1）手持带针头的注射器或移动医用锐器时，不要将针头和医用锐器朝向自己或他人。

（2）用后的针头切勿再徒手套回针帽；必须套回时，应采用单手法操作或应用针头套回辅助装置。

（3）禁止进行针头折弯或毁形操作，禁止徒手处理破碎的玻璃。

（4）用后的医用锐器应及时弃置于利器盒内；重复使用的针头（如腰穿、胸穿针头等）应放置于耐刺容器内，由医院消毒供应中心（室）实施集中回收处理。

79

医疗机构医疗废物运送人员在医疗废物运送中应注意什么？

（1）应由专人及时收集运送。收集运送人员应规范着装、防护到位，穿专用工作服、专用工作鞋，戴工作圆帽、医用外科口罩、橡胶手套。

（2）运送医疗废物应使用符合要求的专用密闭转运工具、周转箱或周转桶［防渗漏、防遗撒（洒），无锐利边角，易于装卸和清洁、消毒，且标识规范］。

（3）每日从医疗废物产生科室（部门）将分类包装的医疗废物，按照规定的时间和路线运送至本单位指定的医疗废物暂存处的暂存间内。

（4）在运送医疗废物前，应当检查包装袋或者容器的警示标志、标签及封口是否符合要求，不得将不符合要求的医疗废物运送至医疗废物暂存处。

（5）在运送医疗废物时，应当防止造成包装袋或容器破损和医疗废物流失、泄漏及扩散，并防止医疗废物直接接触身体。

（6）每日运送工作结束后，应当对运送工具（密闭转运工具、周转箱或周转桶）及时进行清洁和消毒。清洗和消毒运送工具时，应加穿防水围裙、戴护目镜、穿胶靴等防护用品。

80

医疗机构建立医疗废物暂存处的要求有哪些?

（1）应远离医疗区、食品加工区、人员活动区和生活垃圾存放场所，方便医疗废物运送人员及运送工具、车辆的出入。

（2）应设专（兼）职人员管理，防止非工作人员接触医疗废物。

（3）应设有工作人员更衣室、登记室，清洁转运工具存放间、医疗废物暂存间；配置便于车辆冲洗消毒的用具、排水管道；污水应排入医疗机构污水处理系统。

（4）设有明显的医疗废物警示标志和“禁止吸烟、饮食”标志。

（5）工作人员更衣室、登记室手卫生设施配置有效、齐全、使用便捷（流动水洗手池、非触摸式水龙头开关、干手设施、手消毒剂）；有手卫生相关宣教、图示（WHO 手卫生五个时刻、手卫生流程示意图）。

81

医疗机构医疗废物暂存处的医疗废物暂存间及其设施、设备应达到什么要求?

（1）医疗废物暂存间的地面、墙面应光滑，易于冲刷、清洁及消毒。

（2）有严密的封闭措施，应做到防鼠、防蚊蝇、防蟑螂、防渗漏、防盗窃、防止雨水冲刷；预防儿童接触。

（3）避免阳光直射。

（4）医疗废物暂存间面积大小应满足本单位医疗废物及周转箱（桶）存放需求；应配备足够的周转箱（桶）。

（5）暂存病理性废物的，应当具备低温贮存或者防腐条件。

（6）暂存间应按照医疗废物的类别和标示，暂时存放医疗废物。

82

医疗机构医疗废物暂存场地和暂存时间有哪些要求?

（1）医疗机构严禁露天存放医疗废物。

（2）医疗废物暂存的时间不得超过 2 天。

（3）医疗废物转交出去后，应对暂存地点、设施及时进行清洁和消毒处理。

83

医疗机构应当对医疗废物进行登记的内容包括哪些?

医疗机构应当对医疗废物进行登记，其内容包括但不限于医疗废物的来源、种类、重量或者数量、交接时间、最终去向以及经办人签名等项目，双本双签字。登记资料至少保存 3 年（河南省保存 4 年）。

84

医疗机构应为从事医疗废物收集、运送、暂存、移交等工作的工作人员和管理人员提供哪些职业安全防护?

（1）应当采取有效的职业安全防护措施，定期进行健康检查。

（2）应配备必要的防护用品，如防护面屏或护目镜、一次性工作圆帽、医用外科口罩、专用工作服、防水围裙、胶靴、橡胶手套及一次性医用乳胶手套等。

（3）必要时，对有关人员进行免疫接种，防止其健康受到损害。

85

医务人员职业暴露处理箱应配置哪些主要用物?

医务人员职业暴露处理箱用物应配置齐全，放置于便于取用的地方，并配置以下主要用物：0.9% 氯化钠注射液（100 ～ 250 mL/ 塑瓶）1 瓶、12 号以上一次性使用无菌注射针头 2 个、受水器（或弯盘）1 个、无菌棉签 1 包、无菌医用纱布 1 包（2 块）、医用输液胶贴 1 包、皮肤消毒剂（30 ～ 60 mL/ 瓶）1 瓶。

建议将过塑的《医务人员职业暴露处理流程图》《医务人员职业暴露处理箱用物配置表》放置于箱内。工作人员熟悉并掌握职业暴露处理流程及职业暴露上报流程。

86

医疗机构医疗废物处理中常见的职业暴露及其预防要点有哪些?

（1）机械性损伤：针刺伤、其他锐器伤。应小心处理锐器，将其弃置于利器盒内，利器盒密闭。

（2）物理性损伤：放射性损伤、烧伤。应将放射性废物弃置于专用包装袋内，并有明显标示，各处理环节应防辐射并密闭。

（3）化学性损伤：细胞毒性药物、化学消毒剂引起。应有明显标识，各处理环节应防皮肤黏膜损伤。

（4）生物性损伤：罹患传染病、皮肤软组织感染。在医疗废物处理的各环节应执行标准预防措施。

87 医疗机构医疗废物运送人员在运送中应做到的“三防”包括哪些?

医疗机构医疗废物运送人员在运送中应使用防渗漏、防遗撒、无锐利边角、易于装卸和清洁的专用运送工具，并做到防止医疗废物直接接触身体，防止造成包装袋或容器破损，防止医疗废物流失、泄漏和扩散。

88 医疗机构医疗废物暂存处的暂存间应做到的“六防一易于一避免”是什么?

六防：防非工作人员或儿童接触医疗废物、防鼠、防蚊蝇、防蟑螂、防渗漏和雨水冲刷、防盗窃。

一易于：易于清洁和消毒。

一避免：避免日光直射。

89 医疗机构医疗废物收集、暂存及管理应做到的“五个禁止”是什么?

（1）禁止在非收集、非暂存地点倾倒或堆放医疗废物。

（2）禁止将医疗废物混入其他废物和生活垃圾。

（3）禁止露天存放医疗废物。

（4）禁止医疗机构及其工作人员转让、丢弃、买卖医疗废物。

（5）禁止在医疗废物暂存处吸烟、饮食。

90

医疗机构科室（部门）血液 / 体液溅洒处理箱应配置哪些主要用物?

医疗机构科室（部门）血液 / 体液溅洒处理箱体积大小应适宜，用物应配置齐全，并放置于便于取用的地方。

配置用物包括：医用外科口罩 1 个、250 mL 小喷壶 1 个、小装放量含氯泡腾消毒片 1 瓶、吸水纸巾 1 包（约 20 张）、全棉小毛巾（棉质擦拭布巾）2 ～ 3 条（块）、长把刷子 1 把、医用乳胶手套 2 副、持物镊或夹子 1 把、医疗废物专用包装袋 2 个。

建议将过塑的血液 / 体液溅洒处理箱用物配置图表、血液 / 体液溅洒处理流程图放置于箱内。工作人员熟悉并掌握血液 / 体液溅洒处理流程。

91

医疗机构发生小面积血液 / 体液溅洒的处理方法是什么?

医疗机构发生小面积血液 / 体液溅洒时，工作人员戴医用外科口罩、医用乳胶手套处理。若混有碎玻璃或针头等锐器，先用持物镊或夹子将混入的锐器小心夹起并弃置于利器盒内。用足量吸水纸巾覆盖并吸附污染物，并用小喷壶现场配制含有效氯 2 000 mg/L 的消毒液，将消毒液喷洒在吸水纸巾上，其用量以不流水为宜。覆盖消毒 2 分钟后，用覆盖物包裹血液 / 体液，弃置于双层医疗废物专用包装袋内，并使用有效的封口方式封扎；再进行溅洒处的清洁和消毒。按照正确的脱摘顺序脱摘防护用品，实施洗手和手消毒。

92

医疗机构发生大面积血液 / 体液溅洒的处理方法是什么?

医疗机构发生大量的血液 / 体液溅洒时，工作人员戴工作圆帽、医用外科口罩、医用乳胶手套（必要时佩戴护目镜或防护面屏），穿防渗隔离衣、胶靴进行处理。可先用吸附性材料覆盖吸附，然后向污染区域喷洒含有效氯 2 000 mg/L 的消毒液，并以污染物为中心，由外向内用小毛巾进行擦拭消毒；如地面有裂缝或地砖之间有接缝，应用刷子洗刷裂缝或接缝后，再用清水擦洗一遍。使用后的持物镊、刷子等在流动水下冲洗污染物，采用含有效氯 2 000 mg/L 的消毒液浸泡消毒 30 分钟后，清洗、晾干备用。吸水纸巾、小毛巾等弃置于双层医疗废物专用包装袋内，并使用有效的封口方式分层封扎；再进行溅洒处的清洁和消毒。按照正确顺序脱摘防护用品，实施洗手和手消毒。

93 医疗机构内发生大量医疗废物溢漏时的应急处理原则包括哪几个方面?

医疗机构内发生大量医疗废物溢漏时的应急处理原则包括：隔离溢漏污染的区域（或启动应急程序）、清理溢漏的医疗废物、清洁和消毒污染的区域以及上报事件等。

94 医疗机构如何做好大量医疗废物溢漏时的应急处理?

（1）医疗机构应制定针对发生不同类型紧急情况的应急预案及应急处理程序。

（2）立即启动应急程序，并隔离医疗废物溢漏污染的区域。

（3）针对溢漏医疗废物的性质采取相应的措施，清理溢漏的医疗废物。

（4）清洁和消毒污染的区域，进行清理工作时应穿戴好医用防护用品，防止职业暴露。

（5）医疗废物管理人员应对事件进行调查，找出发生原因，制定整改措施，防止类似事件的再次发生。详细记录事件经过，总结并以书面报告形式及时上报主管部门及医院领导。

95 医疗机构发生医疗废物泄漏、扩散和意外事故时该如何处理?

（1）医疗废物包装袋或者容器的外表面被感染性废物污染或包装物破损时，应当增加一层包装。

（2）发生医疗废物泄漏于地面时，应放置警示标志；当地面受到患者血液/体液等明显污染时，应根据具体情况，选择中水平以上的消毒方法。对于少量（＜ 10 mL）的溅污，可先清洁再消毒；对于大量（＞ 10 mL）血液/体液的溅洒，应先用吸湿材料去除可见的污染，然后再清洁和消毒。

96

医疗机构发生医疗废物流失、泄漏、扩散和意外事故时，应及时采取哪些紧急处理措施？

（1）确定流失、泄漏、扩散的医疗废物的类别、数量，流失、泄漏、扩散的发生时间、影响范围及严重程度。

（2）组织有关人员尽快按照医疗废物管理应急预案，对发生医疗废物流失、泄漏、扩散的现场进行处理。

（3）工作人员按照职业安全防护要求规范着装后，方可处理泄漏、扩散的医疗废物及被污染区域。

（4）对被医疗废物污染的区域进行处理时，应当尽可能减少对患者、工作人员、其他现场人员及环境的影响。

（5）采取适当的安全处置措施，对泄漏的医疗废物及受污染的区域、物品进行消毒，必要时封锁污染区域，以防止污染扩大。

（6）对感染性废物污染区域进行消毒时，消毒工作应当从污染最轻区域向污染最严重区域进行，对可能被污染的所有使用过的工具亦应当进行消毒处理。

（7）处理工作结束后，医疗机构应当对事件的起因进行调查，并采取有效的防范措施预防类似事件的发生。

97

医疗机构医疗废物流失、泄漏、扩散和意外事故应如何报告？

医疗机构发生医疗废物流失、泄漏、扩散和意外事故时，责任人应当按照《医疗废物管理条例》《医疗卫生机构医疗废物管理办法》等规定采取相应紧急处理措施，及时上报后勤管理部门。医疗机构应当在48小时内向所在地的县级人民政府卫生健康行政主管部门、生态环境行政主管部门报告。调查处理工作结束后，医疗机构应当将调查处理结果向所在地的县级人民政府卫生健康行政主管部门、生态环境行政主管部门报告。

98

医疗机构发生因医疗废物管理不当导致人身健康损害应采取哪些紧急措施?

（1）医疗机构发生因医疗废物管理不当导致 1 人以上死亡或者 3 人以上健康损害，需要对致病人员提供医疗救护和现场救援的重大事故时，医疗机构应当在 12 小时内向所在地的县级人民政府卫生健康行政主管部门报告，并按照《医疗废物管理条例》《医疗卫生机构医疗废物管理办法》等规定，采取相应紧急处理措施。

（2）医疗机构发生因医疗废物管理不当导致 3 人以上死亡或者 10 人以上健康损害，需要对致病人员提供医疗救护和现场救援的重大事故时，医疗机构应当在 2 小时内向所在地的县级人民政府卫生健康行政主管部门报告，并按照《医疗废物管理条例》《医疗卫生机构医疗废物管理办法》等规定，采取相应紧急处理措施。

（3）医疗机构发生因医疗废物管理不当导致传染病传播事故，或者有证据证明传染病传播的事故有可能发生时，应当按照《中华人民共和国传染病防治法》及有关规定报告，并采取相应措施。

99

医疗机构医疗废物管理违反哪些文件规定的何种情形时，由县级以上地方人民政府卫生健康行政主管部门责令限期改正，给予警告并罚款?

医疗机构医疗废物管理违反《医疗废物管理条例》及《医疗卫生机构医疗废物管理办法》规定的下列情形之一的，由县级以上地方人民政府卫生健康行政主管部门责令限期改正，给予警告；逾期不改进的，处以 2 000 元以上 5 000 元以下的罚款。

（1）未建立、健全医疗废物管理制度，或者未设置监控部门或者专（兼）职人员的；

（2）未对有关人员进行相关法律和专业技术、安全防护以及紧急处理等知识培训的；

（3）未对医疗废物进行登记或者未保存登记资料的；

（4）未对机构内从事医疗废物分类收集、运送、暂存、处置等工作的工作人员和管理人员采取职业卫生防护措施的；

（5）未对使用后的医疗废物运送工具及时进行清洁和消毒的；

（6）自行建有医疗废物处置设施的医疗机构，未定期对医疗废物处置设施的卫生学效果进行检测、评价，或者未将检测、评价结果存档和报告的。

100 医疗机构医疗废物运送及暂存管理违反哪些文件规定的何种情形时，由县级以上地方人民政府卫生健康行政主管部门责令限期改正，给予警告并罚款？

医疗机构医疗废物运送及暂存管理违反《医疗废物管理条例》及《医疗卫生机构医疗废物管理办法》规定的下列情形之一的，由县级以上地方人民政府卫生健康行政主管部门责令限期改正，给予警告，可以并处5 000元以下的罚款；逾期不改正的，处5 000元以上3万元以下的罚款。

（1）医疗废物暂存处、设施或者设备不符合卫生要求的；

（2）未将医疗废物按照类别分置于医疗废物专用包装袋或者容器的；

（3）使用的医疗废物运送工具不符合要求的。

附 件

手卫生流程示意图

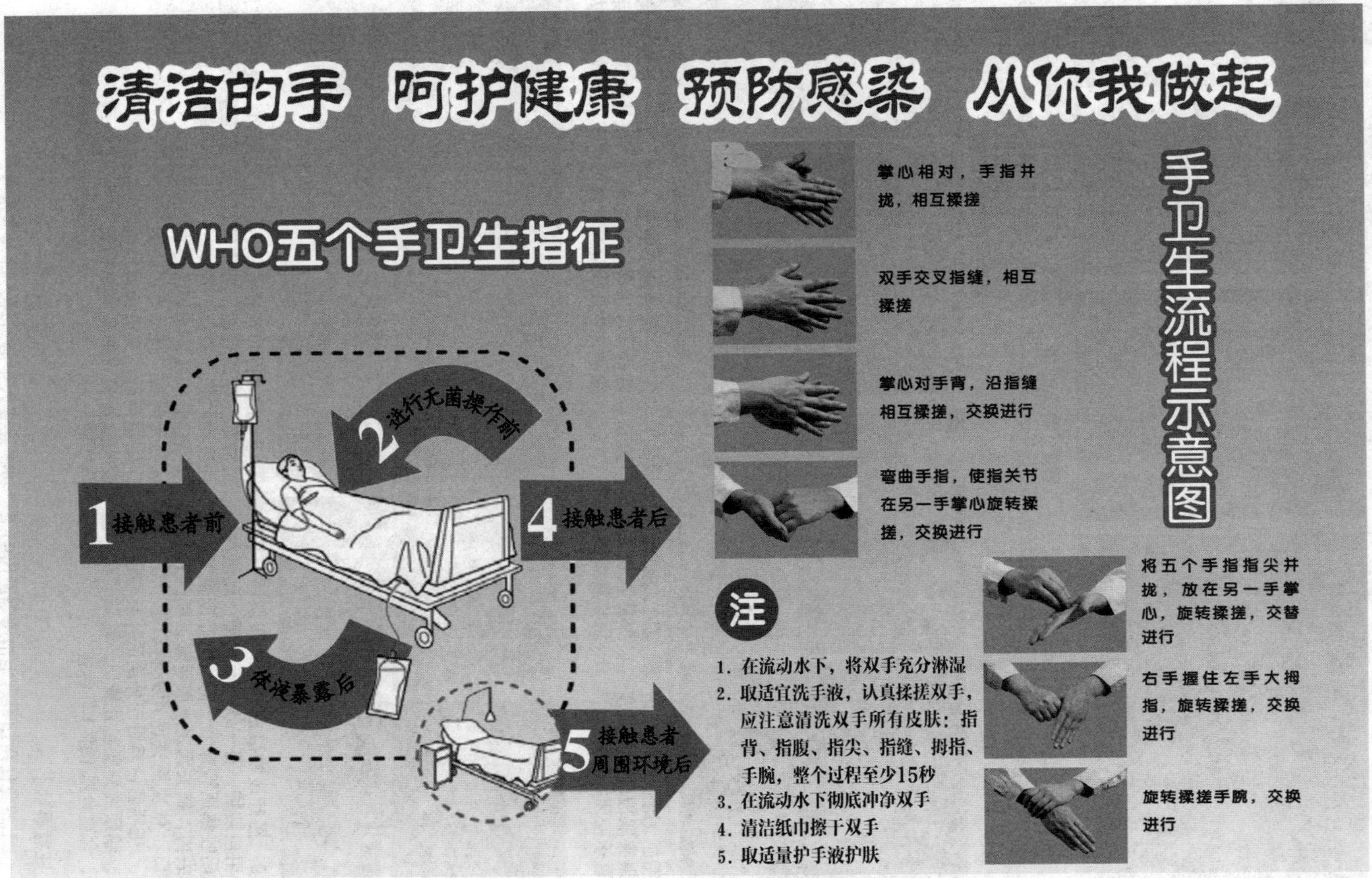
清洁的手 呵护健康 预防感染 从你我做起
WHO五个手卫生指征
1 接触患者前
2 进行无菌操作前
3 体液暴露后
4 接触患者后
5 接触患者周围环境后
手卫生流程示意图
掌心相对，手指并拢，相互揉搓
双手交叉指缝，相互揉搓
掌心对手背，沿指缝相互揉搓，交换进行
弯曲手指，使指关节在另一手掌心旋转揉搓，交换进行
将五个手指指尖并拢，放在另一手掌心，旋转揉搓，交替进行
右手握住左手大拇指，旋转揉搓，交换进行
旋转揉搓手腕，交换进行
注
1. 在流动水下，将双手充分淋湿
2. 取适宜洗手液，认真揉搓双手，应注意清洗双手所有皮肤：指背、指腹、指尖、指缝、拇指、手腕，整个过程至少15秒
3. 在流动水下彻底冲净双手
4. 清洁纸巾擦干双手
5. 取适量护手液护肤

医疗机构（少量）汞外溢处理流程（参照）

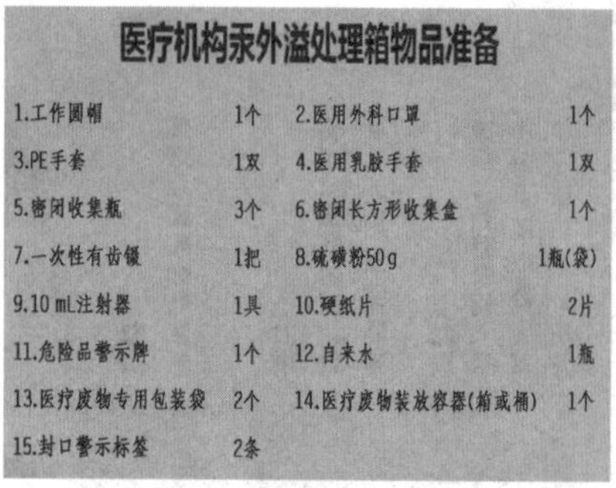

医疗机构汞外溢处理箱物品准备

1.工作圆帽	1个	2.医用外科口罩	1个
3.PE手套	1双	4.医用乳胶手套	1双
5.密闭收集瓶	3个	6.密闭长方形收集盒	1个
7.一次性有齿镊	1把	8.硫磺粉50 g	1瓶(袋)
9.10 mL注射器	1具	10.硬纸片	2片
11.危险品警示牌	1个	12.自来水	1瓶
13.医疗废物专用包装袋	2个	14.医疗废物装放容器(箱或桶)	1个
15.封口警示标签	2条		

图1　汞外溢处理箱物品准备

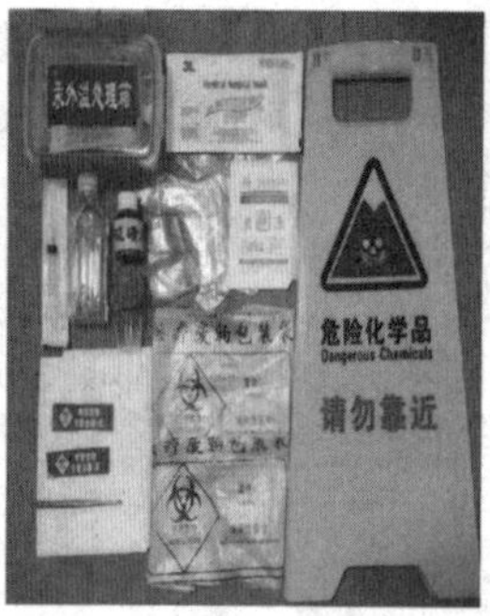

图2　物品准备

图3　疏散人员，开窗通风，关闭空调，放置警示牌，隔离该区域，拿取汞外溢处理箱

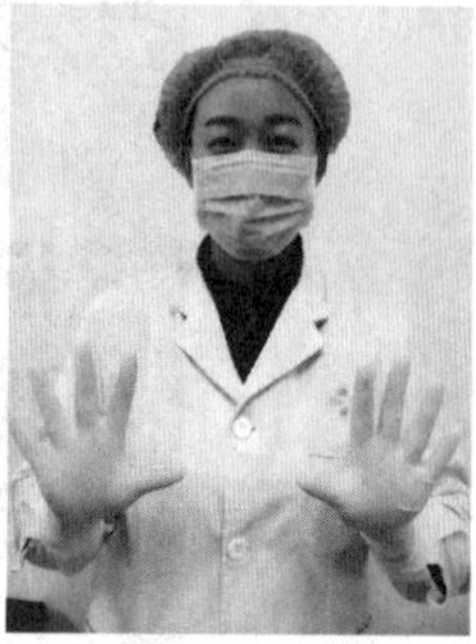

图4　戴工作圆帽、医用外科口罩、PE手套、医用乳胶手套

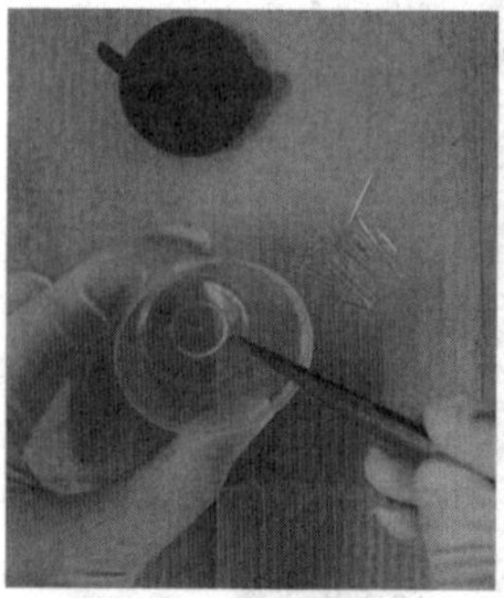

图5　用一次性有齿镊夹取玻璃碎屑，弃置于密闭收集瓶内

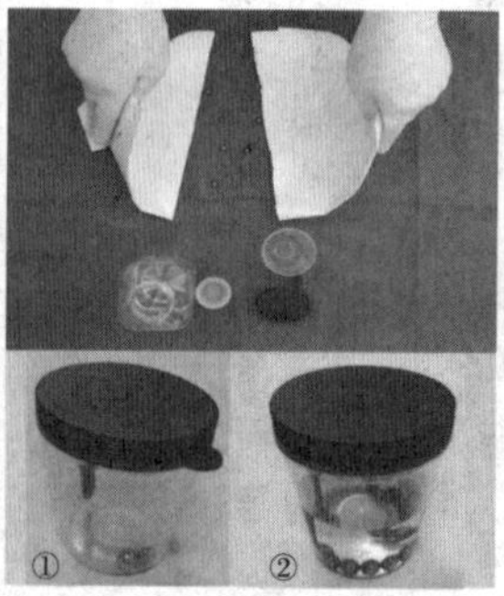

图6　找到汞滴，收集。少量汞收集如①；大量汞收集如②

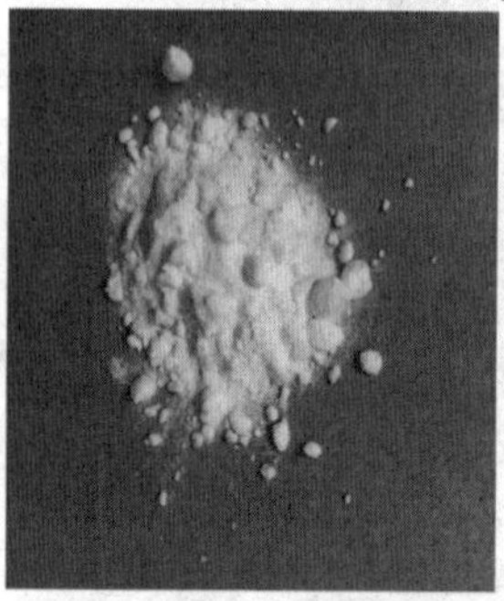

图7　汞滴细小或洒入缝隙时，取适量硫磺粉覆盖汞滴，生成硫化汞固体

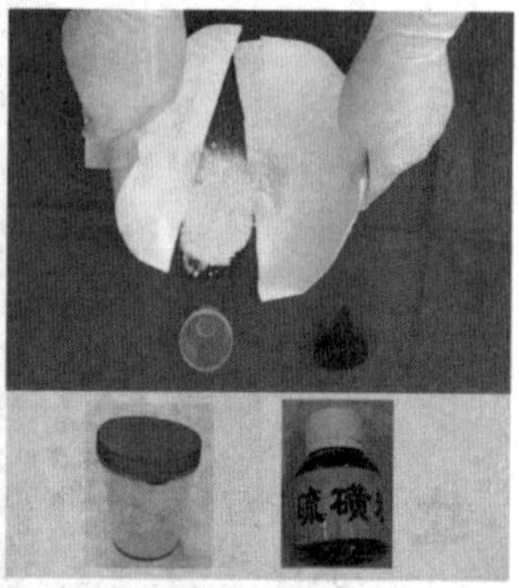

图8　用叠成簸箕形状的硬纸片收集硫化汞固体，弃置于密闭收集瓶内，旋紧瓶口

图9　医疗废物装放桶内衬双层医疗废物专用包装袋。将一次性有齿镊、硬纸片、密闭收集瓶等弃置于内层医疗废物专用包装袋内，摘去医用乳胶手套，鹅颈式封扎袋口；依次摘去医用外科口罩、工作圆帽、PE手套，弃置于外层医疗废物包装袋内，鹅颈式分层封扎袋口，粘贴“有害废物，含重金属（汞）”标签

图10　通知医疗废物收集人员携带密闭周转箱，按化学性废物收集、交接、登记，确保包装袋及密闭周转箱内废物无泄露。在医疗废物暂存处暂存后，交由获得危险废物处置资质的专门机构规范处置

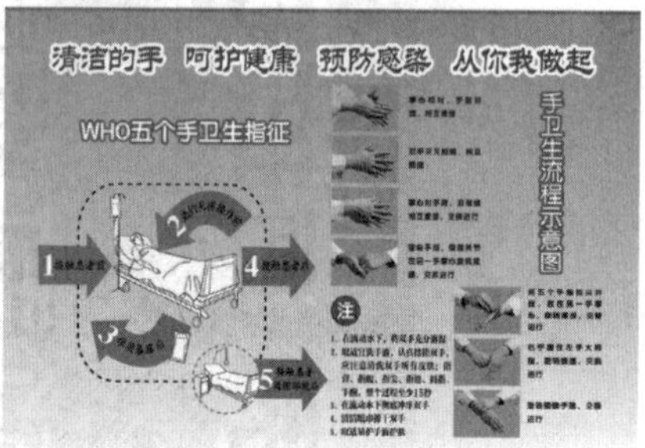

图11　脱去工作服，实施手卫生（详见放大的手卫生流程示意图）

【注意事项】

1.避免使用扫帚、地巾清理溢出的汞；勿将汞混入生活垃圾、排入下水道。

2.禁止将含汞化学性废物及汞污染物装放袋混入感染性废物中，应将其交由获得危险废物处置资质的专门机构处置。

医疗机构添汞血压计添汞操作流程示意图（参照）

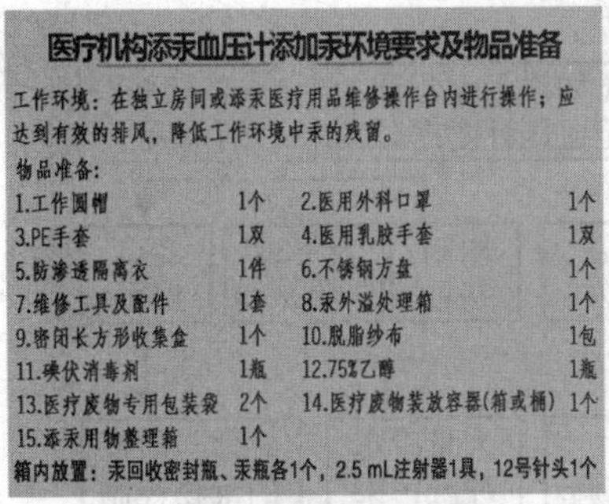

医疗机构添汞血压计添加汞环境要求及物品准备

工作环境：在独立房间或添汞医疗用品维修操作台内进行操作；应达到有效的排风，降低工作环境中汞的残留。

物品准备：

1.工作圆帽	1个	2.医用外科口罩	1个
3.PE手套	1双	4.医用乳胶手套	1双
5.防渗透隔离衣	1件	6.不锈钢方盘	1个
7.维修工具及配件	1套	8.汞外溢处理箱	1个
9.密闭长方形收集盒	1个	10.脱脂纱布	1包
11.碘伏消毒剂	1瓶	12.75%乙醇	1瓶
13.医疗废物专用包装袋	2个	14.医疗废物装放容器(箱或桶)	1个
15.添汞用物整理箱	1个		

箱内放置：汞回收密封瓶、汞瓶各1个，2.5 mL注射器1具，12号针头1个

图1　添汞血压计添加汞的环境要求及物品准备

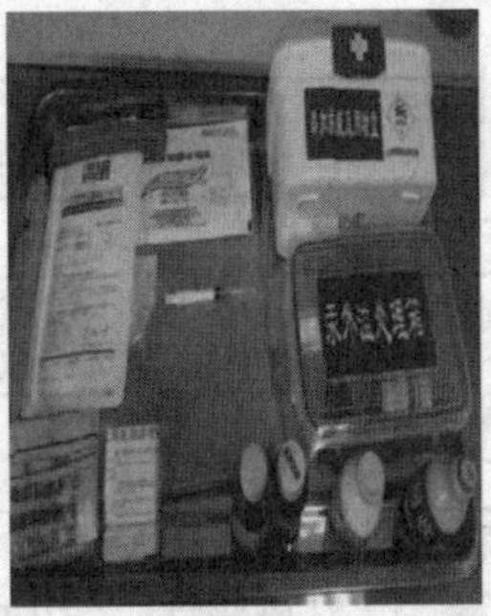

图2　物品准备

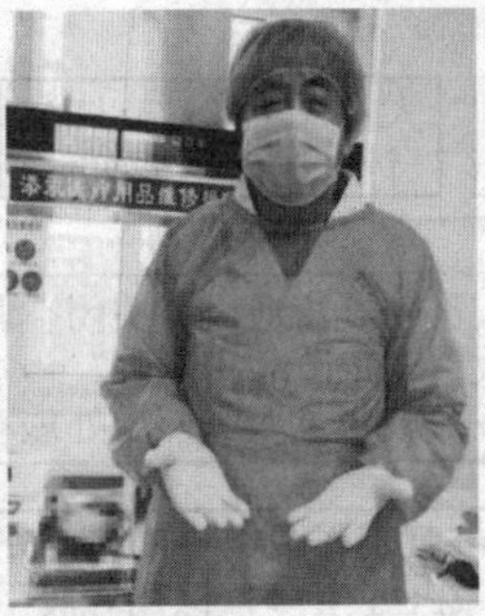

图3　穿工作服、一次性隔离衣，戴工作圆帽、医用外科口罩、PE手套、医用乳胶手套

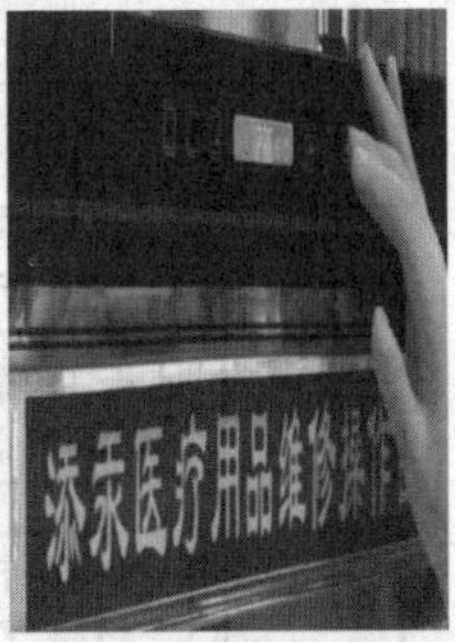

图4　打开排风键通风5~10分钟后达到持续有效通风

图5　将汞瓶及工具放入操作台方盘内，关闭水银壶开关，断开袖带连接管，拆卸汞柱，平放于操作盘内,开始操作

图6　打开汞瓶橡胶瓶塞，将2.5 mL注射器连接12号针头，插入汞瓶内，抽吸适量汞

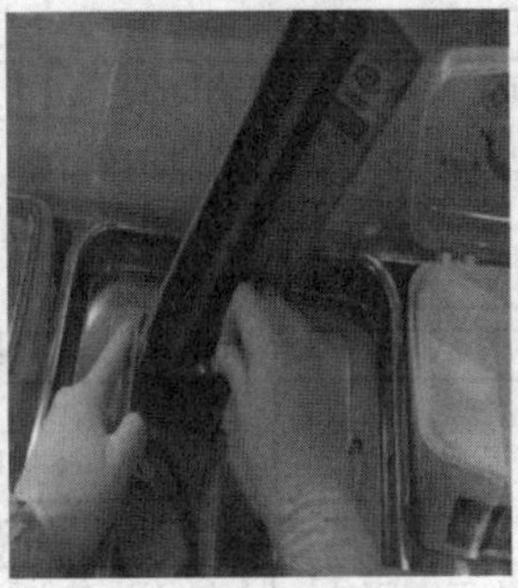

图7　将血压计向右方倾斜45°，将抽吸的汞灌注到血压计水银壶内

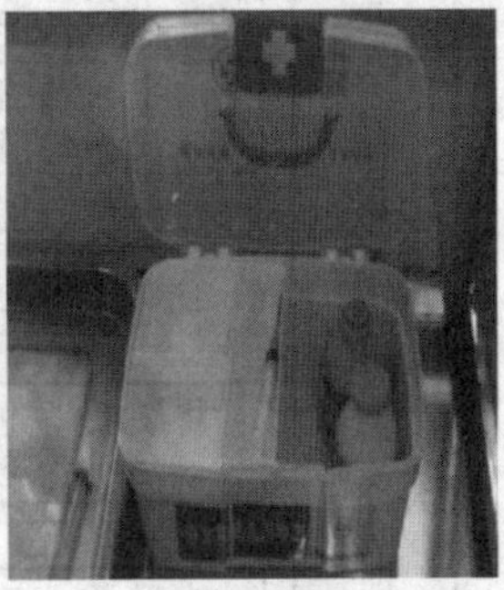

图8　将用后的注射器及针头放置于密闭长方形收集盒内，防止汞外溢

图9　将汞柱安装到位，测量已添加的汞量达到相关标准（汞柱刻度为“0”）。如有汞外溢，参照“医疗机构汞外溢处理流程”

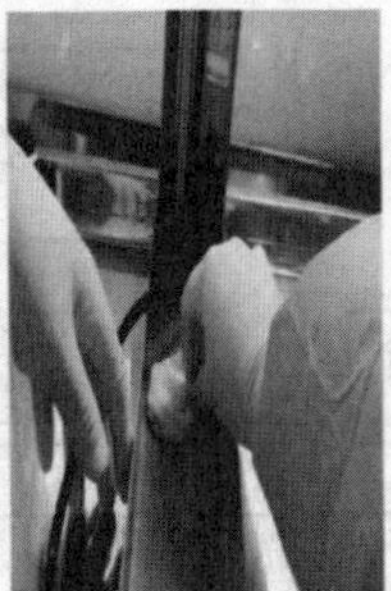

图10　采用浸有碘伏消毒剂的纱布擦拭血压计盒内壁、长胶管、操作方盘后，采用浸有75%乙醇的纱布擦拭，清除残留碘液

图11　参照“医疗机构汞外溢处理流程”第二部分进行操作：依次脱去医用防护用品，弃置于医疗废物装放容器内，鹅颈式分层封扎袋口，粘贴“有害废物，含重金属（汞）”标签。通知医疗废物收集人员，携带医疗废物密闭周转箱，按化学性废物收集、交接、登记，确保包装袋及密闭周转箱内废物无泄露。在医疗废物暂存处暂存后，交由获得危险废物处置资质的专门机构规范处置

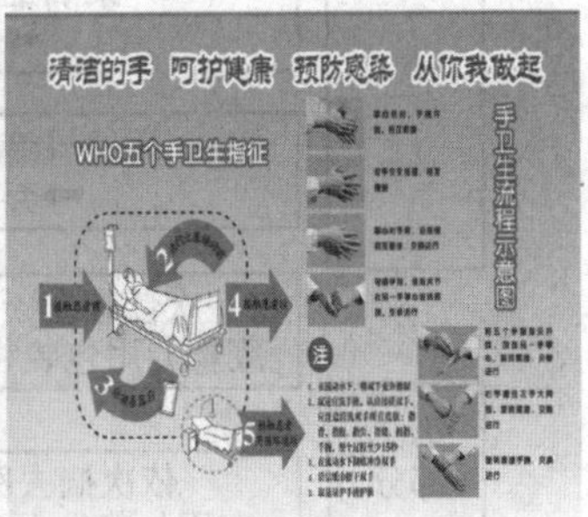

图12　脱去工作服，实施手卫生（详见放大的手卫生流程示意图）

【注意事项】

1.在尚未完全替代添汞血压计、体温计的医疗机构可参照本操作流程执行。

2.避免使用扫帚、地巾清理溢出的汞；勿将汞混入生活垃圾、排入下水道。

3.禁止将含汞化学性废物及汞污染物装放袋混入感染性废物中，应将其交由获得危险废物处置资质的专门机构处置。

医疗机构汞外溢处理流程（参照）

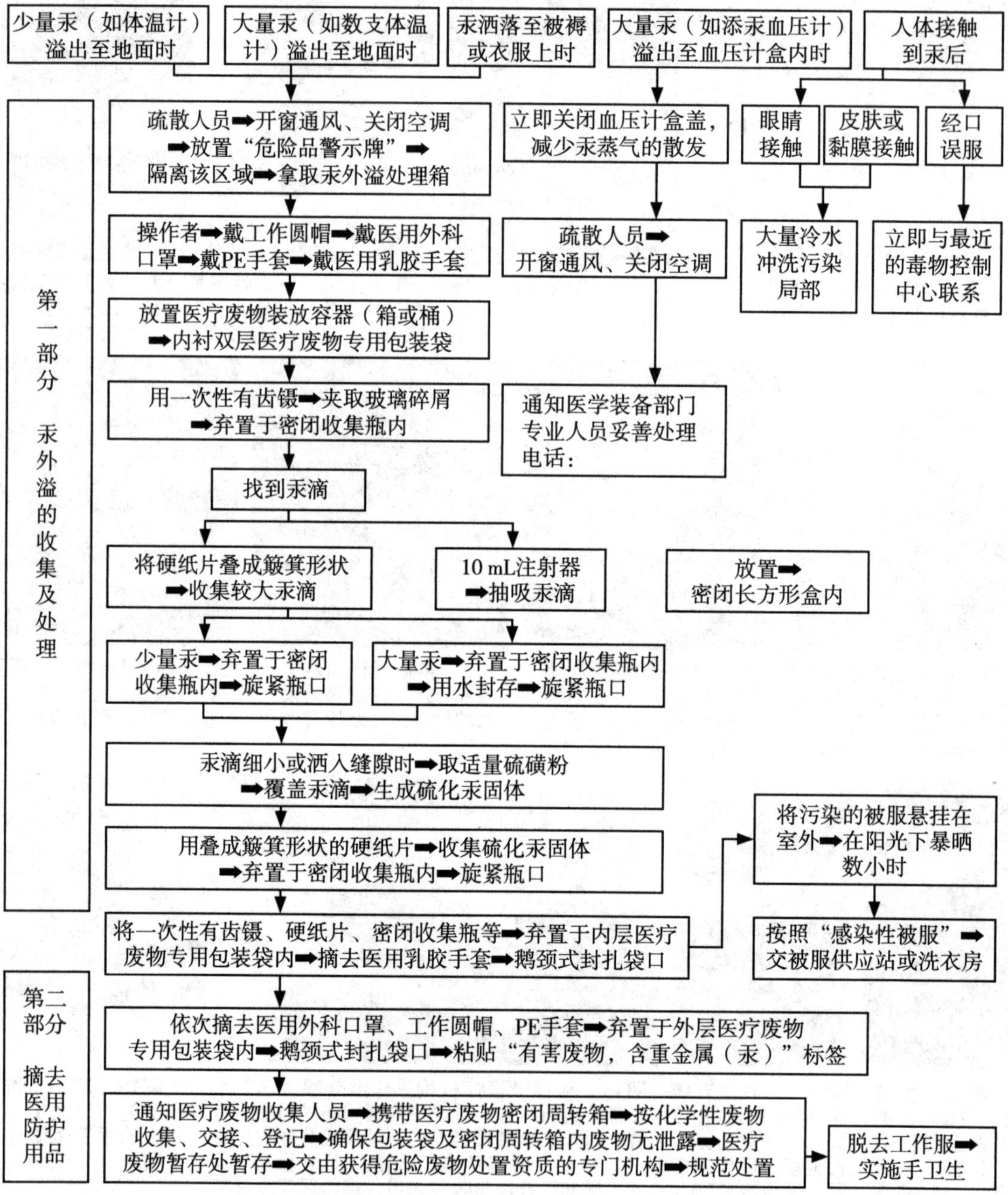

【注意事项】

1.避免使用扫帚、地巾清理溢出的汞；勿将汞混入生活垃圾、排入下水道。

2.禁止将含汞化学性废物及汞污染物装放袋混入感染性废物中，应将其交由获得危险废物处置资质的专门机构处置。

医疗机构添汞血压计添汞操作流程（参照）

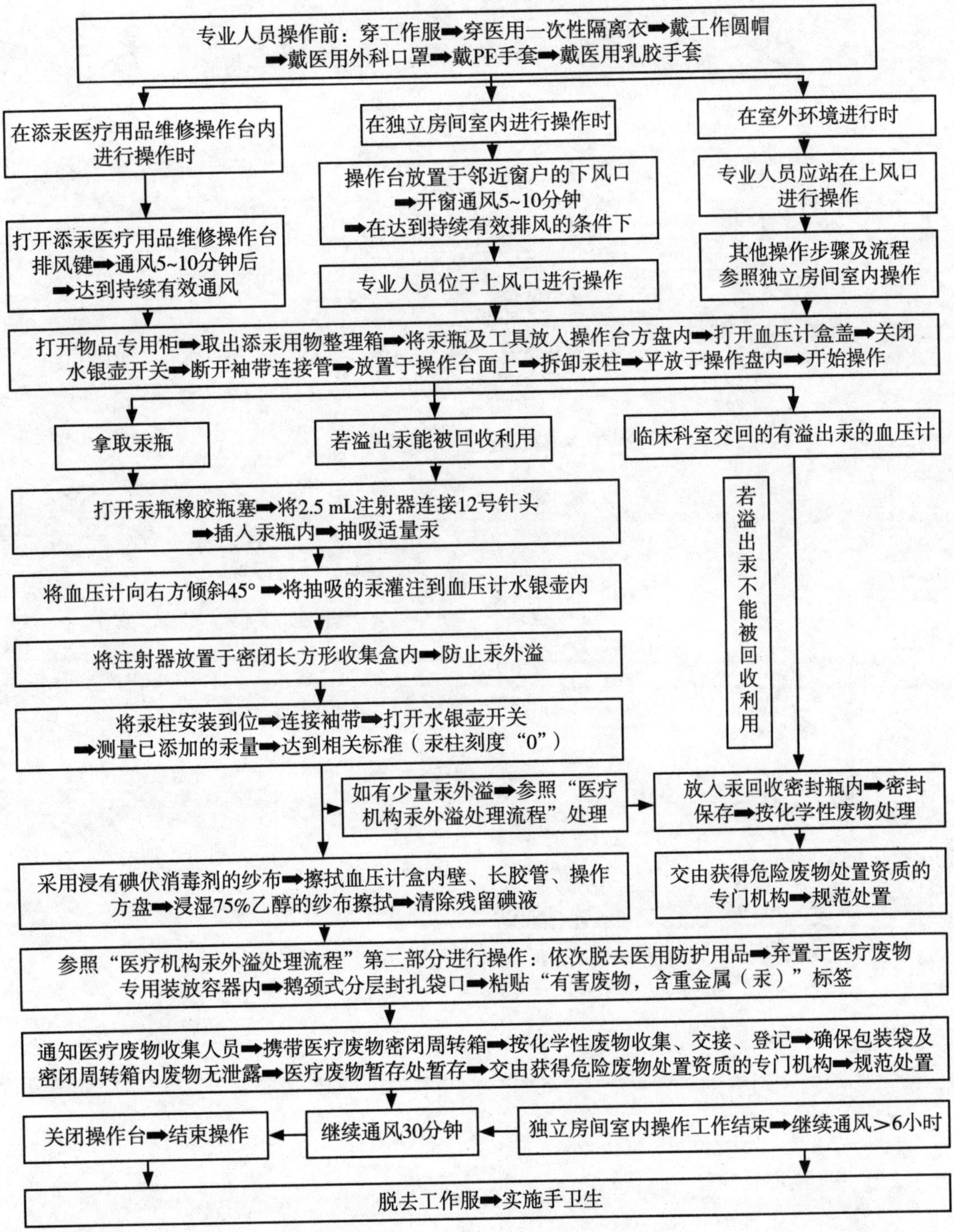

【注意事项】

1.尚未完全替代添汞血压计的医疗机构可参照本操作流程执行。

2.避免使用扫帚、地巾清理溢出的汞；勿将汞混入生活垃圾、排入下水道。

3.禁止将含汞化学性废物及汞污染物装放袋混入感染性废物中，应将其交由获得危险废物处置资质的专门机构处置。

医疗废物规范化管理相关法律、法规、规章选编

1. 中华人民共和国传染病防治法

（1989年2月21日第七届全国人民代表大会常务委员会第六次会议通过　2004年8月28日第十届全国人民代表大会常务委员会第十一次会议第一次修订　2004年8月28日中华人民共和国主席令第17号公布　根据2013年6月29日第十二届全国人民代表大会常务委员会第3次会议通过　2013年6月29日中华人民共和国主席令第5号公布　自公布之日起施行的《全国人民代表大会常务委员会关于修改〈中华人民共和国文物保护法〉等十二部法律的决定》第二次修正）

第一章　总　则

第一条　为了预防、控制和消除传染病的发生与流行，保障人体健康和公共卫生，制定本法。

第二条　国家对传染病防治实行预防为主的方针，防治结合、分类管理、依靠科学、依靠群众。

第三条　本法规定的传染病分为甲类、乙类和丙类。

甲类传染病是指：鼠疫、霍乱。

乙类传染病是指：传染性非典型肺炎、艾滋病、病毒性肝炎、脊髓灰质炎、人感染高致病性禽流感、麻疹、流行性出血热、狂犬病、流行性乙型脑炎、登革热、炭疽、细菌性和阿米巴性痢疾、肺结核、伤寒和副伤寒、流行性脑脊髓膜炎、百日咳、白喉、新生儿破伤风、猩红热、布鲁氏菌病、淋病、梅毒、钩端螺旋体病、血吸虫病、疟疾。

丙类传染病是指：流行性感冒、流行性腮腺炎、风疹、急性出血性结膜炎、麻风病、流行性和地方性斑疹伤寒、黑热病、包虫病、丝虫病，除霍乱、细菌性和阿米巴性痢疾、伤寒和副伤寒以外的感染性腹泻病。

国务院卫生行政部门根据传染病暴发、流行情况和危害程度，可以决定增加、减少或者调整乙类、丙类传染病病种并予以公布。

第四条　对乙类传染病中传染性非典型肺炎、炭疽中的肺炭疽和人感染高致病性禽流感，采取本法所称甲类传染病的预防、控制措施。其他乙类传染病和突发原因不明的传染病需要采取本法所称甲类传染病的预防、控制措施的，由国务院卫生行政部门及时报经国务院批准后予以公布、实施。

需要解除依照前款规定采取的甲类传染病预防、控制措施的，由国务院卫生行政部门报经国务院批准后予以公布。

省、自治区、直辖市人民政府对本行政区域内常见、多发的其他地方性传染病，可以根据情况决定按照乙类或者丙类传染病管理并予以公布，报国务院卫生行政部门备案。

第五条　各级人民政府领导传染病防治工作。

县级以上人民政府制定传染病防治规划并组织实施，建立健全传染病防治的疾病预防控制、医疗救治和监督管理体系。

第六条　国务院卫生行政部门主管全国传染病防治及其监督管理工作。县级以上地方人民政府卫生行政部门负责本行政区域内的传染病防治及其监督管理工作。

县级以上人民政府其他部门在各自的职责范围内负责传染病防治工作。

军队的传染病防治工作，依照本法和国家有关规定办理，由中国人民解放军卫生主管部门实施监督管理。

第七条　各级疾病预防控制机构承担传染病监测、预测、流行病学调查、疫情报告以及其他预防、控制工作。

医疗机构承担与医疗救治有关的传染病防治工作和责任区域内的传染病预防工作。城市社区和农村基层医疗机构在疾病预防控制机构的指导下，承担城市社区、农村基层相应的传染病防治工作。

第八条　国家发展现代医学和中医药等传统医学，支持和鼓励开展传染病防治的科学研究，提高传染病防治的科学技术水平。

国家支持和鼓励开展传染病防治的国际合作。

第九条　国家支持和鼓励单位和个人参与传染病防治工作。各级人民政府应当完善有关制度，方便单位和个人参与防治传染病的宣传教育、疫情报告、志愿服务和捐赠活动。

居民委员会、村民委员会应当组织居民、村民参与社区、农村的传染病预防与控制活动。

第十条　国家开展预防传染病的健康教育。新闻媒体应当无偿开展传染病防治和公共卫生教育的公益宣传。

各级各类学校应当对学生进行健康知识和传染病预防知识的教育。

医学院校应当加强预防医学教育和科学研究，对在校学生以及其他与传染病防治相关人员进行预防医学教育和培训，为传染病防治工作提供技术支持。

疾病预防控制机构、医疗机构应当定期对其工作人员进行传染病防治知识、技能的培训。

第十一条　对在传染病防治工作中做出显著成绩和贡献的单位和个人，给予表彰和奖励。

对因参与传染病防治工作致病、致残、死亡的人员，按照有关规定给予补助、抚恤。

第十二条　在中华人民共和国领域内的一切单位和个人，必须接受疾病预防控制机构、医疗机构有关传染病的调查、检验、采集样本、隔离治疗等预防、控制措施，如实提供有关情况。疾病预防控制机构、医疗机构不得泄露涉及个人隐私的有关信息、资料。

卫生行政部门以及其他有关部门、疾病预防控制机构和医疗机构因违法实施行政管理或者预防、控制措施，侵犯单位和个人合法权益的，有关单位和个人可以依法申请行政复议或者提起诉讼。

第二章　传染病预防

第十三条　各级人民政府组织开展群众性卫生活动，进行预防传染病的健康教育，倡导文明健康的生活方式，提高公众对传染病的防治意识和应对能力，加强环境卫生建设，消除鼠害和蚊、蝇等病媒生物的危害。

各级人民政府农业、水利、林业行政部门按照职责分工负责指导和组织消除农田、湖区、河流、牧场、林区的鼠害与血吸虫危害，以及其他传播传染病的动物和病媒生物的危害。

铁路、交通、民用航空行政部门负责组织消除交通工具以及相关场所的鼠害和蚊、蝇等病媒生物的危害。

第十四条　地方各级人民政府应当有计划地建设和改造公共卫生设施，改善饮用水卫生条件，对污水、污物、粪便进行无害化处置。

第十五条　国家实行有计划的预防接种制度。国务院卫生行政部门和省、自治区、直辖市人民政府卫生行政部门，根据传染病预防、控制的需要，制定传染病预防接种规划并组织实施。用于预防接种的疫苗必须符合国家质量标准。

国家对儿童实行预防接种证制度。国家免疫规划项目的预防接种实行免费。医疗机构、疾病预防控制机构与儿童的监护人应当相互配合，保证儿童及时接受预防接种。具体办法由国务院制定。

第十六条　国家和社会应当关心、帮助传染病病人、病原携带者和疑似传染病病人，使其得到及时救治。任何单位和个人不得歧视传染病病人、病原携带者和疑似传染病病人。

传染病病人、病原携带者和疑似传染病病人，在治愈前或者在排除传染病嫌疑前，不得从事法律、行政法规和国务院卫生行政部门规定禁止从事的易使该传染病扩散的工作。

第十七条　国家建立传染病监测制度。

国务院卫生行政部门制定国家传染病监测规划和方案。省、自治区、直辖市人民政府卫生行政部门根据国家传染病监测规划和方案，制定本行政区域的传染病监测计划和工作方案。

各级疾病预防控制机构对传染病的发生、流行以及影响其发生、流行的因素，进行监测；对国外发生、国内尚未发生的传染病或者国内新发生的传染病，进行监测。

第十八条　各级疾病预防控制机构在传染病预防控制中履行下列职责：

（一）实施传染病预防控制规划、计划和方案；

（二）收集、分析和报告传染病监测信息，预测传染病的发生、流行趋势；

（三）开展对传染病疫情和突发公共卫生事件的流行病学调查、现场处理及其效果评价；

（四）开展传染病实验室检测、诊断、病原学鉴定；

（五）实施免疫规划，负责预防性生物制品的使用管理；

（六）开展健康教育、咨询，普及传染病防治知识；

（七）指导、培训下级疾病预防控制机构及其工作人员开展传染病监测工作；

（八）开展传染病防治应用性研究和卫生评价，提供技术咨询。

国家、省级疾病预防控制机构负责对传染病发生、流行以及分布进行监测，对重大传染病流行趋势进行预测，提出预防控制对策，参与并指导对暴发的疫情进行调查处理，开展传染病病原学鉴定，建立检测质量控制体系，开展应用性研究和卫生评价。

设区的市和县级疾病预防控制机构负责传染病预防控制规划、方案的落实，组织实施免疫、消毒、控制病媒生物的危害，普及传染病防治知识，负责本地区疫情和突发公共卫生事件监测、报告，开展流行病学调查和常见病原微生物检测。

第十九条　国家建立传染病预警制度。

国务院卫生行政部门和省、自治区、直辖市人民政府根据传染病发生、流行趋势的预测，及时发出传染病预警，根据情况予以公布。

第二十条　县级以上地方人民政府应当制定传染病预防、控制预案，报上一级人民政府备案。

传染病预防、控制预案应当包括以下主要内容：

（一）传染病预防控制指挥部的组成和相关部门的职责；

（二）传染病的监测、信息收集、分析、报告、通报制度；

（三）疾病预防控制机构、医疗机构在发生传染病疫情时的任务与职责；

（四）传染病暴发、流行情况的分级以及相应的应急工作方案；

（五）传染病预防、疫点疫区现场控制，应急设施、设备、救治药品和医疗器械以及其他物资和技术的储备与调用。

地方人民政府和疾病预防控制机构接到国务院卫生行政部门或者省、自治区、直辖市人民政府发出的传染病预警后，应当按照传染病预防、控制预案，采取相应的预防、控制措施。

第二十一条　医疗机构必须严格执行国务院卫生行政部门规定的管理制度、操作规范，防止传染病的医源性感染和医院感染。

医疗机构应当确定专门的部门或者人员，承担传染病疫情报告、本单位的传染病预防、控制以及责任区域内的传染病预防工作；承担医疗活动中与医院感染有关的危险因素监测、安全防护、消毒、隔离和医疗废物处置工作。

疾病预防控制机构应当指定专门人员负责对医疗机构内传染病预防工作进行指导、考核，开展流行病学调查。

第二十二条　疾病预防控制机构、医疗机构的实验室和从事病原微生物实验的单位，应当符合国家规定的条件和技术标准，建立严格的监督管理制度，对传染病病原体样本按照规定的措施实行严格监督管理，严防传染病病原体的实验室感染和病原微生物的扩散。

第二十三条　采供血机构、生物制品生产单位必须严格执行国家有关规定，保证血液、血液制品的质量。禁止非法采集血液或者组织他人出卖血液。

疾病预防控制机构、医疗机构使用血液和血液制品，必须遵守国家有关规定，防止因输入血液、使用血液制品引起经血液传播疾病的发生。

第二十四条　各级人民政府应当加强艾滋病的防治工作，采取预防、控制措施，防止艾滋病的传播。具体办法由国务院制定。

第二十五条　县级以上人民政府农业、林业行政部门以及其他有关部门，依据各自的职责负责与人畜共患传染病有关的动物传染病的防治管理工作。

与人畜共患传染病有关的野生动物、家畜家禽，经检疫合格后，方可出售、运输。

第二十六条　国家建立传染病菌种、毒种库。

对传染病菌种、毒种和传染病检测样本的采集、保藏、携带、运输和使用实行分类管理，建立健全严格的管理制度。

对可能导致甲类传染病传播的以及国务院卫生行政部门规定的菌种、毒种和传染病检测样本，确需采集、保藏、携带、运输和使用的，须经省级以上人民政府卫生行政部门批准。具体办法由国务院制定。

第二十七条　对被传染病病原体污染的污水、污物、场所和物品，有关单位和个人必须在疾病预防控制机构的指导下或者按照其提出的卫生要求，进行严格消毒处理；拒绝消毒处理的，由当地卫生行政部门或者疾病预防控制机构进行强制消毒处理。

第二十八条　在国家确认的自然疫源地计划兴建水利、交通、旅游、能源等大型建设项目的，应当事先由省级以上疾病预防控制机构对施工环境进行卫生调查。建设单位应当根据疾病预防控制机构的意见，采取必要的传染病预防、控制措施。施工期间，建设单位应当设专人负责工地上的卫生防疫工作。工程竣工后，疾病预防控制机构应当对可能发生的传染病进行监测。

第二十九条　用于传染病防治的消毒产品、饮用水供水单位供应的饮用水和涉及饮用水卫生安全的产品，应当符合国家卫生标准和卫生规范。

饮用水供水单位从事生产或者供应活动，应当依法取得卫生许可证。

生产用于传染病防治的消毒产品的单位和生产用于传染病防治的消毒产品，应当经省级以上人民政府卫生行政部门审批。具体办法由国务院制定。

第三章　疫情报告、通报和公布

第三十条　疾病预防控制机构、医疗机构和采供血机构及其执行职务的人员发现本法规定的传染病疫情或者发现其他传染病暴发、流行以及突发原因不明的传染病时，应当遵循疫情报告属地管理原则，按照国务院规定的或者国务院卫生行政部门规定的内容、程序、方式和时限报告。

军队医疗机构向社会公众提供医疗服务，发现前款规定的传染病疫情时，应当按照国务院卫生行政部门的规定报告。

第三十一条　任何单位和个人发现传染病病人或者疑似传染病病人时，应当及时向附近的疾病预防控制机构或者医疗机构报告。

第三十二条　港口、机场、铁路疾病预防控制机构以及国境卫生检疫机关发现甲类传染病病人、病原携带者、疑似传染病病人时，应当按照国家有关规定立即向国境口岸所在地的疾病预防控制机构或者所在地县级以上地方人民政府卫生行政部门报告并互相通报。

第三十三条　疾病预防控制机构应当主动收集、分析、调查、核实传染病疫情信息。接到甲类、乙类传染病疫情报告或者发现传染病暴发、流行时，应当立即报告当地卫生行政部门，由当地卫生行政部门立即报告当地人民政府，同时报告上级卫生行政部门和国务院卫生行政部门。

疾病预防控制机构应当设立或者指定专门的部门、人员负责传染病疫情信息管理工作，及时对疫情报告进行核实、分析。

第三十四条　县级以上地方人民政府卫生行政部门应当及时向本行政区域内的疾病预防控制机构和医疗机构通报传染病疫情以及监测、预警的相关信息。接到通报的疾病预防控制机构和医疗机构应当及时告知本单位的有关人员。

第三十五条　国务院卫生行政部门应当及时向国务院其他有关部门和各省、自治区、直辖市人民政府卫生行政部门通报全国传染病疫情以及监测、预警的相关信息。

毗邻的以及相关的地方人民政府卫生行政部门，应当及时互相通报本行政区域的传染病疫情以及监测、预警的相关信息。

县级以上人民政府有关部门发现传染病疫情时，应当及时向同级人民政府卫生行政部门通报。

中国人民解放军卫生主管部门发现传染病疫情时，应当向国务院卫生行政部门通报。

第三十六条　动物防疫机构和疾病预防控制机构，应当及时互相通报动物间和人间发生的人畜共患传染病疫情以及相关信息。

第三十七条　依照本法的规定负有传染病疫情报告职责的人民政府有关部门、疾病预防控制机构、医疗机构、采供血机构及其工作人员，不得隐瞒、谎报、缓报传染病疫情。

第三十八条　国家建立传染病疫情信息公布制度。

国务院卫生行政部门定期公布全国传染病疫情信息。省、自治区、直辖市人民政府卫生行政部门定期公布本行政区域的传染病疫情信息。

传染病暴发、流行时，国务院卫生行政部门负责向社会公布传染病疫情信息，并可以授权省、自治区、直辖市人民政府卫生行政部门向社会公布本行政区域的传染病疫情信息。

公布传染病疫情信息应当及时、准确。

第四章　疫情控制

第三十九条　医疗机构发现甲类传染病时，应当及时采取下列措施：

（一）对病人、病原携带者，予以隔离治疗，隔离期限根据医学检查结果确定；

（二）对疑似病人，确诊前在指定场所单独隔离治疗；

（三）对医疗机构内的病人、病原携带者、疑似病人的密切接触者，在指定场所进行医学观察和采取其他必要的预防措施。

拒绝隔离治疗或者隔离期未满擅自脱离隔离治疗的，可以由公安机关协助医疗机构采取强制隔离治疗措施。

医疗机构发现乙类或者丙类传染病病人，应当根据病情采取必要的治疗和控制传播措施。

医疗机构对本单位内被传染病病原体污染的场所、物品以及医疗废物，必须依照法律、法规的规定实施消毒和无害化处置。

第四十条　疾病预防控制机构发现传染病疫情或者接到传染病疫情报告时，应当及时采取下列措施：

（一）对传染病疫情进行流行病学调查，根据调查情况提出划定疫点、疫区的建议，对被污染的场所进行卫生处理，对密切接触者，在指定场所进行医学观察和采取其他必要的预防措施，并向卫生行政部门提出疫情控制方案；

（二）传染病暴发、流行时，对疫点、疫区进行卫生处理，向卫生行政部门提出疫情控制方案，并按照卫生行政部门的要求采取措施；

（三）指导下级疾病预防控制机构实施传染病预防、控制措施，组织、指导有关单位对传染病疫情的处理。

第四十一条　对已经发生甲类传染病病例的场所或者该场所内的特定区域的人员，所在地的县级以上地方人民政府可以实施隔离措施，并同时向上一级人民政府报告；接到报告的上级人民政府应当即时作出是否批准的决定。上级人民政府作出不予批准决定的，实施隔离措施的人民政府应当立即解除隔离措施。

在隔离期间，实施隔离措施的人民政府应当对被隔离人员提供生活保障；被隔离人员有工作单位的，所在单位不得停止支付其隔离期间的工作报酬。

隔离措施的解除，由原决定机关决定并宣布。

第四十二条　传染病暴发、流行时，县级以上地方人民政府应当立即组织力量，按照预防、控制预案进行防治，切断传染病的传播途径，必要时，报经上一级人民政府决定，可以采取下列紧急措施并予以公告：

（一）限制或者停止集市、影剧院演出或者其他人群聚集的活动；

（二）停工、停业、停课；

（三）封闭或者封存被传染病病原体污染的公共饮用水源、食品以及相关物品；

（四）控制或者扑杀染疫野生动物、家畜家禽；

（五）封闭可能造成传染病扩散的场所。

上级人民政府接到下级人民政府关于采取前款所列紧急措施的报告时，应当即时作出决定。

紧急措施的解除，由原决定机关决定并宣布。

第四十三条　甲类、乙类传染病暴发、流行时，县级以上地方人民政府报经上一级人民政府决定，可以宣布本行政区域部分或者全部为疫区；国务院可以决定并宣布跨省、自治区、直辖市的疫区。县级以上地方人民政府可以在疫区内采取本法第四十二条规定的紧急措施，并可以对出入疫区的人员、物资和交通工具实施卫生检疫。

省、自治区、直辖市人民政府可以决定对本行政区域内的甲类传染病疫区实施封锁；但是，封锁大、中城市的疫区或者封锁跨省、自治区、直辖市的疫区，以及封锁疫区导致中断干线交通或者封锁国境的，由国务院决定。

疫区封锁的解除，由原决定机关决定并宣布。

第四十四条　发生甲类传染病时，为了防止该传染病通过交通工具及其乘运的人员、物资传播，可以实施交通卫生检疫。具体办法由国务院制定。

第四十五条　传染病暴发、流行时，根据传染病疫情控制的需要，国务院有权在全国范围或者跨省、自治区、直辖市范围内，县级以上地方人民政府有权在本行政区域内紧急调集人员或者调用储备物资，临时征用房屋、交通工具以及相关设施、设备。

紧急调集人员的，应当按照规定给予合理报酬。临时征用房屋、交通工具以及相关设施、设备的，应当依法给予补偿；能返还的，应当及时返还。

第四十六条　患甲类传染病、炭疽死亡的，应当将尸体立即进行卫生处理，就近火化。患其他传染病死亡的，必要时，应当将尸体进行卫生处理后火化或者按照规定深埋。

为了查找传染病病因，医疗机构在必要时可以按照国务院卫生行政部门的规定，对传染病病人尸体或者疑似传染病病人尸体进行解剖查验，并应当告知死者家属。

第四十七条　疫区中被传染病病原体污染或者可能被传染病病原体污染的物品，经消毒可以使用的，应当在当地疾病预防控制机构的指导下，进行消毒处理后，方可使用、出售和运输。

第四十八条　发生传染病疫情时，疾病预防控制机构和省级以上人民政府卫生行政部门指派的其他与传染病有关的专业技术机构，可以进入传染病疫点、疫区进行调查、采集样本、技术分析和检验。

第四十九条　传染病暴发、流行时，药品和医疗器械生产、供应单位应当及时生产、供应防治传染病的药品和医疗器械。铁路、交通、民用航空经营单位必须优先运送处理传染病疫情的人员以及防治传染病的药品和医疗器械。县级以上人民政府有关部门应当做好组织协调工作。

第五章　医疗救治

第五十条　县级以上人民政府应当加强和完善传染病医疗救治服务网络的建设，指定具备传染病救治条件和能力的医疗机构承担传染病救治任务，或者根据传染病救治需要设置传染病医院。

第五十一条　医疗机构的基本标准、建筑设计和服务流程，应当符合预防传染病医院感染的要求。

医疗机构应当按照规定对使用的医疗器械进行消毒；对按照规定一次使用的医疗器具，应当在使用后予以销毁。

医疗机构应当按照国务院卫生行政部门规定的传染病诊断标准和治疗要求，采取相应措施，提高传染病医疗救治能力。

第五十二条　医疗机构应当对传染病病人或者疑似传染病病人提供医疗救护、现场救援和接诊治疗，书写病历记录以及其他有关资料，并妥善保管。

医疗机构应当实行传染病预检、分诊制度；对传染病病人、疑似传染病病人，应当引导至相对隔离的分诊点进行初诊。医疗机构不具备相应救治能力的，应当将患者及其病历记录复印件一并转至具备相应救治能力的医疗机构。具体办法由国务院卫生行政部门规定。

第六章　监督管理

第五十三条　县级以上人民政府卫生行政部门对传染病防治工作履行下列监督检查职责：

（一）对下级人民政府卫生行政部门履行本法规定的传染病防治职责进行监督检查；

（二）对疾病预防控制机构、医疗机构的传染病防治工作进行监督检查；

（三）对采供血机构的采供血活动进行监督检查；

（四）对用于传染病防治的消毒产品及其生产单位进行监督检查，并对饮用水供水单位从事生产或者供应活动以及涉及饮用水卫生安全的产品进行监督检查；

（五）对传染病菌种、毒种和传染病检测样本的采集、保藏、携带、运输、使用进行监督检查；

（六）对公共场所和有关单位的卫生条件和传染病预防、控制措施进行监督检查。

省级以上人民政府卫生行政部门负责组织对传染病防治重大事项的处理。

第五十四条　县级以上人民政府卫生行政部门在履行监督检查职责时，有权进入被检查单位和传染病疫情发生现场调查取证，查阅或者复制有关的资料和采集样本。被检查单位应当予以配合，不得拒绝、阻挠。

第五十五条　县级以上地方人民政府卫生行政部门在履行监督检查职责时，发现被传染病病原体污染的公共饮用水源、食品以及相关物品，如不及时采取控制措施可能导致传染病传播、流行的，可以采取封闭公共饮用水源、封存食品以及相关物品或者暂停销售的临时控制措施，并予以检验或者进行消毒。经检验，属于被污染的食品，应当予以销毁；对未被污染的食品或者经消毒后可以使用的物品，应当解除控制措施。

第五十六条　卫生行政部门工作人员依法执行职务时，应当不少于两人，并出示执法证件，填写卫生执法文书。

卫生执法文书经核对无误后，应当由卫生执法人员和当事人签名。当事人拒绝签名的，卫生执法人员应当注明情况。

第五十七条　卫生行政部门应当依法建立健全内部监督制度，对其工作人员依据法定职权和程序履行职责的情况进行监督。

上级卫生行政部门发现下级卫生行政部门不及时处理职责范围内的事项或者不履行职责的，应当责令纠正或者直接予以处理。

第五十八条　卫生行政部门及其工作人员履行职责，应当自觉接受社会和公民的监督。单位和个人有权向上级人民政府及其卫生行政部门举报违反本法的行为。接到举报的有关人民政府或者其卫生行政部门，应当及时调查处理。

第七章　保障措施

第五十九条　国家将传染病防治工作纳入国民经济和社会发展计划，县级以上地方人民政府将传染病防治工作纳入本行政区域的国民经济和社会发展计划。

第六十条　县级以上地方人民政府按照本级政府职责负责本行政区域内传染病预防、控制、监督工作的日常经费。

国务院卫生行政部门会同国务院有关部门，根据传染病流行趋势，确定全国传染病预防、控制、救治、监测、预测、预警、监督检查等项目。中央财政对困难地区实施重大传染病防治项目给予补助。

省、自治区、直辖市人民政府根据本行政区域内传染病流行趋势，在国务院卫生行政部门确定的项目范围内，确定传染病预防、控制、监督等项目，并保障项目的实施经费。

第六十一条　国家加强基层传染病防治体系建设，扶持贫困地区和少数民族地区的传染病防治工作。

地方各级人民政府应当保障城市社区、农村基层传染病预防工作的经费。

第六十二条　国家对患有特定传染病的困难人群实行医疗救助，减免医疗费用。具体办法由国务院卫生行政部门会同国务院财政部门等部门制定。

第六十三条　县级以上人民政府负责储备防治传染病的药品、医疗器械和其他物资，以备调用。

第六十四条　对从事传染病预防、医疗、科研、教学、现场处理疫情的人员，以及在生产、工作中接触传染病病原体的其他人员，有关单位应当按照国家规定，采取有效的卫生防护措施和医疗保健措施，并给予适当的津贴。

第八章　法律责任

第六十五条　地方各级人民政府未依照本法的规定履行报告职责，或者隐瞒、谎报、缓报传染病疫情，或者在传染病暴发、流行时，未及时组织救治、采取控制措施的，由上级人民政府责令改正，通报批评；造成传染病传播、流行或者其他严重后果的，对负有责任的主管人员，依法给予行政处分；构成犯罪的，依法追究刑事责任。

第六十六条　县级以上人民政府卫生行政部门违反本法规定，有下列情形之一的，由本级人民政府、上级人民政府卫生行政部门责令改正，通报批评；造成传染病传播、流行或者其他严重后果的，对负有责任的主管人员和其他直接责任人员，依法给予行政处分；构成犯罪的，依法追究刑事责任：

（一）未依法履行传染病疫情通报、报告或者公布职责，或者隐瞒、谎报、缓报传染病疫情的；

（二）发生或者可能发生传染病传播时未及时采取预防、控制措施的；

（三）未依法履行监督检查职责，或者发现违法行为不及时查处的；

（四）未及时调查、处理单位和个人对下级卫生行政部门不履行传染病防治职责的举报的；

（五）违反本法的其他失职、渎职行为。

第六十七条　县级以上人民政府有关部门未依照本法的规定履行传染病防治和保障职责的，由本级人民政府或者上级人民政府有关部门责令改正，通报批评；造成传染病传播、流行或者其他严重后果的，对负有责任的主管人员和其他直接责任人员，依法给予行政处分；构成犯罪的，依法追究刑事责任。

第六十八条　疾病预防控制机构违反本法规定，有下列情形之一的，由县级以上人民政府卫生行政部门责令限期改正，通报批评，给予警告；对负有责任的主管人员和其他直接责任人员，依法给予降级、撤职、开除的处分，并可以依法吊销有关责任人员的执业证书；构成犯罪的，依法追究刑事责任：

（一）未依法履行传染病监测职责的；

（二）未依法履行传染病疫情报告、通报职责，或者隐瞒、谎报、缓报传染病疫情的；

（三）未主动收集传染病疫情信息，或者对传染病疫情信息和疫情报告未及时进行分析、调查、核实的；

（四）发现传染病疫情时，未依据职责及时采取本法规定的措施的；

（五）故意泄露传染病病人、病原携带者、疑似传染病病人、密切接触者涉及个人隐私的有关信息、资料的。

第六十九条　医疗机构违反本法规定，有下列情形之一的，由县级以上人民政府卫生行政部门责令改正，通报批评，给予警告；造成传染病传播、流行或者其他严重后果的，对负有责任的主管人员和其他直接责任人员，依法给予降级、撤职、开除的处分，并可以依法吊销有关责任人员的执业证书；构成犯罪的，依法追究刑事责任：

（一）未按照规定承担本单位的传染病预防、控制工作、医院感染控制任务和责任区域内的传染病预防工作的；

（二）未按照规定报告传染病疫情，或者隐瞒、谎报、缓报传染病疫情的；

（三）发现传染病疫情时，未按照规定对传染病病人、疑似传染病病人提供医疗救护、现场救援、接诊、转诊的，或者拒绝接受转诊的；

（四）未按照规定对本单位内被传染病病原体污染的场所、物品以及医疗废物实施消毒或者无害化处置的；

（五）未按照规定对医疗器械进行消毒，或者对按照规定一次使用的医疗器具未予销毁，再次使用的；

（六）在医疗救治过程中未按照规定保管医学记录资料的；

（七）故意泄露传染病病人、病原携带者、疑似传染病病人、密切接触者涉及个人隐私的有关信息、资料的。

第七十条　采供血机构未按照规定报告传染病疫情，或者隐瞒、谎报、缓报传染病疫情，或者未执行国家有关规定，导致因输入血液引起经血液传播疾病发生的，由县级以上人民政府卫生行政部门责令改正，通报批评，给予警告；造成传染病传播、流行或者其他严重后果的，对负有责任的主管人员和其他直接责任人员，依法给予降级、撤职、开除的处分，并可以依法吊销采供血机构的执业许可证；构成犯罪的，依法追究刑事责任。

非法采集血液或者组织他人出卖血液的，由县级以上人民政府卫生行政部门予以取缔，没收违法所得，可以并处十万元以下的罚款；构成犯罪的，依法追究刑事责任。

第七十一条　国境卫生检疫机关、动物防疫机构未依法履行传染病疫情通报职责的，由有关部门在各自职责范围内责令改正，通报批评；造成传染病传播、流行或者其他严重后果的，对负有责任的主管人员和其他直接责任人员，依法给予降级、撤职、开除的处分；构成犯罪的，依法追究刑事责任。

第七十二条　铁路、交通、民用航空经营单位未依照本法的规定优先运送处理传染病疫情的人员以及防治传染病的药品和医疗器械的，由有关部门责令限期改正，给予警告；造成严重后果的，对负有责任的主管人员和其他直接责任人员，依法给予降级、撤职、开除的处分。

第七十三条　违反本法规定，有下列情形之一，导致或者可能导致传染病传播、流行的，由县级以上人民政府卫生行政部门责令限期改正，没收违法所得，可以并处五万元以下的罚款；已取得许可证的，原发证部门可以依法暂扣或者吊销许可证；构成犯罪的，依法追究刑事责任：

（一）饮用水供水单位供应的饮用水不符合国家卫生标准和卫生规范的；

（二）涉及饮用水卫生安全的产品不符合国家卫生标准和卫生规范的；

（三）用于传染病防治的消毒产品不符合国家卫生标准和卫生规范的；

（四）出售、运输疫区中被传染病病原体污染或者可能被传染病病原体污染的物品，未进行消毒处理的；

（五）生物制品生产单位生产的血液制品不符合国家质量标准的。

第七十四条　违反本法规定，有下列情形之一的，由县级以上地方人民政府卫生行政部门责令改正，通报批评，给予警告，已取得许可证的，可以依法暂扣或者吊销许可证；造成传染病传播、流行以及其他严重后果的，对负有责任的主管人员和其他直接责任人员，依法给予降级、撤职、开除的处分，并可以依法吊销有关责任人员的执业证书；构成犯罪的，依法追究刑事责任：

（一）疾病预防控制机构、医疗机构和从事病原微生物实验的单位，不符合国家规定的条件和技术标准，对传染病病原体样本未按照规定进行严格管理，造成实验室感染和病原微生物扩散的；

（二）违反国家有关规定，采集、保藏、携带、运输和使用传染病菌种、毒种和传染病检测样本的；

（三）疾病预防控制机构、医疗机构未执行国家有关规定，导致因输入血液、使用血液制品引起经血液传播疾病发生的。

第七十五条　未经检疫出售、运输与人畜共患传染病有关的野生动物、家畜家禽的，由县级以上地方人民政府畜牧兽医行政部门责令停止违法行为，并依法给予行政处罚。

第七十六条　在国家确认的自然疫源地兴建水利、交通、旅游、能源等大型建设项目，未经卫生调查进行施工的，或者未按照疾病预防控制机构的意见采取必要的传染病预防、控制措施的，由县级以上人民政府卫生行政部门责令限期改正，给予警告，处五千元以上三万元以下的罚款；逾期不改正的，处三万元以上十万元以下的罚款，并可以提请有关人民政府依据职责权限，责令停建、关闭。

第七十七条　单位和个人违反本法规定，导致传染病传播、流行，给他人人身、财产造成损害的，应当依法承担民事责任。

第九章　附　则

第七十八条　本法中下列用语的含义：

（一）传染病病人、疑似传染病病人：指根据国务院卫生行政部门发布的《中华人民共和国传染病防治法规定管理的传染病诊断标准》，符合传染病病人和疑似传染病病人诊断标准的人。

（二）病原携带者：指感染病原体无临床症状但能排出病原体的人。

（三）流行病学调查：指对人群中疾病或者健康状况的分布及其决定因素进行调查研究，提出疾病预防控制措施及保健对策。

（四）疫点：指病原体从传染源向周围播散的范围较小或者单个疫源地。

（五）疫区：指传染病在人群中暴发、流行，其病原体向周围播散时所能波及的地区。

（六）人畜共患传染病：指人与脊椎动物共同罹患的传染病，如鼠疫、狂犬病、血吸虫病等。

（七）自然疫源地：指某些可引起人类传染病的病原体在自然界的野生动物中长期存在和循环的地区。

（八）病媒生物：指能够将病原体从人或者其他动物传播给人的生物，如蚊、蝇、蚤类等。

（九）医源性感染：指在医学服务中，因病原体传播引起的感染。

（十）医院感染：指住院病人在医院内获得的感染，包括在住院期间发生的感染和在医院内获得出院后发生的感染，但不包括入院前已开始或者入院时已处于潜伏期的感染。医院工作人员在医院内获得的感染也属医院感染。

（十一）实验室感染：指从事实验室工作时，因接触病原体所致的感染。

（十二）菌种、毒种：指可能引起本法规定的传染病发生的细菌菌种、病毒毒种。

（十三）消毒：指用化学、物理、生物的方法杀灭或者消除环境中的病原微生物。

（十四）疾病预防控制机构：指从事疾病预防控制活动的疾病预防控制中心以及与上述机构业务活动相同的单位。

（十五）医疗机构：指按照《医疗机构管理条例》取得医疗机构执业许可证，从事疾病诊断、治疗活动的机构。

第七十九条　传染病防治中有关食品、药品、血液、水、医疗废物和病原微生物的管理以及动物防疫和国境卫生检疫，本法未规定的，分别适用其他有关法律、行政法规的规定。

第八十条　本法自2004年12月1日起施行。

2. 中华人民共和国环境保护法

（1989年12月26日第七届全国人民代表大会常务委员会第十一次会议通过　2014年4月24日第十二届全国人民代表大会常务委员会第八次会议修订）

第一章　总　则

第一条　为保护和改善环境，防治污染和其他公害，保障公众健康，推进生态文明建设，促进经济社会可持续发展，制定本法。

第二条　本法所称环境，是指影响人类生存和发展的各种天然的和经过人工改造的自然因素的总体，包括大气、水、海洋、土地、矿藏、森林、草原、湿地、野生生物、自然遗迹、人文遗迹、自然保护区、风景名胜区、城市和乡村等。

第三条　本法适用于中华人民共和国领域和中华人民共和国管辖的其他海域。

第四条　保护环境是国家的基本国策。

国家采取有利于节约和循环利用资源、保护和改善环境、促进人与自然和谐的经济、技术政策和措施，使经济社会发展与环境保护相协调。

第五条　环境保护坚持保护优先、预防为主、综合治理、公众参与、损害担责的原则。

第六条　一切单位和个人都有保护环境的义务。

地方各级人民政府应当对本行政区域的环境质量负责。

企业事业单位和其他生产经营者应当防止、减少环境污染和生态破坏，对所造成的损害依法承担责任。

公民应当增强环境保护意识，采取低碳、节俭的生活方式，自觉履行环境保护义务。

第七条　国家支持环境保护科学技术研究、开发和应用，鼓励环境保护产业发展，促进环境保护信息化建设，提高环境保护科学技术水平。

第八条　各级人民政府应当加大保护和改善环境、防治污染和其他公害的财政投入，提高财政资金的使用效益。

第九条　各级人民政府应当加强环境保护宣传和普及工作，鼓励基层群众性自治组织、社会组织、环境保护志愿者开展环境保护法律法规和环境保护知识的宣传，营造保护环境的良好风气。

教育行政部门、学校应当将环境保护知识纳入学校教育内容，培养学生的环境保护意识。

新闻媒体应当开展环境保护法律法规和环境保护知识的宣传，对环境违法行为进行舆论监督。

第十条　国务院环境保护主管部门，对全国环境保护工作实施统一监督管理；县级以上地方人民政府环境保护主管部门，对本行政区域环境保护工作实施统一监督管理。

县级以上人民政府有关部门和军队环境保护部门，依照有关法律的规定对资源保护和污染防治等环境保护工作实施监督管理。

第十一条　对保护和改善环境有显著成绩的单位和个人，由人民政府给予奖励。

第十二条　每年6月5日为环境日。

第二章　监督管理

第十三条　县级以上人民政府应当将环境保护工作纳入国民经济和社会发展规划。

国务院环境保护主管部门会同有关部门，根据国民经济和社会发展规划编制国家环境保护规划，报国务院批准并公布实施。

县级以上地方人民政府环境保护主管部门会同有关部门，根据国家环境保护规划的要求，编制本行政区域的环境保护规划，报同级人民政府批准并公布实施。

环境保护规划的内容应当包括生态保护和污染防治的目标、任务、保障措施等，并与主体功能区规划、土地利用总体规划和城乡规划等相衔接。

第十四条　国务院有关部门和省、自治区、直辖市人民政府组织制定经济、技术政策，应当充分考虑对环境的影响，听取有关方面和专家的意见。

第十五条　国务院环境保护主管部门制定国家环境质量标准。

省、自治区、直辖市人民政府对国家环境质量标准中未作规定的项目，可以制定地方环境质量标准；对国家环境质量标准中已作规定的项目，可以制定严于国家环境质量标准的地方环境质量标准。地方环境质量标准应当报国务院环境保护主管部门备案。

国家鼓励开展环境基准研究。

第十六条　国务院环境保护主管部门根据国家环境质量标准和国家经济、技术条件，制定国家污染物排放标准。

省、自治区、直辖市人民政府对国家污染物排放标准中未作规定的项目，可以制定地方污染物排放标准；对国家污染物排放标准中已作规定的项目，可以制定严于国家污染物排放标准的地方污染物排放标准。地方污染物排放标准应当报国务院环境保护主管部门备案。

第十七条　国家建立、健全环境监测制度。国务院环境保护主管部门制定监测规范，会同有关部门组织监测网络，统一规划国家环境质量监测站（点）的设置，建立监测数据共享机制，加强对环境监测的管理。

有关行业、专业等各类环境质量监测站（点）的设置应当符合法律法规规定和监测规范的要求。

监测机构应当使用符合国家标准的监测设备，遵守监测规范。监测机构及其负责人对监测数据的真实性和准确性负责。

第十八条　省级以上人民政府应当组织有关部门或者委托专业机构，对环境状况进行调查、评价，建立环境资源承载能力监测预警机制。

第十九条　编制有关开发利用规划，建设对环境有影响的项目，应当依法进行环境影响评价。

未依法进行环境影响评价的开发利用规划，不得组织实施；未依法进行环境影响评价的建设项目，不得开工建设。

第二十条　国家建立跨行政区域的重点区域、流域环境污染和生态破坏联合防治协调机制，实行统一规划、统一标准、统一监测、统一的防治措施。

前款规定以外的跨行政区域的环境污染和生态破坏的防治，由上级人民政府协调解决，或者由有关地方人民政府协商解决。

第二十一条　国家采取财政、税收、价格、政府采购等方面的政策和措施，鼓励和支持环境保护技术装备、资源综合利用和环境服务等环境保护产业的发展。

第二十二条　企业事业单位和其他生产经营者，在污染物排放符合法定要求的基础上，进一步减少污染物排放的，人民政府应当依法采取财政、税收、价格、政府采购等方面的政策和措施予以鼓励和支持。

第二十三条　企业事业单位和其他生产经营者，为改善环境，依照有关规定转产、搬迁、关闭的，人民政府应当予以支持。

第二十四条　县级以上人民政府环境保护主管部门及其委托的环境监察机构和其他负有环境保护监督管理职责的部门，有权对排放污染物的企业事业单位和其他生产经营者进行现场检查。被检查者应当如实反映情况，提供必要的资料。实施现场检查的部门、机构及其工作人员应当为被检查者保守商业秘密。

第二十五条　企业事业单位和其他生产经营者违反法律法规规定排放污染物，造成或者可能造成严重污染的，县级以上人民政府环境保护主管部门和其他负有环境保护监督管理职责的部门，可以查封、扣押造成污染物排放的设施、设备。

第二十六条　国家实行环境保护目标责任制和考核评价制度。县级以上人民政府应当将环境保护目标完成情况纳入对本级人民政府负有环境保护监督管理职责的部门及其负责人和下级人民政府及其负责人的考核内容，作为对其考核评价的重要依据。考核结果应当向社会公开。

第二十七条　县级以上人民政府应当每年向本级人民代表大会或者人民代表大会常务委员会报告环境状况和环境保护目标完成情况，对发生的重大环境事件应当及时向本级人民代表大会常务委员会报告，依法接受监督。

第三章　保护和改善环境

第二十八条　地方各级人民政府应当根据环境保护目标和治理任务，采取有效措施，改善环境质量。

未达到国家环境质量标准的重点区域、流域的有关地方人民政府，应当制定限期达标规划，并采取措施按期达标。

第二十九条　国家在重点生态功能区、生态环境敏感区和脆弱区等区域划定生态保护红线，实行严格保护。

各级人民政府对具有代表性的各种类型的自然生态系统区域，珍稀、濒危的野生动植物自然分布区域，重要的水源涵养区域，具有重大科学文化价值的地质构造、著名溶洞和化石分布区、冰川、火山、温泉等自然遗迹，以及人文遗迹、古树名木，应当采取措施予以保护，严禁破坏。

第三十条　开发利用自然资源，应当合理开发，保护生物多样性，保障生态安全，依法制定有关生态保护和恢复治理方案并予以实施。

引进外来物种以及研究、开发和利用生物技术，应当采取措施，防止对生物多样性的破坏。

第三十一条　国家建立、健全生态保护补偿制度。

国家加大对生态保护地区的财政转移支付力度。有关地方人民政府应当落实生态保护补偿资金，确保其用于生态保护补偿。

国家指导受益地区和生态保护地区人民政府通过协商或者按照市场规则进行生态保护补偿。

第三十二条　国家加强对大气、水、土壤等的保护，建立和完善相应的调查、监测、评估和修复制度。

第三十三条　各级人民政府应当加强对农业环境的保护，促进农业环境保护新技术的使用，加强对农业污染源的监测预警，统筹有关部门采取措施，防治土壤污染和土地沙化、盐渍化、贫瘠化、石漠化、地面沉降以及防治植被破坏、水土流失、水体富营养化、水源枯竭、种源灭绝等生态失调现象，推广植物病虫害的综合防治。

县级、乡级人民政府应当提高农村环境保护公共服务水平，推动农村环境综合整治。

第三十四条　国务院和沿海地方各级人民政府应当加强对海洋环境的保护。向海洋排放污染物、倾倒废弃物，进行海岸工程和海洋工程建设，应当符合法律法规规定和有关标准，防止和减少对海洋环境的污染损害。

第三十五条　城乡建设应当结合当地自然环境的特点，保护植被、水域和自然景观，加强城市园林、绿地和风景名胜区的建设与管理。

第三十六条　国家鼓励和引导公民、法人和其他组织使用有利于保护环境的产品和再生产品，减少废弃物的产生。

国家机关和使用财政资金的其他组织应当优先采购和使用节能、节水、节材等有利于保护环境的产品、设备和设施。

第三十七条　地方各级人民政府应当采取措施，组织对生活废弃物的分类处置、回收利用。

第三十八条　公民应当遵守环境保护法律法规，配合实施环境保护措施，按照规定对生活废弃物进行分类放置，减少日常生活对环境造成的损害。

第三十九条　国家建立、健全环境与健康监测、调查和风险评估制度；鼓励和组织开展环境质量对公众健康影响的研究，采取措施预防和控制与环境污染有关的疾病。

第四章　防治污染和其他公害

第四十条　国家促进清洁生产和资源循环利用。

国务院有关部门和地方各级人民政府应当采取措施，推广清洁能源的生产和使用。

企业应当优先使用清洁能源，采用资源利用率高、污染物排放量少的工艺、设备以及废弃物综合利用技术和污染物无害化处理技术，减少污染物的产生。

第四十一条　建设项目中防治污染的设施，应当与主体工程同时设计、同时施工、同时投产使用。防治污染的设施应当符合经批准的环境影响评价文件的要求，不得擅自拆除或者闲置。

第四十二条　排放污染物的企业事业单位和其他生产经营者，应当采取措施，防治在生产建设或者其他活动中产生的废气、废水、废渣、医疗废物、粉尘、恶臭气体、放射性物质以及噪声、振动、光辐射、电磁辐射等对环境的污染和危害。

排放污染物的企业事业单位，应当建立环境保护责任制度，明确单位负责人和相关人员的责任。

重点排污单位应当按照国家有关规定和监测规范安装使用监测设备，保证监测设备正常运行，保存原始监测记录。

严禁通过暗管、渗井、渗坑、灌注或者篡改、伪造监测数据，或者不正常运行防治污染设施等逃避监管的方式违法排放污染物。

第四十三条　排放污染物的企业事业单位和其他生产经营者，应当按照国家有关规定缴纳排污费。排污费应当全部专项用于环境污染防治，任何单位和个人不得截留、挤占或者挪作他用。

依照法律规定征收环境保护税的，不再征收排污费。

第四十四条　国家实行重点污染物排放总量控制制度。重点污染物排放总量控制指标由国务院下达，省、自治区、直辖市人民政府分解落实。企业事业单位在执行国家和地方污染物排放标准的同时，应当遵守分解落实到本单位的重点污染物排放总量控制指标。

对超过国家重点污染物排放总量控制指标或者未完成国家确定的环境质量目标的地区，省级以上人民政府环境保护主管部门应当暂停审批其新增重点污染物排放总量的建设项目环境影响评价文件。

第四十五条　国家依照法律规定实行排污许可管理制度。

实行排污许可管理的企业事业单位和其他生产经营者应当按照排污许可证的要求排放污染物；未取得排污许可证的，不得排放污染物。

第四十六条　国家对严重污染环境的工艺、设备和产品实行淘汰制度。任何单位和个人不得生产、销售或者转移、使用严重污染环境的工艺、设备和产品。

禁止引进不符合我国环境保护规定的技术、设备、材料和产品。

第四十七条　各级人民政府及其有关部门和企业事业单位，应当依照《中华人民共和国突发事件应对法》的规定，做好突发环境事件的风险控制、应急准备、应急处置和事后恢复等工作。

县级以上人民政府应当建立环境污染公共监测预警机制，组织制定预警方案；环境受到污染，可能影响公众健康和环境安全时，依法及时公布预警信息，启动应急措施。

企业事业单位应当按照国家有关规定制定突发环境事件应急预案，报环境保护主管部门和有关部门备案。在发生或者可能发生突发环境事件时，企业事业单位应当立即采取措施处理，及时通报可能受到危害的单位和居民，并向环境保护主管部门和有关部门报告。

突发环境事件应急处置工作结束后，有关人民政府应当立即组织评估事件造成的环境影响和损失，并及时将评估结果向社会公布。

第四十八条　生产、储存、运输、销售、使用、处置化学物品和含有放射性物质的物品，应当遵守国家有关规定，防止污染环境。

第四十九条　各级人民政府及其农业等有关部门和机构应当指导农业生产经营者科学种植和养殖，科学合理施用农药、化肥等农业投入品，科学处置农用薄膜、农作物秸秆等农业废弃物，防止农业面源污染。

禁止将不符合农用标准和环境保护标准的固体废物、废水施入农田。施用农药、化肥等农业投入品及进行灌溉，应当采取措施，防止重金属和其他有毒有害物质污染环境。

畜禽养殖场、养殖小区、定点屠宰企业等的选址、建设和管理应当符合有关法律法规规定。从事畜禽养殖和屠宰的单位和个人应当采取措施，对畜禽粪便、尸体和污水等废弃物进行科学处置，防止污染环境。

县级人民政府负责组织农村生活废弃物的处置工作。

第五十条　各级人民政府应当在财政预算中安排资金，支持农村饮用水水源地保护、生活污水和其他废弃物处理、畜禽养殖和屠宰污染防治、土壤污染防治和农村工矿污染治理等环境保护工作。

第五十一条　各级人民政府应当统筹城乡建设污水处理设施及配套管网，固体废物的收集、运输和处置等环境卫生设施，危险废物集中处置设施、场所以及其他环境保护公共设施，并保障其正常运行。

第五十二条　国家鼓励投保环境污染责任保险。

第五章　信息公开和公众参与

第五十三条　公民、法人和其他组织依法享有获取环境信息、参与和监督环境保护的权利。

各级人民政府环境保护主管部门和其他负有环境保护监督管理职责的部门，应当依法公开环境信息、完善公众参与程序，为公民、法人和其他组织参与和监督环境保护提供便利。

第五十四条　国务院环境保护主管部门统一发布国家环境质量、重点污染源监测信息及其他重大环境信息。省级以上人民政府环境保护主管部门定期发布环境状况公报。

县级以上人民政府环境保护主管部门和其他负有环境保护监督管理职责的部门，应当依法公开环境质量、环境监测、突发环境事件以及环境行政许可、行政处罚、排污费的征收和使用情况等信息。

县级以上地方人民政府环境保护主管部门和其他负有环境保护监督管理职责的部门，应当将企业事业单位和其他生产经营者的环境违法信息记入社会诚信档案，及时向社会公布违法者名单。

第五十五条　重点排污单位应当如实向社会公开其主要污染物的名称、排放方式、排放浓度和总量、超标排放情况，以及防治污染设施的建设和运行情况，接受社会监督。

第五十六条　对依法应当编制环境影响报告书的建设项目，建设单位应当在编制时向可能受影响的公众说明情况，充分征求意见。

负责审批建设项目环境影响评价文件的部门在收到建设项目环境影响报告书后，除涉及国家秘密和商业秘密的事项外，应当全文公开；发现建设项目未充分征求公众意见的，应当责成建设单位征求公众意见。

第五十七条　公民、法人和其他组织发现任何单位和个人有污染环境和破坏生态行为的，有权向环境保护主管部门或者其他负有环境保护监督管理职责的部门举报。

公民、法人和其他组织发现地方各级人民政府、县级以上人民政府环境保护主管部门和其他负有环境保护监督管理职责的部门不依法履行职责的，有权向其上级机关或者监察机关举报。

接受举报的机关应当对举报人的相关信息予以保密，保护举报人的合法权益。

第五十八条　对污染环境、破坏生态，损害社会公共利益的行为，符合下列条件的社会组织可以向人民法院提起诉讼：

（一）依法在设区的市级以上人民政府民政部门登记；

（二）专门从事环境保护公益活动连续五年以上且无违法记录。

符合前款规定的社会组织向人民法院提起诉讼，人民法院应当依法受理。

提起诉讼的社会组织不得通过诉讼牟取经济利益。

第六章　法律责任

第五十九条　企业事业单位和其他生产经营者违法排放污染物，受到罚款处罚，被责令改正，拒不改正的，依法作出处罚决定的行政机关可以自责令改正之日的次日起，按照原处罚数额按日连续处罚。

前款规定的罚款处罚，依照有关法律法规按照防治污染设施的运行成本、违法行为造成的直接损失或者违法所得等因素确定的规定执行。

地方性法规可以根据环境保护的实际需要，增加第一款规定的按日连续处罚的违法行为的种类。

第六十条　企业事业单位和其他生产经营者超过污染物排放标准或者超过重点污染物排放总量控制指标排放污染物的，县级以上人民政府环境保护主管部门可以责令其采取限制生产、停产整治等措施；情节严重的，报经有批准权的人民政府批准，责令停业、关闭。

第六十一条　建设单位未依法提交建设项目环境影响评价文件或者环境影响评价文件未经批准，擅自开工建设的，由负有环境保护监督管理职责的部门责令停止建设，处以罚款，并可以责令恢复原状。

第六十二条　违反本法规定，重点排污单位不公开或者不如实公开环境信息的，由县级以上地方人民政府环境保护主管部门责令公开，处以罚款，并予以公告。

第六十三条　企业事业单位和其他生产经营者有下列行为之一，尚不构成犯罪的，除依照有关法律法规规定予以处罚外，由县级以上人民政府环境保护主管部门或者其他有关部门将案件移送公安机关，对其直接负责的主管人员和其他直接责任人员，处十日以上十五日以下拘留；情节较轻的，处五日以上十日以下拘留：

（一）建设项目未依法进行环境影响评价，被责令停止建设，拒不执行的；

（二）违反法律规定，未取得排污许可证排放污染物，被责令停止排污，拒不执行的；

（三）通过暗管、渗井、渗坑、灌注或者篡改、伪造监测数据，或者不正常运行防治污染设施等逃避监管的方式违法排放污染物的；

（四）生产、使用国家明令禁止生产、使用的农药，被责令改正，拒不改正的。

第六十四条　因污染环境和破坏生态造成损害的，应当依照《中华人民共和国侵权责任法》的有关规定承担侵权责任。

第六十五条　环境影响评价机构、环境监测机构以及从事环境监测设备和防治污染设施维护、运营的机构，在有关环境服务活动中弄虚作假，对造成的环境污染和生态破坏负有责任的，除依照有关法律法规规定予以处罚外，还应当与造成环境污染和生态破坏的其他责任者承担连带责任。

第六十六条　提起环境损害赔偿诉讼的时效期间为三年，从当事人知道或者应当知道其受到损害时起计算。

第六十七条　上级人民政府及其环境保护主管部门应当加强对下级人民政府及其有关部门环境保护工作的监督。发现有关工作人员有违法行为，依法应当给予处分的，应当向其任免机关或者监察机关提出处分建议。

依法应当给予行政处罚，而有关环境保护主管部门不给予行政处罚的，上级人民政府环境保护主管部门可以直接作出行政处罚的决定。

第六十八条　地方各级人民政府、县级以上人民政府环境保护主管部门和其他负有环境保护监督管理职责的部门有下列行为之一的，对直接负责的主管人员和其他直接责任人员给予记过、记大过或者降级处分；造成严重后果的，给予撤职或者开除处分，其主要负责人应当引咎辞职：

（一）不符合行政许可条件准予行政许可的；

（二）对环境违法行为进行包庇的；

（三）依法应当作出责令停业、关闭的决定而未作出的；

（四）对超标排放污染物、采用逃避监管的方式排放污染物、造成环境事故以及不落实生态保护措施造成生态破坏等行为，发现或者接到举报未及时查处的；

（五）违反本法规定，查封、扣押企业事业单位和其他生产经营者的设施、设备的；

（六）篡改、伪造或者指使篡改、伪造监测数据的；

（七）应当依法公开环境信息而未公开的；

（八）将征收的排污费截留、挤占或者挪作他用的；

（九）法律法规规定的其他违法行为。

第六十九条　违反本法规定，构成犯罪的，依法追究刑事责任。

第七章　附　则

第七十条　本法自2015年1月1日起施行。

3. 中华人民共和国固体废物污染环境防治法

（1995年10月30日第八届全国人民代表大会常务委员会第十六次会议通过　2004年12月29日第十届全国人民代表大会常务委员会第十三次会议修订　根据2013年6月29日第十二届全国人民代表大会常务委员会第三次会议《关于修改〈中华人民共和国文物保护法〉等十二部法律的决定》第一次修正　根据2015年4月24日第十二届全国人民代表大会常务委员会第十四次会议《关于修改〈中华人民共和国港口法〉等七部法律的决定》第二次修正　根据2016年11月7日主席令第57号《全国人大常委会关于修改〈中华人民共和国对外贸易法〉等十二部法律的决定》第三次修改）

第一章　总　则

第一条　为了防治固体废物污染环境，保障人体健康，维护生态安全，促进经济社会可持续发展，制定本法。

第二条　本法适用于中华人民共和国境内固体废物污染环境的防治。

固体废物污染海洋环境的防治和放射性固体废物污染环境的防治不适用本法。

第三条　国家对固体废物污染环境的防治，实行减少固体废物的产生量和危害性、充分合理利用固体废物和无害化处置固体废物的原则，促进清洁生产和循环经济发展。

国家采取有利于固体废物综合利用活动的经济、技术政策和措施，对固体废物实行充分回收和合理利用。

国家鼓励、支持采取有利于保护环境的集中处置固体废物的措施，促进固体废物污染环境防治产业发展。

第四条　县级以上人民政府应当将固体废物污染环境防治工作纳入国民经济和社会发展计划，并采取有利于固体废物污染环境防治的经济、技术政策和措施。

国务院有关部门、县级以上地方人民政府及其有关部门组织编制城乡建设、土地利用、区域开发、产业发展等规划，应当统筹考虑减少固体废物的产生量和危害性、促进固体废物的综合利用和无害化处置。

第五条　国家对固体废物污染环境防治实行污染者依法负责的原则。

产品的生产者、销售者、进口者、使用者对其产生的固体废物依法承担污染防治责任。

第六条　国家鼓励、支持固体废物污染环境防治的科学研究、技术开发、推广先进的防治技术和普及固体废物污染环境防治的科学知识。

各级人民政府应当加强防治固体废物污染环境的宣传教育，倡导有利于环境保护的生产方式和生活方式。

第七条　国家鼓励单位和个人购买、使用再生产品和可重复利用产品。

第八条　各级人民政府对在固体废物污染环境防治工作以及相关的综合利用活动中作出显著成绩的单位和个人给予奖励。

第九条　任何单位和个人都有保护环境的义务，并有权对造成固体废物污染环境的单位和个人进行检举和控告。

第十条　国务院环境保护行政主管部门对全国固体废物污染环境的防治工作实施统一监督管理。国务院有关部门在各自的职责范围内负责固体废物污染环境防治的监督管理工作。

县级以上地方人民政府环境保护行政主管部门对本行政区域内固体废物污染环境的防治工作实施统一监督管理。县级以上地方人民政府有关部门在各自的职责范围内负责固体废物污染环境防治的监督管理工作。

国务院建设行政主管部门和县级以上地方人民政府环境卫生行政主管部门负责生活垃圾清扫、收集、贮存、运输和处置的监督管理工作。

第二章　固体废物污染环境防治的监督管理

第十一条　国务院环境保护行政主管部门会同国务院有关行政主管部门根据国家环境质量标准和国家经济、技术条件，制定国家固体废物污染环境防治技术标准。

第十二条　国务院环境保护行政主管部门建立固体废物污染环境监测制度，制定统一的监测规范，并会同有关部门组织监测网络。

大、中城市人民政府环境保护行政主管部门应当定期发布固体废物的种类、产生量、处置状况等信息。

第十三条　建设产生固体废物的项目以及建设贮存、利用、处置固体废物的项目，必须依法进行环境影响评价，并遵守国家有关建设项目环境保护管理的规定。

第十四条　建设项目的环境影响评价文件确定需要配套建设的固体废物污染环境防治设施，必须与主体工程同时设计、同时施工、同时投入使用。固体废物污染环境防治设施必须经原审批环境影响评价文件的环境保护行政主管部门验收合格后，该建设项目方可投入生产或者使用。对固体废物污染环境防治设施的验收应当与对主体工程的验收同时进行。

第十五条　县级以上人民政府环境保护行政主管部门和其他固体废物污染环境防治工作的监督管理部门，有权依据各自的职责对管辖范围内与固体废物污染环境防治有关的单位进行现场检查。被检查的单位应当如实反映情况，提供必要的资料。检查机关应当为被检查的单位保守技术秘密和业务秘密。

检查机关进行现场检查时，可以采取现场监测、采集样品、查阅或者复制与固体废物污染环境防治相关的资料等措施。检查人员进行现场检查，应当出示证件。

第三章 固体废物污染环境的防治

第一节 一般规定

第十六条 产生固体废物的单位和个人，应当采取措施，防止或者减少固体废物对环境的污染。

第十七条 收集、贮存、运输、利用、处置固体废物的单位和个人，必须采取防扬散、防流失、防渗漏或者其他防止污染环境的措施；不得擅自倾倒、堆放、丢弃、遗撒固体废物。

禁止任何单位或者个人向江河、湖泊、运河、渠道、水库及其最高水位线以下的滩地和岸坡等法律、法规规定禁止倾倒、堆放废弃物的地点倾倒、堆放固体废物。

第十八条 产品和包装物的设计、制造，应当遵守国家有关清洁生产的规定。国务院标准化行政主管部门应当根据国家经济和技术条件、固体废物污染环境防治状况以及产品的技术要求，组织制定有关标准，防止过度包装造成环境污染。

生产、销售、进口依法被列入强制回收目录的产品和包装物的企业，必须按照国家有关规定对该产品和包装物进行回收。

第十九条 国家鼓励科研、生产单位研究、生产易回收利用、易处置或者在环境中可降解的薄膜覆盖物和商品包装物。

使用农用薄膜的单位和个人，应当采取回收利用等措施，防止或者减少农用薄膜对环境的污染。

第二十条 从事畜禽规模养殖应当按照国家有关规定收集、贮存、利用或者处置养殖过程中产生的畜禽粪便，防止污染环境。

禁止在人口集中地区、机场周围、交通干线附近以及当地人民政府划定的区域露天焚烧秸秆。

第二十一条 对收集、贮存、运输、处置固体废物的设施、设备和场所，应当加强管理和维护，保证其正常运行和使用。

第二十二条 在国务院和国务院有关主管部门及省、自治区、直辖市人民政府划定的自然保护区、风景名胜区、饮用水水源保护区、基本农田保护区和其他需要特别保护的区域内，禁止建设工业固体废物集中贮存、处置的设施、场所和生活垃圾填埋场。

第二十三条 转移固体废物出省、自治区、直辖市行政区域贮存、处置的，应当向固体废物移出地的省、自治区、直辖市人民政府环境保护行政主管部门提出申请。移出地的省、自治区、直辖市人民政府环境保护行政主管部门应当商经接受地的省、自治区、直辖市人民政府环境保护行政主管部门同意后，方可批准转移该固体废物出省、自治区、直辖市行政区域。未经批准的，不得转移。

第二十四条 禁止中华人民共和国境外的固体废物进境倾倒、堆放、处置。

第二十五条　禁止进口不能用作原料或者不能以无害化方式利用的固体废物；对可以用作原料的固体废物实行限制进口和非限制进口分类管理。

国务院环境保护行政主管部门会同国务院对外贸易主管部门、国务院经济综合宏观调控部门、海关总署、国务院质量监督检验检疫部门制定、调整并公布禁止进口、限制进口和非限制进口的固体废物目录。

禁止进口列入禁止进口目录的固体废物。进口列入限制进口目录的固体废物，应当经国务院环境保护行政主管部门会同国务院对外贸易主管部门审查许可。

进口的固体废物必须符合国家环境保护标准，并经质量监督检验检疫部门检验合格。

进口固体废物的具体管理办法，由国务院环境保护行政主管部门会同国务院对外贸易主管部门、国务院经济综合宏观调控部门、海关总署、国务院质量监督检验检疫部门制定。

第二十六条　进口者对海关将其所进口的货物纳入固体废物管理范围不服的，可以依法申请行政复议，也可以向人民法院提起行政诉讼。

第二节　工业固体废物污染环境的防治

第二十七条　国务院环境保护行政主管部门应当会同国务院经济综合宏观调控部门和其他有关部门对工业固体废物对环境的污染作出界定，制定防治工业固体废物污染环境的技术政策，组织推广先进的防治工业固体废物污染环境的生产工艺和设备。

第二十八条　国务院经济综合宏观调控部门应当会同国务院有关部门组织研究、开发和推广减少工业固体废物产生量和危害性的生产工艺和设备，公布限期淘汰产生严重污染环境的工业固体废物的落后生产工艺、落后设备的名录。

生产者、销售者、进口者、使用者必须在国务院经济综合宏观调控部门会同国务院有关部门规定的期限内分别停止生产、销售、进口或者使用列入前款规定的名录中的设备。生产工艺的采用者必须在国务院经济综合宏观调控部门会同国务院有关部门规定的期限内停止采用列入前款规定的名录中的工艺。

列入限期淘汰名录被淘汰的设备，不得转让给他人使用。

第二十九条　县级以上人民政府有关部门应当制定工业固体废物污染环境防治工作规划，推广能够减少工业固体废物产生量和危害性的先进生产工艺和设备，推动工业固体废物污染环境防治工作。

第三十条　产生工业固体废物的单位应当建立、健全污染环境防治责任制度，采取防治工业固体废物污染环境的措施。

第三十一条　企业事业单位应当合理选择和利用原材料、能源和其他资源，采用先进的生产工艺和设备，减少工业固体废物产生量，降低工业固体废物的危害性。

第三十二条　国家实行工业固体废物申报登记制度。

产生工业固体废物的单位必须按照国务院环境保护行政主管部门的规定，向所在地县级以上地方人民政府环境保护行政主管部门提供工业固体废物的种类、产生量、流向、贮存、处置等有关资料。

前款规定的申报事项有重大改变的，应当及时申报。

第三十三条　企业事业单位应当根据经济、技术条件对其产生的工业固体废物加以利用；对暂时不利用或者不能利用的，必须按照国务院环境保护行政主管部门的规定建设贮存设施、场所，安全分类存放，或者采取无害化处置措施。

建设工业固体废物贮存、处置的设施、场所，必须符合国家环境保护标准。

第三十四条　禁止擅自关闭、闲置或者拆除工业固体废物污染环境防治设施、场所；确有必要关闭、闲置或者拆除的，必须经所在地县级以上地方人民政府环境保护行政主管部门核准，并采取措施，防止污染环境。

第三十五条　产生工业固体废物的单位需要终止的，应当事先对工业固体废物的贮存、处置的设施、场所采取污染防治措施，并对未处置的工业固体废物作出妥善处置，防止污染环境。

产生工业固体废物的单位发生变更的，变更后的单位应当按照国家有关环境保护的规定对未处置的工业固体废物及其贮存、处置的设施、场所进行安全处置或者采取措施保证该设施、场所安全运行。变更前当事人对工业固体废物及其贮存、处置的设施、场所的污染防治责任另有约定的，从其约定；但是，不得免除当事人的污染防治义务。

对本法施行前已经终止的单位未处置的工业固体废物及其贮存、处置的设施、场所进行安全处置的费用，由有关人民政府承担；但是，该单位享有的土地使用权依法转让的，应当由土地使用权受让人承担处置费用。当事人另有约定的，从其约定；但是，不得免除当事人的污染防治义务。

第三十六条　矿山企业应当采取科学的开采方法和选矿工艺，减少尾矿、矸石、废石等矿业固体废物的产生量和贮存量。

尾矿、矸石、废石等矿业固体废物贮存设施停止使用后，矿山企业应当按照国家有关环境保护规定进行封场，防止造成环境污染和生态破坏。

第三十七条　拆解、利用、处置废弃电器产品和废弃机动车船，应当遵守有关法律、法规的规定，采取措施，防止污染环境。

第三节　生活垃圾污染环境的防治

第三十八条　县级以上人民政府应当统筹安排建设城乡生活垃圾收集、运输、处置设施，提高生活垃圾的利用率和无害化处置率，促进生活垃圾收集、处置的产业化发展，逐步建立和完善生活垃圾污染环境防治的社会服务体系。

第三十九条　县级以上地方人民政府环境卫生行政主管部门应当组织对城市生活垃圾进行清扫、收集、运输和处置，可以通过招标等方式选择具备条件的单位从事生活垃圾的清扫、收集、运输和处置。

第四十条　对城市生活垃圾应当按照环境卫生行政主管部门的规定，在指定的地点放置，不得随意倾倒、抛撒或者堆放。

第四十一条　清扫、收集、运输、处置城市生活垃圾，应当遵守国家有关环境保护和环境卫生管理的规定，防止污染环境。

第四十二条　对城市生活垃圾应当及时清运，逐步做到分类收集和运输，并积极开展合理利用和实施无害化处置。

第四十三条　城市人民政府应当有计划地改进燃料结构，发展城市煤气、天然气、液化气和其他清洁能源。

城市人民政府有关部门应当组织净菜进城，减少城市生活垃圾。

城市人民政府有关部门应当统筹规划，合理安排收购网点，促进生活垃圾的回收利用工作。

第四十四条　建设生活垃圾处置的设施、场所，必须符合国务院环境保护行政主管部门和国务院建设行政主管部门规定的环境保护和环境卫生标准。

禁止擅自关闭、闲置或者拆除生活垃圾处置的设施、场所；确有必要关闭、闲置或者拆除的，必须经所在地的市、县级人民政府环境卫生行政主管部门商所在地环境保护行政主管部门同意后核准，并采取措施，防止污染环境。

第四十五条　从生活垃圾中回收的物质必须按照国家规定的用途或者标准使用，不得用于生产可能危害人体健康的产品。

第四十六条　工程施工单位应当及时清运工程施工过程中产生的固体废物，并按照环境卫生行政主管部门的规定进行利用或者处置。

第四十七条　从事公共交通运输的经营单位，应当按照国家有关规定，清扫、收集运输过程中产生的生活垃圾。

第四十八条　从事城市新区开发、旧区改建和住宅小区开发建设的单位，以及机场、码头、车站、公园、商店等公共设施、场所的经营管理单位，应当按照国家有关环境卫生的规定，配套建设生活垃圾收集设施。

第四十九条　农村生活垃圾污染环境防治的具体办法，由地方性法规规定。

第四章　危险废物污染环境防治的特别规定

第五十条　危险废物污染环境的防治，适用本章规定；本章未作规定的，适用本法其他有关规定。

第五十一条　国务院环境保护行政主管部门应当会同国务院有关部门制定国家危险废物名录，规定统一的危险废物鉴别标准、鉴别方法和识别标志。

第五十二条　对危险废物的容器和包装物以及收集、贮存、运输、处置危险废物的设施、场所，必须设置危险废物识别标志。

第五十三条　产生危险废物的单位，必须按照国家有关规定制定危险废物管理计划，并向所在地县级以上地方人民政府环境保护行政主管部门申报危险废物的种类、产生量、流向、贮存、处置等有关资料。

前款所称危险废物管理计划应当包括减少危险废物产生量和危害性的措施以及危险废物贮存、利用、处置措施。危险废物管理计划应当报产生危险废物的单位所在地县级以上地方人民政府环境保护行政主管部门备案。

本条规定的申报事项或者危险废物管理计划内容有重大改变的，应当及时申报。

第五十四条　国务院环境保护行政主管部门会同国务院经济综合宏观调控部门组织编制危险废物集中处置设施、场所的建设规划，报国务院批准后实施。

县级以上地方人民政府应当依据危险废物集中处置设施、场所的建设规划组织建设危险废物集中处置设施、场所。

第五十五条　产生危险废物的单位，必须按照国家有关规定处置危险废物，不得擅自倾倒、堆放；不处置的，由所在地县级以上地方人民政府环境保护行政主管部门责令限期改正；逾期不处置或者处置不符合国家有关规定的，由所在地县级以上地方人民政府环境保护行政主管部门指定单位按照国家有关规定代为处置，处置费用由产生危险废物的单位承担。

第五十六条　以填埋方式处置危险废物不符合国务院环境保护行政主管部门规定的，应当缴纳危险废物排污费。危险废物排污费征收的具体办法由国务院规定。

危险废物排污费用于污染环境的防治，不得挪作他用。

第五十七条　从事收集、贮存、处置危险废物经营活动的单位，必须向县级以上人民政府环境保护行政主管部门申请领取经营许可证；从事利用危险废物经营活动的单位，必须向国务院环境保护行政主管部门或者省、自治区、直辖市人民政府环境保护行政主管部门申请领取经营许可证。具体管理办法由国务院规定。

禁止无经营许可证或者不按照经营许可证规定从事危险废物收集、贮存、利用、处置的经营活动。

禁止将危险废物提供或者委托给无经营许可证的单位从事收集、贮存、利用、处置的经营活动。

第五十八条　收集、贮存危险废物，必须按照危险废物特性分类进行。禁止混合收集、贮存、运输、处置性质不相容而未经安全性处置的危险废物。

贮存危险废物必须采取符合国家环境保护标准的防护措施，并不得超过一年；确需延长期限的，必须报经原批准经营许可证的环境保护行政主管部门批准；法律、行政法规另有规定的除外。

禁止将危险废物混入非危险废物中贮存。

第五十九条　转移危险废物的，必须按照国家有关规定填写危险废物转移联单。跨省、自治区、直辖市转移危险废物的，应当向危险废物移出地省、自治区、直辖市人民政府环境保护行政主管部门申请。移出地省、自治区、直辖市人民政府环境保护行政主管部门应当商经接受地省、自治区、直辖市人民政府环境保护行政主管部门同意后，方可批准转移该危险废物。未经批准的，不得转移。

转移危险废物途经移出地、接受地以外行政区域的，危险废物移出地设区的市级以上地方人民政府环境保护行政主管部门应当及时通知沿途经过的设区的市级以上地方人民政府环境保护行政主管部门。

第六十条　运输危险废物，必须采取防止污染环境的措施，并遵守国家有关危险货物运输管理的规定。

禁止将危险废物与旅客在同一运输工具上载运。

第六十一条　收集、贮存、运输、处置危险废物的场所、设施、设备和容器、包装物及其他物品转作他用时，必须经过消除污染的处理，方可使用。

第六十二条　产生、收集、贮存、运输、利用、处置危险废物的单位，应当制定意外事故的防范措施和应急预案，并向所在地县级以上地方人民政府环境保护行政主管部门备案；环境保护行政主管部门应当进行检查。

第六十三条　因发生事故或者其他突发性事件，造成危险废物严重污染环境的单位，必须立即采取措施消除或者减轻对环境的污染危害，及时通报可能受到污染危害的单位和居民，并向所在地县级以上地方人民政府环境保护行政主管部门和有关部门报告，接受调查处理。

第六十四条　在发生或者有证据证明可能发生危险废物严重污染环境、威胁居民生命财产安全时，县级以上地方人民政府环境保护行政主管部门或者其他固体废物污染环境防治工作的监督管理部门必须立即向本级人民政府和上一级人民政府有关行政主管部门报告，由人民政府采取防止或者减轻危害的有效措施。有关人民政府可以根据需要责令停止导致或者可能导致环境污染事故的作业。

第六十五条　重点危险废物集中处置设施、场所的退役费用应当预提，列入投资概算或者经营成本。具体提取和管理办法，由国务院财政部门、价格主管部门会同国务院环境保护行政主管部门规定。

第六十六条　禁止经中华人民共和国过境转移危险废物。

第五章　法律责任

第六十七条　县级以上人民政府环境保护行政主管部门或者其他固体废物污染环境防治工作的监督管理部门违反本法规定，有下列行为之一的，由本级人民政府或者上级人民政府有关行政主管部门责令改正，对负有责任的主管人员和其他直接责任人员依法给予行政处分；构成犯罪的，依法追究刑事责任：

（一）不依法作出行政许可或者办理批准文件的；

（二）发现违法行为或者接到对违法行为的举报后不予查处的；

（三）有不依法履行监督管理职责的其他行为的。

第六十八条　违反本法规定，有下列行为之一的，由县级以上人民政府环境保护行政主管部门责令停止违法行为，限期改正，处以罚款：

（一）不按照国家规定申报登记工业固体废物，或者在申报登记时弄虚作假的；

（二）对暂时不利用或者不能利用的工业固体废物未建设贮存的设施、场所安全分类存放，或者未采取无害化处置措施的；

（三）将列入限期淘汰名录被淘汰的设备转让给他人使用的；

（四）擅自关闭、闲置或者拆除工业固体废物污染环境防治设施、场所的；

（五）在自然保护区、风景名胜区、饮用水水源保护区、基本农田保护区和其他需要特别保护的区域内，建设工业固体废物集中贮存、处置的设施、场所和生活垃圾填埋场的；

（六）擅自转移固体废物出省、自治区、直辖市行政区域贮存、处置的；

（七）未采取相应防范措施，造成工业固体废物扬散、流失、渗漏或者造成其他环境污染的；

（八）在运输过程中沿途丢弃、遗撒工业固体废物的。

有前款第一项、第八项行为之一的，处五千元以上五万元以下的罚款；有前款第二项、第三项、第四项、第五项、第六项、第七项行为之一的，处一万元以上十万元以下的罚款。

第六十九条　违反本法规定，建设项目需要配套建设的固体废物污染环境防治设施未建成、未经验收或者验收不合格，主体工程即投入生产或者使用的，由审批该建设项目环境影响评价文件的环境保护行政主管部门责令停止生产或者使用，可以并处十万元以下的罚款。

第七十条　违反本法规定，拒绝县级以上人民政府环境保护行政主管部门或者其他固体废物污染环境防治工作的监督管理部门现场检查的，由执行现场检查的部门责令限期改正；拒不改正或者在检查时弄虚作假的，处二千元以上二万元以下的罚款。

第七十一条　从事畜禽规模养殖未按照国家有关规定收集、贮存、处置畜禽粪便，造成环境污染的，由县级以上地方人民政府环境保护行政主管部门责令限期改正，可以处五万元以下的罚款。

第七十二条　违反本法规定，生产、销售、进口或者使用淘汰的设备，或者采用淘汰的生产工艺的，由县级以上人民政府经济综合宏观调控部门责令改正；情节严重的，由县级以上人民政府经济综合宏观调控部门提出意见，报请同级人民政府按照国务院规定的权限决定停业或者关闭。

第七十三条　尾矿、矸石、废石等矿业固体废物贮存设施停止使用后，未按照国家有关环境保护规定进行封场的，由县级以上地方人民政府环境保护行政主管部门责令限期改正，可以处五万元以上二十万元以下的罚款。

第七十四条　违反本法有关城市生活垃圾污染环境防治的规定，有下列行为之一的，由县级以上地方人民政府环境卫生行政主管部门责令停止违法行为，限期改正，处以罚款：

（一）随意倾倒、抛撒或者堆放生活垃圾的；

（二）擅自关闭、闲置或者拆除生活垃圾处置设施、场所的；

（三）工程施工单位不及时清运施工过程中产生的固体废物，造成环境污染的；

（四）工程施工单位不按照环境卫生行政主管部门的规定对施工过程中产生的固体废物进行利用或者处置的；

（五）在运输过程中沿途丢弃、遗撒生活垃圾的。

单位有前款第一项、第三项、第五项行为之一的，处五千元以上五万元以下的罚款；有前款第二项、第四项行为之一的，处一万元以上十万元以下的罚款。个人有前款第一项、第五项行为之一的，处二百元以下的罚款。

第七十五条　违反本法有关危险废物污染环境防治的规定，有下列行为之一的，由县级以上人民政府环境保护行政主管部门责令停止违法行为，限期改正，处以罚款：

（一）不设置危险废物识别标志的；

（二）不按照国家规定申报登记危险废物，或者在申报登记时弄虚作假的；

（三）擅自关闭、闲置或者拆除危险废物集中处置设施、场所的；

（四）不按照国家规定缴纳危险废物排污费的；

（五）将危险废物提供或者委托给无经营许可证的单位从事经营活动的；

（六）不按照国家规定填写危险废物转移联单或者未经批准擅自转移危险废物的；

（七）将危险废物混入非危险废物中贮存的；

（八）未经安全性处置，混合收集、贮存、运输、处置具有不相容性质的危险废物的；

（九）将危险废物与旅客在同一运输工具上载运的；

（十）未经消除污染的处理将收集、贮存、运输、处置危险废物的场所、设施、设备和容器、包装物及其他物品转作他用的；

（十一）未采取相应防范措施，造成危险废物扬散、流失、渗漏或者造成其他环境污染的；

（十二）在运输过程中沿途丢弃、遗撒危险废物的；

（十三）未制定危险废物意外事故防范措施和应急预案的。

有前款第一项、第二项、第七项、第八项、第九项、第十项、第十一项、第十二项、第十三项行为之一的，处一万元以上十万元以下的罚款；有前款第三项、第五项、第六项行为之一的，处二万元以上二十万元以下的罚款；有前款第四项行为的，限期缴纳，逾期不缴纳的，处应缴纳危险废物排污费金额一倍以上三倍以下的罚款。

第七十六条　违反本法规定，危险废物产生者不处置其产生的危险废物又不承担依法应当承担的处置费用的，由县级以上地方人民政府环境保护行政主管部门责令限期改正，处代为处置费用一倍以上三倍以下的罚款。

第七十七条　无经营许可证或者不按照经营许可证规定从事收集、贮存、利用、处置危险废物经营活动的，由县级以上人民政府环境保护行政主管部门责令停止违法行为，没收违法所得，可以并处违法所得三倍以下的罚款。

不按照经营许可证规定从事前款活动的，还可以由发证机关吊销经营许可证。

第七十八条　违反本法规定，将中华人民共和国境外的固体废物进境倾倒、堆放、处置的，进口属于禁止进口的固体废物或者未经许可擅自进口属于限制进口的固体废物用作原料的，由海关责令退运该固体废物，可以并处十万元以上一百万元以下的罚款；构成犯罪的，依法追究刑事责任。进口者不明的，由承运人承担退运该固体废物的责任，或者承担该固体废物的处置费用。

逃避海关监管将中华人民共和国境外的固体废物运输进境，构成犯罪的，依法追究刑事责任。

第七十九条　违反本法规定，经中华人民共和国过境转移危险废物的，由海关责令退运该危险废物，可以并处五万元以上五十万元以下的罚款。

第八十条　对已经非法入境的固体废物，由省级以上人民政府环境保护行政主管部门依法向海关提出处理意见，海关应当依照本法第七十八条的规定作出处罚决定；已经造成环境污染的，由省级以上人民政府环境保护行政主管部门责令进口者消除污染。

第八十一条　违反本法规定，造成固体废物严重污染环境的，由县级以上人民政府环境保护行政主管部门按照国务院规定的权限决定限期治理；逾期未完成治理任务的，由本级人民政府决定停业或者关闭。

第八十二条　违反本法规定，造成固体废物污染环境事故的，由县级以上人民政府环境保护行政主管部门处二万元以上二十万元以下的罚款；造成重大损失的，按照直接损失的百分之三十计算罚款，但是最高不超过一百万元，对负有责任的主管人员和其他直接责任人员，依法给予行政处分；造成固体废物污染环境重大事故的，并由县级以上人民政府按照国务院规定的权限决定停业或者关闭。

第八十三条　违反本法规定，收集、贮存、利用、处置危险废物，造成重大环境污染事故，构成犯罪的，依法追究刑事责任。

第八十四条　受到固体废物污染损害的单位和个人，有权要求依法赔偿损失。

赔偿责任和赔偿金额的纠纷，可以根据当事人的请求，由环境保护行政主管部门或者其他固体废物污染环境防治工作的监督管理部门调解处理；调解不成的，当事人可以向人民法院提起诉讼。当事人也可以直接向人民法院提起诉讼。

国家鼓励法律服务机构对固体废物污染环境诉讼中的受害人提供法律援助。

第八十五条　造成固体废物污染环境的，应当排除危害，依法赔偿损失，并采取措施恢复环境原状。

第八十六条　因固体废物污染环境引起的损害赔偿诉讼，由加害人就法律规定的免责事由及其行为与损害结果之间不存在因果关系承担举证责任。

第八十七条　固体废物污染环境的损害赔偿责任和赔偿金额的纠纷，当事人可以委托环境监测机构提供监测数据。环境监测机构应当接受委托，如实提供有关监测数据。

第六章　附　则

第八十八条　本法下列用语的含义：

（一）固体废物，是指在生产、生活和其他活动中产生的丧失原有利用价值或者虽未丧失利用价值但被抛弃或者放弃的固态、半固态和置于容器中的气态的物品、物质以及法律、行政法规规定纳入固体废物管理的物品、物质。

（二）工业固体废物，是指在工业生产活动中产生的固体废物。

（三）生活垃圾，是指在日常生活中或者为日常生活提供服务的活动中产生的固体废物以及法律、行政法规规定视为生活垃圾的固体废物。

（四）危险废物，是指列入国家危险废物名录或者根据国家规定的危险废物鉴别标准和鉴别方法认定的具有危险特性的固体废物。

（五）贮存，是指将固体废物临时置于特定设施或者场所中的活动。

（六）处置，是指将固体废物焚烧和用其他改变固体废物的物理、化学、生物特性的方法，达到减少已产生的固体废物数量、缩小固体废物体积、减少或者消除其危险成份的活动，或者将固体废物最终置于符合环境保护规定要求的填埋场的活动。

（七）利用，是指从固体废物中提取物质作为原材料或者燃料的活动。

第八十九条　液态废物的污染防治，适用本法；但是，排入水体的废水的污染防治适用有关法律，不适用本法。

第九十条　中华人民共和国缔结或者参加的与固体废物污染环境防治有关的国际条约与本法有不同规定的，适用国际条约的规定；但是，中华人民共和国声明保留的条款除外。

第九十一条　本法自2005年4月1日起施行。

4. 中华人民共和国职业病防治法

（2001年10月27日第九届全国人民代表大会常务委员会第二十四次会议通过　根据2011年12月31日第十一届全国人民代表大会常务委员会第二十四次会议《关于修改〈中华人民共和国职业病防治法〉的决定》第一次修正　根据2016年7月2日第十二届全国人民代表大会常务委员会第二十一次会议《关于修改〈中华人民共和国节约能源法〉等六部法律的决定》第二次修正　根据2017年11月4日第十二届全国人民代表大会常务委员会第三十次会议《关于修改〈中华人民共和国会计法〉等十一部法律的决定》第三次修正　根据2018年12月29日第十三届全国人民代表大会常务委员会第七次会议《关于修改〈中华人民共和国劳动法〉等七部法律的决定》第四次修正）

第一章　总　则

第一条　为了预防、控制和消除职业病危害，防治职业病，保护劳动者健康及其相关权益，促进经济社会发展，根据宪法，制定本法。

第二条　本法适用于中华人民共和国领域内的职业病防治活动。

本法所称职业病，是指企业、事业单位和个体经济组织等用人单位的劳动者在职业活动中，因接触粉尘、放射性物质和其他有毒、有害因素而引起的疾病。

职业病的分类和目录由国务院卫生行政部门会同国务院劳动保障行政部门制定、调整并公布。

第三条　职业病防治工作坚持预防为主、防治结合的方针，建立用人单位负责、行政机关监管、行业自律、职工参与和社会监督的机制，实行分类管理、综合治理。

第四条　劳动者依法享有职业卫生保护的权利。

用人单位应当为劳动者创造符合国家职业卫生标准和卫生要求的工作环境和条件，并采取措施保障劳动者获得职业卫生保护。

工会组织依法对职业病防治工作进行监督，维护劳动者的合法权益。用人单位制定或者修改有关职业病防治的规章制度，应当听取工会组织的意见。

第五条　用人单位应当建立、健全职业病防治责任制，加强对职业病防治的管理，提高职业病防治水平，对本单位产生的职业病危害承担责任。

第六条　用人单位的主要负责人对本单位的职业病防治工作全面负责。

第七条　用人单位必须依法参加工伤保险。

国务院和县级以上地方人民政府劳动保障行政部门应当加强对工伤保险的监督管理，确保劳动者依法享受工伤保险待遇。

第八条　国家鼓励和支持研制、开发、推广、应用有利于职业病防治和保护劳动者健康的新技术、新工艺、新设备、新材料，加强对职业病的机理和发生规律的基础研究，提高职业病防治科学技术水平；积极采用有效的职业病防治技术、工艺、设备、材料；限制使用或者淘汰职业病危害严重的技术、工艺、设备、材料。

国家鼓励和支持职业病医疗康复机构的建设。

第九条　国家实行职业卫生监督制度。

国务院卫生行政部门、劳动保障行政部门依照本法和国务院确定的职责，负责全国职业病防治的监督管理工作。国务院有关部门在各自的职责范围内负责职业病防治的有关监督管理工作。

县级以上地方人民政府卫生行政部门、劳动保障行政部门依据各自职责，负责本行政区域内职业病防治的监督管理工作。县级以上地方人民政府有关部门在各自的职责范围内负责职业病防治的有关监督管理工作。

县级以上人民政府卫生行政部门、劳动保障行政部门（以下统称职业卫生监督管理部门）应当加强沟通，密切配合，按照各自职责分工，依法行使职权，承担责任。

第十条　国务院和县级以上地方人民政府应当制定职业病防治规划，将其纳入国民经济和社会发展计划，并组织实施。

县级以上地方人民政府统一负责、领导、组织、协调本行政区域的职业病防治工作，建立健全职业病防治工作体制、机制，统一领导、指挥职业卫生突发事件应对工作；加强职业病防治能力建设和服务体系建设，完善、落实职业病防治工作责任制。

乡、民族乡、镇的人民政府应当认真执行本法，支持职业卫生监督管理部门依法履行职责。

第十一条　县级以上人民政府职业卫生监督管理部门应当加强对职业病防治的宣传教育，普及职业病防治的知识，增强用人单位的职业病防治观念，提高劳动者的职业健康意识、自我保护意识和行使职业卫生保护权利的能力。

第十二条　有关防治职业病的国家职业卫生标准，由国务院卫生行政部门组织制定并公布。

国务院卫生行政部门应当组织开展重点职业病监测和专项调查，对职业健康风险进行评估，为制定职业卫生标准和职业病防治政策提供科学依据。

县级以上地方人民政府卫生行政部门应当定期对本行政区域的职业病防治情况进行统计和调查分析。

第十三条　任何单位和个人有权对违反本法的行为进行检举和控告。有关部门收到相关的检举和控告后，应当及时处理。

对防治职业病成绩显著的单位和个人，给予奖励。

第二章　前期预防

第十四条　用人单位应当依照法律、法规要求，严格遵守国家职业卫生标准，落实职业病预防措施，从源头上控制和消除职业病危害。

第十五条　产生职业病危害的用人单位的设立除应当符合法律、行政法规规定的设立条件外，其工作场所还应当符合下列职业卫生要求：

（一）职业病危害因素的强度或者浓度符合国家职业卫生标准；

（二）有与职业病危害防护相适应的设施；

（三）生产布局合理，符合有害与无害作业分开的原则；

（四）有配套的更衣间、洗浴间、孕妇休息间等卫生设施；

（五）设备、工具、用具等设施符合保护劳动者生理、心理健康的要求；

（六）法律、行政法规和国务院卫生行政部门关于保护劳动者健康的其他要求。

第十六条　国家建立职业病危害项目申报制度。

用人单位工作场所存在职业病目录所列职业病的危害因素的，应当及时、如实向所在地卫生行政部门申报危害项目，接受监督。

职业病危害因素分类目录由国务院卫生行政部门制定、调整并公布。职业病危害项目申报的具体办法由国务院卫生行政部门制定。

第十七条　新建、扩建、改建建设项目和技术改造、技术引进项目（以下统称建设项目）可能产生职业病危害的，建设单位在可行性论证阶段应当进行职业病危害预评价。

医疗机构建设项目可能产生放射性职业病危害的，建设单位应当向卫生行政部门提交放射性职业病危害预评价报告。卫生行政部门应当自收到预评价报告之日起三十日内，作出审核决定并书面通知建设单位。未提交预评价报告或者预评价报告未经卫生行政部门审核同意的，不得开工建设。

职业病危害预评价报告应当对建设项目可能产生的职业病危害因素及其对工作场所和劳动者健康的影响作出评价，确定危害类别和职业病防护措施。

建设项目职业病危害分类管理办法由国务院卫生行政部门制定。

第十八条　建设项目的职业病防护设施所需费用应当纳入建设项目工程预算，并与主体工程同时设计，同时施工，同时投入生产和使用。

建设项目的职业病防护设施设计应当符合国家职业卫生标准和卫生要求；其中，医疗机构放射性职业病危害严重的建设项目的防护设施设计，应当经卫生行政部门审查同意后，方可施工。

建设项目在竣工验收前，建设单位应当进行职业病危害控制效果评价。

医疗机构可能产生放射性职业病危害的建设项目竣工验收时，其放射性职业病防护设施经卫生行政部门验收合格后，方可投入使用；其他建设项目的职业病防护设施应当由建设单位负责依法组织验收，验收合格后，方可投入生产和使用。卫生行政部门应当加强对建设单位组织的验收活动和验收结果的监督核查。

第十九条　国家对从事放射性、高毒、高危粉尘等作业实行特殊管理。具体管理办法由国务院制定。

第三章　劳动过程中的防护与管理

第二十条　用人单位应当采取下列职业病防治管理措施：

（一）设置或者指定职业卫生管理机构或者组织，配备专职或者兼职的职业卫生管理人员，负责本单位的职业病防治工作；

（二）制定职业病防治计划和实施方案；

（三）建立、健全职业卫生管理制度和操作规程；

（四）建立、健全职业卫生档案和劳动者健康监护档案；

（五）建立、健全工作场所职业病危害因素监测及评价制度；

（六）建立、健全职业病危害事故应急救援预案。

第二十一条　用人单位应当保障职业病防治所需的资金投入，不得挤占、挪用，并对因资金投入不足导致的后果承担责任。

第二十二条　用人单位必须采用有效的职业病防护设施，并为劳动者提供个人使用的职业病防护用品。

用人单位为劳动者个人提供的职业病防护用品必须符合防治职业病的要求；不符合要求的，不得使用。

第二十三条　用人单位应当优先采用有利于防治职业病和保护劳动者健康的新技术、新工艺、新设备、新材料，逐步替代职业病危害严重的技术、工艺、设备、材料。

第二十四条　产生职业病危害的用人单位，应当在醒目位置设置公告栏，公布有关职业病防治的规章制度、操作规程、职业病危害事故应急救援措施和工作场所职业病危害因素检测结果。

对产生严重职业病危害的作业岗位，应当在其醒目位置，设置警示标识和中文警示说明。警示说明应当载明产生职业病危害的种类、后果、预防以及应急救治措施等内容。

第二十五条　对可能发生急性职业损伤的有毒、有害工作场所，用人单位应当设置报警装置，配置现场急救用品、冲洗设备、应急撤离通道和必要的泄险区。

对放射工作场所和放射性同位素的运输、贮存，用人单位必须配置防护设备和报警装置，保证接触放射线的工作人员佩戴个人剂量计。

对职业病防护设备、应急救援设施和个人使用的职业病防护用品，用人单位应当进行经常性的维护、检修，定期检测其性能和效果，确保其处于正常状态，不得擅自拆除或者停止使用。

第二十六条　用人单位应当实施由专人负责的职业病危害因素日常监测，并确保监测系统处于正常运行状态。

用人单位应当按照国务院卫生行政部门的规定，定期对工作场所进行职业病危害因素检测、评价。检测、评价结果存入用人单位职业卫生档案，定期向所在地卫生行政部门报告并向劳动者公布。

职业病危害因素检测、评价由依法设立的取得国务院卫生行政部门或者设区的市级以上地方人民政府卫生行政部门按照职责分工给予资质认可的职业卫生技术服务机构进行。职业卫生技术服务机构所作检测、评价应当客观、真实。

发现工作场所职业病危害因素不符合国家职业卫生标准和卫生要求时，用人单位应当立即采取相应治理措施，仍然达不到国家职业卫生标准和卫生要求的，必须停止存在职业病危害因素的作业；职业病危害因素经治理后，符合国家职业卫生标准和卫生要求的，方可重新作业。

第二十七条　职业卫生技术服务机构依法从事职业病危害因素检测、评价工作，接受卫生行政部门的监督检查。卫生行政部门应当依法履行监督职责。

第二十八条　向用人单位提供可能产生职业病危害的设备的，应当提供中文说明书，并在设备的醒目位置设置警示标识和中文警示说明。警示说明应当载明设备性能、可能产生的职业病危害、安全操作和维护注意事项、职业病防护以及应急救治措施等内容。

第二十九条　向用人单位提供可能产生职业病危害的化学品、放射性同位素和含有放射性物质的材料的，应当提供中文说明书。说明书应当载明产品特性、主要成份、存在的有害因素、可能产生的危害后果、安全使用注意事项、职业病防护以及应急救治措施等内容。产品包装应当有醒目的警示标识和中文警示说明。贮存上述材料的场所应当在规定的部位设置危险物品标识或者放射性警示标识。

国内首次使用或者首次进口与职业病危害有关的化学材料，使用单位或者进口单位按照国家规定经国务院有关部门批准后，应当向国务院卫生行政部门报送该化学材料的毒性鉴定以及经有关部门登记注册或者批准进口的文件等资料。

进口放射性同位素、射线装置和含有放射性物质的物品的，按照国家有关规定办理。

第三十条　任何单位和个人不得生产、经营、进口和使用国家明令禁止使用的可能产生职业病危害的设备或者材料。

第三十一条　任何单位和个人不得将产生职业病危害的作业转移给不具备职业病防护条件的单位和个人。不具备职业病防护条件的单位和个人不得接受产生职业病危害的作业。

第三十二条　用人单位对采用的技术、工艺、设备、材料，应当知悉其产生的职业病危害，对有职业病危害的技术、工艺、设备、材料隐瞒其危害而采用的，对所造成的职业病危害后果承担责任。

第三十三条　用人单位与劳动者订立劳动合同（含聘用合同，下同）时，应当将工作过程中可能产生的职业病危害及其后果、职业病防护措施和待遇等如实告知劳动者，并在劳动合同中写明，不得隐瞒或者欺骗。

劳动者在已订立劳动合同期间因工作岗位或者工作内容变更，从事与所订立劳动合同中未告知的存在职业病危害的作业时，用人单位应当依照前款规定，向劳动者履行如实告知的义务，并协商变更原劳动合同相关条款。

用人单位违反前两款规定的，劳动者有权拒绝从事存在职业病危害的作业，用人单位不得因此解除与劳动者所订立的劳动合同。

第三十四条　用人单位的主要负责人和职业卫生管理人员应当接受职业卫生培训，遵守职业病防治法律、法规，依法组织本单位的职业病防治工作。

用人单位应当对劳动者进行上岗前的职业卫生培训和在岗期间的定期职业卫生培训，普及职业卫生知识，督促劳动者遵守职业病防治法律、法规、规章和操作规程，指导劳动者正确使用职业病防护设备和个人使用的职业病防护用品。

劳动者应当学习和掌握相关的职业卫生知识，增强职业病防范意识，遵守职业病防治法律、法规、规章和操作规程，正确使用、维护职业病防护设备和个人使用的职业病防护用品，发现职业病危害事故隐患应当及时报告。

劳动者不履行前款规定义务的，用人单位应当对其进行教育。

第三十五条　对从事接触职业病危害的作业的劳动者，用人单位应当按照国务院卫生行政部门的规定组织上岗前、在岗期间和离岗时的职业健康检查，并将检查结果书面告知劳动者。职业健康检查费用由用人单位承担。

用人单位不得安排未经上岗前职业健康检查的劳动者从事接触职业病危害的作业；不得安排有职业禁忌的劳动者从事其所禁忌的作业；对在职业健康检查中发现有与所从事的职业相关的健康损害的劳动者，应当调离原工作岗位，并妥善安置；对未进行离岗前职业健康检查的劳动者不得解除或者终止与其订立的劳动合同。

职业健康检查应当由取得《医疗机构执业许可证》的医疗卫生机构承担。卫生行政部门应当加强对职业健康检查工作的规范管理，具体管理办法由国务院卫生行政部门制定。

第三十六条　用人单位应当为劳动者建立职业健康监护档案，并按照规定的期限妥善保存。

职业健康监护档案应当包括劳动者的职业史、职业病危害接触史、职业健康检查结果和职业病诊疗等有关个人健康资料。

劳动者离开用人单位时，有权索取本人职业健康监护档案复印件，用人单位应当如实、无偿提供，并在所提供的复印件上签章。

第三十七条　发生或者可能发生急性职业病危害事故时，用人单位应当立即采取应急救援和控制措施，并及时报告所在地卫生行政部门和有关部门。卫生行政部门接到报告后，应当及时会同有关部门组织调查处理；必要时，可以采取临时控制措施。卫生行政部门应当组织做好医疗救治工作。

对遭受或者可能遭受急性职业病危害的劳动者，用人单位应当及时组织救治、进行健康检查和医学观察，所需费用由用人单位承担。

第三十八条　用人单位不得安排未成年工从事接触职业病危害的作业；不得安排孕期、哺乳期的女职工从事对本人和胎儿、婴儿有危害的作业。

第三十九条　劳动者享有下列职业卫生保护权利：

（一）获得职业卫生教育、培训；

（二）获得职业健康检查、职业病诊疗、康复等职业病防治服务；

（三）了解工作场所产生或者可能产生的职业病危害因素、危害后果和应当采取的职业病防护措施；

（四）要求用人单位提供符合防治职业病要求的职业病防护设施和个人使用的职业病防护用品，改善工作条件；

（五）对违反职业病防治法律、法规以及危及生命健康的行为提出批评、检举和控告；

（六）拒绝违章指挥和强令进行没有职业病防护措施的作业；

（七）参与用人单位职业卫生工作的民主管理，对职业病防治工作提出意见和建议。

用人单位应当保障劳动者行使前款所列权利。因劳动者依法行使正当权利而降低其工资、福利等待遇或者解除、终止与其订立的劳动合同的，其行为无效。

第四十条　工会组织应当督促并协助用人单位开展职业卫生宣传教育和培训，有权对用人单位的职业病防治工作提出意见和建议，依法代表劳动者与用人单位签订劳动安全卫生专项集体合同，与用人单位就劳动者反映的有关职业病防治的问题进行协调并督促解决。

工会组织对用人单位违反职业病防治法律、法规，侵犯劳动者合法权益的行为，有权要求纠正；产生严重职业病危害时，有权要求采取防护措施，或者向政府有关部门建议采取强制性措施；发生职业病危害事故时，有权参与事故调查处理；发现危及劳动者生命健康的情形时，有权向用人单位建议组织劳动者撤离危险现场，用人单位应当立即作出处理。

第四十一条　用人单位按照职业病防治要求，用于预防和治理职业病危害、工作场所卫生检测、健康监护和职业卫生培训等费用，按照国家有关规定，在生产成本中据实列支。

第四十二条　职业卫生监督管理部门应当按照职责分工，加强对用人单位落实职业病防护管理措施情况的监督检查，依法行使职权，承担责任。

第四章　职业病诊断与职业病病人保障

第四十三条　职业病诊断应当由取得《医疗机构执业许可证》的医疗卫生机构承担。卫生行政部门应当加强对职业病诊断工作的规范管理，具体管理办法由国务院卫生行政部门制定。

承担职业病诊断的医疗卫生机构还应当具备下列条件：

（一）具有与开展职业病诊断相适应的医疗卫生技术人员；

（二）具有与开展职业病诊断相适应的仪器、设备；

（三）具有健全的职业病诊断质量管理制度。

承担职业病诊断的医疗卫生机构不得拒绝劳动者进行职业病诊断的要求。

第四十四条　劳动者可以在用人单位所在地、本人户籍所在地或者经常居住地依法承担职业病诊断的医疗卫生机构进行职业病诊断。

第四十五条　职业病诊断标准和职业病诊断、鉴定办法由国务院卫生行政部门制定。职业病伤残等级的鉴定办法由国务院劳动保障行政部门会同国务院卫生行政部门制定。

第四十六条　职业病诊断，应当综合分析下列因素：

（一）病人的职业史；

（二）职业病危害接触史和工作场所职业病危害因素情况；

（三）临床表现以及辅助检查结果等。

没有证据否定职业病危害因素与病人临床表现之间的必然联系的，应当诊断为职业病。

职业病诊断证明书应当由参与诊断的取得职业病诊断资格的执业医师签署，并经承担职业病诊断的医疗卫生机构审核盖章。

第四十七条　用人单位应当如实提供职业病诊断、鉴定所需的劳动者职业史和职业病危害接触史、工作场所职业病危害因素检测结果等资料；卫生行政部门应当监督检查和督促用人单位提供上述资料；劳动者和有关机构也应当提供与职业病诊断、鉴定有关的资料。

职业病诊断、鉴定机构需要了解工作场所职业病危害因素情况时，可以对工作场所进行现场调查，也可以向卫生行政部门提出，卫生行政部门应当在十日内组织现场调查。用人单位不得拒绝、阻挠。

第四十八条　职业病诊断、鉴定过程中，用人单位不提供工作场所职业病危害因素检测结果等资料的，诊断、鉴定机构应当结合劳动者的临床表现、辅助检查结果和劳动者的职业史、职业病危害接触史，并参考劳动者的自述、卫生行政部门提供的日常监督检查信息等，作出职业病诊断、鉴定结论。

劳动者对用人单位提供的工作场所职业病危害因素检测结果等资料有异议，或者因劳动者的用人单位解散、破产，无用人单位提供上述资料的，诊断、鉴定机构应当提请卫生行政部门进行调查，卫生行政部门应当自接到申请之日起三十日内对存在异议的资料或者工作场所职业病危害因素情况作出判定；有关部门应当配合。

第四十九条　职业病诊断、鉴定过程中，在确认劳动者职业史、职业病危害接触史时，当事人对劳动关系、工种、工作岗位或者在岗时间有争议的，可以向当地的劳动人事争议仲裁委员会申请仲裁；接到申请的劳动人事争议仲裁委员会应当受理，并在三十日内作出裁决。

当事人在仲裁过程中对自己提出的主张，有责任提供证据。劳动者无法提供由用人单位掌握管理的与仲裁主张有关的证据的，仲裁庭应当要求用人单位在指定期限内提供；用人单位在指定期限内不提供的，应当承担不利后果。

劳动者对仲裁裁决不服的，可以依法向人民法院提起诉讼。

用人单位对仲裁裁决不服的，可以在职业病诊断、鉴定程序结束之日起十五日内依法向人民法院提起诉讼；诉讼期间，劳动者的治疗费用按照职业病待遇规定的途径支付。

第五十条　用人单位和医疗卫生机构发现职业病病人或者疑似职业病病人时，应当及时向所在地卫生行政部门报告。确诊为职业病的，用人单位还应当向所在地劳动保障行政部门报告。接到报告的部门应当依法作出处理。

第五十一条　县级以上地方人民政府卫生行政部门负责本行政区域内的职业病统计报告的管理工作，并按照规定上报。

第五十二条　当事人对职业病诊断有异议的，可以向作出诊断的医疗卫生机构所在地地方人民政府卫生行政部门申请鉴定。

职业病诊断争议由设区的市级以上地方人民政府卫生行政部门根据当事人的申请，组织职业病诊断鉴定委员会进行鉴定。

当事人对设区的市级职业病诊断鉴定委员会的鉴定结论不服的，可以向省、自治区、直辖市人民政府卫生行政部门申请再鉴定。

第五十三条　职业病诊断鉴定委员会由相关专业的专家组成。

省、自治区、直辖市人民政府卫生行政部门应当设立相关的专家库，需要对职业病争议作出诊断鉴定时，由当事人或者当事人委托有关卫生行政部门从专家库中以随机抽取的方式确定参加诊断鉴定委员会的专家。

职业病诊断鉴定委员会应当按照国务院卫生行政部门颁布的职业病诊断标准和职业病诊断、鉴定办法进行职业病诊断鉴定，向当事人出具职业病诊断鉴定书。职业病诊断、鉴定费用由用人单位承担。

第五十四条　职业病诊断鉴定委员会组成人员应当遵守职业道德，客观、公正地进行诊断鉴定，并承担相应的责任。职业病诊断鉴定委员会组成人员不得私下接触当事人，不得收受当事人的财物或者其他好处，与当事人有利害关系的，应当回避。

人民法院受理有关案件需要进行职业病鉴定时，应当从省、自治区、直辖市人民政府卫生行政部门依法设立的相关的专家库中选取参加鉴定的专家。

第五十五条　医疗卫生机构发现疑似职业病病人时，应当告知劳动者本人并及时通知用人单位。

用人单位应当及时安排对疑似职业病病人进行诊断；在疑似职业病病人诊断或者医学观察期间，不得解除或者终止与其订立的劳动合同。

疑似职业病病人在诊断、医学观察期间的费用，由用人单位承担。

第五十六条　用人单位应当保障职业病病人依法享受国家规定的职业病待遇。

用人单位应当按照国家有关规定，安排职业病病人进行治疗、康复和定期检查。

用人单位对不适宜继续从事原工作的职业病病人，应当调离原岗位，并妥善安置。

用人单位对从事接触职业病危害的作业的劳动者，应当给予适当岗位津贴。

第五十七条　职业病病人的诊疗、康复费用，伤残以及丧失劳动能力的职业病病人的社会保障，按照国家有关工伤保险的规定执行。

第五十八条　职业病病人除依法享有工伤保险外，依照有关民事法律，尚有获得赔偿的权利的，有权向用人单位提出赔偿要求。

第五十九条　劳动者被诊断患有职业病，但用人单位没有依法参加工伤保险的，其医疗和生活保障由该用人单位承担。

第六十条　职业病病人变动工作单位，其依法享有的待遇不变。

用人单位在发生分立、合并、解散、破产等情形时，应当对从事接触职业病危害的作业的劳动者进行健康检查，并按照国家有关规定妥善安置职业病病人。

第六十一条　用人单位已经不存在或者无法确认劳动关系的职业病病人，可以向地方人民政府医疗保障、民政部门申请医疗救助和生活等方面的救助。

地方各级人民政府应当根据本地区的实际情况，采取其他措施，使前款规定的职业病病人获得医疗救治。

第五章　监督检查

第六十二条　县级以上人民政府职业卫生监督管理部门依照职业病防治法律、法规、国家职业卫生标准和卫生要求，依据职责划分，对职业病防治工作进行监督检查。

第六十三条　卫生行政部门履行监督检查职责时，有权采取下列措施：

（一）进入被检查单位和职业病危害现场，了解情况，调查取证；

（二）查阅或者复制与违反职业病防治法律、法规的行为有关的资料和采集样品；

（三）责令违反职业病防治法律、法规的单位和个人停止违法行为。

第六十四条　发生职业病危害事故或者有证据证明危害状态可能导致职业病危害事故发生时，卫生行政部门可以采取下列临时控制措施：

（一）责令暂停导致职业病危害事故的作业；

（二）封存造成职业病危害事故或者可能导致职业病危害事故发生的材料和设备；

（三）组织控制职业病危害事故现场。

在职业病危害事故或者危害状态得到有效控制后，卫生行政部门应当及时解除控制措施。

第六十五条　职业卫生监督执法人员依法执行职务时，应当出示监督执法证件。

职业卫生监督执法人员应当忠于职守，秉公执法，严格遵守执法规范；涉及用人单位的秘密的，应当为其保密。

第六十六条　职业卫生监督执法人员依法执行职务时，被检查单位应当接受检查并予以支持配合，不得拒绝和阻碍。

第六十七条　卫生行政部门及其职业卫生监督执法人员履行职责时，不得有下列行为：

（一）对不符合法定条件的，发给建设项目有关证明文件、资质证明文件或者予以批准；

（二）对已经取得有关证明文件的，不履行监督检查职责；

（三）发现用人单位存在职业病危害的，可能造成职业病危害事故，不及时依法采取控制措施；

（四）其他违反本法的行为。

第六十八条　职业卫生监督执法人员应当依法经过资格认定。

职业卫生监督管理部门应当加强队伍建设，提高职业卫生监督执法人员的政治、业务素质，依照本法和其他有关法律、法规的规定，建立、健全内部监督制度，对其工作人员执行法律、法规和遵守纪律的情况，进行监督检查。

第六章　法律责任

第六十九条　建设单位违反本法规定，有下列行为之一的，由卫生行政部门给予警告，责令限期改正；逾期不改正的，处十万元以上五十万元以下的罚款；情节严重的，责令停止产生职业病危害的作业，或者提请有关人民政府按照国务院规定的权限责令停建、关闭：

（一）未按照规定进行职业病危害预评价的；

（二）医疗机构可能产生放射性职业病危害的建设项目未按照规定提交放射性职业病危害预评价报告，或者放射性职业病危害预评价报告未经卫生行政部门审核同意，开工建设的；

（三）建设项目的职业病防护设施未按照规定与主体工程同时设计、同时施工、同时投入生产和使用的；

（四）建设项目的职业病防护设施设计不符合国家职业卫生标准和卫生要求，或者医疗机构放射性职业病危害严重的建设项目的防护设施设计未经卫生行政部门审查同意擅自施工的；

（五）未按照规定对职业病防护设施进行职业病危害控制效果评价的；

（六）建设项目竣工投入生产和使用前，职业病防护设施未按照规定验收合格的。

第七十条　违反本法规定，有下列行为之一的，由卫生行政部门给予警告，责令限期改正；逾期不改正的，处十万元以下的罚款：

（一）工作场所职业病危害因素检测、评价结果没有存档、上报、公布的；

（二）未采取本法第二十条规定的职业病防治管理措施的；

（三）未按照规定公布有关职业病防治的规章制度、操作规程、职业病危害事故应急救援措施的；

（四）未按照规定组织劳动者进行职业卫生培训，或者未对劳动者个人职业病防护采取指导、督促措施的；

（五）国内首次使用或者首次进口与职业病危害有关的化学材料，未按照规定报送毒性鉴定资料以及经有关部门登记注册或者批准进口的文件的。

第七十一条　用人单位违反本法规定，有下列行为之一的，由卫生行政部门责令限期改正，给予警告，可以并处五万元以上十万元以下的罚款：

（一）未按照规定及时、如实向卫生行政部门申报产生职业病危害的项目的；

（二）未实施由专人负责的职业病危害因素日常监测，或者监测系统不能正常监测的；

（三）订立或者变更劳动合同时，未告知劳动者职业病危害真实情况的；

（四）未按照规定组织职业健康检查、建立职业健康监护档案或者未将检查结果书面告知劳动者的；

（五）未依照本法规定在劳动者离开用人单位时提供职业健康监护档案复印件的。

第七十二条　用人单位违反本法规定，有下列行为之一的，由卫生行政部门给予警告，责令限期改正，逾期不改正的，处五万元以上二十万元以下的罚款；情节严重的，责令停止产生职业病危害的作业，或者提请有关人民政府按照国务院规定的权限责令关闭：

（一）工作场所职业病危害因素的强度或者浓度超过国家职业卫生标准的；

（二）未提供职业病防护设施和个人使用的职业病防护用品，或者提供的职业病防护设施和个人使用的职业病防护用品不符合国家职业卫生标准和卫生要求的；

（三）对职业病防护设备、应急救援设施和个人使用的职业病防护用品未按照规定进行维护、检修、检测，或者不能保持正常运行、使用状态的；

（四）未按照规定对工作场所职业病危害因素进行检测、评价的；

（五）工作场所职业病危害因素经治理仍然达不到国家职业卫生标准和卫生要求时，

未停止存在职业病危害因素的作业的；

（六）未按照规定安排职业病病人、疑似职业病病人进行诊治的；

（七）发生或者可能发生急性职业病危害事故时，未立即采取应急救援和控制措施或者未按照规定及时报告的；

（八）未按照规定在产生严重职业病危害的作业岗位醒目位置设置警示标识和中文警示说明的；

（九）拒绝职业卫生监督管理部门监督检查的；

（十）隐瞒、伪造、篡改、毁损职业健康监护档案、工作场所职业病危害因素检测评价结果等相关资料，或者拒不提供职业病诊断、鉴定所需资料的；

（十一）未按照规定承担职业病诊断、鉴定费用和职业病病人的医疗、生活保障费用的。

第七十三条　向用人单位提供可能产生职业病危害的设备、材料，未按照规定提供中文说明书或者设置警示标识和中文警示说明的，由卫生行政部门责令限期改正，给予警告，并处五万元以上二十万元以下的罚款。

第七十四条　用人单位和医疗卫生机构未按照规定报告职业病、疑似职业病的，由有关主管部门依据职责分工责令限期改正，给予警告，可以并处一万元以下的罚款；弄虚作假的，并处二万元以上五万元以下的罚款；对直接负责的主管人员和其他直接责任人员，可以依法给予降级或者撤职的处分。

第七十五条　违反本法规定，有下列情形之一的，由卫生行政部门责令限期治理，并处五万元以上三十万元以下的罚款；情节严重的，责令停止产生职业病危害的作业，或者提请有关人民政府按照国务院规定的权限责令关闭：

（一）隐瞒技术、工艺、设备、材料所产生的职业病危害而采用的；

（二）隐瞒本单位职业卫生真实情况的；

（三）可能发生急性职业损伤的有毒、有害工作场所、放射工作场所或者放射性同位素的运输、贮存不符合本法第二十五条规定的；

（四）使用国家明令禁止使用的可能产生职业病危害的设备或者材料的；

（五）将产生职业病危害的作业转移给没有职业病防护条件的单位和个人，或者没有职业病防护条件的单位和个人接受产生职业病危害的作业的；

（六）擅自拆除、停止使用职业病防护设备或者应急救援设施的；

（七）安排未经职业健康检查的劳动者、有职业禁忌的劳动者、未成年工或者孕期、哺乳期女职工从事接触职业病危害的作业或者禁忌作业的；

（八）违章指挥和强令劳动者进行没有职业病防护措施的作业的。

第七十六条　生产、经营或者进口国家明令禁止使用的可能产生职业病危害的设备或者材料的，依照有关法律、行政法规的规定给予处罚。

第七十七条　用人单位违反本法规定，已经对劳动者生命健康造成严重损害的，由卫生行政部门责令停止产生职业病危害的作业，或者提请有关人民政府按照国务院规定的权限责令关闭，并处十万元以上五十万元以下的罚款。

第七十八条　用人单位违反本法规定，造成重大职业病危害事故或者其他严重后果，构成犯罪的，对直接负责的主管人员和其他直接责任人员，依法追究刑事责任。

第七十九条　未取得职业卫生技术服务资质认可擅自从事职业卫生技术服务的，由卫生行政部门责令立即停止违法行为，没收违法所得；违法所得五千元以上的，并处违法所得二倍以上十倍以下的罚款；没有违法所得或者违法所得不足五千元的，并处五千元以上五万元以下的罚款；情节严重的，对直接负责的主管人员和其他直接责任人员，依法给予降级、撤职或者开除的处分。

第八十条　从事职业卫生技术服务的机构和承担职业病诊断的医疗卫生机构违反本法规定，有下列行为之一的，由卫生行政部门责令立即停止违法行为，给予警告，没收违法所得；违法所得五千元以上的，并处违法所得二倍以上五倍以下的罚款；没有违法所得或者违法所得不足五千元的，并处五千元以上二万元以下的罚款；情节严重的，由原认可或者登记机关取消其相应的资格；对直接负责的主管人员和其他直接责任人员，依法给予降级、撤职或者开除的处分；构成犯罪的，依法追究刑事责任：

（一）超出资质认可或者诊疗项目登记范围从事职业卫生技术服务或者职业病诊断的；

（二）不按照本法规定履行法定职责的；

（三）出具虚假证明文件的。

第八十一条　职业病诊断鉴定委员会组成人员收受职业病诊断争议当事人的财物或者其他好处的，给予警告，没收收受的财物，可以并处三千元以上五万元以下的罚款，取消其担任职业病诊断鉴定委员会组成人员的资格，并从省、自治区、直辖市人民政府卫生行政部门设立的专家库中予以除名。

第八十二条　卫生行政部门不按照规定报告职业病和职业病危害事故的，由上一级行政部门责令改正，通报批评，给予警告；虚报、瞒报的，对单位负责人、直接负责的主管人员和其他直接责任人员依法给予降级、撤职或者开除的处分。

第八十三条　县级以上地方人民政府在职业病防治工作中未依照本法履行职责，本行政区域出现重大职业病危害事故、造成严重社会影响的，依法对直接负责的主管人员和其他直接责任人员给予记大过直至开除的处分。

县级以上人民政府职业卫生监督管理部门不履行本法规定的职责，滥用职权、玩忽职守、徇私舞弊，依法对直接负责的主管人员和其他直接责任人员给予记大过或者降级的处分；造成职业病危害事故或者其他严重后果的，依法给予撤职或者开除的处分。

第八十四条　违反本法规定，构成犯罪的，依法追究刑事责任。

第七章　附　则

第八十五条　本法下列用语的含义：

职业病危害，是指对从事职业活动的劳动者可能导致职业病的各种危害。职业病危害因素包括：职业活动中存在的各种有害的化学、物理、生物因素以及在作业过程中产生的其他职业有害因素。

职业禁忌，是指劳动者从事特定职业或者接触特定职业病危害因素时，比一般职业人群更易于遭受职业病危害和罹患职业病或者可能导致原有自身疾病病情加重，或者在从事作业过程中诱发可能导致对他人生命健康构成危险的疾病的个人特殊生理或者病理状态。

第八十六条　本法第二条规定的用人单位以外的单位，产生职业病危害的，其职业病防治活动可以参照本法执行。

劳务派遣用工单位应当履行本法规定的用人单位的义务。

中国人民解放军参照执行本法的办法，由国务院、中央军事委员会制定。

第八十七条　对医疗机构放射性职业病危害控制的监督管理，由卫生行政部门依照本法的规定实施。

第八十八条　本法自2002年5月1日起施行。

5. 医疗废物管理条例

（2003年6月16日中华人民共和国国务院令第380号公布　根据2011年1月8日《国务院关于废止和修改部分行政法规的决定》修订）

第一章　总　则

第一条　为了加强医疗废物的安全管理，防止疾病传播，保护环境，保障人体健康，根据《中华人民共和国传染病防治法》和《中华人民共和国固体废物污染环境防治法》，制定本条例。

第二条　本条例所称医疗废物，是指医疗卫生机构在医疗、预防、保健以及其他相关活动中产生的具有直接或者间接感染性、毒性以及其他危害性的废物。

医疗废物分类目录，由国务院卫生行政主管部门和环境保护行政主管部门共同制定、公布。

第三条　本条例适用于医疗废物的收集、运送、贮存、处置以及监督管理等活动。

医疗卫生机构收治的传染病病人或者疑似传染病病人产生的生活垃圾，按照医疗废物进行管理和处置。

医疗卫生机构废弃的麻醉、精神、放射性、毒性等药品及其相关的废物的管理，依照有关法律、行政法规和国家有关规定、标准执行。

第四条　国家推行医疗废物集中无害化处置，鼓励有关医疗废物安全处置技术的研究与开发。

县级以上地方人民政府负责组织建设医疗废物集中处置设施。

国家对边远贫困地区建设医疗废物集中处置设施给予适当的支持。

第五条　县级以上各级人民政府卫生行政主管部门，对医疗废物收集、运送、贮存、处置活动中的疾病防治工作实施统一监督管理；环境保护行政主管部门，对医疗废物收集、运送、贮存、处置活动中的环境污染防治工作实施统一监督管理。

县级以上各级人民政府其他有关部门在各自的职责范围内负责与医疗废物处置有关的监督管理工作。

第六条　任何单位和个人有权对医疗卫生机构、医疗废物集中处置单位和监督管理部门及其工作人员的违法行为进行举报、投诉、检举和控告。

第二章　医疗废物管理的一般规定

第七条　医疗卫生机构和医疗废物集中处置单位，应当建立、健全医疗废物管理责任制，其法定代表人为第一责任人，切实履行职责，防止因医疗废物导致传染病传播和环境污染事故。

第八条　医疗卫生机构和医疗废物集中处置单位，应当制定与医疗废物安全处置有关的规章制度和在发生意外事故时的应急方案；设置监控部门或者专（兼）职人员，负责检查、督促、落实本单位医疗废物的管理工作，防止违反本条例的行为发生。

第九条　医疗卫生机构和医疗废物集中处置单位，应当对本单位从事医疗废物收集、运送、贮存、处置等工作的人员和管理人员，进行相关法律和专业技术、安全防护以及紧急处理等知识的培训。

第十条　医疗卫生机构和医疗废物集中处置单位，应当采取有效的职业卫生防护措施，为从事医疗废物收集、运送、贮存、处置等工作的人员和管理人员，配备必要的防护用品，定期进行健康检查；必要时，对有关人员进行免疫接种，防止其受到健康损害。

第十一条　医疗卫生机构和医疗废物集中处置单位，应当依照《中华人民共和国固体废物污染环境防治法》的规定，执行危险废物转移联单管理制度。

第十二条　医疗卫生机构和医疗废物集中处置单位，应当对医疗废物进行登记，登记内容应当包括医疗废物的来源、种类、重量或者数量、交接时间、处置方法、最终去向以及经办人签名等项目。登记资料至少保存3年。

第十三条　医疗卫生机构和医疗废物集中处置单位，应当采取有效措施，防止医疗废物流失、泄漏、扩散。

发生医疗废物流失、泄漏、扩散时，医疗卫生机构和医疗废物集中处置单位应当采取减少危害的紧急处理措施，对致病人员提供医疗救护和现场救援；同时向所在地的县级人民政府卫生行政主管部门、环境保护行政主管部门报告，并向可能受到危害的单位和居民通报。

第十四条　禁止任何单位和个人转让、买卖医疗废物。

禁止在运送过程中丢弃医疗废物；禁止在非贮存地点倾倒、堆放医疗废物或者将医疗废物混入其他废物和生活垃圾。

第十五条　禁止邮寄医疗废物。

禁止通过铁路、航空运输医疗废物。

有陆路通道的，禁止通过水路运输医疗废物；没有陆路通道必需经水路运输医疗废物的，应当经设区的市级以上人民政府环境保护行政主管部门批准，并采取严格的环境保护措施后，方可通过水路运输。

禁止将医疗废物与旅客在同一运输工具上载运。

禁止在饮用水源保护区的水体上运输医疗废物。

第三章　医疗卫生机构对医疗废物的管理

第十六条　医疗卫生机构应当及时收集本单位产生的医疗废物，并按照类别分置于防渗漏、防锐器穿透的专用包装物或者密闭的容器内。

医疗废物专用包装物、容器，应当有明显的警示标识和警示说明。

医疗废物专用包装物、容器的标准和警示标识的规定，由国务院卫生行政主管部门和环境保护行政主管部门共同制定。

第十七条　医疗卫生机构应当建立医疗废物的暂时贮存设施、设备，不得露天存放医疗废物；医疗废物暂时贮存的时间不得超过2天。

医疗废物的暂时贮存设施、设备，应当远离医疗区、食品加工区和人员活动区以及生活垃圾存放场所，并设置明显的警示标识和防渗漏、防鼠、防蚊蝇、防蟑螂、防盗以及预防儿童接触等安全措施。

医疗废物的暂时贮存设施、设备应当定期消毒和清洁。

第十八条　医疗卫生机构应当使用防渗漏、防遗撒的专用运送工具，按照本单位确定的内部医疗废物运送时间、路线，将医疗废物收集、运送至暂时贮存地点。

运送工具使用后应当在医疗卫生机构内指定的地点及时消毒和清洁。

第十九条　医疗卫生机构应当根据就近集中处置的原则，及时将医疗废物交由医疗废物集中处置单位处置。

医疗废物中病原体的培养基、标本和菌种、毒种保存液等高危险废物，在交医疗废物集中处置单位处置前应当就地消毒。

第二十条　医疗卫生机构产生的污水、传染病病人或者疑似传染病病人的排泄物，应当按照国家规定严格消毒；达到国家规定的排放标准后，方可排入污水处理系统。

第二十一条　不具备集中处置医疗废物条件的农村，医疗卫生机构应当按照县级人民政府卫生行政主管部门、环境保护行政主管部门的要求，自行就地处置其产生的医疗废物。自行处置医疗废物的，应当符合下列基本要求：

（一）使用后的一次性医疗器具和容易致人损伤的医疗废物，应当消毒并作毁形处理；

（二）能够焚烧的，应当及时焚烧；

（三）不能焚烧的，消毒后集中填埋。

第四章　医疗废物的集中处置

第二十二条　从事医疗废物集中处置活动的单位，应当向县级以上人民政府环境保护行政主管部门申请领取经营许可证；未取得经营许可证的单位，不得从事有关医疗废物集中处置的活动。

第二十三条　医疗废物集中处置单位，应当符合下列条件：

（一）具有符合环境保护和卫生要求的医疗废物贮存、处置设施或者设备；

（二）具有经过培训的技术人员以及相应的技术工人；

（三）具有负责医疗废物处置效果检测、评价工作的机构和人员；

（四）具有保证医疗废物安全处置的规章制度。

第二十四条　医疗废物集中处置单位的贮存、处置设施，应当远离居（村）民居住区、水源保护区和交通干道，与工厂、企业等工作场所有适当的安全防护距离，并符合国务院环境保护行政主管部门的规定。

第二十五条　医疗废物集中处置单位应当至少每2天到医疗卫生机构收集、运送一次医疗废物，并负责医疗废物的贮存、处置。

第二十六条　医疗废物集中处置单位运送医疗废物，应当遵守国家有关危险货物运输管理的规定，使用有明显医疗废物标识的专用车辆。医疗废物专用车辆应当达到防渗漏、防遗撒以及其他环境保护和卫生要求。

运送医疗废物的专用车辆使用后，应当在医疗废物集中处置场所内及时进行消毒和清洁。

运送医疗废物的专用车辆不得运送其他物品。

第二十七条　医疗废物集中处置单位在运送医疗废物过程中应当确保安全，不得丢弃、遗撒医疗废物。

第二十八条　医疗废物集中处置单位应当安装污染物排放在线监控装置，并确保监控装置经常处于正常运行状态。

第二十九条　医疗废物集中处置单位处置医疗废物，应当符合国家规定的环境保护、卫生标准、规范。

第三十条　医疗废物集中处置单位应当按照环境保护行政主管部门和卫生行政主管部门的规定，定期对医疗废物处置设施的环境污染防治和卫生学效果进行检测、评价。检测、评价结果存入医疗废物集中处置单位档案，每半年向所在地环境保护行政主管部门和卫生行政主管部门报告一次。

第三十一条　医疗废物集中处置单位处置医疗废物，按照国家有关规定向医疗卫生机构收取医疗废物处置费用。

医疗卫生机构按照规定支付的医疗废物处置费用，可以纳入医疗成本。

第三十二条　各地区应当利用和改造现有固体废物处置设施和其他设施，对医疗废物集中处置，并达到基本的环境保护和卫生要求。

第三十三条　尚无集中处置设施或者处置能力不足的城市，自本条例施行之日起，设区的市级以上城市应当在1年内建成医疗废物集中处置设施；县级市应当在2年内建成医疗废物集中处置设施。县（旗）医疗废物集中处置设施的建设，由省、自治区、直辖市人民政府规定。

在尚未建成医疗废物集中处置设施期间，有关地方人民政府应当组织制定符合环境保护和卫生要求的医疗废物过渡性处置方案，确定医疗废物收集、运送、处置方式和处置单位。

第五章　监督管理

第三十四条　县级以上地方人民政府卫生行政主管部门、环境保护行政主管部门，应当依照本条例的规定，按照职责分工，对医疗卫生机构和医疗废物集中处置单位进行监督检查。

第三十五条　县级以上地方人民政府卫生行政主管部门，应当对医疗卫生机构和医疗废物集中处置单位从事医疗废物的收集、运送、贮存、处置中的疾病防治工作，以及工作人员的卫生防护等情况进行定期监督检查或者不定期的抽查。

第三十六条　县级以上地方人民政府环境保护行政主管部门，应当对医疗卫生机构和医疗废物集中处置单位从事医疗废物收集、运送、贮存、处置中的环境污染防治工作进行定期监督检查或者不定期的抽查。

第三十七条　卫生行政主管部门、环境保护行政主管部门应当定期交换监督检查和抽查结果。在监督检查或者抽查中发现医疗卫生机构和医疗废物集中处置单位存在隐患时，应当责令立即消除隐患。

第三十八条　卫生行政主管部门、环境保护行政主管部门接到对医疗卫生机构、医疗废物集中处置单位和监督管理部门及其工作人员违反本条例行为的举报、投诉、检举和控告后，应当及时核实，依法作出处理，并将处理结果予以公布。

第三十九条　卫生行政主管部门、环境保护行政主管部门履行监督检查职责时，有权采取下列措施：

（一）对有关单位进行实地检查，了解情况，现场监测，调查取证；

（二）查阅或者复制医疗废物管理的有关资料，采集样品；

（三）责令违反本条例规定的单位和个人停止违法行为；

（四）查封或者暂扣涉嫌违反本条例规定的场所、设备、运输工具和物品；

（五）对违反本条例规定的行为进行查处。

第四十条　发生因医疗废物管理不当导致传染病传播或者环境污染事故，或者有证据证明传染病传播或者环境污染的事故有可能发生时，卫生行政主管部门、环境保护行政主管部门应当采取临时控制措施，疏散人员，控制现场，并根据需要责令暂停导致或者可能导致传染病传播或者环境污染事故的作业。

第四十一条　医疗卫生机构和医疗废物集中处置单位，对有关部门的检查、监测、调查取证，应当予以配合，不得拒绝和阻碍，不得提供虚假材料。

第六章　法律责任

第四十二条　县级以上地方人民政府未依照本条例的规定，组织建设医疗废物集中处置设施或者组织制定医疗废物过渡性处置方案的，由上级人民政府通报批评，责令限期建成医疗废物集中处置设施或者组织制定医疗废物过渡性处置方案；并可以对政府主要领导人、负有责任的主管人员，依法给予行政处分。

第四十三条　县级以上各级人民政府卫生行政主管部门、环境保护行政主管部门或者其他有关部门，未按照本条例的规定履行监督检查职责，发现医疗卫生机构和医疗废物集中处置单位的违法行为不及时处理，发生或者可能发生传染病传播或者环境污染事故时未及时采取减少危害措施，以及有其他玩忽职守、失职、渎职行为的，由本级人民政府或者上级人民政府有关部门责令改正，通报批评；造成传染病传播或者环境污染事故的，对主要负责人、负有责任的主管人员和其他直接责任人员依法给予降级、撤职、开除的行政处分；构成犯罪的，依法追究刑事责任。

第四十四条　县级以上人民政府环境保护行政主管部门，违反本条例的规定发给医疗废物集中处置单位经营许可证的，由本级人民政府或者上级人民政府环境保护行政主管部门通报批评，责令收回违法发给的证书；并可以对主要负责人、负有责任的主管人员和其他直接责任人员依法给予行政处分。

第四十五条　医疗卫生机构、医疗废物集中处置单位违反本条例规定，有下列情形之一的，由县级以上地方人民政府卫生行政主管部门或者环境保护行政主管部门按照各自的职责责令限期改正，给予警告；逾期不改正的，处2 000元以上5 000元以下的罚款：

（一）未建立、健全医疗废物管理制度，或者未设置监控部门或者专（兼）职人员的；

（二）未对有关人员进行相关法律和专业技术、安全防护以及紧急处理等知识的培训的；

（三）未对从事医疗废物收集、运送、贮存、处置等工作的人员和管理人员采取职业卫生防护措施的；

（四）未对医疗废物进行登记或者未保存登记资料的；

（五）对使用后的医疗废物运送工具或者运送车辆未在指定地点及时进行消毒和清洁的；

（六）未及时收集、运送医疗废物的；

（七）未定期对医疗废物处置设施的环境污染防治和卫生学效果进行检测、评价，或者未将检测、评价效果存档、报告的。

第四十六条　医疗卫生机构、医疗废物集中处置单位违反本条例规定，有下列情形之一的，由县级以上地方人民政府卫生行政主管部门或者环境保护行政主管部门按照各自的职责责令限期改正，给予警告，可以并处5 000元以下的罚款；逾期不改正的，处5 000元以上3万元以下的罚款：

（一）贮存设施或者设备不符合环境保护、卫生要求的；

（二）未将医疗废物按照类别分置于专用包装物或者容器的；

（三）未使用符合标准的专用车辆运送医疗废物或者使用运送医疗废物的车辆运送其他物品的；

（四）未安装污染物排放在线监控装置或者监控装置未经常处于正常运行状态的。

第四十七条　医疗卫生机构、医疗废物集中处置单位有下列情形之一的，由县级以上地方人民政府卫生行政主管部门或者环境保护行政主管部门按照各自的职责责令限期改正，给予警告，并处5 000元以上1万元以下的罚款；逾期不改正的，处1万元以上3万元以下的罚款；造成传染病传播或者环境污染事故的，由原发证部门暂扣或者吊销执业许可证件或者经营许可证件；构成犯罪的，依法追究刑事责任：

（一）在运送过程中丢弃医疗废物，在非贮存地点倾倒、堆放医疗废物或者将医疗废物混入其他废物和生活垃圾的；

（二）未执行危险废物转移联单管理制度的；

（三）将医疗废物交给未取得经营许可证的单位或者个人收集、运送、贮存、处置的；

（四）对医疗废物的处置不符合国家规定的环境保护、卫生标准、规范的；

（五）未按照本条例的规定对污水、传染病病人或者疑似传染病病人的排泄物，进行严格消毒，或者未达到国家规定的排放标准，排入污水处理系统的；

（六）对收治的传染病病人或者疑似传染病病人产生的生活垃圾，未按照医疗废物进行管理和处置的。

第四十八条　医疗卫生机构违反本条例规定，将未达到国家规定标准的污水、传染病病人或者疑似传染病病人的排泄物排入城市排水管网的，由县级以上地方人民政府建设行政主管部门责令限期改正，给予警告，并处5 000元以上1万元以下的罚款；逾期不改正的，处1万元以上3万元以下的罚款；造成传染病传播或者环境污染事故的，由原发证部门暂扣或者吊销执业许可证件；构成犯罪的，依法追究刑事责任。

第四十九条　医疗卫生机构、医疗废物集中处置单位发生医疗废物流失、泄漏、扩散时，未采取紧急处理措施，或者未及时向卫生行政主管部门和环境保护行政主管部门报告的，由县级以上地方人民政府卫生行政主管部门或者环境保护行政主管部门按照各自的职责责令改正，给予警告，并处1万元以上3万元以下的罚款；造成传染病传播或者环境污染事故的，由原发证部门暂扣或者吊销执业许可证件或者经营许可证件；构成犯罪的，依法追究刑事责任。

第五十条　医疗卫生机构、医疗废物集中处置单位，无正当理由，阻碍卫生行政主管部门或者环境保护行政主管部门执法人员执行职务，拒绝执法人员进入现场，或者不配合执法部门的检查、监测、调查取证的，由县级以上地方人民政府卫生行政主管部门或者环境保护行政主管部门按照各自的职责责令改正，给予警告；拒不改正的，由原发证部门暂扣或者吊销执业许可证件或者经营许可证件；触犯《中华人民共和国治安管理处罚法》，构成违反治安管理行为的，由公安机关依法予以处罚；构成犯罪的，依法追究刑事责任。

第五十一条　不具备集中处置医疗废物条件的农村，医疗卫生机构未按照本条例的要求处置医疗废物的，由县级人民政府卫生行政主管部门或者环境保护行政主管部门按照各自的职责责令限期改正，给予警告；逾期不改正的，处1 000元以上5 000元以下的罚款；造成传染病传播或者环境污染事故的，由原发证部门暂扣或者吊销执业许可证件；构成犯罪的，依法追究刑事责任。

第五十二条　未取得经营许可证从事医疗废物的收集、运送、贮存、处置等活动的，由县级以上地方人民政府环境保护行政主管部门责令立即停止违法行为，没收违法所得，可以并处违法所得1倍以下的罚款。

第五十三条　转让、买卖医疗废物，邮寄或者通过铁路、航空运输医疗废物，或者违反本条例规定通过水路运输医疗废物的，由县级以上地方人民政府环境保护行政主管部门责令转让、买卖双方、邮寄人、托运人立即停止违法行为，给予警告，没收违法所得；违法所得5 000元以上的，并处违法所得2倍以上5倍以下的罚款；没有违法所得或者违法所得不足5 000元的，并处5 000元以上2万元以下的罚款。

承运人明知托运人违反本条例的规定运输医疗废物，仍予以运输的，或者承运人将医疗废物与旅客在同一工具上载运的，按照前款的规定予以处罚。

第五十四条　医疗卫生机构、医疗废物集中处置单位违反本条例规定，导致传染病传播或者发生环境污染事故，给他人造成损害的，依法承担民事赔偿责任。

第七章　附　则

第五十五条　计划生育技术服务、医学科研、教学、尸体检查和其他相关活动中产生的具有直接或者间接感染性、毒性以及其他危害性废物的管理，依照本条例执行。

第五十六条　军队医疗卫生机构医疗废物的管理由中国人民解放军卫生主管部门参照本条例制定管理办法。

第五十七条　本条例自公布之日起施行。

6. 病原微生物实验室生物安全管理条例

（2004年11月12日中华人民共和国国务院令第424号公布　根据2016年2月6日中华人民共和国国务院令第666号《国务院关于修改部分行政法规的决定》修订　根据2018年04月04日中华人民共和国国务院令第698号《国务院关于修改和废止部分行政法规的决定》修订）

第一章　总　则

第一条　为了加强病原微生物实验室（以下称实验室）生物安全管理，保护实验室工作人员和公众的健康，制定本条例。

第二条　对中华人民共和国境内的实验室及其从事实验活动的生物安全管理，适用本条例。

本条例所称病原微生物，是指能够使人或者动物致病的微生物。

本条例所称实验活动，是指实验室从事与病原微生物菌（毒）种、样本有关的研究、教学、检测、诊断等活动。

第三条　国务院卫生主管部门主管与人体健康有关的实验室及其实验活动的生物安全监督工作。

国务院兽医主管部门主管与动物有关的实验室及其实验活动的生物安全监督工作。

国务院其他有关部门在各自职责范围内负责实验室及其实验活动的生物安全管理工作。

县级以上地方人民政府及其有关部门在各自职责范围内负责实验室及其实验活动的生物安全管理工作。

第四条　国家对病原微生物实行分类管理，对实验室实行分级管理。

第五条　国家实行统一的实验室生物安全标准。实验室应当符合国家标准和要求。

第六条　实验室的设立单位及其主管部门负责实验室日常活动的管理，承担建立健全安全管理制度，检查、维护实验设施、设备，控制实验室感染的职责。

第二章　病原微生物的分类和管理

第七条　国家根据病原微生物的传染性、感染后对个体或者群体的危害程度，将病原微生物分为四类：

第一类病原微生物，是指能够引起人类或者动物非常严重疾病的微生物，以及我国尚未发现或者已经宣布消灭的微生物。

第二类病原微生物，是指能够引起人类或者动物严重疾病，比较容易直接或者间接在人与人、动物与人、动物与动物间传播的微生物。

第三类病原微生物，是指能够引起人类或者动物疾病，但一般情况下对人、动物或者环境不构成严重危害，传播风险有限，实验室感染后很少引起严重疾病，并且具备有效治疗和预防措施的微生物。

第四类病原微生物，是指在通常情况下不会引起人类或者动物疾病的微生物。

第一类、第二类病原微生物统称为高致病性病原微生物。

第八条　人间传染的病原微生物名录由国务院卫生主管部门商国务院有关部门后制定、调整并予以公布；动物间传染的病原微生物名录由国务院兽医主管部门商国务院有关部门后制定、调整并予以公布。

第九条　采集病原微生物样本应当具备下列条件：

（一）具有与采集病原微生物样本所需要的生物安全防护水平相适应的设备；

（二）具有掌握相关专业知识和操作技能的工作人员；

（三）具有有效的防止病原微生物扩散和感染的措施；

（四）具有保证病原微生物样本质量的技术方法和手段。

采集高致病性病原微生物样本的工作人员在采集过程中应当防止病原微生物扩散和感染，并对样本的来源、采集过程和方法等作详细记录。

第十条　运输高致病性病原微生物菌（毒）种或者样本，应当通过陆路运输；没有陆路通道，必须经水路运输的，可以通过水路运输；紧急情况下或者需要将高致病性病原微生物菌（毒）种或者样本运往国外的，可以通过民用航空运输。

第十一条　运输高致病性病原微生物菌（毒）种或者样本，应当具备下列条件：

（一）运输目的、高致病性病原微生物的用途和接收单位符合国务院卫生主管部门或者兽医主管部门的规定；

（二）高致病性病原微生物菌（毒）种或者样本的容器应当密封，容器或者包装材料还应当符合防水、防破损、防外泄、耐高（低）温、耐高压的要求；

（三）容器或者包装材料上应当印有国务院卫生主管部门或者兽医主管部门规定的生物危险标识、警告用语和提示用语。

运输高致病性病原微生物菌（毒）种或者样本，应当经省级以上人民政府卫生主管部门或者兽医主管部门批准。在省、自治区、直辖市行政区域内运输的，由省、自治区、直辖市人民政府卫生主管部门或者兽医主管部门批准；需要跨省、自治区、直辖市运输或者运往国外的，由出发地的省、自治区、直辖市人民政府卫生主管部门或者兽医主管部门进行初审后，分别报国务院卫生主管部门或者兽医主管部门批准。

出入境检验检疫机构在检验检疫过程中需要运输病原微生物样本的，由国务院出入境检验检疫部门批准，并同时向国务院卫生主管部门或者兽医主管部门通报。

通过民用航空运输高致病性病原微生物菌（毒）种或者样本的，除依照本条第二款、第三款规定取得批准外，还应当经国务院民用航空主管部门批准。

有关主管部门应当对申请人提交的关于运输高致性病原微生物菌（毒）种或者样本的申请材料进行审查，对符合本条第一款规定条件的，应当即时批准。

第十二条　运输高致病性病原微生物菌（毒）种或者样本，应当由不少于2人的专人护送，并采取相应的防护措施。

有关单位或者个人不得通过公共电（汽）车和城市铁路运输病原微生物菌（毒）种或者样本。

第十三条　需要通过铁路、公路、民用航空等公共交通工具运输高致病性病原微生物菌（毒）种或者样本的，承运单位应当凭本条例第十一条规定的批准文件予以运输。

承运单位应当与护送人共同采取措施，确保所运输的高致病性病原微生物菌（毒）种或者样本的安全，严防发生被盗、被抢、丢失、泄漏事件。

第十四条　国务院卫生主管部门或者兽医主管部门指定的菌（毒）种保藏中心或者专业实验室（以下称保藏机构），承担集中储存病原微生物菌（毒）种和样本的任务。

保藏机构应当依照国务院卫生主管部门或者兽医主管部门的规定，储存实验室送交的病原微生物菌（毒）种和样本，并向实验室提供病原微生物菌（毒）种和样本。

保藏机构应当制定严格的安全保管制度，作好病原微生物菌（毒）种和样本进出和储存的记录，建立档案制度，并指定专人负责。对高致病性病原微生物菌（毒）种和样本应当设专库或者专柜单独储存。

保藏机构储存、提供病原微生物菌（毒）种和样本，不得收取任何费用，其经费由同级财政在单位预算中予以保障。

保藏机构的管理办法由国务院卫生主管部门会同国务院兽医主管部门制定。

第十五条　保藏机构应当凭实验室依照本条例的规定取得的从事高致病性病原微生物相关实验活动的批准文件，向实验室提供高致病性病原微生物菌（毒）种和样本，并予以登记。

第十六条　实验室在相关实验活动结束后，应当依照国务院卫生主管部门或者兽医主管部门的规定，及时将病原微生物菌（毒）种和样本就地销毁或者送交保藏机构保管。

保藏机构接受实验室送交的病原微生物菌（毒）种和样本，应当予以登记，并开具接收证明。

第十七条　高致病性病原微生物菌（毒）种或者样本在运输、储存中被盗、被抢、丢失、泄漏的，承运单位、护送人、保藏机构应当采取必要的控制措施，并在2小时内分别向承运单位的主管部门、护送人所在单位和保藏机构的主管部门报告，同时向所在地的县级人民政府卫生主管部门或者兽医主管部门报告，发生被盗、被抢、丢失的，还应当向公安机关报告；接到报告的卫生主管部门或者兽医主管部门应当在2小时内向本级人民政府报告，并同时向上级人民政府卫生主管部门或者兽医主管部门和国务院卫生主管部门或者兽医主管部门报告。

县级人民政府应当在接到报告后2小时内向设区的市级人民政府或者上一级人民政府报告；设区的市级人民政府应当在接到报告后2小时内向省、自治区、直辖市人民政府报告。省、自治区、直辖市人民政府应当在接到报告后1小时内，向国务院卫生主管部门或者兽医主管部门报告。

任何单位和个人发现高致病性病原微生物菌（毒）种或者样本的容器或者包装材料，应当及时向附近的卫生主管部门或者兽医主管部门报告；接到报告的卫生主管部门或者兽医主管部门应当及时组织调查核实，并依法采取必要的控制措施。

第三章　实验室的设立与管理

第十八条　国家根据实验室对病原微生物的生物安全防护水平，并依照实验室生物安全国家标准的规定，将实验室分为一级、二级、三级、四级。

第十九条　新建、改建、扩建三级、四级实验室或者生产、进口移动式三级、四级实验室应当遵守下列规定：

（一）符合国家生物安全实验室体系规划并依法履行有关审批手续；

（二）经国务院科技主管部门审查同意；

（三）符合国家生物安全实验室建筑技术规范；

（四）依照《中华人民共和国环境影响评价法》的规定进行环境影响评价并经环境保护主管部门审查批准；

（五）生物安全防护级别与其拟从事的实验活动相适应。

前款规定所称国家生物安全实验室体系规划，由国务院投资主管部门会同国务院有关部门制定。制定国家生物安全实验室体系规划应当遵循总量控制、合理布局、资源共享的原则，并应当召开听证会或者论证会，听取公共卫生、环境保护、投资管理和实验室管理等方面专家的意见。

第二十条　三级、四级实验室应当通过实验室国家认可。

国务院认证认可监督管理部门确定的认可机构应当依照实验室生物安全国家标准以及本条例的有关规定，对三级、四级实验室进行认可；实验室通过认可的，颁发相应级别的生物安全实验室证书。证书有效期为5年。

第二十一条　一级、二级实验室不得从事高致病性病原微生物实验活动。三级、四级实验室从事高致病性病原微生物实验活动，应当具备下列条件：

（一）实验目的和拟从事的实验活动符合国务院卫生主管部门或者兽医主管部门的规定；

（二）具有与拟从事的实验活动相适应的工作人员；

（三）工程质量经建筑主管部门依法检测验收合格。

国务院卫生主管部门或者兽医主管部门依照各自职责对三级、四级实验室是否符合上述条件进行审查；对符合条件的，发给从事高致病性病原微生物实验活动的资格证书。

第二十二条　三级、四级实验室需要从事某种高致病性病原微生物或者疑似高致病性病原微生物实验活动的，应当依照国务院卫生主管部门或者兽医主管部门的规定报省级以上人民政府卫生主管部门或者兽医主管部门批准。实验活动结果以及工作情况应当向原批准部门报告。

实验室申报或者接受与高致病性病原微生物有关的科研项目，应当符合科研需要和生物安全要求，具有相应的生物安全防护水平。与动物间传染的高致病性病原微生物有关的科研项目，应当经国务院兽医主管部门同意；与人体健康有关的高致病性病原微生物科研项目，实验室应当将立项结果告知省级以上人民政府卫生主管部门。

第二十三条　出入境检验检疫机构、医疗卫生机构、动物防疫机构在实验室开展检测、诊断工作时，发现高致病性病原微生物或者疑似高致病性病原微生物，需要进一步从事这类高致病性病原微生物相关实验活动的，应当依照本条例的规定经批准同意，并在具备相应条件的实验室中进行。

专门从事检测、诊断的实验室应当严格依照国务院卫生主管部门或者兽医主管部门的规定，建立健全规章制度，保证实验室生物安全。

第二十四条　省级以上人民政府卫生主管部门或者兽医主管部门应当自收到需要从事高致病性病原微生物相关实验活动的申请之日起15日内作出是否批准的决定。

对出入境检验检疫机构为了检验检疫工作的紧急需要，申请在实验室对高致病性病原微生物或者疑似高致病性病原微生物开展进一步实验活动的，省级以上人民政府卫生主管部门或者兽医主管部门应当自收到申请之时起2小时内作出是否批准的决定；2小时内未作出决定的，实验室可以从事相应的实验活动。

省级以上人民政府卫生主管部门或者兽医主管部门应当为申请人通过电报、电传、传真、电子数据交换和电子邮件等方式提出申请提供方便。

第二十五条　新建、改建或者扩建一级、二级实验室，应当向设区的市级人民政府卫生主管部门或者兽医主管部门备案。设区的市级人民政府卫生主管部门或者兽医主管部门应当每年将备案情况汇总后报省、自治区、直辖市人民政府卫生主管部门或者兽医主管部门。

第二十六条　国务院卫生主管部门和兽医主管部门应当定期汇总并互相通报实验室数量和实验室设立、分布情况，以及三级、四级实验室从事高致病性病原微生物实验活动的情况。

第二十七条　已经建成并通过实验室国家认可的三级、四级实验室应当向所在地的县级人民政府环境保护主管部门备案。环境保护主管部门依照法律、行政法规的规定对实验室排放的废水、废气和其他废物处置情况进行监督检查。

第二十八条　对我国尚未发现或者已经宣布消灭的病原微生物，任何单位和个人未经批准不得从事相关实验活动。

为了预防、控制传染病，需要从事前款所指病原微生物相关实验活动的，应当经国务院卫生主管部门或者兽医主管部门批准，并在批准部门指定的专业实验室中进行。

第二十九条　实验室使用新技术、新方法从事高致病性病原微生物相关实验活动的，应当符合防止高致病性病原微生物扩散、保证生物安全和操作者人身安全的要求，并经国家病原微生物实验室生物安全专家委员会论证；经论证可行的，方可使用。

第三十条　需要在动物体上从事高致病性病原微生物相关实验活动的，应当在符合动物实验室生物安全国家标准的三级以上实验室进行。

第三十一条　实验室的设立单位负责实验室的生物安全管理。

实验室的设立单位应当依照本条例的规定制定科学、严格的管理制度，并定期对有关生物安全规定的落实情况进行检查，定期对实验室设施、设备、材料等进行检查、维护和更新，以确保其符合国家标准。

实验室的设立单位及其主管部门应当加强对实验室日常活动的管理。

第三十二条　实验室负责人为实验室生物安全的第一责任人。

实验室从事实验活动应当严格遵守有关国家标准和实验室技术规范、操作规程。实验室负责人应当指定专人监督检查实验室技术规范和操作规程的落实情况。

第三十三条　从事高致病性病原微生物相关实验活动的实验室的设立单位，应当建立健全安全保卫制度，采取安全保卫措施，严防高致病性病原微生物被盗、被抢、丢失、泄漏，保障实验室及其病原微生物的安全。实验室发生高致病性病原微生物被盗、被抢、丢失、泄漏的，实验室的设立单位应当依照本条例第十七条的规定进行报告。

从事高致病性病原微生物相关实验活动的实验室应当向当地公安机关备案，并接受公安机关有关实验室安全保卫工作的监督指导。

第三十四条　实验室或者实验室的设立单位应当每年定期对工作人员进行培训，保证其掌握实验室技术规范、操作规程、生物安全防护知识和实际操作技能，并进行考核。工作人员经考核合格的，方可上岗。

从事高致病性病原微生物相关实验活动的实验室，应当每半年将培训、考核其工作人员的情况和实验室运行情况向省、自治区、直辖市人民政府卫生主管部门或者兽医主管部门报告。

第三十五条　从事高致病性病原微生物相关实验活动应当有2名以上的工作人员共同进行。

进入从事高致病性病原微生物相关实验活动的实验室的工作人员或者其他有关人员，应当经实验室负责人批准。实验室应当为其提供符合防护要求的防护用品并采取其他职业防护措施。从事高致病性病原微生物相关实验活动的实验室，还应当对实验室工作人员进行健康监测，每年组织对其进行体检，并建立健康档案；必要时，应当对实验室工作人员进行预防接种。

第三十六条　在同一个实验室的同一个独立安全区域内，只能同时从事一种高致病性病原微生物的相关实验活动。

第三十七条　实验室应当建立实验档案，记录实验室使用情况和安全监督情况。实验室从事高致病性病原微生物相关实验活动的实验档案保存期，不得少于20年。

第三十八条　实验室应当依照环境保护的有关法律、行政法规和国务院有关部门的规定，对废水、废气以及其他废物进行处置，并制定相应的环境保护措施，防止环境污染。

第三十九条　三级、四级实验室应当在明显位置标示国务院卫生主管部门和兽医主管部门规定的生物危险标识和生物安全实验室级别标志。

第四十条　从事高致病性病原微生物相关实验活动的实验室应当制定实验室感染应急处置预案，并向该实验室所在地的省、自治区、直辖市人民政府卫生主管部门或者兽医主管部门备案。

第四十一条　国务院卫生主管部门和兽医主管部门会同国务院有关部门组织病原学、免疫学、检验医学、流行病学、预防兽医学、环境保护和实验室管理等方面的专家，组成国家病原微生物实验室生物安全专家委员会。该委员会承担从事高致病性病原微生物相关实验活动的实验室的设立与运行的生物安全评估和技术咨询、论证工作。

省、自治区、直辖市人民政府卫生主管部门和兽医主管部门会同同级人民政府有关部门组织病原学、免疫学、检验医学、流行病学、预防兽医学、环境保护和实验室管理等方面的专家，组成本地区病原微生物实验室生物安全专家委员会。该委员会承担本地区实验室设立和运行的技术咨询工作。

第四章　实验室感染控制

第四十二条　实验室的设立单位应当指定专门的机构或者人员承担实验室感染控制工作，定期检查实验室的生物安全防护、病原微生物菌（毒）种和样本保存与使用、安全操作、实验室排放的废水和废气以及其他废物处置等规章制度的实施情况。

负责实验室感染控制工作的机构或者人员应当具有与该实验室中的病原微生物有关的传染病防治知识，并定期调查、了解实验室工作人员的健康状况。

第四十三条　实验室工作人员出现与本实验室从事的高致病性病原微生物相关实验活动有关的感染临床症状或者体征时，实验室负责人应当向负责实验室感染控制工作的机构或者人员报告，同时派专人陪同及时就诊；实验室工作人员应当将近期所接触的病原微生物的种类和危险程度如实告知诊治医疗机构。接诊的医疗机构应当及时救治；不具备相应救治条件的，应当依照规定将感染的实验室工作人员转诊至具备相应传染病救治条件的医疗机构；具备相应传染病救治条件的医疗机构应当接诊治疗，不得拒绝救治。

第四十四条　实验室发生高致病性病原微生物泄漏时，实验室工作人员应当立即采取控制措施，防止高致病性病原微生物扩散，并同时向负责实验室感染控制工作的机构或者人员报告。

第四十五条　负责实验室感染控制工作的机构或者人员接到本条例第四十三条、第四十四条规定的报告后，应当立即启动实验室感染应急处置预案，并组织人员对该实验室生物安全状况等情况进行调查；确认发生实验室感染或者高致病性病原微生物泄漏的，应当依照本条例第十七条的规定进行报告，并同时采取控制措施，对有关人员进行医学观察或者隔离治疗，封闭实验室，防止扩散。

第四十六条　卫生主管部门或者兽医主管部门接到关于实验室发生工作人员感染事故或者病原微生物泄漏事件的报告，或者发现实验室从事病原微生物相关实验活动造成实验室感染事故的，应当立即组织疾病预防控制机构、动物防疫监督机构和医疗机构以及其他有关机构依法采取下列预防、控制措施：

（一）封闭被病原微生物污染的实验室或者可能造成病原微生物扩散的场所；

（二）开展流行病学调查；

（三）对病人进行隔离治疗，对相关人员进行医学检查；

（四）对密切接触者进行医学观察；

（五）进行现场消毒；

（六）对染疫或者疑似染疫的动物采取隔离、扑杀等措施；

（七）其他需要采取的预防、控制措施。

第四十七条　医疗机构或者兽医医疗机构及其执行职务的医务人员发现由于实验室感染而引起的与高致病性病原微生物相关的传染病病人、疑似传染病病人或者患有疫病、疑似患有疫病的动物，诊治的医疗机构或者兽医医疗机构应当在2小时内报告所在地的县级人民政府卫生主管部门或者兽医主管部门；接到报告的卫生主管部门或者兽医主管部门应当在2小时内通报实验室所在地的县级人民政府卫生主管部门或者兽医主管部门。接到通报的卫生主管部门或者兽医主管部门应当依照本条例第四十六条的规定采取预防、控制措施。

第四十八条　发生病原微生物扩散，有可能造成传染病暴发、流行时，县级以上人民政府卫生主管部门或者兽医主管部门应当依照有关法律、行政法规的规定以及实验室感染应急处置预案进行处理。

第五章　监督管理

第四十九条　县级以上地方人民政府卫生主管部门、兽医主管部门依照各自分工，履行下列职责：

（一）对病原微生物菌（毒）种、样本的采集、运输、储存进行监督检查；

（二）对从事高致病性病原微生物相关实验活动的实验室是否符合本条例规定的条件进行监督检查；

（三）对实验室或者实验室的设立单位培训、考核其工作人员以及上岗人员的情况进行监督检查；

（四）对实验室是否按照有关国家标准、技术规范和操作规程从事病原微生物相关实验活动进行监督检查。

县级以上地方人民政府卫生主管部门、兽医主管部门，应当主要通过检查反映实验室执行国家有关法律、行政法规以及国家标准和要求的记录、档案、报告，切实履行监督管理职责。

第五十条　县级以上人民政府卫生主管部门、兽医主管部门、环境保护主管部门在履行监督检查职责时，有权进入被检查单位和病原微生物泄漏或者扩散现场调查取证、采集样品，查阅复制有关资料。需要进入从事高致病性病原微生物相关实验活动的实验室调查取证、采集样品的，应当指定或者委托专业机构实施。被检查单位应当予以配合，不得拒绝、阻挠。

第五十一条　国务院认证认可监督管理部门依照《中华人民共和国认证认可条例》的规定对实验室认可活动进行监督检查。

第五十二条　卫生主管部门、兽医主管部门、环境保护主管部门应当依据法定的职权和程序履行职责，做到公正、公平、公开、文明、高效。

第五十三条　卫生主管部门、兽医主管部门、环境保护主管部门的执法人员执行职务时，应当有2名以上执法人员参加，出示执法证件，并依照规定填写执法文书。

现场检查笔录、采样记录等文书经核对无误后，应当由执法人员和被检查人、被采样人签名。被检查人、被采样人拒绝签名的，执法人员应当在自己签名后注明情况。

第五十四条　卫生主管部门、兽医主管部门、环境保护主管部门及其执法人员执行职务，应当自觉接受社会和公民的监督。公民、法人和其他组织有权向上级人民政府及其卫生主管部门、兽医主管部门、环境保护主管部门举报地方人民政府及其有关主管部门不依照规定履行职责的情况。接到举报的有关人民政府或者其卫生主管部门、兽医主管部门、环境保护主管部门，应当及时调查处理。

第五十五条　上级人民政府卫生主管部门、兽医主管部门、环境保护主管部门发现属于下级人民政府卫生主管部门、兽医主管部门、环境保护主管部门职责范围内需要处理的事项的，应当及时告知该部门处理；下级人民政府卫生主管部门、兽医主管部门、环境保护主管部门不及时处理或者不积极履行本部门职责的，上级人民政府卫生主管部门、兽医主管部门、环境保护主管部门应当责令其限期改正；逾期不改正的，上级人民政府卫生主管部门、兽医主管部门、环境保护主管部门有权直接予以处理。

第六章　法律责任

第五十六条　三级、四级实验室未经批准从事某种高致病性病原微生物或者疑似高致病性病原微生物实验活动的，由县级以上地方人民政府卫生主管部门、兽医主管部门依照各自职责，责令停止有关活动，监督其将用于实验活动的病原微生物销毁或者送交保藏机构，并给予警告；造成传染病传播、流行或者其他严重后果的，由实验室的设立单位对主要负责人、直接负责的主管人员和其他直接责任人员，依法给予撤职、开除的处分；构成犯罪的，依法追究刑事责任。

第五十七条　卫生主管部门或者兽医主管部门违反本条例的规定，准予不符合本条例规定条件的实验室从事高致病性病原微生物相关实验活动的，由作出批准决定的卫生主管部门或者兽医主管部门撤销原批准决定，责令有关实验室立即停止有关活动，并监督其将用于实验活动的病原微生物销毁或者送交保藏机构，对直接负责的主管人员和其他直接责任人员依法给予行政处分；构成犯罪的，依法追究刑事责任。

因违法作出批准决定给当事人的合法权益造成损害的，作出批准决定的卫生主管部门或者兽医主管部门应当依法承担赔偿责任。

第五十八条　卫生主管部门或者兽医主管部门对出入境检验检疫机构为了检验检疫工作的紧急需要，申请在实验室对高致病性病原微生物或者疑似高致病性病原微生物开展进一步检测活动，不在法定期限内作出是否批准决定的，由其上级行政机关或者监察机关责令改正，给予警告；造成传染病传播、流行或者其他严重后果的，对直接负责的主管人员和其他直接责任人员依法给予撤职、开除的行政处分；构成犯罪的，依法追究刑事责任。

第五十九条　违反本条例规定，在不符合相应生物安全要求的实验室从事病原微生物相关实验活动的，由县级以上地方人民政府卫生主管部门、兽医主管部门依照各自职责，责令停止有关活动，监督其将用于实验活动的病原微生物销毁或者送交保藏机构，并给予警告；造成传染病传播、流行或者其他严重后果的，由实验室的设立单位对主要负责人、直接负责的主管人员和其他直接责任人员，依法给予撤职、开除的处分；构成犯罪的，依法追究刑事责任。

第六十条　实验室有下列行为之一的，由县级以上地方人民政府卫生主管部门、兽医主管部门依照各自职责，责令限期改正，给予警告；逾期不改正的，由实验室的设立单位对主要负责人、直接负责的主管人员和其他直接责任人员，依法给予撤职、开除的处分；有许可证件的，并由原发证部门吊销有关许可证件：

（一）未依照规定在明显位置标示国务院卫生主管部门和兽医主管部门规定的生物危险标识和生物安全实验室级别标志的；

（二）未向原批准部门报告实验活动结果以及工作情况的；

（三）未依照规定采集病原微生物样本，或者对所采集样本的来源、采集过程和方法等未作详细记录的；

（四）新建、改建或者扩建一级、二级实验室未向设区的市级人民政府卫生主管部门或者兽医主管部门备案的；

（五）未依照规定定期对工作人员进行培训，或者工作人员考核不合格允许其上岗，或者批准未采取防护措施的人员进入实验室的；

（六）实验室工作人员未遵守实验室生物安全技术规范和操作规程的；

（七）未依照规定建立或者保存实验档案的；

（八）未依照规定制定实验室感染应急处置预案并备案的。

第六十一条　经依法批准从事高致病性病原微生物相关实验活动的实验室的设立单位未建立健全安全保卫制度，或者未采取安全保卫措施的，由县级以上地方人民政府卫生主管部门、兽医主管部门依照各自职责，责令限期改正；逾期不改正，导致高致病性病原微生物菌（毒）种、样本被盗、被抢或者造成其他严重后果的，责令停止该项实验活动，该实验室2年内不得申请从事高致病性病原微生物实验活动；造成传染病传播、流行的，该实验室设立单位的主管部门还应当对该实验室的设立单位的直接负责的主管人员和其他直接责任人员，依法给予降级、撤职、开除的处分；构成犯罪的，依法追究刑事责任。

第六十二条　未经批准运输高致病性病原微生物菌（毒）种或者样本，或者承运单位经批准运输高致病性病原微生物菌（毒）种或者样本未履行保护义务，导致高致病性病原微生物菌（毒）种或者样本被盗、被抢、丢失、泄漏的，由县级以上地方人民政府卫生主管部门、兽医主管部门依照各自职责，责令采取措施，消除隐患，给予警告；造成传染病传播、流行或者其他严重后果的，由托运单位和承运单位的主管部门对主要负责人、直接负责的主管人员和其他直接责任人员，依法给予撤职、开除的处分；构成犯罪的，依法追究刑事责任。

第六十三条　有下列行为之一的，由实验室所在地的设区的市级以上地方人民政府卫生主管部门、兽医主管部门依照各自职责，责令有关单位立即停止违法活动，监督其将病原微生物销毁或者送交保藏机构；造成传染病传播、流行或者其他严重后果的，由其所在单位或者其上级主管部门对主要负责人、直接负责的主管人员和其他直接责任人员，依法给予撤职、开除的处分；有许可证件的，并由原发证部门吊销有关许可证件；构成犯罪的，依法追究刑事责任：

（一）实验室在相关实验活动结束后，未依照规定及时将病原微生物菌（毒）种和样本就地销毁或者送交保藏机构保管的；

（二）实验室使用新技术、新方法从事高致病性病原微生物相关实验活动未经国家病原微生物实验室生物安全专家委员会论证的；

（三）未经批准擅自从事在我国尚未发现或者已经宣布消灭的病原微生物相关实验活动的；

（四）在未经指定的专业实验室从事在我国尚未发现或者已经宣布消灭的病原微生物相关实验活动的；

（五）在同一个实验室的同一个独立安全区域内同时从事两种或者两种以上高致病性病原微生物的相关实验活动的。

第六十四条　认可机构对不符合实验室生物安全国家标准以及本条例规定条件的实验室予以认可，或者对符合实验室生物安全国家标准以及本条例规定条件的实验室不予认可的，由国务院认证认可监督管理部门责令限期改正，给予警告；造成传染病传播、流行或者其他严重后果的，由国务院认证认可监督管理部门撤销其认可资格，有上级主管部门的，由其上级主管部门对主要负责人、直接负责的主管人员和其他直接责任人员依法给予撤职、开除的处分；构成犯罪的，依法追究刑事责任。

第六十五条　实验室工作人员出现该实验室从事的病原微生物相关实验活动有关的感染临床症状或者体征，以及实验室发生高致病性病原微生物泄漏时，实验室负责人、实验室工作人员、负责实验室感染控制的专门机构或者人员未依照规定报告，或者未依照规定采取控制措施的，由县级以上地方人民政府卫生主管部门、兽医主管部门依照各自职责，责令限期改正，给予警告；造成传染病传播、流行或者其他严重后果的，由其设立单位对实验室主要负责人、直接负责的主管人员和其他直接责任人员，依法给予撤职、开除的处分；有许可证件的，并由原发证部门吊销有关许可证件；构成犯罪的，依法追究刑事责任。

第六十六条　拒绝接受卫生主管部门、兽医主管部门依法开展有关高致病性病原微生物扩散的调查取证、采集样品等活动或者依照本条例规定采取有关预防、控制措施的，由县级以上人民政府卫生主管部门、兽医主管部门依照各自职责，责令改正，给予警告；造成传染病传播、流行以及其他严重后果的，由实验室的设立单位对实验室主要负责人、直接负责的主管人员和其他直接责任人员，依法给予降级、撤职、开除的处分；有许可证件的，并由原发证部门吊销有关许可证件；构成犯罪的，依法追究刑事责任。

第六十七条　发生病原微生物被盗、被抢、丢失、泄漏，承运单位、护送人、保藏机构和实验室的设立单位未依照本条例的规定报告的，由所在地的县级人民政府卫生主管部门或者兽医主管部门给予警告；造成传染病传播、流行或者其他严重后果的，由实验室的设立单位或者承运单位、保藏机构的上级主管部门对主要负责人、直接负责的主管人员和其他直接责任人员，依法给予撤职、开除的处分；构成犯罪的，依法追究刑事责任。

第六十八条　保藏机构未依照规定储存实验室送交的菌（毒）种和样本，或者未依照规定提供菌（毒）种和样本的，由其指定部门责令限期改正，收回违法提供的菌（毒）种和样本，并给予警告；造成传染病传播、流行或者其他严重后果的，由其所在单位或者其上级主管部门对主要负责人、直接负责的主管人员和其他直接责任人员，依法给予撤职、开除的处分；构成犯罪的，依法追究刑事责任。

第六十九条　县级以上人民政府有关主管部门，未依照本条例的规定履行实验室及其实验活动监督检查职责的，由有关人民政府在各自职责范围内责令改正，通报批评；造成传染病传播、流行或者其他严重后果的，对直接负责的主管人员，依法给予行政处分；构成犯罪的，依法追究刑事责任。

第七章　附　则

第七十条　军队实验室由中国人民解放军卫生主管部门参照本条例负责监督管理。

第七十一条　本条例施行前设立的实验室，应当自本条例施行之日起6个月内，依照本条例的规定，办理有关手续。

第七十二条　本条例自公布之日起施行。

7. 危险化学品安全管理条例

（2002年1月26日中华人民共和国国务院令第344号公布　2011年2月16日国务院第144次常务会议修订）

第一章　总　则

第一条　为了加强危险化学品的安全管理，预防和减少危险化学品事故，保障人民群众生命财产安全，保护环境，制定本条例。

第二条　危险化学品生产、储存、使用、经营和运输的安全管理，适用本条例。

废弃危险化学品的处置，依照有关环境保护的法律、行政法规和国家有关规定执行。

第三条　本条例所称危险化学品，是指具有毒害、腐蚀、爆炸、燃烧、助燃等性质，对人体、设施、环境具有危害的剧毒化学品和其他化学品。

危险化学品目录，由国务院安全生产监督管理部门会同国务院工业和信息化、公安、环境保护、卫生、质量监督检验检疫、交通运输、铁路、民用航空、农业主管部门，根据化学品危险特性的鉴别和分类标准确定、公布，并适时调整。

第四条　危险化学品安全管理，应当坚持安全第一、预防为主、综合治理的方针，强化和落实企业的主体责任。

生产、储存、使用、经营、运输危险化学品的单位（以下统称危险化学品单位）的主要负责人对本单位的危险化学品安全管理工作全面负责。

危险化学品单位应当具备法律、行政法规规定和国家标准、行业标准要求的安全条件，建立、健全安全管理规章制度和岗位安全责任制度，对从业人员进行安全教育、法制教育和岗位技术培训。从业人员应当接受教育和培训，考核合格后上岗作业；对有资格要求的岗位，应当配备依法取得相应资格的人员。

第五条　任何单位和个人不得生产、经营、使用国家禁止生产、经营、使用的危险化学品。

国家对危险化学品的使用有限制性规定的，任何单位和个人不得违反限制性规定使用危险化学品。

第六条　对危险化学品的生产、储存、使用、经营、运输实施安全监督管理的有关部门（以下统称负有危险化学品安全监督管理职责的部门），依照下列规定履行职责：

（一）安全生产监督管理部门负责危险化学品安全监督管理综合工作，组织确定、公布、调整危险化学品目录，对新建、改建、扩建生产、储存危险化学品（包括使用长输管道输送危险化学品，下同）的建设项目进行安全条件审查，核发危险化学品安全生产许可证、危险化学品安全使用许可证和危险化学品经营许可证，并负责危险化学品登记工作。

（二）公安机关负责危险化学品的公共安全管理，核发剧毒化学品购买许可证、剧毒化学品道路运输通行证，并负责危险化学品运输车辆的道路交通安全管理。

（三）质量监督检验检疫部门负责核发危险化学品及其包装物、容器（不包括储存危险化学品的固定式大型储罐，下同）生产企业的工业产品生产许可证，并依法对其产品质量实施监督，负责对进出口危险化学品及其包装实施检验。

（四）环境保护主管部门负责废弃危险化学品处置的监督管理，组织危险化学品的环境危害性鉴定和环境风险程度评估，确定实施重点环境管理的危险化学品，负责危险化学品环境管理登记和新化学物质环境管理登记；依照职责分工调查相关危险化学品环境污染事故和生态破坏事件，负责危险化学品事故现场的应急环境监测。

（五）交通运输主管部门负责危险化学品道路运输、水路运输的许可以及运输工具的安全管理，对危险化学品水路运输安全实施监督，负责危险化学品道路运输企业、水路运输企业驾驶人员、船员、装卸管理人员、押运人员、申报人员、集装箱装箱现场检查员的资格认定。铁路主管部门负责危险化学品铁路运输的安全管理，负责危险化学品铁路运输承运人、托运人的资质审批及其运输工具的安全管理。民用航空主管部门负责危险化学品航空运输以及航空运输企业及其运输工具的安全管理。

（六）卫生主管部门负责危险化学品毒性鉴定的管理，负责组织、协调危险化学品事故受伤人员的医疗卫生救援工作。

（七）工商行政管理部门依据有关部门的许可证件，核发危险化学品生产、储存、经营、运输企业营业执照，查处危险化学品经营企业违法采购危险化学品的行为。

（八）邮政管理部门负责依法查处寄递危险化学品的行为。

第七条　负有危险化学品安全监督管理职责的部门依法进行监督检查，可以采取下列措施：

（一）进入危险化学品作业场所实施现场检查，向有关单位和人员了解情况，查阅、复制有关文件、资料；

（二）发现危险化学品事故隐患，责令立即消除或者限期消除；

（三）对不符合法律、行政法规、规章规定或者国家标准、行业标准要求的设施、设备、装置、器材、运输工具，责令立即停止使用；

（四）经本部门主要负责人批准，查封违法生产、储存、使用、经营危险化学品的场所，扣押违法生产、储存、使用、经营、运输的危险化学品以及用于违法生产、使用、运输危险化学品的原材料、设备、运输工具；

（五）发现影响危险化学品安全的违法行为，当场予以纠正或者责令限期改正。

负有危险化学品安全监督管理职责的部门依法进行监督检查，监督检查人员不得少于2人，并应当出示执法证件；有关单位和个人对依法进行的监督检查应当予以配合，不得拒绝、阻碍。

第八条　县级以上人民政府应当建立危险化学品安全监督管理工作协调机制，支持、督促负有危险化学品安全监督管理职责的部门依法履行职责，协调、解决危险化学品安全监督管理工作中的重大问题。

负有危险化学品安全监督管理职责的部门应当相互配合、密切协作，依法加强对危险化学品的安全监督管理。

第九条　任何单位和个人对违反本条例规定的行为，有权向负有危险化学品安全监督管理职责的部门举报。负有危险化学品安全监督管理职责的部门接到举报，应当及时依法处理；对不属于本部门职责的，应当及时移送有关部门处理。

第十条　国家鼓励危险化学品生产企业和使用危险化学品从事生产的企业采用有利于提高安全保障水平的先进技术、工艺、设备以及自动控制系统，鼓励对危险化学品实行专门储存、统一配送、集中销售。

第二章　生产、储存安全

第十一条　国家对危险化学品的生产、储存实行统筹规划、合理布局。

国务院工业和信息化主管部门以及国务院其他有关部门依据各自职责，负责危险化学品生产、储存的行业规划和布局。

地方人民政府组织编制城乡规划，应当根据本地区的实际情况，按照确保安全的原则，规划适当区域专门用于危险化学品的生产、储存。

第十二条　新建、改建、扩建生产、储存危险化学品的建设项目（以下简称建设项目），应当由安全生产监督管理部门进行安全条件审查。

建设单位应当对建设项目进行安全条件论证，委托具备国家规定的资质条件的机构对建设项目进行安全评价，并将安全条件论证和安全评价的情况报告报建设项目所在地设区的市级以上人民政府安全生产监督管理部门；安全生产监督管理部门应当自收到报告之日起45日内作出审查决定，并书面通知建设单位。具体办法由国务院安全生产监督管理部门制定。

新建、改建、扩建储存、装卸危险化学品的港口建设项目，由港口行政管理部门按照国务院交通运输主管部门的规定进行安全条件审查。

第十三条　生产、储存危险化学品的单位，应当对其铺设的危险化学品管道设置明显标志，并对危险化学品管道定期检查、检测。

进行可能危及危险化学品管道安全的施工作业，施工单位应当在开工的7日前书面通知管道所属单位，并与管道所属单位共同制定应急预案，采取相应的安全防护措施。管道所属单位应当指派专门人员到现场进行管道安全保护指导。

第十四条　危险化学品生产企业进行生产前，应当依照《安全生产许可证条例》的规定，取得危险化学品安全生产许可证。

生产列入国家实行生产许可证制度的工业产品目录的危险化学品的企业，应当依照《中华人民共和国工业产品生产许可证管理条例》的规定，取得工业产品生产许可证。

负责颁发危险化学品安全生产许可证、工业产品生产许可证的部门，应当将其颁发许可证的情况及时向同级工业和信息化主管部门、环境保护主管部门和公安机关通报。

第十五条　危险化学品生产企业应当提供与其生产的危险化学品相符的化学品安全技术说明书，并在危险化学品包装（包括外包装件）上粘贴或者拴挂与包装内危险化学品相符的化学品安全标签。化学品安全技术说明书和化学品安全标签所载明的内容应当符合国家标准的要求。

危险化学品生产企业发现其生产的危险化学品有新的危险特性的，应当立即公告，并及时修订其化学品安全技术说明书和化学品安全标签。

第十六条　生产实施重点环境管理的危险化学品的企业，应当按照国务院环境保护主管部门的规定，将该危险化学品向环境中释放等相关信息向环境保护主管部门报告。环境保护主管部门可以根据情况采取相应的环境风险控制措施。

第十七条　危险化学品的包装应当符合法律、行政法规、规章的规定以及国家标准、行业标准的要求。

危险化学品包装物、容器的材质以及危险化学品包装的型式、规格、方法和单件质量（重量），应当与所包装的危险化学品的性质和用途相适应。

第十八条　生产列入国家实行生产许可证制度的工业产品目录的危险化学品包装物、容器的企业，应当依照《中华人民共和国工业产品生产许可证管理条例》的规定，取得工业产品生产许可证；其生产的危险化学品包装物、容器经国务院质量监督检验检疫部门认定的检验机构检验合格，方可出厂销售。

运输危险化学品的船舶及其配载的容器，应当按照国家船舶检验规范进行生产，并经海事管理机构认定的船舶检验机构检验合格，方可投入使用。

对重复使用的危险化学品包装物、容器，使用单位在重复使用前应当进行检查；发现存在安全隐患的，应当维修或者更换。使用单位应当对检查情况作出记录，记录的保存期限不得少于2年。

第十九条　危险化学品生产装置或者储存数量构成重大危险源的危险化学品储存设施（运输工具加油站、加气站除外），与下列场所、设施、区域的距离应当符合国家有关规定：

（一）居住区以及商业中心、公园等人员密集场所；

（二）学校、医院、影剧院、体育场（馆）等公共设施；

（三）饮用水源、水厂以及水源保护区；

（四）车站、码头（依法经许可从事危险化学品装卸作业的除外）、机场以及通信干线、通信枢纽、铁路线路、道路交通干线、水路交通干线、地铁风亭以及地铁站出入口；

（五）基本农田保护区、基本草原、畜禽遗传资源保护区、畜禽规模化养殖场（养殖小区）、渔业水域以及种子、种畜禽、水产苗种生产基地；

（六）河流、湖泊、风景名胜区、自然保护区；

（七）军事禁区、军事管理区；

（八）法律、行政法规规定的其他场所、设施、区域。

已建的危险化学品生产装置或者储存数量构成重大危险源的危险化学品储存设施不符合前款规定的，由所在地设区的市级人民政府安全生产监督管理部门会同有关部门监督其所属单位在规定期限内进行整改；需要转产、停产、搬迁、关闭的，由本级人民政府决定并组织实施。

储存数量构成重大危险源的危险化学品储存设施的选址，应当避开地震活动断层和容易发生洪灾、地质灾害的区域。

本条例所称重大危险源，是指生产、储存、使用或者搬运危险化学品，且危险化学品的数量等于或者超过临界量的单元（包括场所和设施）。

第二十条　生产、储存危险化学品的单位，应当根据其生产、储存的危险化学品的种类和危险特性，在作业场所设置相应的监测、监控、通风、防晒、调温、防火、灭火、防爆、泄压、防毒、中和、防潮、防雷、防静电、防腐、防泄漏以及防护围堤或者隔离操作等安全设施、设备，并按照国家标准、行业标准或者国家有关规定对安全设施、设备进行经常性维护、保养，保证安全设施、设备的正常使用。

生产、储存危险化学品的单位，应当在其作业场所和安全设施、设备上设置明显的安全警示标志。

第二十一条　生产、储存危险化学品的单位，应当在其作业场所设置通信、报警装置，并保证处于适用状态。

第二十二条　生产、储存危险化学品的企业，应当委托具备国家规定的资质条件的机构，对本企业的安全生产条件每3年进行一次安全评价，提出安全评价报告。安全评价报告的内容应当包括对安全生产条件存在的问题进行整改的方案。

生产、储存危险化学品的企业，应当将安全评价报告以及整改方案的落实情况报所在地县级人民政府安全生产监督管理部门备案。在港区内储存危险化学品的企业，应当将安全评价报告以及整改方案的落实情况报港口行政管理部门备案。

第二十三条　生产、储存剧毒化学品或者国务院公安部门规定的可用于制造爆炸物品的危险化学品（以下简称易制爆危险化学品）的单位，应当如实记录其生产、储存的剧毒化学品、易制爆危险化学品的数量、流向，并采取必要的安全防范措施，防止剧毒化学品、易制爆危险化学品丢失或者被盗；发现剧毒化学品、易制爆危险化学品丢失或者被盗的，应当立即向当地公安机关报告。

生产、储存剧毒化学品、易制爆危险化学品的单位，应当设置治安保卫机构，配备专职治安保卫人员。

第二十四条　危险化学品应当储存在专用仓库、专用场地或者专用储存室（以下统称专用仓库）内，并由专人负责管理；剧毒化学品以及储存数量构成重大危险源的其他危险化学品，应当在专用仓库内单独存放，并实行双人收发、双人保管制度。

危险化学品的储存方式、方法以及储存数量应当符合国家标准或者国家有关规定。

第二十五条　储存危险化学品的单位应当建立危险化学品出入库核查、登记制度。

对剧毒化学品以及储存数量构成重大危险源的其他危险化学品，储存单位应当将其储存数量、储存地点以及管理人员的情况，报所在地县级人民政府安全生产监督管理部门（在港区内储存的，报港口行政管理部门）和公安机关备案。

第二十六条　危险化学品专用仓库应当符合国家标准、行业标准的要求，并设置明显的标志。储存剧毒化学品、易制爆危险化学品的专用仓库，应当按照国家有关规定设置相应的技术防范设施。

储存危险化学品的单位应当对其危险化学品专用仓库的安全设施、设备定期进行检测、检验。

第二十七条　生产、储存危险化学品的单位转产、停产、停业或者解散的，应当采取有效措施，及时、妥善处置其危险化学品生产装置、储存设施以及库存的危险化学品，不得丢弃危险化学品；处置方案应当报所在地县级人民政府安全生产监督管理部门、工业和信息化主管部门、环境保护主管部门和公安机关备案。安全生产监督管理部门应当会同环境保护主管部门和公安机关对处置情况进行监督检查，发现未依照规定处置的，应当责令其立即处置。

第三章　使用安全

第二十八条　使用危险化学品的单位，其使用条件（包括工艺）应当符合法律、行政法规的规定和国家标准、行业标准的要求，并根据所使用的危险化学品的种类、危险特性以及使用量和使用方式，建立、健全使用危险化学品的安全管理规章制度和安全操作规程，保证危险化学品的安全使用。

第二十九条　使用危险化学品从事生产并且使用量达到规定数量的化工企业（属于危险化学品生产企业的除外，下同），应当依照本条例的规定取得危险化学品安全使用许可证。

前款规定的危险化学品使用量的数量标准，由国务院安全生产监督管理部门会同国务院公安部门、农业主管部门确定并公布。

第三十条　申请危险化学品安全使用许可证的化工企业，除应当符合本条例第二十八条的规定外，还应当具备下列条件：

（一）有与所使用的危险化学品相适应的专业技术人员；

（二）有安全管理机构和专职安全管理人员；

（三）有符合国家规定的危险化学品事故应急预案和必要的应急救援器材、设备；

（四）依法进行了安全评价。

第三十一条　申请危险化学品安全使用许可证的化工企业，应当向所在地设区的市级人民政府安全生产监督管理部门提出申请，并提交其符合本条例第三十条规定条件的证明材料。设区的市级人民政府安全生产监督管理部门应当依法进行审查，自收到证明材料之日起45日内作出批准或者不予批准的决定。予以批准的，颁发危险化学品安全使用许可证；不予批准的，书面通知申请人并说明理由。

安全生产监督管理部门应当将其颁发危险化学品安全使用许可证的情况及时向同级环境保护主管部门和公安机关通报。

第三十二条　本条例第十六条关于生产实施重点环境管理的危险化学品的企业的规定，适用于使用实施重点环境管理的危险化学品从事生产的企业；第二十条、第二十一条、第二十三条第一款、第二十七条关于生产、储存危险化学品的单位的规定，适用于使用危险化学品的单位；第二十二条关于生产、储存危险化学品的企业的规定，适用于使用危险化学品从事生产的企业。

第四章　经营安全

第三十三条　国家对危险化学品经营（包括仓储经营，下同）实行许可制度。未经许可，任何单位和个人不得经营危险化学品。

依法设立的危险化学品生产企业在其厂区范围内销售本企业生产的危险化学品，不需要取得危险化学品经营许可。

依照《中华人民共和国港口法》的规定取得港口经营许可证的港口经营人，在港区内从事危险化学品仓储经营，不需要取得危险化学品经营许可。

第三十四条　从事危险化学品经营的企业应当具备下列条件：

（一）有符合国家标准、行业标准的经营场所，储存危险化学品的，还应当有符合国家标准、行业标准的储存设施；

（二）从业人员经过专业技术培训并经考核合格；

（三）有健全的安全管理规章制度；

（四）有专职安全管理人员；

（五）有符合国家规定的危险化学品事故应急预案和必要的应急救援器材、设备；

（六）法律、法规规定的其他条件。

第三十五条　从事剧毒化学品、易制爆危险化学品经营的企业，应当向所在地设区的市级人民政府安全生产监督管理部门提出申请，从事其他危险化学品经营的企业，应当向所在地县级人民政府安全生产监督管理部门提出申请（有储存设施的，应当向所在地设区的市级人民政府安全生产监督管理部门提出申请）。申请人应当提交其符合本条例第三十四条规定条件的证明材料。设区的市级人民政府安全生产监督管理部门或者县级人民政府安全生产监督管理部门应当依法进行审查，并对申请人的经营场所、储存设施进行现场核查，自收到证明材料之日起30日内作出批准或者不予批准的决定。予以批准的，颁发危险化学品经营许可证；不予批准的，书面通知申请人并说明理由。

设区的市级人民政府安全生产监督管理部门和县级人民政府安全生产监督管理部门应当将其颁发危险化学品经营许可证的情况及时向同级环境保护主管部门和公安机关通报。

申请人持危险化学品经营许可证向工商行政管理部门办理登记手续后，方可从事危险化学品经营活动。法律、行政法规或者国务院规定经营危险化学品还需要经其他有关部门许可的，申请人向工商行政管理部门办理登记手续时还应当持相应的许可证件。

第三十六条　危险化学品经营企业储存危险化学品的，应当遵守本条例第二章关于储存危险化学品的规定。危险化学品商店内只能存放民用小包装的危险化学品。

第三十七条　危险化学品经营企业不得向未经许可从事危险化学品生产、经营活动的企业采购危险化学品，不得经营没有化学品安全技术说明书或者化学品安全标签的危险化学品。

第三十八条　依法取得危险化学品安全生产许可证、危险化学品安全使用许可证、危险化学品经营许可证的企业，凭相应的许可证件购买剧毒化学品、易制爆危险化学品。民用爆炸物品生产企业凭民用爆炸物品生产许可证购买易制爆危险化学品。

前款规定以外的单位购买剧毒化学品的，应当向所在地县级人民政府公安机关申请取得剧毒化学品购买许可证；购买易制爆危险化学品的，应当持本单位出具的合法用途说明。

个人不得购买剧毒化学品（属于剧毒化学品的农药除外）和易制爆危险化学品。

第三十九条　申请取得剧毒化学品购买许可证，申请人应当向所在地县级人民政府公安机关提交下列材料：

（一）营业执照或者法人证书（登记证书）的复印件；

（二）拟购买的剧毒化学品品种、数量的说明；

（三）购买剧毒化学品用途的说明；

（四）经办人的身份证明。

县级人民政府公安机关应当自收到前款规定的材料之日起3日内，作出批准或者不予批准的决定。予以批准的，颁发剧毒化学品购买许可证；不予批准的，书面通知申请人并说明理由。

剧毒化学品购买许可证管理办法由国务院公安部门制定。

第四十条　危险化学品生产企业、经营企业销售剧毒化学品、易制爆危险化学品，应当查验本条例第三十八条第一款、第二款规定的相关许可证件或者证明文件，不得向不具有相关许可证件或者证明文件的单位销售剧毒化学品、易制爆危险化学品。对持剧毒化学品购买许可证购买剧毒化学品的，应当按照许可证载明的品种、数量销售。

禁止向个人销售剧毒化学品（属于剧毒化学品的农药除外）和易制爆危险化学品。

第四十一条　危险化学品生产企业、经营企业销售剧毒化学品、易制爆危险化学品，应当如实记录购买单位的名称、地址、经办人的姓名、身份证号码以及所购买的剧毒化学品、易制爆危险化学品的品种、数量、用途。销售记录以及经办人的身份证明复印件、相关许可证件复印件或者证明文件的保存期限不得少于1年。

剧毒化学品、易制爆危险化学品的销售企业、购买单位应当在销售、购买后5日内，将所销售、购买的剧毒化学品、易制爆危险化学品的品种、数量以及流向信息报所在地县级人民政府公安机关备案，并输入计算机系统。

第四十二条　使用剧毒化学品、易制爆危险化学品的单位不得出借、转让其购买的剧毒化学品、易制爆危险化学品；因转产、停产、搬迁、关闭等确需转让的，应当向具有本条例第三十八条第一款、第二款规定的相关许可证件或者证明文件的单位转让，并在转让后将有关情况及时向所在地县级人民政府公安机关报告。

第五章　运输安全

第四十三条　从事危险化学品道路运输、水路运输的，应当分别依照有关道路运输、水路运输的法律、行政法规的规定，取得危险货物道路运输许可、危险货物水路运输许可，并向工商行政管理部门办理登记手续。

危险化学品道路运输企业、水路运输企业应当配备专职安全管理人员。

第四十四条　危险化学品道路运输企业、水路运输企业的驾驶人员、船员、装卸管理人员、押运人员、申报人员、集装箱装箱现场检查员应当经交通运输主管部门考核合格，取得从业资格。具体办法由国务院交通运输主管部门制定。

危险化学品的装卸作业应当遵守安全作业标准、规程和制度，并在装卸管理人员的现场指挥或者监控下进行。水路运输危险化学品的集装箱装箱作业应当在集装箱装箱现场检查员的指挥或者监控下进行，并符合积载、隔离的规范和要求；装箱作业完毕后，集装箱装箱现场检查员应当签署装箱证明书。

第四十五条　运输危险化学品，应当根据危险化学品的危险特性采取相应的安全防护措施，并配备必要的防护用品和应急救援器材。

用于运输危险化学品的槽罐以及其他容器应当封口严密，能够防止危险化学品在运输过程中因温度、湿度或者压力的变化发生渗漏、洒漏；槽罐以及其他容器的溢流和泄压装置应当设置准确、起闭灵活。

运输危险化学品的驾驶人员、船员、装卸管理人员、押运人员、申报人员、集装箱装箱现场检查员，应当了解所运输的危险化学品的危险特性及其包装物、容器的使用要求和出现危险情况时的应急处置方法。

第四十六条　通过道路运输危险化学品的，托运人应当委托依法取得危险货物道路运输许可的企业承运。

第四十七条　通过道路运输危险化学品的，应当按照运输车辆的核定载质量装载危险化学品，不得超载。

危险化学品运输车辆应当符合国家标准要求的安全技术条件，并按照国家有关规定定期进行安全技术检验。

危险化学品运输车辆应当悬挂或者喷涂符合国家标准要求的警示标志。

第四十八条　通过道路运输危险化学品的，应当配备押运人员，并保证所运输的危险化学品处于押运人员的监控之下。

运输危险化学品途中因住宿或者发生影响正常运输的情况，需要较长时间停车的，驾驶人员、押运人员应当采取相应的安全防范措施；运输剧毒化学品或者易制爆危险化学品的，还应当向当地公安机关报告。

第四十九条　未经公安机关批准，运输危险化学品的车辆不得进入危险化学品运输车辆限制通行的区域。危险化学品运输车辆限制通行的区域由县级人民政府公安机关划定，并设置明显的标志。

第五十条　通过道路运输剧毒化学品的，托运人应当向运输始发地或者目的地县级人民政府公安机关申请剧毒化学品道路运输通行证。

申请剧毒化学品道路运输通行证，托运人应当向县级人民政府公安机关提交下列材料：

（一）拟运输的剧毒化学品品种、数量的说明；

（二）运输始发地、目的地、运输时间和运输路线的说明；

（三）承运人取得危险货物道路运输许可、运输车辆取得营运证以及驾驶人员、押运人员取得上岗资格的证明文件；

（四）本条例第三十八条第一款、第二款规定的购买剧毒化学品的相关许可证件，或者海关出具的进出口证明文件。

县级人民政府公安机关应当自收到前款规定的材料之日起7日内，作出批准或者不予批准的决定。予以批准的，颁发剧毒化学品道路运输通行证；不予批准的，书面通知申请人并说明理由。

剧毒化学品道路运输通行证管理办法由国务院公安部门制定。

第五十一条　剧毒化学品、易制爆危险化学品在道路运输途中丢失、被盗、被抢或者出现流散、泄漏等情况的，驾驶人员、押运人员应当立即采取相应的警示措施和安全措施，并向当地公安机关报告。公安机关接到报告后，应当根据实际情况立即向安全生产监督管理部门、环境保护主管部门、卫生主管部门通报。有关部门应当采取必要的应急处置措施。

第五十二条　通过水路运输危险化学品的，应当遵守法律、行政法规以及国务院交通运输主管部门关于危险货物水路运输安全的规定。

第五十三条　海事管理机构应当根据危险化学品的种类和危险特性，确定船舶运输危险化学品的相关安全运输条件。

拟交付船舶运输的化学品的相关安全运输条件不明确的，应当经国家海事管理机构认定的机构进行评估，明确相关安全运输条件并经海事管理机构确认后，方可交付船舶运输。

第五十四条　禁止通过内河封闭水域运输剧毒化学品以及国家规定禁止通过内河运输的其他危险化学品。

前款规定以外的内河水域，禁止运输国家规定禁止通过内河运输的剧毒化学品以及其他危险化学品。

禁止通过内河运输的剧毒化学品以及其他危险化学品的范围，由国务院交通运输主管部门会同国务院环境保护主管部门、工业和信息化主管部门、安全生产监督管理部门，根据危险化学品的危险特性、危险化学品对人体和水环境的危害程度以及消除危害后果的难易程度等因素规定并公布。

第五十五条　国务院交通运输主管部门应当根据危险化学品的危险特性，对通过内河运输本条例第五十四条规定以外的危险化学品（以下简称通过内河运输危险化学品）实行分类管理，对各类危险化学品的运输方式、包装规范和安全防护措施等分别作出规定并监督实施。

第五十六条　通过内河运输危险化学品，应当由依法取得危险货物水路运输许可的水路运输企业承运，其他单位和个人不得承运。托运人应当委托依法取得危险货物水路运输许可的水路运输企业承运，不得委托其他单位和个人承运。

第五十七条　通过内河运输危险化学品，应当使用依法取得危险货物适装证书的运输船舶。水路运输企业应当针对所运输的危险化学品的危险特性，制定运输船舶危险化学品事故应急救援预案，并为运输船舶配备充足、有效的应急救援器材和设备。

通过内河运输危险化学品的船舶，其所有人或者经营人应当取得船舶污染损害责任保险证书或者财务担保证明。船舶污染损害责任保险证书或者财务担保证明的副本应当随船携带。

第五十八条　通过内河运输危险化学品，危险化学品包装物的材质、型式、强度以及包装方法应当符合水路运输危险化学品包装规范的要求。国务院交通运输主管部门对单船运输的危险化学品数量有限制性规定的，承运人应当按照规定安排运输数量。

第五十九条　用于危险化学品运输作业的内河码头、泊位应当符合国家有关安全规范，与饮用水取水口保持国家规定的距离。有关管理单位应当制定码头、泊位危险化学品事故应急预案，并为码头、泊位配备充足、有效的应急救援器材和设备。

用于危险化学品运输作业的内河码头、泊位，经交通运输主管部门按照国家有关规定验收合格后方可投入使用。

第六十条　船舶载运危险化学品进出内河港口，应当将危险化学品的名称、危险特性、包装以及进出港时间等事项，事先报告海事管理机构。海事管理机构接到报告后，应当在国务院交通运输主管部门规定的时间内作出是否同意的决定，通知报告人，同时通报港口行政管理部门。定船舶、定航线、定货种的船舶可以定期报告。

在内河港口内进行危险化学品的装卸、过驳作业，应当将危险化学品的名称、危险特性、包装和作业的时间、地点等事项报告港口行政管理部门。港口行政管理部门接到报告后，应当在国务院交通运输主管部门规定的时间内作出是否同意的决定，通知报告人，同时通报海事管理机构。

载运危险化学品的船舶在内河航行，通过过船建筑物的，应当提前向交通运输主管部门申报，并接受交通运输主管部门的管理。

第六十一条　载运危险化学品的船舶在内河航行、装卸或者停泊，应当悬挂专用的警示标志，按照规定显示专用信号。

载运危险化学品的船舶在内河航行，按照国务院交通运输主管部门的规定需要引航的，应当申请引航。

第六十二条　载运危险化学品的船舶在内河航行，应当遵守法律、行政法规和国家其他有关饮用水水源保护的规定。内河航道发展规划应当与依法经批准的饮用水水源保护区划定方案相协调。

第六十三条　托运危险化学品的，托运人应当向承运人说明所托运的危险化学品的种类、数量、危险特性以及发生危险情况的应急处置措施，并按照国家有关规定对所托运的危险化学品妥善包装，在外包装上设置相应的标志。

运输危险化学品需要添加抑制剂或者稳定剂的，托运人应当添加，并将有关情况告知承运人。

第六十四条　托运人不得在托运的普通货物中夹带危险化学品，不得将危险化学品匿报或者谎报为普通货物托运。

任何单位和个人不得交寄危险化学品或者在邮件、快件内夹带危险化学品，不得将危险化学品匿报或者谎报为普通物品交寄。邮政企业、快递企业不得收寄危险化学品。

对涉嫌违反本条第一款、第二款规定的，交通运输主管部门、邮政管理部门可以依法开拆查验。

第六十五条　通过铁路、航空运输危险化学品的安全管理，依照有关铁路、航空运输的法律、行政法规、规章的规定执行。

第六章　危险化学品登记与事故应急救援

第六十六条　国家实行危险化学品登记制度，为危险化学品安全管理以及危险化学品事故预防和应急救援提供技术、信息支持。

第六十七条　危险化学品生产企业、进口企业，应当向国务院安全生产监督管理部门负责危险化学品登记的机构（以下简称危险化学品登记机构）办理危险化学品登记。

危险化学品登记包括下列内容：

（一）分类和标签信息；

（二）物理、化学性质；

（三）主要用途；

（四）危险特性；

（五）储存、使用、运输的安全要求；

（六）出现危险情况的应急处置措施。

对同一企业生产、进口的同一品种的危险化学品，不进行重复登记。危险化学品生产企业、进口企业发现其生产、进口的危险化学品有新的危险特性的，应当及时向危险化学品登记机构办理登记内容变更手续。

危险化学品登记的具体办法由国务院安全生产监督管理部门制定。

第六十八条　危险化学品登记机构应当定期向工业和信息化、环境保护、公安、卫生、交通运输、铁路、质量监督检验检疫等部门提供危险化学品登记的有关信息和资料。

第六十九条　县级以上地方人民政府安全生产监督管理部门应当会同工业和信息化、环境保护、公安、卫生、交通运输、铁路、质量监督检验检疫等部门，根据本地区实际情况，制定危险化学品事故应急预案，报本级人民政府批准。

第七十条　危险化学品单位应当制定本单位危险化学品事故应急预案，配备应急救援人员和必要的应急救援器材、设备，并定期组织应急救援演练。

危险化学品单位应当将其危险化学品事故应急预案报所在地设区的市级人民政府安全生产监督管理部门备案。

第七十一条　发生危险化学品事故，事故单位主要负责人应当立即按照本单位危险化学品应急预案组织救援，并向当地安全生产监督管理部门和环境保护、公安、卫生主管部门报告；道路运输、水路运输过程中发生危险化学品事故的，驾驶人员、船员或者押运人员还应当向事故发生地交通运输主管部门报告。

第七十二条　发生危险化学品事故，有关地方人民政府应当立即组织安全生产监督管理、环境保护、公安、卫生、交通运输等有关部门，按照本地区危险化学品事故应急预案组织实施救援，不得拖延、推诿。

有关地方人民政府及其有关部门应当按照下列规定，采取必要的应急处置措施，减少事故损失，防止事故蔓延、扩大：

（一）立即组织营救和救治受害人员，疏散、撤离或者采取其他措施保护危害区域内的其他人员；

（二）迅速控制危害源，测定危险化学品的性质、事故的危害区域及危害程度；

（三）针对事故对人体、动植物、土壤、水源、大气造成的现实危害和可能产生的危害，迅速采取封闭、隔离、洗消等措施；

（四）对危险化学品事故造成的环境污染和生态破坏状况进行监测、评估，并采取相应的环境污染治理和生态修复措施。

第七十三条　有关危险化学品单位应当为危险化学品事故应急救援提供技术指导和必要的协助。

第七十四条　危险化学品事故造成环境污染的，由设区的市级以上人民政府环境保护主管部门统一发布有关信息。

第七章　法律责任

第七十五条　生产、经营、使用国家禁止生产、经营、使用的危险化学品的，由安全生产监督管理部门责令停止生产、经营、使用活动，处20万元以上50万元以下的罚款，有违法所得的，没收违法所得；构成犯罪的，依法追究刑事责任。

有前款规定行为的，安全生产监督管理部门还应当责令其对所生产、经营、使用的危险化学品进行无害化处理。

违反国家关于危险化学品使用的限制性规定使用危险化学品的，依照本条第一款的规定处理。

第七十六条　未经安全条件审查，新建、改建、扩建生产、储存危险化学品的建设项目的，由安全生产监督管理部门责令停止建设，限期改正；逾期不改正的，处50万元以上100万元以下的罚款；构成犯罪的，依法追究刑事责任。

未经安全条件审查，新建、改建、扩建储存、装卸危险化学品的港口建设项目的，由港口行政管理部门依照前款规定予以处罚。

第七十七条　未依法取得危险化学品安全生产许可证从事危险化学品生产，或者未依法取得工业产品生产许可证从事危险化学品及其包装物、容器生产的，分别依照《安全生产许可证条例》、《中华人民共和国工业产品生产许可证管理条例》的规定处罚。

违反本条例规定，化工企业未取得危险化学品安全使用许可证，使用危险化学品从事生产的，由安全生产监督管理部门责令限期改正，处10万元以上20万元以下的罚款；逾期不改正的，责令停产整顿。

违反本条例规定，未取得危险化学品经营许可证从事危险化学品经营的，由安全生产监督管理部门责令停止经营活动，没收违法经营的危险化学品以及违法所得，并处10万元以上20万元以下的罚款；构成犯罪的，依法追究刑事责任。

第七十八条　有下列情形之一的，由安全生产监督管理部门责令改正，可以处5万元以下的罚款；拒不改正的，处5万元以上10万元以下的罚款；情节严重的，责令停产停业整顿：

（一）生产、储存危险化学品的单位未对其铺设的危险化学品管道设置明显的标志，或者未对危险化学品管道定期检查、检测的；

（二）进行可能危及危险化学品管道安全的施工作业，施工单位未按照规定书面通知管道所属单位，或者未与管道所属单位共同制定应急预案、采取相应的安全防护措施，或者管道所属单位未指派专门人员到现场进行管道安全保护指导的；

（三）危险化学品生产企业未提供化学品安全技术说明书，或者未在包装（包括外包装件）上粘贴、拴挂化学品安全标签的；

（四）危险化学品生产企业提供的化学品安全技术说明书与其生产的危险化学品不相符，或者在包装（包括外包装件）粘贴、拴挂的化学品安全标签与包装内危险化学品不相符，或者化学品安全技术说明书、化学品安全标签所载明的内容不符合国家标准要求的；

（五）危险化学品生产企业发现其生产的危险化学品有新的危险特性不立即公告，或者不及时修订其化学品安全技术说明书和化学品安全标签的；

（六）危险化学品经营企业经营没有化学品安全技术说明书和化学品安全标签的危险化学品的；

（七）危险化学品包装物、容器的材质以及包装的型式、规格、方法和单件质量（重量）与所包装的危险化学品的性质和用途不相适应的；

（八）生产、储存危险化学品的单位未在作业场所和安全设施、设备上设置明显的安全警示标志，或者未在作业场所设置通信、报警装置的；

（九）危险化学品专用仓库未设专人负责管理，或者对储存的剧毒化学品以及储存数量构成重大危险源的其他危险化学品未实行双人收发、双人保管制度的；

（十）储存危险化学品的单位未建立危险化学品出入库核查、登记制度的；

（十一）危险化学品专用仓库未设置明显标志的；

（十二）危险化学品生产企业、进口企业不办理危险化学品登记，或者发现其生产、进口的危险化学品有新的危险特性不办理危险化学品登记内容变更手续的。

从事危险化学品仓储经营的港口经营人有前款规定情形的，由港口行政管理部门依照前款规定予以处罚。储存剧毒化学品、易制爆危险化学品的专用仓库未按照国家有关规定设置相应的技术防范设施的，由公安机关依照前款规定予以处罚。

生产、储存剧毒化学品、易制爆危险化学品的单位未设置治安保卫机构、配备专职治安保卫人员的，依照《企业事业单位内部治安保卫条例》的规定处罚。

第七十九条　危险化学品包装物、容器生产企业销售未经检验或者经检验不合格的危险化学品包装物、容器的，由质量监督检验检疫部门责令改正，处10万元以上20万元以下的罚款，有违法所得的，没收违法所得；拒不改正的，责令停产停业整顿；构成犯罪的，依法追究刑事责任。

将未经检验合格的运输危险化学品的船舶及其配载的容器投入使用的，由海事管理机构依照前款规定予以处罚。

第八十条　生产、储存、使用危险化学品的单位有下列情形之一的，由安全生产监督管理部门责令改正，处5万元以上10万元以下的罚款；拒不改正的，责令停产停业整顿直至由原发证机关吊销其相关许可证件，并由工商行政管理部门责令其办理经营范围变更登记或者吊销其营业执照；有关责任人员构成犯罪的，依法追究刑事责任：

（一）对重复使用的危险化学品包装物、容器，在重复使用前不进行检查的；

（二）未根据其生产、储存的危险化学品的种类和危险特性，在作业场所设置相关安全设施、设备，或者未按照国家标准、行业标准或者国家有关规定对安全设施、设备进行经常性维护、保养的；

（三）未依照本条例规定对其安全生产条件定期进行安全评价的；

（四）未将危险化学品储存在专用仓库内，或者未将剧毒化学品以及储存数量构成重大危险源的其他危险化学品在专用仓库内单独存放的；

（五）危险化学品的储存方式、方法或者储存数量不符合国家标准或者国家有关规定的；

（六）危险化学品专用仓库不符合国家标准、行业标准的要求的；

（七）未对危险化学品专用仓库的安全设施、设备定期进行检测、检验的。

从事危险化学品仓储经营的港口经营人有前款规定情形的，由港口行政管理部门依照前款规定予以处罚。

第八十一条　有下列情形之一的，由公安机关责令改正，可以处1万元以下的罚款；拒不改正的，处1万元以上5万元以下的罚款：

（一）生产、储存、使用剧毒化学品、易制爆危险化学品的单位不如实记录生产、储存、使用的剧毒化学品、易制爆危险化学品的数量、流向的；

（二）生产、储存、使用剧毒化学品、易制爆危险化学品的单位发现剧毒化学品、易制爆危险化学品丢失或者被盗，不立即向公安机关报告的；

（三）储存剧毒化学品的单位未将剧毒化学品的储存数量、储存地点以及管理人员的情况报所在地县级人民政府公安机关备案的；

（四）危险化学品生产企业、经营企业不如实记录剧毒化学品、易制爆危险化学品购买单位的名称、地址、经办人的姓名、身份证号码以及所购买的剧毒化学品、易制爆危险化学品的品种、数量、用途，或者保存销售记录和相关材料的时间少于1年的；

（五）剧毒化学品、易制爆危险化学品的销售企业、购买单位未在规定的时限内将所销售、购买的剧毒化学品、易制爆危险化学品的品种、数量以及流向信息报所在地县级人民政府公安机关备案的；

（六）使用剧毒化学品、易制爆危险化学品的单位依照本条例规定转让其购买的剧毒化学品、易制爆危险化学品，未将有关情况向所在地县级人民政府公安机关报告的。

生产、储存危险化学品的企业或者使用危险化学品从事生产的企业未按照本条例规定将安全评价报告以及整改方案的落实情况报安全生产监督管理部门或者港口行政管理部门备案，或者储存危险化学品的单位未将其剧毒化学品以及储存数量构成重大危险源的其他危险化学品的储存数量、储存地点以及管理人员的情况报安全生产监督管理部门或者港口行政管理部门备案的，分别由安全生产监督管理部门或者港口行政管理部门依照前款规定予以处罚。

生产实施重点环境管理的危险化学品的企业或者使用实施重点环境管理的危险化学品从事生产的企业未按照规定将相关信息向环境保护主管部门报告的，由环境保护主管部门依照本条第一款的规定予以处罚。

第八十二条　生产、储存、使用危险化学品的单位转产、停产、停业或者解散，未采取有效措施及时、妥善处置其危险化学品生产装置、储存设施以及库存的危险化学品，或者丢弃危险化学品的，由安全生产监督管理部门责令改正，处5万元以上10万元以下的罚款；构成犯罪的，依法追究刑事责任。

生产、储存、使用危险化学品的单位转产、停产、停业或者解散，未依照本条例规定将其危险化学品生产装置、储存设施以及库存危险化学品的处置方案报有关部门备案的，分别由有关部门责令改正，可以处1万元以下的罚款；拒不改正的，处1万元以上5万元以下的罚款。

第八十三条　危险化学品经营企业向未经许可违法从事危险化学品生产、经营活动的企业采购危险化学品的，由工商行政管理部门责令改正，处10万元以上20万元以下的罚款；拒不改正的，责令停业整顿直至由原发证机关吊销其危险化学品经营许可证，并由工商行政管理部门责令其办理经营范围变更登记或者吊销其营业执照。

第八十四条　危险化学品生产企业、经营企业有下列情形之一的，由安全生产监督管理部门责令改正，没收违法所得，并处10万元以上20万元以下的罚款；拒不改正的，责令停产停业整顿直至吊销其危险化学品安全生产许可证、危险化学品经营许可证，并由工商行政管理部门责令其办理经营范围变更登记或者吊销其营业执照：

（一）向不具有本条例第三十八条第一款、第二款规定的相关许可证件或者证明文件的单位销售剧毒化学品、易制爆危险化学品的；

（二）不按照剧毒化学品购买许可证载明的品种、数量销售剧毒化学品的；

（三）向个人销售剧毒化学品（属于剧毒化学品的农药除外）、易制爆危险化学品的。

不具有本条例第三十八条第一款、第二款规定的相关许可证件或者证明文件的单位购买剧毒化学品、易制爆危险化学品，或者个人购买剧毒化学品（属于剧毒化学品的农药除外）、易制爆危险化学品的，由公安机关没收所购买的剧毒化学品、易制爆危险化学品，可以并处5 000元以下的罚款。

使用剧毒化学品、易制爆危险化学品的单位出借或者向不具有本条例第三十八条第一款、第二款规定的相关许可证件的单位转让其购买的剧毒化学品、易制爆危险化学品，或者向个人转让其购买的剧毒化学品（属于剧毒化学品的农药除外）、易制爆危险化学品的，由公安机关责令改正，处10万元以上20万元以下的罚款；拒不改正的，责令停产停业整顿。

第八十五条　未依法取得危险货物道路运输许可、危险货物水路运输许可，从事危险化学品道路运输、水路运输的，分别依照有关道路运输、水路运输的法律、行政法规的规定处罚。

第八十六条　有下列情形之一的，由交通运输主管部门责令改正，处5万元以上10万元以下的罚款；拒不改正的，责令停产停业整顿；构成犯罪的，依法追究刑事责任：

（一）危险化学品道路运输企业、水路运输企业的驾驶人员、船员、装卸管理人员、押运人员、申报人员、集装箱装箱现场检查员未取得从业资格上岗作业的；

（二）运输危险化学品，未根据危险化学品的危险特性采取相应的安全防护措施，或者未配备必要的防护用品和应急救援器材的；

（三）使用未依法取得危险货物适装证书的船舶，通过内河运输危险化学品的；

（四）通过内河运输危险化学品的承运人违反国务院交通运输主管部门对单船运输的危险化学品数量的限制性规定运输危险化学品的；

（五）用于危险化学品运输作业的内河码头、泊位不符合国家有关安全规范，或者未与饮用水取水口保持国家规定的安全距离，或者未经交通运输主管部门验收合格投入使用的；

（六）托运人不向承运人说明所托运的危险化学品的种类、数量、危险特性以及发生危险情况的应急处置措施，或者未按照国家有关规定对所托运的危险化学品妥善包装并在外包装上设置相应标志的；

（七）运输危险化学品需要添加抑制剂或者稳定剂，托运人未添加或者未将有关情况告知承运人的。

第八十七条　有下列情形之一的，由交通运输主管部门责令改正，处10万元以上20万元以下的罚款，有违法所得的，没收违法所得；拒不改正的，责令停产停业整顿；构成犯罪的，依法追究刑事责任：

（一）委托未依法取得危险货物道路运输许可、危险货物水路运输许可的企业承运危险化学品的；

（二）通过内河封闭水域运输剧毒化学品以及国家规定禁止通过内河运输的其他危险化学品的；

（三）通过内河运输国家规定禁止通过内河运输的剧毒化学品以及其他危险化学品的；

（四）在托运的普通货物中夹带危险化学品，或者将危险化学品谎报或者匿报为普通货物托运的。

在邮件、快件内夹带危险化学品，或者将危险化学品谎报为普通物品交寄的，依法给予治安管理处罚；构成犯罪的，依法追究刑事责任。

邮政企业、快递企业收寄危险化学品的，依照《中华人民共和国邮政法》的规定处罚。

第八十八条　有下列情形之一的，由公安机关责令改正，处5万元以上10万元以下的罚款；构成违反治安管理行为的，依法给予治安管理处罚；构成犯罪的，依法追究刑事责任：

（一）超过运输车辆的核定载质量装载危险化学品的；

（二）使用安全技术条件不符合国家标准要求的车辆运输危险化学品的；

（三）运输危险化学品的车辆未经公安机关批准进入危险化学品运输车辆限制通行的区域的；

（四）未取得剧毒化学品道路运输通行证，通过道路运输剧毒化学品的。

第八十九条　有下列情形之一的，由公安机关责令改正，处1万元以上5万元以下的罚款；构成违反治安管理行为的，依法给予治安管理处罚：

（一）危险化学品运输车辆未悬挂或者喷涂警示标志，或者悬挂或者喷涂的警示标志不符合国家标准要求的；

（二）通过道路运输危险化学品，不配备押运人员的；

（三）运输剧毒化学品或者易制爆危险化学品途中需要较长时间停车，驾驶人员、押运人员不向当地公安机关报告的；

（四）剧毒化学品、易制爆危险化学品在道路运输途中丢失、被盗、被抢或者发生流散、泄露等情况，驾驶人员、押运人员不采取必要的警示措施和安全措施，或者不向当地公安机关报告的。

第九十条　对发生交通事故负有全部责任或者主要责任的危险化学品道路运输企业，由公安机关责令消除安全隐患，未消除安全隐患的危险化学品运输车辆，禁止上道路行驶。

第九十一条　有下列情形之一的，由交通运输主管部门责令改正，可以处1万元以下的罚款；拒不改正的，处1万元以上5万元以下的罚款：

（一）危险化学品道路运输企业、水路运输企业未配备专职安全管理人员的；

（二）用于危险化学品运输作业的内河码头、泊位的管理单位未制定码头、泊位危险化学品事故应急救援预案，或者未为码头、泊位配备充足、有效的应急救援器材和设备的。

第九十二条　有下列情形之一的，依照《中华人民共和国内河交通安全管理条例》的规定处罚：

（一）通过内河运输危险化学品的水路运输企业未制定运输船舶危险化学品事故应急救援预案，或者未为运输船舶配备充足、有效的应急救援器材和设备的；

（二）通过内河运输危险化学品的船舶的所有人或者经营人未取得船舶污染损害责任保险证书或者财务担保证明的；

（三）船舶载运危险化学品进出内河港口，未将有关事项事先报告海事管理机构并经其同意的；

（四）载运危险化学品的船舶在内河航行、装卸或者停泊，未悬挂专用的警示标志，或者未按照规定显示专用信号，或者未按照规定申请引航的。

未向港口行政管理部门报告并经其同意，在港口内进行危险化学品的装卸、过驳作业的，依照《中华人民共和国港口法》的规定处罚。

第九十三条　伪造、变造或者出租、出借、转让危险化学品安全生产许可证、工业产品生产许可证，或者使用伪造、变造的危险化学品安全生产许可证、工业产品生产许可证的，分别依照《安全生产许可证条例》、《中华人民共和国工业产品生产许可证管理条例》的规定处罚。

伪造、变造或者出租、出借、转让本条例规定的其他许可证，或者使用伪造、变造的本条例规定的其他许可证的，分别由相关许可证的颁发管理机关处10万元以上20万元以下的罚款，有违法所得的，没收违法所得；构成违反治安管理行为的，依法给予治安管理处罚；构成犯罪的，依法追究刑事责任。

第九十四条　危险化学品单位发生危险化学品事故，其主要负责人不立即组织救援或者不立即向有关部门报告的，依照《生产安全事故报告和调查处理条例》的规定处罚。

危险化学品单位发生危险化学品事故，造成他人人身伤害或者财产损失的，依法承担赔偿责任。

第九十五条　发生危险化学品事故，有关地方人民政府及其有关部门不立即组织实施救援，或者不采取必要的应急处置措施减少事故损失，防止事故蔓延、扩大的，对直接负责的主管人员和其他直接责任人员依法给予处分；构成犯罪的，依法追究刑事责任。

第九十六条　负有危险化学品安全监督管理职责的部门的工作人员，在危险化学品安全监督管理工作中滥用职权、玩忽职守、徇私舞弊，构成犯罪的，依法追究刑事责任；尚不构成犯罪的，依法给予处分。

第八章　附　则

第九十七条　监控化学品、属于危险化学品的药品和农药的安全管理，依照本条例的规定执行；法律、行政法规另有规定的，依照其规定。

民用爆炸物品、烟花爆竹、放射性物品、核能物质以及用于国防科研生产的危险化学品的安全管理，不适用本条例。

法律、行政法规对燃气的安全管理另有规定的，依照其规定。

危险化学品容器属于特种设备的，其安全管理依照有关特种设备安全的法律、行政法规的规定执行。

第九十八条　危险化学品的进出口管理，依照有关对外贸易的法律、行政法规、规章的规定执行；进口的危险化学品的储存、使用、经营、运输的安全管理，依照本条例的规定执行。

危险化学品环境管理登记和新化学物质环境管理登记，依照有关环境保护的法律、行政法规、规章的规定执行。危险化学品环境管理登记，按照国家有关规定收取费用。

第九十九条　公众发现、捡拾的无主危险化学品，由公安机关接收。公安机关接收或者有关部门依法没收的危险化学品，需要进行无害化处理的，交由环境保护主管部门组织其认定的专业单位进行处理，或者交由有关危险化学品生产企业进行处理。处理所需费用由国家财政负担。

第一百条　化学品的危险特性尚未确定的，由国务院安全生产监督管理部门、国务院环境保护主管部门、国务院卫生主管部门分别负责组织对该化学品的物理危险性、环境危害性、毒理特性进行鉴定。根据鉴定结果，需要调整危险化学品目录的，依照本条例第三条第二款的规定办理。

第一百零一条　本条例施行前已经使用危险化学品从事生产的化工企业，依照本条例规定需要取得危险化学品安全使用许可证的，应当在国务院安全生产监督管理部门规定的期限内，申请取得危险化学品安全使用许可证。

第一百零二条　本条例自2011年12月1日起施行。

8. 放射性废物安全管理条例

（2011年12月20日中华人民共和国国务院令第612号公布）

第一章　总　则

第一条　为了加强对放射性废物的安全管理，保护环境，保障人体健康，根据《中华人民共和国放射性污染防治法》，制定本条例。

第二条　本条例所称放射性废物，是指含有放射性核素或者被放射性核素污染，其放射性核素浓度或者比活度大于国家确定的清洁解控水平，预期不再使用的废弃物。

第三条　放射性废物的处理、贮存和处置及其监督管理等活动，适用本条例。

本条例所称处理，是指为了能够安全和经济地运输、贮存、处置放射性废物，通过净化、浓缩、固化、压缩和包装等手段，改变放射性废物的属性、形态和体积的活动。

本条例所称贮存，是指将废旧放射源和其他放射性固体废物临时放置于专门建造的设施内进行保管的活动。

本条例所称处置，是指将废旧放射源和其他放射性固体废物最终放置于专门建造的设施内并不再回取的活动。

第四条　放射性废物的安全管理，应当坚持减量化、无害化和妥善处置、永久安全的原则。

第五条　国务院环境保护主管部门统一负责全国放射性废物的安全监督管理工作。

国务院核工业行业主管部门和其他有关部门，依照本条例的规定和各自的职责负责放射性废物的有关管理工作。

县级以上地方人民政府环境保护主管部门和其他有关部门依照本条例的规定和各自的职责负责本行政区域放射性废物的有关管理工作。

第六条　国家对放射性废物实行分类管理。

根据放射性废物的特性及其对人体健康和环境的潜在危害程度，将放射性废物分为高水平放射性废物、中水平放射性废物和低水平放射性废物。

第七条　放射性废物的处理、贮存和处置活动，应当遵守国家有关放射性污染防治标准和国务院环境保护主管部门的规定。

第八条　国务院环境保护主管部门会同国务院核工业行业主管部门和其他有关部门建立全国放射性废物管理信息系统，实现信息共享。

国家鼓励、支持放射性废物安全管理的科学研究和技术开发利用，推广先进的放射性废物安全管理技术。

第九条　任何单位和个人对违反本条例规定的行为，有权向县级以上人民政府环境保护主管部门或者其他有关部门举报。接到举报的部门应当及时调查处理，并为举报人保密；经调查情况属实的，对举报人给予奖励。

第二章　放射性废物的处理和贮存

第十条　核设施营运单位应当将其产生的不能回收利用并不能返回原生产单位或者出口方的废旧放射源（以下简称废旧放射源），送交取得相应许可证的放射性固体废物贮存单位集中贮存，或者直接送交取得相应许可证的放射性固体废物处置单位处置。

核设施营运单位应当对其产生的除废旧放射源以外的放射性固体废物和不能经净化排放的放射性废液进行处理，使其转变为稳定的、标准化的固体废物后自行贮存，并及时送交取得相应许可证的放射性固体废物处置单位处置。

第十一条　核技术利用单位应当对其产生的不能经净化排放的放射性废液进行处理，转变为放射性固体废物。

核技术利用单位应当及时将其产生的废旧放射源和其他放射性固体废物，送交取得相应许可证的放射性固体废物贮存单位集中贮存，或者直接送交取得相应许可证的放射性固体废物处置单位处置。

第十二条　专门从事放射性固体废物贮存活动的单位，应当符合下列条件，并依照本条例的规定申请领取放射性固体废物贮存许可证：

（一）有法人资格；

（二）有能保证贮存设施安全运行的组织机构和3名以上放射性废物管理、辐射防护、环境监测方面的专业技术人员，其中至少有1名注册核安全工程师；

（三）有符合国家有关放射性污染防治标准和国务院环境保护主管部门规定的放射性固体废物接收、贮存设施和场所，以及放射性检测、辐射防护与环境监测设备；

（四）有健全的管理制度以及符合核安全监督管理要求的质量保证体系，包括质量保证大纲、贮存设施运行监测计划、辐射环境监测计划和应急方案等。

核设施营运单位利用与核设施配套建设的贮存设施，贮存本单位产生的放射性固体废物的，不需要申请领取贮存许可证；贮存其他单位产生的放射性固体废物的，应当依照本条例的规定申请领取贮存许可证。

第十三条　申请领取放射性固体废物贮存许可证的单位，应当向国务院环境保护主管部门提出书面申请，并提交其符合本条例第十二条规定条件的证明材料。

国务院环境保护主管部门应当自受理申请之日起20个工作日内完成审查，对符合条件的颁发许可证，予以公告；对不符合条件的，书面通知申请单位并说明理由。

国务院环境保护主管部门在审查过程中，应当组织专家进行技术评审，并征求国务院其他有关部门的意见。技术评审所需时间应当书面告知申请单位。

第十四条　放射性固体废物贮存许可证应当载明下列内容：

（一）单位的名称、地址和法定代表人；

（二）准予从事的活动种类、范围和规模；

（三）有效期限；

（四）发证机关、发证日期和证书编号。

第十五条　放射性固体废物贮存单位变更单位名称、地址、法定代表人的，应当自变更登记之日起20日内，向国务院环境保护主管部门申请办理许可证变更手续。

放射性固体废物贮存单位需要变更许可证规定的活动种类、范围和规模的，应当按照原申请程序向国务院环境保护主管部门重新申请领取许可证。

第十六条　放射性固体废物贮存许可证的有效期为10年。

许可证有效期届满，放射性固体废物贮存单位需要继续从事贮存活动的，应当于许可证有效期届满90日前，向国务院环境保护主管部门提出延续申请。

国务院环境保护主管部门应当在许可证有效期届满前完成审查，对符合条件的准予延续；对不符合条件的，书面通知申请单位并说明理由。

第十七条　放射性固体废物贮存单位应当按照国家有关放射性污染防治标准和国务院环境保护主管部门的规定，对其接收的废旧放射源和其他放射性固体废物进行分类存放和清理，及时予以清洁解控或者送交取得相应许可证的放射性固体废物处置单位处置。

放射性固体废物贮存单位应当建立放射性固体废物贮存情况记录档案，如实完整地记录贮存的放射性固体废物的来源、数量、特征、贮存位置、清洁解控、送交处置等与贮存活动有关的事项。

放射性固体废物贮存单位应当根据贮存设施的自然环境和放射性固体废物特性采取必要的防护措施，保证在规定的贮存期限内贮存设施、容器的完好和放射性固体废物的安全，并确保放射性固体废物能够安全回取。

第十八条　放射性固体废物贮存单位应当根据贮存设施运行监测计划和辐射环境监测计划，对贮存设施进行安全性检查，并对贮存设施周围的地下水、地表水、土壤和空气进行放射性监测。

放射性固体废物贮存单位应当如实记录监测数据，发现安全隐患或者周围环境中放射性核素超过国家规定的标准的，应当立即查找原因，采取相应的防范措施，并向所在地省、自治区、直辖市人民政府环境保护主管部门报告。构成辐射事故的，应当立即启动本单位的应急方案，并依照《中华人民共和国放射性污染防治法》、《放射性同位素与射线装置安全和防护条例》的规定进行报告，开展有关事故应急工作。

第十九条　将废旧放射源和其他放射性固体废物送交放射性固体废物贮存、处置单位贮存、处置时，送交方应当一并提供放射性固体废物的种类、数量、活度等资料和废旧放射源的原始档案，并按照规定承担贮存、处置的费用。

第三章　放射性废物的处置

第二十条　国务院核工业行业主管部门会同国务院环境保护主管部门根据地质、环境、社会经济条件和放射性固体废物处置的需要，在征求国务院有关部门意见并进行环境影响评价的基础上编制放射性固体废物处置场所选址规划，报国务院批准后实施。

有关地方人民政府应当根据放射性固体废物处置场所选址规划，提供放射性固体废物处置场所的建设用地，并采取有效措施支持放射性固体废物的处置。

第二十一条　建造放射性固体废物处置设施，应当按照放射性固体废物处置场所选址技术导则和标准的要求，与居住区、水源保护区、交通干道、工厂和企业等场所保持严格的安全防护距离，并对场址的地质构造、水文地质等自然条件以及社会经济条件进行充分研究论证。

第二十二条　建造放射性固体废物处置设施，应当符合放射性固体废物处置场所选址规划，并依法办理选址批准手续和建造许可证。不符合选址规划或者选址技术导则、标准的，不得批准选址或者建造。

高水平放射性固体废物和α放射性固体废物深地质处置设施的工程和安全技术研究、地下实验、选址和建造，由国务院核工业行业主管部门组织实施。

第二十三条　专门从事放射性固体废物处置活动的单位，应当符合下列条件，并依照本条例的规定申请领取放射性固体废物处置许可证：

（一）有国有或者国有控股的企业法人资格。

（二）有能保证处置设施安全运行的组织机构和专业技术人员。低、中水平放射性固体废物处置单位应当具有10名以上放射性废物管理、辐射防护、环境监测方面的专业技术人员，其中至少有3名注册核安全工程师；高水平放射性固体废物和α放射性固体废物处置单位应当具有20名以上放射性废物管理、辐射防护、环境监测方面的专业技术人员，其中至少有5名注册核安全工程师。

（三）有符合国家有关放射性污染防治标准和国务院环境保护主管部门规定的放射性固体废物接收、处置设施和场所，以及放射性检测、辐射防护与环境监测设备。低、中水平放射性固体废物处置设施关闭后应满足300年以上的安全隔离要求；高水平放射性固体废物和α放射性固体废物深地质处置设施关闭后应满足1万年以上的安全隔离要求。

（四）有相应数额的注册资金。低、中水平放射性固体废物处置单位的注册资金应不少于3 000万元；高水平放射性固体废物和α放射性固体废物处置单位的注册资金应不少于1亿元。

（五）有能保证其处置活动持续进行直至安全监护期满的财务担保。

（六）有健全的管理制度以及符合核安全监督管理要求的质量保证体系，包括质量保证大纲、处置设施运行监测计划、辐射环境监测计划和应急方案等。

第二十四条　放射性固体废物处置许可证的申请、变更、延续的审批权限和程序，以及许可证的内容、有效期限，依照本条例第十三条至第十六条的规定执行。

第二十五条　放射性固体废物处置单位应当按照国家有关放射性污染防治标准和国务院环境保护主管部门的规定，对其接收的放射性固体废物进行处置。

放射性固体废物处置单位应当建立放射性固体废物处置情况记录档案，如实记录处置的放射性固体废物的来源、数量、特征、存放位置等与处置活动有关的事项。放射性固体废物处置情况记录档案应当永久保存。

第二十六条　放射性固体废物处置单位应当根据处置设施运行监测计划和辐射环境监测计划，对处置设施进行安全性检查，并对处置设施周围的地下水、地表水、土壤和空气进行放射性监测。

放射性固体废物处置单位应当如实记录监测数据，发现安全隐患或者周围环境中放射性核素超过国家规定的标准的，应当立即查找原因，采取相应的防范措施，并向国务院环境保护主管部门和核工业行业主管部门报告。构成辐射事故的，应当立即启动本单位的应急方案，并依照《中华人民共和国放射性污染防治法》、《放射性同位素与射线装置安全和防护条例》的规定进行报告，开展有关事故应急工作。

第二十七条　放射性固体废物处置设施设计服役期届满，或者处置的放射性固体废物已达到该设施的设计容量，或者所在地区的地质构造或者水文地质等条件发生重大变化导致处置设施不适宜继续处置放射性固体废物的，应当依法办理关闭手续，并在划定的区域设置永久性标记。

关闭放射性固体废物处置设施的，处置单位应当编制处置设施安全监护计划，报国务院环境保护主管部门批准。

放射性固体废物处置设施依法关闭后，处置单位应当按照经批准的安全监护计划，对关闭后的处置设施进行安全监护。放射性固体废物处置单位因破产、吊销许可证等原因终止的，处置设施关闭和安全监护所需费用由提供财务担保的单位承担。

第四章　监督管理

第二十八条　县级以上人民政府环境保护主管部门和其他有关部门，依照《中华人民共和国放射性污染防治法》和本条例的规定，对放射性废物处理、贮存和处置等活动的安全性进行监督检查。

第二十九条　县级以上人民政府环境保护主管部门和其他有关部门进行监督检查时，有权采取下列措施：

（一）向被检查单位的法定代表人和其他有关人员调查、了解情况；

（二）进入被检查单位进行现场监测、检查或者核查；

（三）查阅、复制相关文件、记录以及其他有关资料；

（四）要求被检查单位提交有关情况说明或者后续处理报告。

被检查单位应当予以配合，如实反映情况，提供必要的资料，不得拒绝和阻碍。

县级以上人民政府环境保护主管部门和其他有关部门的监督检查人员依法进行监督检查时，应当出示证件，并为被检查单位保守技术秘密和业务秘密。

第三十条　核设施营运单位、核技术利用单位和放射性固体废物贮存、处置单位，应当按照放射性废物危害的大小，建立健全相应级别的安全保卫制度，采取相应的技术防范措施和人员防范措施，并适时开展放射性废物污染事故应急演练。

第三十一条　核设施营运单位、核技术利用单位和放射性固体废物贮存、处置单位，应当对其直接从事放射性废物处理、贮存和处置活动的工作人员进行核与辐射安全知识以及专业操作技术的培训，并进行考核；考核合格的，方可从事该项工作。

第三十二条　核设施营运单位、核技术利用单位和放射性固体废物贮存单位应当按照国务院环境保护主管部门的规定定期如实报告放射性废物产生、排放、处理、贮存、清洁解控和送交处置等情况。

放射性固体废物处置单位应当于每年3月31日前，向国务院环境保护主管部门和核工业行业主管部门如实报告上一年度放射性固体废物接收、处置和设施运行等情况。

第三十三条　禁止将废旧放射源和其他放射性固体废物送交无相应许可证的单位贮存、处置或者擅自处置。

禁止无许可证或者不按照许可证规定的活动种类、范围、规模和期限从事放射性固体废物贮存、处置活动。

第三十四条　禁止将放射性废物和被放射性污染的物品输入中华人民共和国境内或者经中华人民共和国境内转移。具体办法由国务院环境保护主管部门会同国务院商务主管部门、海关总署、国家出入境检验检疫主管部门制定。

第五章　法律责任

第三十五条　负有放射性废物安全监督管理职责的部门及其工作人员违反本条例规定，有下列行为之一的，对直接负责的主管人员和其他直接责任人员，依法给予处分；直接负责的主管人员和其他直接责任人员构成犯罪的，依法追究刑事责任：

（一）违反本条例规定核发放射性固体废物贮存、处置许可证的；

（二）违反本条例规定批准不符合选址规划或者选址技术导则、标准的处置设施选址或者建造的；

（三）对发现的违反本条例的行为不依法查处的；

（四）在办理放射性固体废物贮存、处置许可证以及实施监督检查过程中，索取、收受他人财物或者谋取其他利益的；

（五）其他徇私舞弊、滥用职权、玩忽职守行为。

第三十六条　违反本条例规定，核设施营运单位、核技术利用单位有下列行为之一的，由审批该单位立项环境影响评价文件的环境保护主管部门责令停止违法行为，限期改正；逾期不改正的，指定有相应许可证的单位代为贮存或者处置，所需费用由核设施营运单位、核技术利用单位承担，可以处20万元以下的罚款；构成犯罪的，依法追究刑事责任：

（一）核设施营运单位未按照规定，将其产生的废旧放射源送交贮存、处置，或者将其产生的其他放射性固体废物送交处置的；

（二）核技术利用单位未按照规定，将其产生的废旧放射源或者其他放射性固体废物送交贮存、处置的。

第三十七条　违反本条例规定，有下列行为之一的，由县级以上人民政府环境保护主管部门责令停止违法行为，限期改正，处10万元以上20万元以下的罚款；造成环境污染的，责令限期采取治理措施消除污染，逾期不采取治理措施，经催告仍不治理的，可以指定有治理能力的单位代为治理，所需费用由违法者承担；构成犯罪的，依法追究刑事责任：

（一）核设施营运单位将废旧放射源送交无相应许可证的单位贮存、处置，或者将其他放射性固体废物送交无相应许可证的单位处置，或者擅自处置的；

（二）核技术利用单位将废旧放射源或者其他放射性固体废物送交无相应许可证的单位贮存、处置，或者擅自处置的；

（三）放射性固体废物贮存单位将废旧放射源或者其他放射性固体废物送交无相应许可证的单位处置，或者擅自处置的。

第三十八条　违反本条例规定，有下列行为之一的，由省级以上人民政府环境保护主管部门责令停产停业或者吊销许可证；有违法所得的，没收违法所得；违法所得10万元以上的，并处违法所得1倍以上5倍以下的罚款；没有违法所得或者违法所得不足10万元的，并处5万元以上10万元以下的罚款；造成环境污染的，责令限期采取治理措施消除污染，逾期不采取治理措施，经催告仍不治理的，可以指定有治理能力的单位代为治理，所需费用由违法者承担；构成犯罪的，依法追究刑事责任：

（一）未经许可，擅自从事废旧放射源或者其他放射性固体废物的贮存、处置活动的；

（二）放射性固体废物贮存、处置单位未按照许可证规定的活动种类、范围、规模、期限从事废旧放射源或者其他放射性固体废物的贮存、处置活动的；

（三）放射性固体废物贮存、处置单位未按照国家有关放射性污染防治标准和国务院环境保护主管部门的规定贮存、处置废旧放射源或者其他放射性固体废物的。

第三十九条　放射性固体废物贮存、处置单位未按照规定建立情况记录档案，或者未按照规定进行如实记录的，由省级以上人民政府环境保护主管部门责令限期改正，处1万元以上5万元以下的罚款；逾期不改正的，处5万元以上10万元以下的罚款。

第四十条　核设施营运单位、核技术利用单位或者放射性固体废物贮存、处置单位未按照本条例第三十二条的规定如实报告有关情况的，由县级以上人民政府环境保护主管部门责令限期改正，处1万元以上5万元以下的罚款；逾期不改正的，处5万元以上10万元以下的罚款。

第四十一条　违反本条例规定，拒绝、阻碍环境保护主管部门或者其他有关部门的监督检查，或者在接受监督检查时弄虚作假的，由监督检查部门责令改正，处2万元以下的罚款；构成违反治安管理行为的，由公安机关依法给予治安管理处罚；构成犯罪的，依法追究刑事责任。

第四十二条　核设施营运单位、核技术利用单位或者放射性固体废物贮存、处置单位未按照规定对有关工作人员进行技术培训和考核的，由县级以上人民政府环境保护主管部门责令限期改正，处1万元以上5万元以下的罚款；逾期不改正的，处5万元以上10万元以下的罚款。

第四十三条　违反本条例规定，向中华人民共和国境内输入放射性废物或者被放射性污染的物品，或者经中华人民共和国境内转移放射性废物或者被放射性污染的物品的，由海关责令退运该放射性废物或者被放射性污染的物品，并处50万元以上100万元以下的罚款；构成犯罪的，依法追究刑事责任。

第六章　附　则

第四十四条　军用设施、装备所产生的放射性废物的安全管理，依照《中华人民共和国放射性污染防治法》第六十条的规定执行。

第四十五条　放射性废物运输的安全管理、放射性废物造成污染事故的应急处理，以及劳动者在职业活动中接触放射性废物造成的职业病防治，依照有关法律、行政法规的规定执行。

第四十六条　本条例自2012年3月1日起施行。

9. 医疗卫生机构医疗废物管理办法

（2003年10月15日中华人民共和国卫生部令第36号公布）

第一章 总 则

第一条 为规范医疗卫生机构对医疗废物的管理，有效预防和控制医疗废物对人体健康和环境产生危害，根据《医疗废物管理条例》，制定本办法。

第二条 各级各类医疗卫生机构应当按照《医疗废物管理条例》和本办法的规定对医疗废物进行管理。

第三条 卫生部对全国医疗卫生机构的医疗废物管理工作实施监督。

县级以上地方人民政府卫生行政主管部门对本行政区域医疗卫生机构的医疗废物管理工作实施监督。

第二章 医疗卫生机构对医疗废物的管理职责

第四条 医疗卫生机构应当建立、健全医疗废物管理责任制，其法定代表人或者主要负责人为第一责任人，切实履行职责，确保医疗废物的安全管理。

第五条 医疗卫生机构应当依据国家有关法律、行政法规、部门规章和规范性文件的规定，制定并落实医疗废物管理的规章制度、工作流程和要求、有关人员的工作职责及发生医疗卫生机构内医疗废物流失、泄漏、扩散和意外事故的应急方案。内容包括：

（一）医疗卫生机构内医疗废物各产生地点对医疗废物分类收集方法和工作要求；

（二）医疗卫生机构内医疗废物的产生地点、暂时贮存地点的工作制度及从产生地点运送至暂时贮存地点的工作要求；

（三）医疗废物在医疗卫生机构内部运送及将医疗废物交由医疗废物处置单位的有关交接、登记的规定；

（四）医疗废物管理过程中的特殊操作程序及发生医疗废物流失、泄漏、扩散和意外事故的紧急处理措施；

（五）医疗废物分类收集、运送、暂时贮存过程中有关工作人员的职业卫生安全防护。

第六条 医疗卫生机构应当设置负责医疗废物管理的监控部门或者专（兼）职人员，履行以下职责：

（一）负责指导、检查医疗废物分类收集、运送、暂时贮存及机构内处置过程中各项工作的落实情况；

（二）负责指导、检查医疗废物分类收集、运送、暂时贮存及机构内处置过程中的职业卫生安全防护工作；

（三）负责组织医疗废物流失、泄漏、扩散和意外事故发生时的紧急处理工作；

（四）负责组织有关医疗废物管理的培训工作；

（五）负责有关医疗废物登记和档案资料的管理；

（六）负责及时分析和处理医疗废物管理中的其他问题。

第七条　医疗卫生机构发生医疗废物流失、泄漏、扩散和意外事故时，应当按照《医疗废物管理条例》和本办法的规定采取相应紧急处理措施，并在48小时内向所在地的县级人民政府卫生行政主管部门、环境保护行政主管部门报告。调查处理工作结束后，医疗卫生机构应当将调查处理结果向所在地的县级人民政府卫生行政主管部门、环境保护行政主管部门报告。

县级人民政府卫生行政主管部门每月汇总逐级上报至当地省级人民政府卫生行政主管部门。

省级人民政府卫生行政主管部门每半年汇总后报卫生部。

第八条　医疗卫生机构发生因医疗废物管理不当导致1人以上死亡或者3人以上健康损害，需要对致病人员提供医疗救护和现场救援的重大事故时，应当在12小时内向所在地的县级人民政府卫生行政主管部门报告，并按照《医疗废物管理条例》和本办法的规定，采取相应紧急处理措施。

县级人民政府卫生行政主管部门接到报告后，应当在12小时内逐级向省级人民政府卫生行政主管部门报告。

医疗卫生机构发生因医疗废物管理不当导致3人以上死亡或者10人以上健康损害，需要对致病人员提供医疗救护和现场救援的重大事故时，应当在2小时内向所在地的县级人民政府卫生行政主管部门报告，并按照《医疗废物管理条例》和本办法的规定，采取相应紧急处理措施。

县级人民政府卫生行政主管部门接到报告后，应当在6小时内逐级向省级人民政府卫生行政主管部门报告。

省级人民政府卫生行政主管部门接到报告后，应当在6小时内向卫生部报告。

发生医疗废物管理不当导致传染病传播事故，或者有证据证明传染病传播的事故有可能发生时，应当按照《传染病防治法》及有关规定报告，并采取相应措施。

第九条　医疗卫生机构应当根据医疗废物分类收集、运送、暂时贮存及机构内处置过程中所需要的专业技术、职业卫生安全防护和紧急处理知识等，制订相关工作人员的培训计划并组织实施。

第三章　分类收集、运送与暂时贮存

第十条　医疗卫生机构应当根据《医疗废物分类目录》，对医疗废物实施分类管理。

第十一条　医疗卫生机构应当按照以下要求，及时分类收集医疗废物：

（一）根据医疗废物的类别，将医疗废物分置于符合《医疗废物专用包装物、容器的标准和警示标识的规定》的包装物或者容器内；

（二）在盛装医疗废物前，应当对医疗废物包装物或者容器进行认真检查，确保无破损、渗漏和其他缺陷；

（三）感染性废物、病理性废物、损伤性废物、药物性废物及化学性废物不能混合收集。少量的药物性废物可以混入感染性废物，但应当在标签上注明；

（四）废弃的麻醉、精神、放射性、毒性等药品及其相关的废物的管理，依照有关法律、行政法规和国家有关规定、标准执行；

（五）化学性废物中批量的废化学试剂、废消毒剂应当交由专门机构处置；

（六）批量的含有汞的体温计、血压计等医疗器具报废时，应当交由专门机构处置；

（七）医疗废物中病原体的培养基、标本和菌种、毒种保存液等高危险废物，应当首先在产生地点进行压力蒸汽灭菌或者化学消毒处理，然后按感染性废物收集处理；

（八）隔离的传染病病人或者疑似传染病病人产生的具有传染性的排泄物，应当按照国家规定严格消毒，达到国家规定的排放标准后方可排入污水处理系统；

（九）隔离的传染病病人或者疑似传染病病人产生的医疗废物应当使用双层包装物，并及时密封；

（十）放入包装物或者容器内的感染性废物、病理性废物、损伤性废物不得取出。

第十二条　医疗卫生机构内医疗废物产生地点应当有医疗废物分类收集方法的示意图或者文字说明。

第十三条　盛装的医疗废物达到包装物或者容器的3/4时，应当使用有效的封口方式，使包装物或者容器的封口紧实、严密。

第十四条　包装物或者容器的外表面被感染性废物污染时，应当对被污染处进行消毒处理或者增加一层包装。

第十五条　盛装医疗废物的每个包装物、容器外表面应当有警示标识，在每个包装物、容器上应当系中文标签，中文标签的内容应当包括：医疗废物产生单位、产生日期、类别及需要的特别说明等。

第十六条　运送人员每天从医疗废物产生地点将分类包装的医疗废物按照规定的时间和路线运送至内部指定的暂时贮存地点。

第十七条　运送人员在运送医疗废物前，应当检查包装物或者容器的标识、标签及封口是否符合要求，不得将不符合要求的医疗废物运送至暂时贮存地点。

第十八条　运送人员在运送医疗废物时，应当防止造成包装物或容器破损和医疗废物的流失、泄漏和扩散，并防止医疗废物直接接触身体。

第十九条　运送医疗废物应当使用防渗漏、防遗撒、无锐利边角、易于装卸和清洁的专用运送工具。

每天运送工作结束后，应当对运送工具及时进行清洁和消毒。

第二十条　医疗卫生机构应当建立医疗废物暂时贮存设施、设备，不得露天存放医疗废物；医疗废物暂时贮存的时间不得超过2天。

第二十一条　医疗卫生机构建立的医疗废物暂时贮存设施、设备应当达到以下要求：

（一）远离医疗区、食品加工区、人员活动区和生活垃圾存放场所，方便医疗废物运送人员及运送工具、车辆的出入；

（二）有严密的封闭措施，设专（兼）职人员管理，防止非工作人员接触医疗废物；

（三）有防鼠、防蚊蝇、防蟑螂的安全措施；

（四）防止渗漏和雨水冲刷；

（五）易于清洁和消毒；

（六）避免阳光直射；

（七）设有明显的医疗废物警示标识和"禁止吸烟、饮食"的警示标识。

第二十二条　暂时贮存病理性废物，应当具备低温贮存或者防腐条件。

第二十三条　医疗卫生机构应当将医疗废物交由取得县级以上人民政府环境保护行政主管部门许可的医疗废物集中处置单位处置，依照危险废物转移联单制度填写和保存转移联单。

第二十四条　医疗卫生机构应当对医疗废物进行登记，登记内容应当包括医疗废物的来源、种类、重量或者数量、交接时间、最终去向以及经办人签名等项目。登记资料至少保存3年。

第二十五条　医疗废物转交出去后，应当对暂时贮存地点、设施及时进行清洁和消毒处理。

第二十六条　禁止医疗卫生机构及其工作人员转让、买卖医疗废物。

禁止在非收集、非暂时贮存地点倾倒、堆放医疗废物，禁止将医疗废物混入其他废物和生活垃圾。

第二十七条　不具备集中处置医疗废物条件的农村地区，医疗卫生机构应当按照当地卫生行政主管部门和环境保护行政主管部门的要求，自行就地处置其产生的医疗废物。自行处置医疗废物的，应当符合以下基本要求：

（一）使用后的一次性医疗器具和容易致人损伤的医疗废物应当消毒并作毁形处理；

（二）能够焚烧的，应当及时焚烧；

（三）不能焚烧的，应当消毒后集中填埋。

第二十八条　医疗卫生机构发生医疗废物流失、泄漏、扩散和意外事故时，应当按照以下要求及时采取紧急处理措施：

（一）确定流失、泄漏、扩散的医疗废物的类别、数量、发生时间、影响范围及严重程度；

（二）组织有关人员尽快按照应急方案，对发生医疗废物泄漏、扩散的现场进行处理；

（三）对被医疗废物污染的区域进行处理时，应当尽可能减少对病人、医务人员、其他现场人员及环境的影响；

（四）采取适当的安全处置措施，对泄漏物及受污染的区域、物品进行消毒或者其他无害化处置，必要时封锁污染区域，以防扩大污染；

（五）对感染性废物污染区域进行消毒时，消毒工作从污染最轻区域向污染最严重区域进行，对可能被污染的所有使用过的工具也应当进行消毒；

（六）工作人员应当做好卫生安全防护后进行工作。

处理工作结束后，医疗卫生机构应当对事件的起因进行调查，并采取有效的防范措施预防类似事件的发生。

第四章　人员培训和职业安全防护

第二十九条　医疗卫生机构应当对本机构工作人员进行培训，提高全体工作人员对医疗废物管理工作的认识。对从事医疗废物分类收集、运送、暂时贮存、处置等工作的人员和管理人员，进行相关法律和专业技术、安全防护以及紧急处理等知识的培训。

第三十条　医疗废物相关工作人员和管理人员应当达到以下要求：

（一）掌握国家相关法律、法规、规章和有关规范性文件的规定，熟悉本机构制定的医疗废物管理的规章制度、工作流程和各项工作要求；

（二）掌握医疗废物分类收集、运送、暂时贮存的正确方法和操作程序；

（三）掌握医疗废物分类中的安全知识、专业技术、职业卫生安全防护等知识；

（四）掌握在医疗废物分类收集、运送、暂时贮存及处置过程中预防被医疗废物刺伤、擦伤等伤害的措施及发生后的处理措施；

（五）掌握发生医疗废物流失、泄漏、扩散和意外事故情况时的紧急处理措施。

第三十一条　医疗卫生机构应当根据接触医疗废物种类及风险大小的不同，采取适宜、有效的职业卫生防护措施，为机构内从事医疗废物分类收集、运送、暂时贮存和处置等工作的人员和管理人员配备必要的防护用品，定期进行健康检查，必要时，对有关人员进行免疫接种，防止其受到健康损害。

第三十二条　医疗卫生机构的工作人员在工作中发生被医疗废物刺伤、擦伤等伤害时，应当采取相应的处理措施，并及时报告机构内的相关部门。

第五章　监督管理

第三十三条　县级以上地方人民政府卫生行政主管部门应当依照《医疗废物管理条例》和本办法的规定，对所辖区域的医疗卫生机构进行定期监督检查和不定期抽查。

第三十四条　对医疗卫生机构监督检查和抽查的主要内容是：

（一）医疗废物管理的规章制度及落实情况；

（二）医疗废物分类收集、运送、暂时贮存及机构内处置的工作状况；

（三）有关医疗废物管理的登记资料和记录；

（四）医疗废物管理工作中，相关人员的安全防护工作；

（五）发生医疗废物流失、泄漏、扩散和意外事故的上报及调查处理情况；

（六）进行现场卫生学监测。

第三十五条　卫生行政主管部门在监督检查或者抽查中发现医疗卫生机构存在隐患时，应当责令立即消除隐患。

第三十六条　县级以上卫生行政主管部门应当对医疗卫生机构发生违反《医疗废物管理条例》和本办法规定的行为依法进行查处。

第三十七条　发生因医疗废物管理不当导致传染病传播事故，或者有证据证明传染病传播的事故有可能发生时，卫生行政主管部门应当按照《医疗废物管理条例》第四十条的规定及时采取相应措施。

第三十八条　医疗卫生机构对卫生行政主管部门的检查、监测、调查取证等工作，应当予以配合，不得拒绝和阻碍，不得提供虚假材料。

第六章　罚　则

第三十九条　医疗卫生机构违反《医疗废物管理条例》及本办法规定，有下列情形之一的，由县级以上地方人民政府卫生行政主管部门责令限期改正、给予警告；逾期不改正的，处以2 000元以上5 000元以下的罚款：

（一）未建立、健全医疗废物管理制度，或者未设置监控部门或者专（兼）职人员的；

（二）未对有关人员进行相关法律和专业技术、安全防护以及紧急处理等知识的培训的；

（三）未对医疗废物进行登记或者未保存登记资料的；

（四）未对机构内从事医疗废物分类收集、运送、暂时贮存、处置等工作的人员和管理人员采取职业卫生防护措施的；

（五）未对使用后的医疗废物运送工具及时进行清洁和消毒的；

（六）自行建有医疗废物处置设施的医疗卫生机构，未定期对医疗废物处置设施的卫生学效果进行检测、评价，或者未将检测、评价效果存档、报告的。

第四十条　医疗卫生机构违反《医疗废物管理条例》及本办法规定，有下列情形之一的，由县级以上地方人民政府卫生行政主管部门责令限期改正、给予警告，可以并处5 000元以下的罚款；逾期不改正的，处5 000元以上3万元以下的罚款：

（一）医疗废物暂时贮存地点、设施或者设备不符合卫生要求的；

（二）未将医疗废物按类别分置于专用包装物或者容器的；

（三）使用的医疗废物运送工具不符合要求的。

第四十一条　医疗卫生机构违反《医疗废物管理条例》及本办法规定，有下列情形之一的，由县级以上地方人民政府卫生行政主管部门责令限期改正，给予警告，并处5 000元以上1万以下的罚款；逾期不改正的，处1万元以上3万元以下的罚款；造成传染病传播的，由原发证部门暂扣或者吊销医疗卫生机构执业许可证件；构成犯罪的，依法追究刑事责任：

（一）在医疗卫生机构内丢弃医疗废物和在非贮存地点倾倒、堆放医疗废物或者将医疗废物混入其他废物和生活垃圾的；

（二）将医疗废物交给未取得经营许可证的单位或者个人的；

（三）未按照条例及本办法的规定对污水、传染病病人和疑似传染病病人的排泄物进行严格消毒，或者未达到国家规定的排放标准，排入污水处理系统的；

（四）对收治的传染病病人或者疑似传染病病人产生的生活垃圾，未按照医疗废物进行管理和处置的。

第四十二条　医疗卫生机构转让、买卖医疗废物的，依照《医疗废物管理条例》第五十三条处罚。

第四十三条　医疗卫生机构发生医疗废物流失、泄漏、扩散时，未采取紧急处理措施，或者未及时向卫生行政主管部门报告的，由县级以上地方人民政府卫生行政主管部门责令改正，给予警告，并处1万元以上3万元以下的罚款；造成传染病传播的，由原发证部门暂扣或者吊销医疗卫生机构执业许可证件；构成犯罪的，依法追究刑事责任。

第四十四条　医疗卫生机构无正当理由，阻碍卫生行政主管部门执法人员执行职务，拒绝执法人员进入现场，或者不配合执法部门的检查、监测、调查取证的，由县级以上地方人民政府卫生行政主管部门责令改正，给予警告；拒不改正的，由原发证部门暂扣或者吊销医疗卫生机构执业许可证件；触犯《中华人民共和国治安管理处罚条例》，构成违反治安管理行为的，由公安机关依法予以处罚；构成犯罪的，依法追究刑事责任。

第四十五条　不具备集中处置医疗废物条件的农村，医疗卫生机构未按照《医疗废物管理条例》和本办法的要求处置医疗废物的，由县级以上地方人民政府卫生行政主管部门责令限期改正，给予警告；逾期不改的，处1 000元以上5 000元以下的罚款；造成传染病传播的，由原发证部门暂扣或者吊销医疗卫生机构执业许可证件；构成犯罪的，依法追究刑事责任。

第四十六条　医疗卫生机构违反《医疗废物管理条例》及本办法规定，导致传染病传播，给他人造成损害的，依法承担民事赔偿责任。

第七章　附　则

第四十七条　本办法所称医疗卫生机构指依照《医疗机构管理条例》的规定取得《医疗机构执业许可证》的机构及疾病预防控制机构、采供血机构。

第四十八条　本办法自公布之日起施行。

10. 医疗废物管理行政处罚办法（试行）

第一条　根据《中华人民共和国传染病防治法》、《中华人民共和国固体废物污染环境防治法》和《医疗废物管理条例》（以下简称《条例》），县级以上人民政府卫生行政主管部门和环境保护行政主管部门按照各自职责，对违反医疗废物管理规定的行为实施的行政处罚，适用本办法。

第二条　医疗卫生机构有《条例》第四十五条规定的下列情形之一的，由县级以上地方人民政府卫生行政主管部门责令限期改正，给予警告；逾期不改正的，处2 000元以上5 000元以下的罚款：

（一）未建立、健全医疗废物管理制度，或者未设置监控部门或者专（兼）职人员的；

（二）未对有关人员进行相关法律和专业技术、安全防护以及紧急处理等知识培训的；

（三）未对医疗废物进行登记或者未保存登记资料的；

（四）对使用后的医疗废物运送工具或者运送车辆未在指定地点及时进行消毒和清洁的；

（五）依照《条例》自行建有医疗废物处置设施的医疗卫生机构未定期对医疗废物处置设施的污染防治和卫生学效果进行检测、评价，或者未将检测、评价效果存档、报告的。

第三条　医疗废物集中处置单位有《条例》第四十五条规定的下列情形之一的，由县级以上地方人民政府环境保护行政主管部门责令限期改正，给予警告；逾期不改正的，处2 000元以上5 000元以下的罚款：

（一）未建立、健全医疗废物管理制度，或者未设置监控部门或者专（兼）职人员的；

（二）未对有关人员进行相关法律和专业技术、安全防护以及紧急处理等知识培训的；

（三）未对医疗废物进行登记或者未保存登记资料的；

（四）对使用后的医疗废物运送车辆未在指定地点及时进行消毒和清洁的；

（五）未及时收集、运送医疗废物的；

（六）未定期对医疗废物处置设施的污染防治和卫生学效果进行检测、评价，或者未将检测、评价效果存档、报告的。

第四条　医疗卫生机构、医疗废物集中处置单位有《条例》第四十五条规定的情形，未对从事医疗废物收集、运送、贮存、处置等工作的人员和管理人员采取职业卫生防护措施的，由县级以上地方人民政府卫生行政主管部门责令限期改正，给予警告；逾期不改正的，处2 000元以上5 000元以下的罚款。

第五条　医疗卫生机构有《条例》第四十六条规定的下列情形之一的，由县级以上地方人民政府卫生行政主管部门责令限期改正，给予警告，可以并处5 000元以下的罚款，逾期不改正的，处5 000元以上3万元以下的罚款：

（一）贮存设施或者设备不符合环境保护、卫生要求的；

（二）未将医疗废物按照类别分置于专用包装物或者容器的；

（三）未使用符合标准的运送工具运送医疗废物的。

第六条　医疗废物集中处置单位有《条例》第四十六条规定的下列情形之一的，由县级以上地方人民政府环境保护行政主管部门责令限期改正，给予警告，可以并处5 000元以下的罚款，逾期不改正的，处5 000元以上3万元以下的罚款：

（一）贮存设施或者设备不符合环境保护、卫生要求的；

（二）未将医疗废物按照类别分置于专用包装物或者容器的；

（三）未使用符合标准的专用车辆运送医疗废物的；

（四）未安装污染物排放在线监控装置或者监控装置未经常处于正常运行状态的。

第七条　医疗卫生机构有《条例》第四十七条规定的下列情形之一的，由县级以上地方人民政府卫生行政主管部门责令限期改正，给予警告，并处5 000元以上1万元以下的罚款；逾期不改正的，处1万元以上3万元以下的罚款：

（一）在医疗卫生机构内运送过程中丢弃医疗废物，在非贮存地点倾倒、堆放医疗废物或者将医疗废物混入其他废物和生活垃圾的；

（二）未按照《条例》的规定对污水、传染病病人或者疑似传染病病人的排泄物，进行严格消毒的，或者未达到国家规定的排放标准，排入医疗卫生机构内的污水处理系统的；

（三）对收治的传染病病人或者疑似传染病病人产生的生活垃圾，未按照医疗废物进行管理和处置的。

医疗卫生机构在医疗卫生机构外运送过程中丢弃医疗废物，在非贮存地点倾倒、堆放医疗废物或者将医疗废物混入其他废物和生活垃圾的，由县级以上地方人民政府环境保护行政主管部门责令限期改正，给予警告，并处5 000元以上1万元以下的罚款；逾期不改正的，处1万元以上3万元以下的罚款。

第八条　医疗废物集中处置单位有《条例》第四十七条规定的情形，在运送过程中丢弃医疗废物，在非贮存地点倾倒、堆放医疗废物或者将医疗废物混入其他废物和生活垃圾的，由县级以上地方人民政府环境保护行政主管部门责令限期改正，给予警告，并处5 000元以上1万元以下的罚款；逾期不改正的，处1万元以上3万元以下的罚款。

第九条　医疗废物集中处置单位和依照《条例》自行建有医疗废物处置设施的医疗卫生机构，有《条例》第四十七条规定的情形，对医疗废物的处置不符合国家规定的环境保护、卫生标准、规范的，由县级以上地方人民政府环境保护行政主管部门责令限期改正，给予警告，并处5 000元以上1万元以下的罚款；逾期不改正的，处1万元以上3万元以下的罚款。

第十条　医疗卫生机构、医疗废物集中处置单位有《条例》第四十七条规定的下列情形之一的，由县级以上人民政府环境保护行政主管部门责令停止违法行为，限期改正，并处5万元以下的罚款：

（一）未执行危险废物转移联单管理制度的；

（二）将医疗废物交给或委托给未取得经营许可证的单位或者个人收集、运送、贮存、处置的。

第十一条　有《条例》第四十九条规定的情形，医疗卫生机构发生医疗废物流失、泄露、扩散时，未采取紧急处理措施，或者未及时向卫生行政主管部门报告的，由县级以上地方人民政府卫生行政主管部门责令改正，给予警告，并处1万元以上3万元以下的罚款。

医疗废物集中处置单位发生医疗废物流失、泄露、扩散时，未采取紧急处理措施，或者未及时向环境保护行政主管部门报告的，由县级以上地方人民政府环境保护行政主管部门责令改正，给予警告，并处1万元以上3万元以下的罚款。

第十二条　有《条例》第五十条规定的情形，医疗卫生机构、医疗废物集中处置单位阻碍卫生行政主管部门执法人员执行职务，拒绝执法人员进入现场，或者不配合执法部门的检查、监测、调查取证的，由县级以上地方人民政府卫生行政主管部门责令改正，给予警告；拒不改正的，由原发证的卫生行政主管部门暂扣或者吊销医疗卫生机构的执业许可证件。

医疗卫生机构、医疗废物集中处置单位阻碍环境保护行政主管部门执法人员执行职务，拒绝执法人员进入现场，或者不配合执法部门的检查、监测、调查取证的，由县级以上地方人民政府环境保护行政主管部门责令限期改正，并处1万元以下的罚款；拒不改正的，由原发证的环境保护行政主管部门暂扣或者吊销医疗废物集中处置单位经营许可证件。

第十三条　有《条例》第五十一条规定的情形，不具备集中处置医疗废物条件的农村，医疗卫生机构未按照卫生行政主管部门有关疾病防治的要求处置医疗废物的，由县级人民政府卫生行政主管部门责令限期改正，给予警告；逾期不改正的，处1 000元以上5 000元以下的罚款；未按照环境保护行政主管部门有关环境污染防治的要求处置医疗废物的，由县级人民政府环境保护行政主管部门责令限期改正，给予警告；逾期不改正的，处1 000元以上5 000元以下的罚款。

第十四条　有《条例》第五十二条规定的情形，未取得经营许可证从事医疗废物的收集、运送、贮存、处置等活动的，由县级以上地方人民政府环境保护行政主管部门责令停止违法行为，没收违法所得，可以并处违法所得1倍以下的罚款。

第十五条　有《条例》第四十七条、第四十八条、第四十九条、第五十一条规定的情形，医疗卫生机构造成传染病传播的，由县级以上地方人民政府卫生行政主管部门依法处罚，并由原发证的卫生行政主管部门暂扣或者吊销执业许可证件；造成环境污染事故的，由县级以上地方人民政府环境保护行政主管部门依照《中华人民共和国固体废物污染环境防治法》有关规定予以处罚，并由原发证的卫生行政主管部门暂扣或者吊销执业许可证件。

医疗废物集中处置单位造成传染病传播的，由县级以上地方人民政府卫生行政主管部门依法处罚，并由原发证的环境保护行政主管部门暂扣或者吊销经营许可证件；造成环境污染事故的，由县级以上地方人民政府环境保护行政主管部门依照《中华人民共和国固体废物污染环境防治法》有关规定予以处罚，并由原发证的环境保护行政主管部门暂扣或者吊销经营许可证件。

第十六条　有《条例》第五十三条规定的情形，转让、买卖医疗废物，邮寄或者通过铁路、航空运输医疗废物，或者违反《条例》规定通过水路运输医疗废物的，由县级以上地方人民政府环境保护行政主管部门责令转让、买卖双方、邮寄人、托运人立即停止违法行为，给予警告，没收违法所得；违法所得5 000元以上的，并处违法所得2倍以上5倍以下的罚款；没有违法所得或者违法所得不足5 000元的，并处5 000元以上2万元以下的罚款。

承运人明知托运人违反《条例》的规定运输医疗废物，仍予以运输的，或者承运人将医疗废物与旅客在同一工具上载运的，按照前款的规定予以处罚。

第十七条　本办法自2004年6月1日起施行。

依据《关于废止、修改部分环保部门规章和规范性文件的决定》（环境保护部令第16号），自2010年12月22日起，《医疗废物管理行政处罚办法》（试行）（2004年5月27日，卫生部、国家环境保护总局令第21号发布）做如下修改：

1.将第七条第二款修改为："医疗卫生机构在医疗卫生机构外运送过程中丢弃医疗废物，在非贮存地点倾倒、堆放医疗废物或者将医疗废物混入其他废物和生活垃圾的，由县级以上地方人民政府环境保护行政主管部门依照《中华人民共和国固体废物污染环境防治法》第七十五条规定责令停止违法行为，限期改正，处一万元以上十万元以下的罚款。"

2.将第八条修改为："医疗废物集中处置单位有《条例》第四十七条规定的情形，在运送过程中丢弃医疗废物，在非贮存地点倾倒、堆放医疗废物或者将医疗废物混入其他废物和生活垃圾的，由县级以上地方人民政府环境保护行政主管部门依照《中华人民共和国固体废物污染环境防治法》第七十五条规定责令停止违法行为，限期改正，处一万元以上十万元以下的罚款。"

3.将第十条中的“医疗卫生机构、医疗废物集中处置单位有《条例》第四十七条规定的下列情形之一的，由县级以上人民政府环境保护行政主管部门责令停止违法行为，限期改正，并处5万元以下的罚款”，修改为：“医疗卫生机构、医疗废物集中处置单位有《条例》第四十七条规定的下列情形之一的，由县级以上人民政府环境保护行政主管部门依照《中华人民共和国固体废物污染环境防治法》第七十五条规定责令停止违法行为，限期改正，处二万元以上二十万元以下的罚款”。

4.将第十二条第二款修改为：“医疗卫生机构、医疗废物集中处置单位阻碍环境保护行政主管部门执法人员执行职务，拒绝执法人员进入现场，或者不配合执法部门的检查、监测、调查取证的，由县级以上地方人民政府环境保护行政主管部门依照《中华人民共和国固体废物污染环境防治法》第七十条规定责令限期改正；拒不改正或者在检查时弄虚作假的，处二千元以上二万元以下的罚款。”

5.将第十四条修改为：“有《条例》第五十二条规定的情形，未取得经营许可证从事医疗废物的收集、运送、贮存、处置等活动的，由县级以上人民政府环境保护行政主管部门依照《中华人民共和国固体废物污染环境防治法》第七十七条规定责令停止违法行为，没收违法所得，可以并处违法所得三倍以下的罚款。”

6.将第十六条第二款修改为：“承运人明知托运人违反《条例》的规定运输医疗废物，仍予以运输的，按照前款的规定予以处罚；承运人将医疗废物与旅客在同一工具上载运的，由县级以上人民政府环境保护行政主管部门依照《中华人民共和国固体废物污染环境防治法》第七十五条规定责令停止违法行为，限期改正，处一万元以上十万元以下的罚款”。

11. 危险废物转移联单管理办法

第一条　为加强对危险废物转移的有效监督，实施危险废物转移联单制度，根据《中华人民共和国固体废物污染环境防治法》有关规定，制定本办法。

第二条　本办法适用于在中华人民共和国境内从事危险废物转移活动的单位。

第三条　国务院环境保护行政主管部门对全国危险废物转移联单（以下简称联单）实施统一监督管理。

各省、自治区人民政府环境保护行政主管部门对本行政区域内的联单实施监督管理。

省辖市级人民政府环境保护行政主管部门对本行政区域内联单具体实施监督管理；在直辖市行政区域和设有地区行政公署的行政区域，由直辖市人民政府和地区行政公署环境保护行政主管部门具体实施监督管理。

前款规定的省辖市级人民政府、直辖市人民政府和地区行政公署环境保护行政主管部门，本办法以下统一简称为“环境保护行政主管部门”。

第四条　危险废物产生单位在转移危险废物前，须按照国家有关规定报批危险废物转移计划；经批准后，产生单位应当向移出地环境保护行政主管部门申请领取联单。

产生单位应当在危险废物转移前三日内报告移出地环境保护行政主管部门，并同时将预期到达时间报告接受地环境保护行政主管部门。

第五条　危险废物产生单位每转移一车、船（次）同类危险废物，应当填写一份联单。每车、船（次）有多类危险废物的，应当按每一类危险废物填写一份联单。

第六条　危险废物产生单位应当如实填写联单中产生单位栏目，并加盖公章，经交付危险废物运输单位核实验收签字后，将联单第一联副联自留存档，将联单第二联交移出地环境保护行政主管部门，联单第一联正联及其余各联交付运输单位随危险废物转移运行。

第七条　危险废物运输单位应当如实填写联单的运输单位栏目，按照国家有关危险物品运输的规定，将危险废物安全运抵联单载明的接受地点，并将联单第一联、第二联副联、第三联、第四联、第五联随转移的危险废物交付危险废物接受单位。

第八条　危险废物接受单位应当按照联单填写的内容对危险废物核实验收，如实填写联单中接受单位栏目并加盖公章。

接受单位应当将联单第一联、第二联副联自接受危险废物之日起十日内交付产生单位，联单第一联由产生单位自留存档，联单第二联副联由产生单位在二日内报送移出地环境保护行政主管部门；接受单位将联单第三联交付运输单位存档；将联单第四联自留存档；将联单第五联自接受危险废物之日起二日内报送接受地环境保护行政主管部门。

第九条　危险废物接受单位验收发现危险废物的名称、数量、特性、形态、包装方式与联单填写内容不符的，应当及时向接受地环境保护行政主管部门报告，并通知产生单位。

第十条　联单保存期限为五年；贮存危险废物的，其联单保存期限与危险废物贮存期限相同。环境保护行政主管部门认为有必要延长联单保存期限的，产生单位、运输单位和接受单位应当按照要求延期保存联单。

第十一条　省辖市级以上人民政府环境保护行政主管部门有权检查联单运行的情况，也可以委托县级人民政府环境保护行政主管部门检查联单运行的情况。

被检查单位应当接受检查，如实汇报情况。

第十二条　转移危险废物采用联运方式的，前一运输单位须将联单各联交付后一运输单位随危险废物转移运行，后一运输单位必须按照联单的要求核对联单产生单位栏目事项和前一运输单位填写的运输单位栏目事项，经核对无误后填写联单的运输单位栏目并签字。经后一运输单位签字的联单第三联的复印件由前一运输单位自留存档，经接受单位签字的联单第三联由最后一运输单位自留存档。

第十三条　违反本办法有下列行为之一的，由省辖市级以上地方人民政府环境保护行政主管部门责令限期改正，并处以罚款：

（一）未按规定申领、填写联单的；

（二）未按规定运行联单的；

（三）未按规定期限向环境保护行政主管部门报送联单的；

（四）未在规定的存档期限保管联单的；

（五）拒绝接受有管辖权的环境保护行政主管部门对联单运行情况进行检查的。

有前款第（一）项、第（三）项行为之一的，依据《中华人民共和国固体废物污染环境防治法》有关规定，处五万元以下罚款；有前款第（二）项、第（四）项行为之一的，处三万元以下罚款；有前款第（五）项行为的，依据《中华人民共和国固体废物污染环境防治法》有关规定，处一万元以下罚款。

第十四条　联单由国务院环境保护行政主管部门统一制定，由省、自治区、直辖市人民政府环境保护行政主管部门印制。

联单共分五联，颜色分别为：第一联，白色；第二联，红色；第三联，黄色；第四联，蓝色；第五联，绿色。

联单编号由十位阿拉伯数字组成。第一位、第二位数字为省级行政区划代码，第三位、第四位数字为省辖市级行政区划代码，第五位、第六位数字为危险废物类别代码，其余四位数字由发放空白联单的危险废物移出地省辖市级人民政府环境保护行政主管部门按照危险废物转移流水号依次编制。联单由直辖市人民政府环境保护行政主管部门发放的，其编号第三位、第四位数字为零。

第十五条　本办法由国务院环境保护行政主管部门负责解释。

第十六条　本办法自一九九九年十月一日起施行。

危险废物转移联单　编号＿＿＿＿＿＿

第一部分：废物产生单位填写

产生单位 ＿＿＿＿＿＿＿＿＿＿ 单位盖章 电话＿＿＿＿＿

通讯地址 ＿＿＿＿＿＿＿＿＿＿＿＿＿＿ 邮编＿＿＿＿＿

运输单位 ＿＿＿＿＿＿＿＿＿＿＿＿＿＿ 电话＿＿＿＿＿

通讯地址 ＿＿＿＿＿＿＿＿＿＿＿＿＿＿ 邮编＿＿＿＿＿

接受单位 ＿＿＿＿＿＿＿＿＿＿＿＿＿＿ 电话＿＿＿＿＿

通讯地址 ＿＿＿＿＿＿＿＿＿＿＿＿＿＿ 邮编＿＿＿＿＿

废物名称 ＿＿＿＿＿ 类别编号＿＿＿＿＿＿ 数量＿＿＿＿＿

废物特性：＿＿＿＿＿ 形态 ＿＿＿＿＿ 包装方式 ＿＿＿＿＿

外运目的：中转贮存 利用 处理 处置

主要危险成分 ＿＿＿＿＿＿＿ 禁忌与应急措施 ＿＿＿＿＿＿＿

发运人 ＿＿＿ 运达地 ＿＿＿＿＿＿ 转移时间＿＿＿年＿＿月＿＿日

第二部分：废物运输单位填写

运输者须知：你必须核对以上栏目事项，当与实际情况不符时，有权拒绝接受。

第一承运人 ＿＿＿＿＿＿＿＿＿＿ 运输日期＿＿＿年＿＿月＿＿日

车（船）型：＿＿＿＿ 牌号＿＿＿＿＿ 道路运输证号＿＿＿＿＿＿＿

运输起点 ＿＿＿ 经由地 ＿＿＿ 运输终点 ＿＿＿ 运输人签字 ＿＿＿

第二承运人 ＿＿＿＿＿＿＿＿＿＿ 运输日期＿＿＿年＿＿月＿＿日

车（船）型：＿＿＿＿ 牌号＿＿＿＿＿ 道路运输证号＿＿＿＿＿＿＿

运输起点 ＿＿＿ 经由地 ＿＿＿ 运输终点 ＿＿＿ 运输人签字 ＿＿＿

第三部分：废物接受单位填写

接受者须知：你必须核实以上栏目内容，当与实际情况不符时，有权拒绝接受。

经营许可证号 ＿＿＿＿＿＿＿ 接收人 ＿＿＿＿ 接收日期 ＿＿＿＿

废物处置方式：利用 贮存 焚烧 安全填埋 其他

单位负责人签字＿＿＿＿＿ 单位盖章 日期＿＿＿＿＿

第　　联

12. 国家危险废物名录

第一条　根据《中华人民共和国固体废物污染环境防治法》的有关规定，制定本名录。

第二条　具有下列情形之一的固体废物（包括液态废物），列入本名录：

（一）具有腐蚀性、毒性、易燃性、反应性或者感染性等一种或者几种危险特性的；

（二）不排除具有危险特性，可能对环境或者人体健康造成有害影响，需要按照危险废物进行管理的。

第三条　医疗废物属于危险废物。医疗废物分类按照《医疗废物分类目录》执行。

第四条　列入《危险化学品目录》的化学品废弃后属于危险废物。

第五条　列入本名录附录《危险废物豁免管理清单》中的危险废物，在所列的豁免环节，且满足相应的豁免条件时，可以按照豁免内容的规定实行豁免管理。

第六条　危险废物与其他固体废物的混合物，以及危险废物处理后的废物的属性判定，按照国家规定的危险废物鉴别标准执行。

第七条　本名录中有关术语的含义如下：

（一）废物类别，是在《控制危险废物越境转移及其处置巴塞尔公约》划定的类别基础上，结合我国实际情况对危险废物进行的分类。

（二）行业来源，是指危险废物的产生行业。

（三）废物代码，是指危险废物的唯一代码，为8位数字。其中，第1-3位为危险废物产生行业代码（依据《国民经济行业分类（GB/T 4754—2011）》确定），第4-6位为危险废物顺序代码，第7-8位为危险废物类别代码。

（四）危险特性，包括腐蚀性（Corrosivity，C）、毒性（Toxicity，T）、易燃性（Ignitability，I）、反应性（Reactivity，R）和感染性（Infectivity，In）。

第八条　对不明确是否具有危险特性的固体废物，应当按照国家规定的危险废物鉴别标准和鉴别方法予以认定。

经鉴别具有危险特性的，属于危险废物，应当根据其主要有害成分和危险特性确定所属废物类别，并按代码“900-000-××”（××为危险废物类别代码）进行归类管理。

经鉴别不具有危险特性的，不属于危险废物。

第九条　本名录自2016年8月1日起施行。2008年6月6日环境保护部、国家发展和改革委员会发布的《国家危险废物名录》（环境保护部、国家发展和改革委员会令第1号）同时废止。

扫码看详表

13. 医疗机构传染病预检分诊管理办法

（2005年2月28日中华人民共和国卫生部令第41号发布）

第一条　为规范医疗机构传染病预检、分诊工作，有效控制传染病疫情，防止医疗机构内交叉感染，保障人民群众身体健康和生命安全，根据《中华人民共和国传染病防治法》第五十二条的规定，制定本办法。

第二条　医疗机构应当建立传染病预检、分诊制度。

二级以上综合医院应当设立感染性疾病科，具体负责本医疗机构传染病的分诊工作，并对本医疗机构的传染病预检、分诊工作进行组织管理。

没有设立感染性疾病科的医疗机构应当设立传染病分诊点。

感染性疾病科和分诊点应当标识明确，相对独立，通风良好，流程合理，具有消毒隔离条件和必要的防护用品。

第三条　医疗机构各科室的医师在接诊过程中，应当注意询问病人有关的流行病学史、职业史，结合病人的主诉、病史、症状和体征等对来诊的病人进行传染病的预检。

经预检为传染病病人或者疑似传染病病人的，应当将病人分诊至感染性疾病科或者分诊点就诊，同时对接诊处采取必要的消毒措施。

第四条　医疗机构应当根据传染病的流行季节、周期和流行趋势做好特定传染病的预检、分诊工作。

医疗机构应当在接到卫生部和省、自治区、直辖市人民政府发布特定传染病预警信息后，或者按照当地卫生行政部门的要求，加强特定传染病的预检、分诊工作。必要时，设立相对独立的针对特定传染病的预检处，引导就诊病人首先到预检处检诊，初步排除特定传染病后，再到相应的普通科室就诊。

第五条　对呼吸道等特殊传染病病人或者疑似病人，医疗机构应当依法采取隔离或者控制传播措施，并按照规定对病人的陪同人员和其他密切接触人员采取医学观察和其他必要的预防措施。

第六条　医疗机构不具备传染病救治能力时，应当及时将病人转诊到具备救治能力的医疗机构诊疗，并将病历资料复印件转至相应的医疗机构。

第七条　转诊传染病病人或疑似传染病病人时，应当按照当地卫生行政部门的规定使用专用车辆。

第八条　感染性疾病科和分诊点应当采取标准防护措施，按照规范严格消毒，并按照《医疗废物管理条例》的规定处理医疗废物。

第九条　医疗机构应当定期对医务人员进行传染病防治知识的培训，培训应当包括传染病防治的法律、法规以及传染病流行动态、诊断、治疗、预防、职业暴露的预防和处理等内容。

从事传染病预检、分诊的医务人员应当严格遵守卫生管理法律、法规和有关规定，认真执行临床技术操作规范、常规以及有关工作制度。

第十条　各级卫生行政部门应当加强对医疗机构预检分诊工作的监督管理，对违反《中华人民共和国传染病防治法》等有关法律、法规和本办法的，应当依法查处。

第十一条　本办法自发布之日起施行。

14. 医院感染管理办法

第一章 总 则

第一条 为加强医院感染管理，有效预防和控制医院感染，提高医疗质量，保证医疗安全，根据《传染病防治法》、《医疗机构管理条例》和《突发公共卫生事件应急条例》等法律、行政法规的规定，制定本办法。

第二条 医院感染管理是各级卫生行政部门、医疗机构及医务人员针对诊疗活动中存在的医院感染、医源性感染及相关的危险因素进行的预防、诊断和控制活动。

第三条 各级各类医疗机构应当严格按照本办法的规定实施医院感染管理工作。

医务人员的职业卫生防护，按照《职业病防治法》及其配套规章和标准的有关规定执行。

第四条 卫生部负责全国医院感染管理的监督管理工作。

县级以上地方人民政府卫生行政部门负责本行政区域内医院感染管理的监督管理工作。

第二章 组织管理

第五条 各级各类医疗机构应当建立医院感染管理责任制，制定并落实医院感染管理的规章制度和工作规范，严格执行有关技术操作规范和工作标准，有效预防和控制医院感染，防止传染病病原体、耐药菌、条件致病菌及其他病原微生物的传播。

第六条 住院床位总数在100张以上的医院应当设立医院感染管理委员会和独立的医院感染管理部门。

住院床位总数在100张以下的医院应当指定分管医院感染管理工作的部门。

其他医疗机构应当有医院感染管理专（兼）职人员。

第七条 医院感染管理委员会由医院感染管理部门、医务部门、护理部门、临床科室、消毒供应室、手术室、临床检验部门、药事管理部门、设备管理部门、后勤管理部门及其他有关部门的主要负责人组成，主任委员由医院院长或者主管医疗工作的副院长担任。

医院感染管理委员会的职责是：

（一）认真贯彻医院感染管理方面的法律法规及技术规范、标准，制定本医院预防和控制医院感染的规章制度、医院感染诊断标准并监督实施；

（二）根据预防医院感染和卫生学要求，对本医院的建筑设计、重点科室建设的基本标准、基本设施和工作流程进行审查并提出意见；

（三）研究并确定本医院的医院感染管理工作计划，并对计划的实施进行考核和评价；

（四）研究并确定本医院的医院感染重点部门、重点环节、重点流程、危险因素以及采取的干预措施，明确各有关部门、人员在预防和控制医院感染工作中的责任；

（五）研究并制定本医院发生医院感染暴发及出现不明原因传染性疾病或者特殊病原体感染病例等事件时的控制预案；

（六）建立会议制度，定期研究、协调和解决有关医院感染管理方面的问题；

（七）根据本医院病原体特点和耐药现状，配合药事管理委员会提出合理使用抗菌药物的指导意见；

（八）其他有关医院感染管理的重要事宜。

第八条　医院感染管理部门、分管部门及医院感染管理专（兼）职人员具体负责医院感染预防与控制方面的管理和业务工作。主要职责是：

（一）对有关预防和控制医院感染管理规章制度的落实情况进行检查和指导；

（二）对医院感染及其相关危险因素进行监测、分析和反馈，针对问题提出控制措施并指导实施；

（三）对医院感染发生状况进行调查、统计分析，并向医院感染管理委员会或者医疗机构负责人报告；

（四）对医院的清洁、消毒灭菌与隔离、无菌操作技术、医疗废物管理等工作提供指导；

（五）对传染病的医院感染控制工作提供指导；

（六）对医务人员有关预防医院感染的职业卫生安全防护工作提供指导；

（七）对医院感染暴发事件进行报告和调查分析，提出控制措施并协调、组织有关部门进行处理；

（八）对医务人员进行预防和控制医院感染的培训工作；

（九）参与抗菌药物临床应用的管理工作；

（十）对消毒药械和一次性使用医疗器械、器具的相关证明进行审核；

（十一）组织开展医院感染预防与控制方面的科研工作；

（十二）完成医院感染管理委员会或者医疗机构负责人交办的其他工作。

第九条　卫生部成立医院感染预防与控制专家组，成员由医院感染管理、疾病控制、传染病学、临床检验、流行病学、消毒学、临床药学、护理学等专业的专家组成。主要职责是：

（一）研究起草有关医院感染预防与控制、医院感染诊断的技术性标准和规范；

（二）对全国医院感染预防与控制工作进行业务指导；

（三）对全国医院感染发生状况及危险因素进行调查、分析；

（四）对全国重大医院感染事件进行调查和业务指导；

（五）完成卫生部交办的其他工作。

第十条　省级人民政府卫生行政部门成立医院感染预防与控制专家组，负责指导本地区医院感染预防与控制的技术性工作。

第三章　预防与控制

第十一条　医疗机构应当按照有关医院感染管理的规章制度和技术规范，加强医院感染的预防与控制工作。

第十二条　医疗机构应当按照《消毒管理办法》，严格执行医疗器械、器具的消毒工作技术规范，并达到以下要求：

（一）进入人体组织、无菌器官的医疗器械、器具和物品必须达到灭菌水平；

（二）接触皮肤、粘膜的医疗器械、器具和物品必须达到消毒水平；

（三）各种用于注射、穿刺、采血等有创操作的医疗器具必须一用一灭菌。

医疗机构使用的消毒药械、一次性医疗器械和器具应当符合国家有关规定。一次性使用的医疗器械、器具不得重复使用。

第十三条　医疗机构应当制定具体措施，保证医务人员的手卫生、诊疗环境条件、无菌操作技术和职业卫生防护工作符合规定要求，对医院感染的危险因素进行控制。

第十四条　医疗机构应当严格执行隔离技术规范，根据病原体传播途径，采取相应的隔离措施。

第十五条　医疗机构应当制定医务人员职业卫生防护工作的具体措施，提供必要的防护物品，保障医务人员的职业健康。

第十六条　医疗机构应当严格按照《抗菌药物临床应用指导原则》，加强抗菌药物临床使用和耐药菌监测管理。

第十七条　医疗机构应当按照医院感染诊断标准及时诊断医院感染病例，建立有效的医院感染监测制度，分析医院感染的危险因素，并针对导致医院感染的危险因素，实施预防与控制措施。

医疗机构应当及时发现医院感染病例和医院感染的暴发，分析感染源、感染途径，采取有效的处理和控制措施，积极救治患者。

第十八条　医疗机构经调查证实发生以下情形时，应当于12小时内向所在地的县级地方人民政府卫生行政部门报告，并同时向所在地疾病预防控制机构报告。所在地的县级地方人民政府卫生行政部门确认后，应当于24小时内逐级上报至省级人民政府卫生行政部门。省级人民政府卫生行政部门审核后，应当在24小时内上报至卫生部：

（一）5例以上医院感染暴发；

（二）由于医院感染暴发直接导致患者死亡；

（三）由于医院感染暴发导致3人以上人身损害后果。

第十九条　医疗机构发生以下情形时，应当按照《国家突发公共卫生事件相关信息报告管理工作规范（试行）》的要求进行报告：

（一）10例以上的医院感染暴发事件；

（二）发生特殊病原体或者新发病原体的医院感染；

（三）可能造成重大公共影响或者严重后果的医院感染。

第二十条　医疗机构发生的医院感染属于法定传染病的，应当按照《中华人民共和国传染病防治法》和《国家突发公共卫生事件应急预案》的规定进行报告和处理。

第二十一条　医疗机构发生医院感染暴发时，所在地的疾病预防控制机构应当及时进行流行病学调查，查找感染源、感染途径、感染因素，采取控制措施，防止感染源的传播和感染范围的扩大。

第二十二条　卫生行政部门接到报告，应当根据情况指导医疗机构进行医院感染的调查和控制工作，并可以组织提供相应的技术支持。

第四章　人员培训

第二十三条　各级卫生行政部门和医疗机构应当重视医院感染管理的学科建设，建立专业人才培养制度，充分发挥医院感染专业技术人员在预防和控制医院感染工作中的作用。

第二十四条　省级人民政府卫生行政部门应当建立医院感染专业人员岗位规范化培训和考核制度，加强继续教育，提高医院感染专业人员的业务技术水平。

第二十五条　医疗机构应当制定对本机构工作人员的培训计划，对全体工作人员进行医院感染相关法律法规、医院感染管理相关工作规范和标准、专业技术知识的培训。

第二十六条　医院感染专业人员应当具备医院感染预防与控制工作的专业知识，并能够承担医院感染管理和业务技术工作。

第二十七条　医务人员应当掌握与本职工作相关的医院感染预防与控制方面的知识，落实医院感染管理规章制度、工作规范和要求。工勤人员应当掌握有关预防和控制医院感染的基础卫生学和消毒隔离知识，并在工作中正确运用。

第五章　监督管理

第二十八条　县级以上地方人民政府卫生行政部门应当按照有关法律法规和本办法的规定，对所辖区域的医疗机构进行监督检查。

第二十九条　对医疗机构监督检查的主要内容是：

（一）医院感染管理的规章制度及落实情况；

（二）针对医院感染危险因素的各项工作和控制措施；

（三）消毒灭菌与隔离、医疗废物管理及医务人员职业卫生防护工作状况；

（四）医院感染病例和医院感染暴发的监测工作情况；

（五）现场检查。

第三十条　卫生行政部门在检查中发现医疗机构存在医院感染隐患时，应当责令限期整改或者暂时关闭相关科室或者暂停相关诊疗科目。

第三十一条　医疗机构对卫生行政部门的检查、调查取证等工作，应当予以配合，不得拒绝和阻碍，不得提供虚假材料。

第六章　罚　则

第三十二条　县级以上地方人民政府卫生行政部门未按照本办法的规定履行监督管理和对医院感染暴发事件的报告、调查处理职责，造成严重后果的，对卫生行政主管部门主要负责人、直接责任人和相关责任人予以降级或者撤职的行政处分。

第三十三条　医疗机构违反本办法，有下列行为之一的，由县级以上地方人民政府卫生行政部门责令改正，逾期不改的，给予警告并通报批评；情节严重的，对主要负责人和直接责任人给予降级或者撤职的行政处分：

（一）未建立或者未落实医院感染管理的规章制度、工作规范；

（二）未设立医院感染管理部门、分管部门以及指定专（兼）职人员负责医院感染预防与控制工作；

（三）违反对医疗器械、器具的消毒工作技术规范；

（四）违反无菌操作技术规范和隔离技术规范；

（五）未对消毒药械和一次性医疗器械、器具的相关证明进行审核；

（六）未对医务人员职业暴露提供职业卫生防护。

第三十四条　医疗机构违反本办法规定，未采取预防和控制措施或者发生医院感染未及时采取控制措施，造成医院感染暴发、传染病传播或者其他严重后果的，对负有责任的主管人员和直接责任人员给予降级、撤职、开除的行政处分；情节严重的，依照《传染病防治法》第六十九条规定，可以依法吊销有关责任人员的执业证书；构成犯罪的，依法追究刑事责任。

第三十五条　医疗机构发生医院感染暴发事件未按本办法规定报告的，由县级以上地方人民政府卫生行政部门通报批评；造成严重后果的，对负有责任的主管人员和其他直接责任人员给予降级、撤职、开除的处分。

第七章　附　则

第三十六条　本办法中下列用语的含义：

（一）医院感染：指住院病人在医院内获得的感染，包括在住院期间发生的感染和在医院内获得出院后发生的感染，但不包括入院前已开始或者入院时已处于潜伏期的感染。医院工作人员在医院内获得的感染也属医院感染。

（二）医源性感染：指在医学服务中，因病原体传播引起的感染。

（三）医院感染暴发：是指在医疗机构或其科室的患者中，短时间内发生3例以上同种同源感染病例的现象。

（四）消毒：指用化学、物理、生物的方法杀灭或者消除环境中的病原微生物。

（五）灭菌：杀灭或者消除传播媒介上的一切微生物，包括致病微生物和非致病微生物，也包括细菌芽胞和真菌孢子。

第三十七条　中国人民解放军医疗机构的医院感染管理工作，由中国人民解放军卫生部门归口管理。

第三十八条　采供血机构与疾病预防控制机构的医源性感染预防与控制管理参照本办法。

第三十九条　本办法自2006年9月1日起施行，原2000年11月30日颁布的《医院感染管理规范（试行）》同时废止。

15. 医疗机构水污染物排放标准
（GB 18466—2005）

1 范围

本标准规定了医疗机构污水、污水处理站产生的废气、污泥的污染物控制项目及其排放和控制限值、处理工艺和消毒要求、取样与监测和标准的实施与监督。

本标准适用于医疗机构污水、污水处理站产生污泥及废气排放的控制，医疗机构建设项目的环境影响评价、环境保护设施设计、竣工验收及验收后的排放管理。当医疗机构的办公区、非医疗生活区等污水与病区污水合流收集时，其综合污水排放均执行本标准。建有分流污水收集系统的医疗机构，其非病区生活区污水排放执行GB 8978的相关规定。

2 规范性引用文件

下列标准和本标准表5、表6所列分析方法标准及规范所含条文在本标准中被引用即构成为本标准的条文，与本标准同效。当上述标准和规范被修订时，应使用其最新版本。

GB 8978 污水综合排放标准

GB 3838 地表水环境质量标准

GB 3097 海水水质标准

GB 16297 大气污染物综合排放标准

HJ/T 55 大气污染物无组织排放监测技术导则

HJ/T 91 地表水和污水检测技术规范

3 术语和定义

本标准采用下列定义。

3.1 医疗机构 medical organization

指从事疾病诊断、治疗活动的医院、卫生院、疗养院、门诊部、诊所、卫生急救站等。

3.2 医疗机构污水 medical organization wastewater

指医疗机构门诊、病房、手术室、各类检验室、病理解剖室、放射室、洗衣房、太平间等处排出的诊疗、生活及粪便污水。当医疗机构其他污水与上述污水混合排出时一律视为医疗机构污水。

3.3 污泥 sludge

指医疗机构污水处理过程中产生的栅渣、沉淀污泥和化粪池污泥。

3.4 废气 waste gas

指医疗机构污水处理过程中产生的有害气体。

4 技术内容

4.1 污水排放要求

4.1.1　传染病和结核病医疗机构污水排放一律执行表1的规定。

4.1.2　县级及县级以上或20张床位及以上的综合医疗机构和其他医疗机构污水排放执行表2的规定。直接或间接排入地表水体和海域的污水执行排放标准，排入终端已建有正常运行城镇二级污水处理厂的下水道的污水，执行预处理标准。

表1　传染病、结核病医疗机构水污染物排放限值（日均值）

序号	控制项目	标准值
1	粪大肠菌群数/（MPN/L）	100
2	肠道致病菌	不得检出
3	肠道病毒	不得检出
4	结核杆菌	不得检出
5	pH	6~9
6	化学需氧量（COD） 浓度/（mg/L） 最高允许排放负荷/［g/（床位·d）］	 60 60
7	生化需氧量（BOD） 浓度/（mg/L） 最高允许排放负荷/［g/（床位·d）］	 20 20
8	悬浮物（SS） 浓度/（mg/L） 最高允许排放负荷/［g/（床位·d）］	 20 20
9	氨氮/（mg/L）	15
10	动植物油/（mg/L）	5
11	石油类/（mg/L）	5
12	阴离子表面活性剂/（mg/L）	5
13	色度/（稀释倍数）	30
14	挥发酚/（mg/L）	0.5
15	总氰化物/（mg/L）	0.5
16	总汞/（mg/L）	0.05
17	总镉/（mg/L）	0.1
18	总铬/（mg/L）	1.5
19	六价铬/（mg/L）	0.5
20	总砷/（mg/L）	0.5
21	总铅/（mg/L）	1.0
22	总银/（mg/L）	0.5
23	总α/（Bq/L）	1
24	总β/（Bq/L）	10
25	总余氯[1),2)]/（mg/L） （直接排入水体的要求）	0.5

注：1）采用含氯消毒剂消毒的工艺控制要求为：消毒接触池的接触时间≥1.5 h，接触池出口总余氯6.5~10 mg/L。

2）采用其他消毒剂对总余氯不做要求。

表2　综合医疗机构和其他医疗机构水污染物排放限值（日均值）

序号	控制项目	排放标准	预处理标准
1	粪大肠菌群数/（MPN/L）	500	5 000
2	肠道致病菌	不得检出	—
3	肠道病毒	不得检出	—
4	pH	6～9	6～9
5	化学需氧量（COD） 浓度/（mg/L） 最高允许排放负荷/［g/（床位·d）］	 60 60	 250 250
6	生化需氧量（BOD） 浓度/（mg/L） 最高允许排放负荷/［g/（床位·d）］	 20 20	 100 100
7	悬浮物（SS） 浓度/（mg/L） 最高允许排放负荷/［g/（床位·d）］	 20 20	 60 60
8	氨氮/（mg/L）	15	—
9	动植物油/（mg/L）	5	20
10	石油类/（mg/L）	5	20
11	阴离子表面活性剂/（mg/L）	5	10
12	色度/（稀释倍数）	30	—
13	挥发酚/（mg/L）	0.5	1.0
14	总氰化物/（mg/L）	0.5	0.5
15	总汞/（mg/L）	0.05	0.05
16	总镉/（mg/L）	0.1	0.1
17	总铬/（mg/L）	1.5	1.5
18	六价铬/（mg/L）	0.5	0.5
19	总砷/（mg/L）	0.5	0.5
20	总铅/（mg/L）	1.0	1.0
21	总银/（mg/L）	0.5	0.5
22	总α/（Bq/L）	1	1
23	总β/（Bq/L）	10	10
24	总余氯[1),2)]/（mg/L）	0.5	—

注：1）采用含氯消毒剂消毒的工艺控制要求为：

排放标准：消毒接触池接触时间≥1 h，接触池出口总余氯3~10 mg/L。

预处理标准：消毒接触池接触时间≥1 h，接触池出口总余氯2~8 mg/L。

2）采用其他消毒剂对总余氯不做要求。

4.1.3 县级以下或20张床位以下的综合医疗机构和其他所有医疗机构污水经消毒处理后方可排放。

4.1.4 禁止向GB 3838 Ⅰ、Ⅱ类水域和Ⅲ类水域的饮用水保护区和游泳区，GB 3097一、二类海域直接排放医疗机构污水。

4.1.5 带传染病房的综合医疗机构，应将传染病房污水与非传染病房污水分开。传染病房的污水、粪便经过消毒后方可与其他污水合并处理。

4.1.6 采用含氯消毒剂进行消毒的医疗机构污水，若直接排入地表水体和海域，应进行脱氯处理，使总余氯小于0.5 mg/L。

4.2 废气排放要求

4.2.1 污水处理站排出的废气应进行除臭除味处理，保证污水处理站周边空气中污染物达到表3要求。

表3 污水处理站周边大气污染物最高允许浓度

序号	控制项目	标准值
1	氨/（mg/m^3）	1.0
2	硫化氢/（mg/m^3）	0.03
3	臭气浓度（无量纲）	10
4	氯气/（mg/m^3）	0.1
5	甲烷（指处理站内最高体积百分数/%）	1

4.2.2 传染病和结核病医疗机构应对污水处理站排出的废气进行消毒处理。

4.3 污泥控制与处置

4.3.1 栅渣、化粪池和污水处理站污泥属危险废物，应按危险废物进行处理和处置。

4.3.2 污泥清掏前应进行监测，达到表4要求。

表4 医疗机构污泥控制标准

医疗机构类别	粪大肠菌群数/（MPN/g）	肠道致病菌	肠道病毒	结核杆菌	蛔虫卵死亡率/%
传染病医疗机构	≤100	不得检出	不得检出	—	>95
结核病医疗机构	≤100	—	—	不得检出	>95
综合医疗机构和其他医疗机构	≤100	—	—	—	>95

5 处理工艺与消毒要求

5.1 医疗机构病区和非病区的污水，传染病区和非传染病区的污水应分流，不得将固体传染性废物、各种化学废液弃置和倾倒排入下水道。

5.2 传染病医疗机构和综合医疗机构的传染病房应设专用化粪池，收集经消毒处理后的粪便排泄物等传染性废物。

5.3　化粪池应按最高日排水量设计，停留时间为 24 ～ 36 h。清掏周期为 180 ～ 360 d。

5.4　医疗机构的各种特殊排水应单独收集并进行处理后，再排入医院污水处理站。

5.4.1　低放射性废水应经衰变池处理。

5.4.2　洗相室废液应回收银，并对废液进行处理。

5.4.3　口腔科含汞废水应进行除汞处理。

5.4.4　检验室废水应根据使用化学品的性质单独收集，单独处理。

5.4.5　含油废水应设置隔油池处理。

5.5　传染病医疗机构和结核病医疗机构污水处理宜采用二级处理＋消毒工艺或深度处理＋消毒工艺。

5.6　综合医疗机构污水排放执行排放标准时，宜采用二级处理＋消毒工艺或深度处理＋消毒工艺；执行预处理标准时宜采用一级处理或一级强化处理＋消毒工艺。

5.7　消毒剂应根据技术经济分析选用，通常使用的有：二氧化氯、次氯酸钠、液氯、紫外线和臭氧等。采用含氯消毒剂时按表 1、表 2 要求设计。

5.7.1　采用紫外线消毒，污水悬浮物浓度应小于 10 mg/L，照射剂量 30 ～ 40 mJ/cm^2，照射接触时间应大于 10 s 或由试验确定。

5.7.2　采用臭氧消毒，污水悬浮物浓度应小于 20 mg/L，臭氧用量应大于 10 mg/L，接触时间应大于 12 min 或由试验确定。

6　取样与监测

6.1　污水取样与监测

6.1.1　应按规定设置科室处理设施排出口和单位污水外排口，并设置排放口标志。

6.1.2　表 1 第 16 ～ 22 项，表 2 第 15 ～ 21 项在科室处理设施排出口取样，总 α、总 β 在衰变池出口取样监测。其他污染物的采样点一律设在排污单位的外排口。

6.1.2　医疗机构污水外排口处应设污水计量装置，并宜设污水比例采样器和在线监测设备。

6.1.3　监测频率

6.1.3.1　粪大肠菌群数每月监测不得少于 1 次。采用含氯消毒剂消毒时，接触池出口总余氯每日监测不得少于 2 次（采用间歇式消毒处理的，每次排放前监测）。

6.1.3.2　肠道致病菌主要监测沙门氏菌、志贺氏菌。沙门氏菌的监测，每季度不少于 1 次；志贺氏菌的监测，每年不少于 2 次。其他致病菌和肠道病毒按 6.1.3.3 规定进行监测。结核病医疗机构根据需要监测结核杆菌。

6.1.3.3　收治了传染病病人的医院应加强对肠道致病菌和肠道病毒的监测。同时收治的感染上同一种肠道致病菌或肠道病毒的甲类传染病病人数超过 5 人、或乙类传染病病人数超过 10 人、或丙类传染病病人数超过 20 人时，应及时监测该种传染病病原体。

6.1.3.4　理化指标监测频率：pH 每日监测不少于 2 次，COD 和 SS 每周监测 1 次，其他污染物每季度监测不少于1次。

6.1.3.5　采样频率：每4小时采样1次，一日至少采样3次，测定结果以日均值计。

6.1.4　监督性监测按HJ/T　91执行。

6.1.5　监测分析方法按表5和附录执行。

6.1.6　污染物单位排放负荷计算见附录F。

表5　水污染物监测分析方法

序号	控制项目	测定方法	测定下限/（mg/L）	方法来源
1	粪大肠菌群数	多管发酵法		附录A
2	沙门氏菌			附录B
3	志贺氏菌			附录C
4	结核杆菌			附录E
5	总余氯	*N*，*N*-二乙基-1，4-苯二胺分光光度法 *N*，*N*-二乙基-1，4-苯二胺滴定法		GB　11898 GB　11897
6	化学需氧量（COD）	重铬酸盐法	30	GB　11914
7	生化需氧量（BOD）	稀释与接种法	2	GB　7488
8	悬浮物（SS）	重量法		GB　11901
9	氨氮	蒸馏和滴定法 比色法	0.2 0.05	GB　7478 GB　7479
10	动植物油	红外光度法	0.1	GB/T　16488
11	石油类	红外光度法	0.1	GB/T　16488
12	阴离子表面活性剂	亚甲蓝分光光度法	0.05	GB　7494
13	色度	稀释倍数法		GB　11903
14	pH值	玻璃电极法		GB　6920
15	总汞	冷吸收分光光度法 双硫腙分光光度法	0.0001 0.002	GB　7468 GB　7469
16	挥发酚	蒸馏后4-氨基安替比林分光光度法	0.002	GB　7490
17	总氰化物	硝酸银滴定法 异烟酸-吡唑啉酮比色法 吡啶-巴比妥酸比色法	0.25 0.004 0.002	GB　7486 GB　7486 GB　7486
18	总镉	原子吸收分光光度法（螯合萃取法） 双硫腙分光光度法	0.001 0.001	GB　7451 GB　7471
19	总铬	高锰酸钾氧化-二苯碳酰二肼分光光度法	0.004	GB　7466
20	六价铬	二苯碳酰二肼分光光度法	0.004	GB　7467
21	总砷	二乙基二硫代氨基甲酸银分光光度法	0.007	GB　7485
22	总铅	原子吸收分光光度法（螯合萃取法） 双硫腙分光光度法	0.01 0.01	GB　7475 GB　7470
23	总银	原子吸收分光光度法 镉试剂2B分光光度法	0.03 0.01	GB/T　15555.2 GB　11908
24	总 α	厚源法	0.05 Bq/L	EJ/T　1075
25	总 β	蒸发法		EJ/T　900

6.2　大气取样与监测

6.2.1　污水处理站大气监测点的布置方法与采样方法按GB　16297中附录C和HJ/T 55的有关规定执行。

6.2.2　采样频率，每2小时采样一次，共采集4次，取其最大测定值。每季度监测一次。

6.2.3　监测分析方法按表6执行。

表6　大气污染物监测分析方法

序号	控制项目	测定方法	方法来源
1	氨	次氯酸钠-水杨酸分光光度法	GB/T　14679
2	硫化氢	气相色谱法	GB/T　14678
3	臭气浓度（无量纲）	三点比较式臭袋法	GB/T　14675
4	氯气	甲基橙分光光度法	HJ/T　30
5	甲烷	气相色谱法	CJ/T　3037

6.3　污泥取样与监测

6.3.1　取样方法，采用多点取样，样品应有代表性，样品重量不小于1 kg。清掏前监测。

6.3.2　监测分析方法见附录A、附录B、附录C、附录D和附录E。

7　标准的实施与监督

7.1　本标准由县级以上人民政府环境保护行政主管部门负责监督实施。

7.2　省、自治区、直辖市人民政府对执行本标准不能达到本地区环境功能要求时，可以根据总量控制要求和环境影响评价结果制定严于本标准的地方污染物排放标准。

16. 医用放射性废物的卫生防护管理
（GBZ 133—2009）

1 范围

本标准规定了对医用放射性废物管理的基本防护、液体废物、固体废物、气载废物、含放射性核素尸体的卫生防护管理要求及废物管理制度。

本标准适用于医学实践中所产生的含有放射性核素或被放射性核素所污染且不再利用的废弃物即医用放射性废物（以下简称放射性废物）的管理。

本标准不适用于经医学应用后被废弃的密封放射源与粒子源的管理。

2 规范性引用文件

下列文件中的条款通过本标准的引用而成为本标准的条款。凡是注日期的引用文件，其随后所有的修改单（不包括勘误的内容）或修订版均不适用于本标准，然而，鼓励根据本标准达成协议的各方研究是否可使用这些文件的最新版本。凡是不注日期的引用文件，其最新版本适用于本标准。

GB 9133 放射性废物的分类

GB 18871—2002 电离辐射防护与辐射源安全基本标准

GBZ 120—2006 临床核医学放射卫生防护标准

GBZ 167—2005 放射性污染的物料解控和厂址开放的基本要求

3 术语和定义

下列术语和定义适用于本标准。

3.1 清洁解控水平clearance level

由审管部门规定的、以放射性核素的活度浓度或总活度表示的一种特定值，可以用来判断放射性废物是否可以免管。

3.2 免管废物exempt waste

因其中放射性核素的活度浓度或总活度低于或等于清洁解控水平，从而可以免除或解除其审管控制的废物。

4 放射性废物管理的基本防护要求

4.1 根据GB 18871—2002中8.5和8.6的原则要求，确定各类放射性废物的处理或处置管理方法。

4.2 放射性废物分类，应根据在医学实践中所产生废物的形态及其中的放射性核素种类、半衰期、活度水平和理化性质等，将放射性废物按GB 9133进行分类收集和分别处理。医学常用放射性核素参见附件A。

4.3 按照清洁解控原则，应区分放射性废物与免管废物，不可混同处理。应力求控制和减少放射性废物产生量。

4.4 如果经审管部门确认或批准，凡放射性核素活度浓度小于或等于附录B所示清洁解控水平推荐值的放射性废物，按免管废物处理。

4.5 放射性废物含有多种核素时，按公式（1）来判断该废物是否容许被免管。

$$\sum_{j=1}^{n}\frac{C_j}{C_{j,h}}\leqslant 1 \qquad (1)$$

式中：

C_j——放射性核素j在该废物中的活度浓度（Bq/g）；

$C_{j,h}$——附录B所示放射性核素j的清洁解控水平推荐值（Bq/g）；

n——该废物中所含放射性核素的种类数。

5 液体废物的管理

5.1 放射性废液

5.1.1 使用放射性核素其日等效最大操作量等于或大于2×10^7 Bq的临床核医学单位和医学科研机构，应设置有放射性污水水池以存放放射性废水直至符合排放要求时方可排放。放射性污水池应合理选址，池底和池壁应坚固、耐酸碱腐蚀和无渗透性，应有防止泄漏措施。

5.1.2 产生放射性废液而可不设置放射污水池的单位，应将仅含短半衰期核素的废液注入专用容器中通常存放10个半衰期后，经审管部门审核准许，可作普通废液处理。对含长半衰期核素的废液，应专门收集存放。

5.1.3 经审管部门确认的下列低放废液可以直接排入流量大于10倍排放流量的普通下水道：每月排放总活度或每一次排放浓度不超过GB 18871—2002中8.6.2规定的限制要求，且每次排放后用不少于3倍排放量的水进行冲洗，每次排放应作记录并存档。

5.1.4 含放射性核素的有机闪烁废液，应存放在不锈钢或玻璃钢容器内。含放射性核素的有机闪烁液，其活度浓度大于或等于37 Bq/L，应按放射性废液处理。

5.2 注射或服用过放射性药物的患者排泄物

5.2.1 使用放射性药物治疗患者的临床核医学单位，应为住院治疗患者提供有防护标志的专用厕所，对患者排泄物实施统一收集和管理。规定患者住院治疗期间不得使用其他厕所。

5.2.2 专用厕所应具备使患者排泄物迅速全部冲洗入专用化粪池的条件，而且随时保持便池周围清洁。

5.2.3 专用化粪池内排泄物贮存衰变后，经审管部门核准方可排入下水道系统。池内沉渣如难于排出，可进行酸化预处理后再排入下水道系统。

5.2.4 对可不设置专用厕所和专用化粪池的单位，应为注射和服用放射性药物（如

^{131}I、^{32}P等）的住院治疗患者提供具有辐射防护性能的尿液、粪便收集器和呕吐物收集器。收集器内的排泄物在贮存衰变后，经审管部门批准可作免管废物处理。

5.2.5 收集含^{131}I患者排泄物时，应同时加入NaOH或10%KI溶液后密闭存放待处理。

5.2.6 对含有放射性核素的实验动物排泄物，如本单位不具备专用化粪池，可以按照5.2.4处理。

5.2.7 对同时含有病原体的患者排泄物应使用专门容器单独收集，在贮存衰变、杀菌和消毒处理后，经审管部门批准方可排入下水道系统。

5.2.8 符合下列条件之一的患者排泄物不需要统一管理：

a）注射或服用放射性药物的门诊患者排泄物；

b）符合出院条件的患者排泄物。

6 固体废物的管理

6.1 废物收集

6.1.1 按4.2放射性废物分类和废物的可燃与不可燃、可压实与不可压实、有无病原体毒性，分开收集废物。

6.1.2 供收集废物的污物桶应具有外防护层和电离辐射警示标志。污物桶放置点应避开工作人员工作和经常走动的区域。

6.1.3 污物桶内应放置专用塑料袋直接收纳废物，装满后的废物袋应密封，不破漏，并及时转送贮存室，并放入专用容器中贮存。

6.1.4 对注射器和碎玻璃器皿等含尖刺及棱角的放射性废物，应先装入硬纸盒或其他包装袋中，然后再装入专用塑料袋内。

6.1.5 每袋废物的表面剂量率应不超过0.1 mSv/h，重量不超过20 kg。

6.2 废物临时贮存

6.2.1 产生少量放射性废物的非密封型放射性核素应用单位，经审管部门批准可以将其废物临时贮存在许可的场所和专用容器中。贮存时间和总活度不得超过审管部门批准的限制要求。

6.2.2 贮存室建造结构应符合放射卫生防护要求，且具有自然通风或安装通风设备。出入处设电离辐射警示标志。

6.2.3 废物袋、废物桶及其他存放废物的容器必须安全可靠，并应在显著位置标有废物类型、核素种类、比活度范围和存放日期等说明。

6.2.4 废物包装体外表面的污染控制水平：$\alpha < 0.04\ Bq/cm^2$；$\beta < 0.4\ Bq/cm^2$。

6.2.5 应在临时贮存期满前及时把废物送往城市废物贮存库或废物处置单位。

6.3 废物处理

6.3.1 焚烧可燃固体废物必须在具备焚烧放射性废物条件的焚化炉内进行。

6.3.2 对有病原体污染的固体废弃物，如可以焚烧的，直接焚烧处理；不可以焚烧的，应当消毒、灭菌后处理或处置。

6.3.3 未知核素的废物在其活度浓度小于或者等于2×10^4 Bq/kg时，或废物中的核素已知且其活度符合4.4或者4.5时，可作免管固体废物处理。

7 气载废物的管理

7.1 操作放射性碘化物等具有挥发性的放射性物质时，应在备有活性炭过滤或其他专用过滤装置的通风橱内进行。

7.2 凡使用^{133}Xe诊断检查患者的场所，应具备回收患者呼出气中^{133}Xe的装置，不可直接排入大气。

8 含放射性核素尸体的管理

8.1 实验动物尸体的管理

8.1.1 含有放射性核素的动物尸体应防腐、干化、灰化。灰化后残渣按固体放射性废物处理。

8.1.2 含有长半衰期核素的动物尸体，可先固化，然后按固体放射性废物处理。

8.1.3 含有较高放射性的动物尸体一般不应进行防腐处理，而应及时作焚化处理。焚化后残渣按固体放射性废物处理。

8.2 核医学治疗患者死后尸体的管理

近期接受过放射性药物治疗量的死亡患者，其尸体的处理应按照GBZ 120—2006中6.9的处理原则进行。

9 废物管理制度

9.1 医疗机构应配备有专（或兼）职人员负责管理废物的分类收集、存放和处理。废物管理人员应熟悉国家有关放射性废物管理法律法规，具备掌握放射防护和剂量监测专业技术的安全文化素养。

9.2 应具有预防发生废物丢失、被盗、容器破损和灾害事故的安全措施。贮存室的显著位置应设电离辐射警示标志，并建立废物档案和出入贮存室等级与双人双锁管理制度。

9.3 设废物贮存登记卡，废物主要特性和处理过程应记录在卡片上，并存档备案。卡片格式参见附录C。

9.4 医用密封放射源应按国家有关法规和标准的要求废弃和处理，不得按本标准有关固体废物的要求废弃或处理。

9.5 接触放射性废物的工作人员必须使用个人防护用具或屏蔽防护设施，并佩戴个人剂量计。

附录A

（资料性附录）

医学常用放射性核素

表A.1　医学常用放射性核素

核素	半衰期	衰变类型	产生主要废物
^{3}H	12.3 a	β^-	闪烁液
^{14}C	5.73E+03 a	β^-	闪烁液
^{15}O	2.04 min	β	注射器、清洗液
^{18}F	1.83 h	β^+, γ	注射器、清洗液
^{32}P	14.3 d	β^-	尿、粪、注射器、敷贴剂
^{51}Cr	27.7 d	Ec	试管、注射器、洗涤液
^{59}Fe	44.5 d	β^-, γ	试管、注射器
^{67}Ga	3.26 a	Ec	注射器、清洗液
^{89}Sr	50.5 h	β^-	注射器、清洗液
^{90}Sr	28.1 a	β^-	敷贴剂、清洗液
^{90}Y	2.67 d	β^-	敷贴剂、清洗液
^{99}Mo	2.75 d	β^-	废发生器柱、标记淋洗液
^{99m}Tc	6.02 h	IT	废发生器柱、标记淋洗液
^{113}Sn	115 d	Ec	废发生器柱、标记淋洗液
^{113m}In	1.66 h	IT	废发生器柱、标记淋洗液
^{125}I	60.1 d	Ec	试管、标记淋洗液、清洗液
^{131}I	8.04 d	β^-, γ	尿、粪、清洗液
^{133}Xe	5.3 d	β^-	气体（诊断检查时）
^{169}Yb	32 d	Ec	尿、注射器、清洗液
^{198}Au	2.69 d	β^-、Ec	注射器、清洗液
^{201}Tl	3.04 d	Ec	注射器、清洗液

附录B

（规范性附录）

常见医用放射性核素的清洁解控水平推荐值

B.1　清洁解控水平推荐值

由于到目前为止还没有可用的清洁解控水平的具体数值，为此根据GB　18871—2002中4.2.5.2的原则，将其附录A所给出的豁免水平作为清洁解控水平的取值依据，由此得出医用常用放射性核素的清洁解控水平推荐值，列于表B.1中。

表B.1　以核素活度浓度表示的清洁解控水平推荐值

解控水平（Bq/g）	核素
1×10^6	^{3}H
1×10^5	^{35}S
1×10^4	^{14}C
1×10^3	^{32}P、^{151}Cr、^{89}Sr、^{90}Y、^{113}Sn、^{125}I、^{133}Xe
1×10^2	^{15}O、^{90}Sr、^{99}Mo、^{99m}Tc、^{113}In、^{131}I、^{198}Au、^{203}Hg、^{201}Tl
1×10^1	^{18}F、^{59}Fe

注1：上述解控水平推荐值原则上只适用于在组织良好、人员训练有素的工作场所对产生小量放射性固体废物的医学应用或实验室。
注2：严禁为申报清洁解控而采用人工稀释等方法来降低核素活度浓度。
注3：本表数值取自GB　18871—2002附录A，并与GBZ　167—2005附录B的取值相一致。

附录C

（资料性附录）

医用放射性废物贮存登记卡

C.1　医用放射性废物贮存登记卡

送贮部门______日期______年______月______日

贮存容器种类（废物袋、废物包或其他贮存容器）

废物种类

污染核素名称						
污染核素半衰期						

废物重量（kg）______放射性比活度______贮存容器表面剂量率______

送贮保证：①贮存容器（废物袋、废物包或其他贮存容器）使用的标签必须坚固耐用和保持字迹清楚。

②减少容积，并有附加包装。

③无易燃、自燃、腐烂和病原体等物品。

④无非放废物。

处理意见______

送贮人（签名）______

每个贮存容器填一张卡片存留。

17. 医院消毒卫生标准
（GB　15982—2012）

1. 范围

本标准规定了医院消毒卫生标准、医院消毒管理要求以及检查方法。

本标准适用于各级各类医疗机构。各级疾病预防控制机构和采供血机构按照执行。

2. 规范性引用文件

下列文件对于本标准的应用是必不可少的。凡是注日期的引用文件，仅注日期的版本适用于本文件。凡是不注日期的引用文件，其最新版本（包括所有的修改单）适用于本文件。

GB　4789.3　食品微生物学检验 大肠菌群计数

GB　4789.4　食品微生物学检验 沙门氏菌检验

GB/T　4789.11　食品卫生微生物学检验 溶血性链球菌检验

GB　5749　生活饮用水卫生标准

GB　7918.4　化妆品微生物标准检验方法 绿脓杆菌

GB　7918.5　化妆品微生物标准检验方法 金黄色葡萄球菌

GB　18466　医疗机构水污染物排放标准

GB　19082　医用一次性防护服技术要求

GB　19083　医用防护口罩技术要求

GB　19193　疫源地消毒总则

GB　19258　紫外线杀菌灯

GB　50333　医院洁净手术部建筑技术规范

WS　310.1　医院消毒供应中心　第1部分：管理规范

WS　310.2　医院消毒供应中心　第2部分：清洗消毒及灭菌技术操作规范

WS　310.3　医院消毒供应中心　第3部分：清洗消毒及灭菌效果监测标准

WS/T　311　医院隔离技术规范

WS/T　313　医务人员手卫生规范

YY　0469　医用外科口罩技术要求

YY　0572　血液透析和相关治疗用水

消毒技术规范　卫生部

医院污水处理技术指南　国家环境保护总局

中华人民共和国药典　卫生部

医疗卫生机构医疗废物管理办法　卫生部

3　术语和定义

下列术语和定义适用于本文件。

3.1　消毒产品　disinfection product

纳入卫生部《消毒产品分类目录》，用于医院消毒的消毒剂、消毒器械和卫生用品。

3.2　医疗器材　medical device / health care product

用于诊断、治疗、护理、支持、替代的器械、器具和物品的总称。根据使用中造成感染的危险程度，分高度危险性医疗器材、中度危险性医疗器材和低度危险性医疗器材。

3.2.1　高度危险性医疗器材　critical device/items

进入正常无菌组织、脉管系统或有无菌体液（如血液）流过，一旦被微生物污染将导致极高感染危险的器材。

3.2.2　中度危险性医疗器材　semi-critical device / items

直接或间接接触黏膜的器材。

3.2.3　低度危险性医疗器材　no-critical device/items

仅与完整皮肤接触而不与黏膜接触的器材。

3.3　灭菌 sterilization

杀灭或清除医疗器材上一切微生物的处理。灭菌的无菌保证水平应达到10^{-6}。

3.4　高水平消毒　high-level disinfection

杀灭各种细菌繁殖体、病毒、真菌及其孢子和绝大多数细菌芽孢的消毒处理。

3.5　中水平消毒　intermediate-level disinfection

杀灭除细菌芽孢以外的各种病原微生物的消毒处理。

3.6　低水平消毒　low-level disinfection

仅能杀灭细菌繁殖体（分枝杆菌除外）和亲脂性病毒的消毒处理。

3.7　多重耐药菌　multidrug-resistant organism; MDRO

对临床使用的三类或三类以上抗菌药物同时呈现耐药的细菌。常见多重耐药菌包括耐甲氧西林金黄色葡萄球菌（MRSA）、耐万古霉素肠球菌（VRE）、产超广谱β-内酰胺酶（ESBLs）细菌、耐碳青霉烯类抗菌药物肠杆菌科细菌（CRE）（如产Ⅰ型新德里金属β-内酰胺酶[NDM-1]或产碳青霉烯酶[KPC]的肠杆菌科细菌）、耐碳青霉烯类抗菌药物鲍曼不动杆菌（ CR-AB）、多重耐药 / 泛耐药铜绿假单胞菌（MDR/PDR-PA）和多重耐药结核分枝杆菌等。

4　医院消毒卫生要求

4.1　各类环境空气、物体表面

4.1.1　菌落总数应符合表1要求。

Ⅰ类环境为采用空气洁净技术的诊疗场所，分洁净手术部和其他洁净场所。Ⅱ类环境为非洁净手术部（室）；产房；导管室；血液病病区、烧伤病区等保护性隔离病区；重症监护病区；新生儿室等。Ⅲ类环境为母婴同室；消毒供应中心的检查包装灭菌区和无菌物品存放区；血液透析中心（室）；其他普通住院病区等。Ⅳ类环境为普通门（急）诊及其检查、治疗室；感染性疾病科门诊和病区。

表1　各类环境空气、物体表面菌落总数卫生标准

环境类别		空气平均菌落数[a]		物体表面平均菌落数 CFU /cm^2
		CFU /皿	CFU /m^3	
Ⅰ类环境	清洁手术部	符合GB　50333要求	≤150	≤5.0
	其他清洁场所	≤4.0（30 min）[b]		
Ⅱ类环境		≤4.0（15 min）	—	≤5.0
Ⅲ类环境		≤4.0（5 min）	—	≤10.0
Ⅳ类环境		≤4.0（5 min）	—	≤10.0

a　CFU / 皿为平板暴露法，CFU/m^3为空气采样器法。
b 平板暴露法检测时的平板暴露时间。

4.1.2　怀疑医院感染暴发或疑似暴发与医院环境有关时，应进行目标微生物检测。

4.2　医务人员手

4.2.1　卫生手消毒后医务人员手表面的菌落总数应≤10 CFU/cm^2。

4.2.2　外科手消毒后医务人员手表面的菌落总数应≤5 CFU/cm^2。

4.3　医疗器材

4.　3.1　高度危险性医疗器材应无菌。

4.3.2　中度危险性医疗器材的菌落总数应≤20 CFU/件（CFU/g或CFU / 100 cm^2），不得检出致病性微生物。

4.3.3　低度危险性医疗器材的菌落总数应≤200 CFU/件（CFU/g或CFU / 100 cm^2），不得检出致病性微生物。

4.4　治疗用水

血液透析相关治疗用水应符合YY　0572要求；其他治疗用水应符合相应卫生标准。

4.5　防护用品

医用防护口罩、外科口罩和一次性防护服等防护用品应符合GB　19083、YY　0469和GB　19082要求。

4.6　消毒剂

4.6.1　灭菌剂、皮肤黏膜消毒剂应使用符合《中华人民共和国药典》的纯化水或无菌水配制，其他消毒剂的配制用水应符合GB 5749要求。

4.6.2 使用中消毒液的有效浓度应符合使用要求；连续使用的消毒液每天使用前应进行有效浓度的监测。

4.6.3 灭菌用消毒液的菌落总数应为0 CFU／mL；皮肤黏膜消毒液的菌落总数应符合相应标准要求；其他使用中消毒液的菌落总数应≤100 CFU／mL，不得检出致病性微生物。

4.7 消毒器械

4.7.1 使用中消毒器械的杀菌因子强度应符合使用要求。紫外线灯应符合GB 19258要求，使用中紫外线灯（30 W）的辐射照度值应≥70 μW/cm^2。

4.7.2 工作环境中消毒器械产生的有害物浓度（强度）应符合相关规定。产生臭氧的消毒器械的工作环境的臭氧浓度应＜0.16 mg／m^3。环氧乙烷灭菌器工作环境的环氧乙烷浓度应＜2 mg／m^3。

4.8 污水处理

污水排放应符合GB 18466要求。

4.9 疫点（区）消毒

消毒效果应符合GB 19193要求。

5 医院消毒管理要求

5.1 建筑布局和消毒隔离设施

5.1.1 建筑设计和工作流程应符合传染病防控和医院感染控制需要，消毒隔离设施配置应符合WS/T 311和《消毒技术规范》有关规定。

5.1.2 感染性疾病科、消毒供应中心（室）、手术部（室）、重症监护病区、血液透析中心（室）、新生儿室、内镜中心（室）和口腔科等重点部门的建筑布局和消毒隔离应符合相关规定。

5.1.3 洁净场所的设计、验收参照GB 50333要求，竣工全性能监测应由有资质的第三方单位完成。

5.1.4 Ⅱ类环境和门（急）诊、病区等诊疗场所应按WS/T 313要求，配置合适的手卫生设施，提供满足需要的洗手清洁剂、手消毒剂以及干手设施等。

5.2 消毒产品使用管理

5.2.1 使用的消毒产品应符合国家有关法规、标准和规范等管理规定，并按照批准或规定的范围和方法使用。

5.2.2 含氯消毒液、过氧化氢消毒液等易挥发的消毒剂应现配现用；过氧乙酸、二氧化氯等二元、多元包装的消毒液活化后应立即使用。采用化学消毒、灭菌的医疗器材，使用前应用无菌水（高水平消毒的内镜可使用经过滤的生活饮用水）充分冲洗以去除残留。不应使用过期、失效的消毒剂。不应采用甲醛自然熏蒸方法消毒医疗器材。不应采用戊二醛熏蒸方法消毒、灭菌管腔类医疗器材。

5.2.3 灭菌器如需进行灭菌效果验证，应由省级以上卫生行政部门认定的消毒鉴定实验室进行检测。灭菌物品的无菌检查应按《中华人民共和国药典》“无菌检查法”要求进行。使用消毒器械灭菌的消毒员应经培训合格后方可上岗。

5.3 重复使用医疗器材的清洗

清洗程序应按WS 310.2执行。有特殊要求的传染病病原体污染的医疗器材应先消毒再清洗。

5.4 消毒灭菌方法选择原则

5.4.1 高度危险性医疗器材使用前应灭菌。中度危险性医疗器材使用前应选择高水平消毒或中水平消毒。低度危险性器材使用前可选择中、低水平消毒或保持清洁。

5.4.2 耐湿、耐热的医疗器材应首选压力蒸汽灭菌；带管腔和（或）带阀门的器材应采用经灭菌过程验证装置（ PCD）确认的灭菌程序或外来器械供应商提供的灭菌方法。

5.4.3 玻璃器材、油剂和干粉类物品等应首选干热灭菌；其他方法应符合《消毒技术规范》规定。

5.4.4 不耐热、不耐湿的医疗器材应选择经国家卫生行政部门批准的低温灭菌方法。

5.4.5 重复使用的氧气湿化瓶、吸引瓶、婴儿暖箱水瓶以及加温加湿罐等宜采用高水平消毒。

5.5 环境、物体表面消毒

5.5.1 环境、物体表面应保持清洁；当受到肉眼可见污染时应及时清洁、消毒。

5.5.2 对治疗车、床栏、床头柜、门把手、灯开关、水龙头等频繁接触的物体表面应每天清洁、消毒。

5.5.3 被病人血液、呕吐物、排泄物或病原微生物污染时，应根据具体情况，选择中水平以上消毒方法。对于少量（＜10 mL）的溅污，可先清洁再消毒；对于大量（＞10 mL）血液或体液的溅污，应先用吸湿材料去除可见的污染，然后再清洁和消毒。

5.5.4 人员流动频繁、拥挤的诊疗场所应每天在工作结束后进行清洁、消毒。感染性疾病科、重症监护病区、保护性隔离病区（如血液病病区、烧伤病区）、耐药菌及多重耐药菌污染的诊疗场所应做好随时消毒和终末消毒。

5.5.5 拖布（头）和抹布宜清洗、消毒，干燥后备用。推荐使用脱卸式拖头。

5.6 通风换气和空气消毒

5.6.1 应采用自然通风和（或）机械通风保证诊疗场所的空气流通和换气次数；采用机械通风时，重症监护病房等重点部门宜采用“顶送风、下侧回风”，建立合理的气流组织。

5.6.2 呼吸道发热门诊及其隔离留观病室（区）、呼吸道传染病收治病区如采用集中空调通风系统的，应在通风系统安装空气消毒装置。未采用空气洁净技术的手术室、重症监护病区、保护性隔离病区（如血液病病区、烧伤病区）等场所宜在通风系统安装空气消毒装置。

5.6.3　空气消毒方法应遵循《消毒技术规范》规定。不宜常规采用化学喷雾进行空气消毒。

5.7　消毒供应中心（室）的管理

消毒供应中心（室）的建筑布局以及清洗、消毒灭菌和效果监测应执行WS　310要求。

5.8　污水污物处理

5.8.1　医院污水处理设施的设计、建设和管理应符合GB　18466和《医院污水处理技术指南》要求。

5.8.2　医疗废物的管理应符合《医疗废物管理条例》、《医疗卫生机构医疗废物管理办法》的要求。

5.9　疫点（区）消毒

应符合GB　19193要求。

18. 废塑料回收与再生利用污染控制技术规范（试行）（HJ/T 364—2007）

1 适用范围

本标准规定了废塑料回收、贮存、运输、预处理、再生利用等过程的污染控制和环境保护监督管理的要求。

本标准适用于包括进口废塑料在内的各种废塑料的回收与再生利用，不适用于属于医疗废物和危险废物的废塑料。

2 规范性引用文件

本标准内容引用了下列文件中的条款，凡是不注日期的引用文件，其有效版本适用于本标准。

GB 8978 污水综合排放标准

GB 12348 工业企业厂界噪声标准

GB 14554 恶臭污染物排放标准

GB 16487.12 进口可用作原料的固体废物环境保护控制标准——废塑料

GB 16297 大气污染物综合排放标准

GB 18484 危险废物焚烧污染控制标准

GB 18485 生活垃圾焚烧污染控制标准

GB 18599 一般工业固体废物贮存、处置场污染控制标准

GB/T 2035 塑料术语及其定义

GB/T 16288 塑料包装制品回收标志

GB/T 19466.3. 塑料——差示扫描量热法（DSC）第3部分：熔融和结晶温度及热焓的测定

CJ 3082 污水排入城市下水道水质标准

《医疗废物管理条例》（国务院令第380号）

《医疗废物分类目录》（卫医发〔2003〕287 号）

3 术语和定义

下列术语和定义适用于本标准。

3.1 废塑料

是指被废弃的各种塑料制品及塑料材料，包括在塑料及塑料制品生产加工过程中产生的下脚料、边角料和残次品。

3.2 再生塑料制品

是指以废塑料为原料生产的塑料制品及塑料材料。

3.3　废塑料的回收

是指以再生利用为目的，对生活、生产以及其他活动中产生的废塑料进行收集的过程。

3.4　废塑料的贮存

是指将废塑料临时置于特定设施或者场所中的活动。

3.5　废塑料的预处理

是指废塑料在再生利用前经过的分选、清洗、破碎和干燥等处理工序。

3.6　废塑料的再生利用

是指从废塑料中提取或使其转化为可以利用的物质或能源的活动，主要包括材料循环、化学循环和能量回收三类。

3.7　含卤素塑料

是指树脂中含有或在合成和加工过程中加入了卤族元素的塑料。

4　废塑料的回收、运输和贮存要求

4.1　回收要求

4.1.1　废塑料的回收应按原料树脂种类进行分类回收，并严格区分废塑料来源和原用途。不得回收和再生利用属于医疗废物和危险废物的废塑料。

4.1.2　含卤素废塑料的回收和再生利用应与其他废塑料分开进行。

4.1.3　废塑料的分类鉴别采用GB/T　19466.3（熔融和结晶温度及热焓的测定）与红外光谱相结合的方法。

4.1.4　废塑料的回收中转或贮存场所（企业）必须经过当地人民政府环境保护行政主管部门的环保审批，并有相应的污染防治设施和设备。

4.1.5　废塑料的回收过程中不得进行就地清洗，如需进行减容破碎处理，应使用干法破碎技术，并配备相应的防尘、防噪声设备。

4.1.6　废塑料的回收过程中应避免遗洒。

4.2　包装和运输要求

4.2.1　废塑料运输前应进行包装，或用封闭的交通工具运输，不得裸露运输废塑料。

4.2.2　废塑料的包装应在通过环保审批的回收中转场所内进行。

4.2.3　废塑料包装物应防水、耐压、遮蔽性好，可多次重复使用；在装卸、运输过程中应确保包装完好，无废塑料遗洒。

4.2.4　包装物表面必须有回收标志和废塑料种类标志，标志应清晰、易于识别、不易擦掉，并应标明废塑料的来源、原用途和去向等信息。废塑料回收和种类标志执行GB/T　16288。

4.2.5　不得超高、超宽、超载运输废塑料，宜采用密闭集装箱或带有压缩装置的箱式货车运输。

4.3　贮存要求

4.3.1　废塑料应贮存在通过环保审批的专门贮存场所内。

4.3.2　贮存场所必须为封闭或半封闭型设施，应有防雨、防晒、防渗、防尘、防扬散和防火措施。

4.3.3　不同种类、不同来源的废塑料，应分开存放。

5　废塑料的预处理和再生利用要求

5.1　预处理工艺要求

5.1.1　废塑料预处理工艺主要包括分选、清洗、破碎和干燥。

5.1.2　废塑料预处理工艺应当遵循先进、稳定、无二次污染的原则，应采用节水、节能、高效、低污染的技术和设备；宜采用机械化和自动化作业，减少手工操作。

5.1.3　废塑料的分选宜采用浮选和光学分选等先进技术；人工分选应采取措施确保操作人员的健康和安全。

5.1.4　废塑料的清洗方法可分为物理清洗和化学清洗，应根据废塑料来源和污染情况选择清洗工艺；宜采用节水的机械清洗技术；化学清洗不得使用有毒有害的化学清洗剂，宜采用无磷清洗剂。

5.1.5　废塑料的破碎宜采用干法破碎技术，并应配有防治粉尘和噪声污染的设备。

5.1.6　废塑料的干燥方法可分为人工干燥和自然干燥。人工干燥宜采用节能、高效的干燥技术，如冷凝干燥、真空干燥等；自然干燥的场所应采取防风措施。

5.2　再生利用技术要求

5.2.1　废塑料应按照直接再生、改性再生、能量回收的优先顺序进行再生利用。

5.2.2　宜开发和应用针对热固性塑料、混合废塑料和质量降低的废塑料的新型环保再生利用技术。

5.2.3　含卤素的废塑料宜采用低温工艺再生，不宜焚烧处理；进行焚烧处理时应配备烟气处理设备，焚烧设施的烟气排放应符合GB　18484的要求。

5.2.4　不宜以废塑料为原料炼油。

5.3　项目建设的环境保护要求

5.3.1　废塑料的再生利用项目必须经过县级以上地方人民政府环境保护行政主管部门的环保审批，严格执行环境影响评价和“三同时”制度。未获环保审批的企业或个人不得从事废塑料的处理和加工。

5.3.2　进口废塑料作为生产原料的企业应具有固体废物进口许可证，进口的废塑料应符合GB　16487.12 要求。

5.3.3　新建废塑料再生利用项目的选址应符合环境保护要求，不得建在城市居民区、商业区及其他环境敏感区内；现有再生利用企业如在上述区域内，必须按照当地规划和环境保护行政主管部门的要求限期搬迁。

5.3.4　再生利用项目必须建有围墙并按功能划分厂区，包括管理区、原料区、生产区、产品贮存区、污染控制区（包括不可利用的废物的贮存和处理区）。各功能区应有明显的界线和标志。

5.3.6　所有功能区必须有封闭或半封闭设施，采取防风、防雨、防渗、防火等措施，并有足够的疏散通道。

5.3.7　各地应根据本地情况，逐步改造或取缔不符合本标准要求的废塑料回收和加工企业，规划建设规范化的废塑料回收站、再生加工厂和循环经济园区。

5.4　污染控制要求

5.4.1　废塑料预处理、再生利用等过程中产生的废水和厂区产生的生活废水，企业应有配套的废水收集设施。废水宜在厂区内处理并循环利用；处理后的废水排放应按企业所在环境功能区类别，应执行GB　8978；重点控制的污染物指标包括COD、BOD_5、SS、pH、TN、NH_3—N、TP、色度、油类、可吸附有机卤化物、粪大肠杆菌群数。并入市政污水管网集中处理的废水应符合CJ　3082要求。

5.4.2　预处理、再生利用过程中产生的废气，企业应有集气装置收集，经净化处理的废气排放应按企业所在环境功能区类别，应执行GB　16297和GB　14554；重点控制的污染物包括颗粒物、氟化物、汞、铬、铅、苯、甲苯、酚类、苯胺类、光气、恶臭。

5.4.3　采用焚烧方式对废塑料进行能量回收时，焚烧设施应具有烟气处理设备，焚烧设施的烟气排放应执行GB　18485。重点控制的污染物指标包括烟气黑度、烟尘、一氧化碳、氟化氢、氯化氢、氮氧化物、二噁英类。

5.4.4　能量回收过程中，除尘设备收集的焚烧飞灰一般应按危险废物管理。其他气体净化装置收集的固体废物和焚烧炉渣，应按国家危险废物鉴别标准进行鉴别，属于危险废物的按照危险废物管理，否则按一般工业固体废物管理。

5.4.5　预处理和再生利用过程中应控制噪声污染，排放噪声应符合GB　12348的要求。

5.4.6　不得在无燃烧设备和烟气净化装置的条件下焚烧废塑料或用焚烧方式处理塑料挤出机过滤网片。

5.4.7　废塑料预处理、再生利用过程中产生的固体废物，包括分选出的不宜再生利用的废塑料，应按工业固体废物处置，并执行相关环境保护标准。

6　废塑料再生利用制品要求

6.1　废塑料再生制品或材料应符合相关产品质量标准，表面应标有再生利用标志，具体要求执行GB/T　16288。

6.2　不宜使用废塑料制造直接接触食品的包装、制品或材料。原属于食品接触类的塑料包装、制品和材料，经单独回收处理，达到国家食品卫生标准的，可用于制造食品接触类的包装、制品或材料，并应标明为再生塑料制造。

6.3 再生塑料制品或材料在生产过程中不得使用氟氯化碳类化合物作发泡剂；制造人体接触的再生塑料制品或材料时，不得添加有毒有害的化学助剂。

6.4 宜开发可多次循环再生利用的再生塑料制品和材料。

7 管理要求

7.1 废塑料的回收和再生利用企业应建立、健全环境保护管理责任制度，设置环境保护部门或者专（兼）职人员，负责监督废塑料回收和再生利用过程中的环境保护及相关管理工作。

7.2 废塑料的回收和再生利用企业应对所有工作人员进行环境保护培训。

7.3 废塑料的回收和再生利用企业应建立废塑料回收和再生利用情况记录制度，内容包括每批次废塑料的回收时间、地点、来源（包括名称和联系方式）、数量、种类、预处理情况、再生利用时间、再生制品名称、再生制品数量、再生制品流向、再生制品用途，并做好月度和年度汇总工作。

7.4 废塑料的回收和再生利用企业应建立环境保护监测制度，不同污染物的采样监测方法和频次执行相关国家或行业标准，并做好监测记录以及特殊情况记录。

7.5 废塑料的回收和再生利用企业应建立废塑料回收和再生利用企业建设、生产、消防、环保、工商、税务等档案台账，并设专人管理，资料至少应保存五年。

7.6 废塑料的回收和再生利用企业应建立污染预防机制和处理环境污染事故的应急预案制度。

7.7 废塑料的回收和再生利用企业应认真执行排污申报制度，按时缴纳排污费。

8 规范监督实施

本标准由县级以上地方人民政府环境保护行政主管部门负责监督实施。

19. 关于发布《医疗废物集中处置技术规范》的公告
（环发〔2003〕206号）

为贯彻执行《中华人民共和国固体废物污染环境防治法》、《中华人民共和国传染病防治法》和《医疗废物管理条例》，防治医疗废物在暂时贮存、运送和处置过程中的环境污染，保障人体健康，现批准发布《医疗废物集中处置技术规范》（试行）。本规范为环境保护技术法规，请相关单位遵照执行。

附件:医疗废物集中处置技术规范（试行）

国家环保总局

二00三年十二月二十六日

附件

医疗废物集中处置技术规范（试行）

第一章 总 则

1.1 目的和原则

为贯彻执行《中华人民共和国固体废物污染环境防治法》、《中华人民共和国传染病防治法》和《医疗废物管理条例》，防治医疗废物在暂时贮存、运送和处置过程中的环境污染，防止疾病传播，保护人体健康，制定本规范。

医疗废物处置应遵循环境健康风险预防、安全无害、废物减量的原则。

1.2 适用范围

1.2.1 本规范规定了医疗废物集中处置过程的暂时贮存、运送、处置的技术要求，规定了相关人员的培训与安全防护要求、突发事故的预防和应急措施、重大疫情期间医疗废物管理的特殊要求。

1.2.2 对于医疗废物集中处置，执行本规范确定的“焚烧炉温度”和“停留时间”指标；对于医疗废物分散处理，执行《危险废物焚烧污染控制标准》（GB 18484）表2中“医院临床废物”的“焚烧炉温度”和“烟气停留时间”指标；对于同时处置医疗废物和危险废物，执行《危险废物焚烧污染控制标准》（GB 18484）表2中“危险废物”的“焚烧炉温度”和“烟气停留时间”指标。本规范未规定的其他要求按《危险废物焚烧污染控制标准》执行。

1.2.3 医疗卫生机构废弃的麻醉、精神、放射性、毒性药品及其相关废物的暂时贮存、运送不适用本规范，应遵守国家有关规定。

废弃放射源的污染控制按有关放射性污染防治规定执行。

有关医疗废物分类收集和包装规范，专用包装物、容器标准和警示标识的规定另行发布。

1.2.4　本规范适用于医疗、预防、保健、计划生育服务、医学科研、医学、教学、尸体检查和其他相关活动中的医疗废物产生者和集中处置者（包括运送者）。

1.3　规范性引用文件

下列标准和文件所含的条文，通过本规范引用而构成本规范的条文。

国家危险废物名录

医疗废物分类目录

GB　3095　环境空气质量标准

GB　3838　地表水环境质量标准

GB　5085.3　危险废物鉴别标准　浸出毒性鉴别

GB　8978　污水综合排放标准

GB　15562.2　环境保护图形标志—固体废物贮存（处置）场

GB　18484　危险废物焚烧污染控制标准

GB　18598　危险废物填埋污染控制标准

GB　19217医疗废物转运车技术要求

当上述标准和文件被修订时，应使用其最新版本。

1.4　定义

下列定义适用于本规范：

1.4.1　医疗废物（Medical waste）

本规范采用《医疗废物管理条例》第二条规定的医疗废物定义，具体分类名录依照《国家危险废物名录》、国务院卫生行政主管部门和环境保护行政主管部门共同制定的《医疗废物分类目录》执行。

1.4.2　运送（Transportation）

指医疗废物运送者（通常也为处置者）采用专用车辆（或特殊情况下，经批准可使用船只）按照本规范的要求，将医疗废物从医疗废物产生单位直接送至医疗废物处置单位的集中处置场所的过程。

1.4.3　暂时贮存（ Temporary storage）

指医疗废物产生单位和处置单位将运达的医疗废物存放于本单位内符合特定要求的专门场所或设施内的过程。

1.4.4　交接（Hand over）

指医疗废物产生单位将暂时贮存的医疗废物移交给废物运送者，并与运送者在《危险废物转移联单》（医疗废物专用）上签字确认的过程。

1.4.5　周转箱（桶）（Transfer container/barrel）

盛装经密封包装的医疗废物的专用硬质容器。该容器用于医疗废物运送车运送医疗废物，使经包装的医疗废物不直接和车辆厢体接触或直接暴露于外环境，或在发生包装袋破损时起到防止废物污染车厢和外环境的作用。

1.4.6 包装袋（Packing bag）

用于盛装除损伤性废物之外的医疗废物的初级包装，并符合一定防渗和撕裂强度性能要求的软质口袋。

1.4.7 处置（Disposal）

指医疗废物处置单位按照规定的技术措施和要求，对医疗废物进行安全无害和减量处理的过程。

1.4.8 高温热处置技术（High temperature disposal）

本规范是指高温焚烧、高温热解焚烧及其他类似的固体废物处置技术。

1.4.9 最终处置（Final disposal）

指医疗废物处置单位将经无害化处置后的医疗废物及其残余物进行安全填埋的过程。

第二章　医疗废物的暂时贮存

2.1 库房

具有住院病床的医疗卫生机构应建立专门的医疗废物暂时贮存库房，并应满足下述要求：

2.1.1 必须与生活垃圾存放地分开，有防雨淋的装置，地基高度应确保设施内不受雨洪冲击或浸泡；

2.1.2 必须与医疗区、食品加工区和人员活动密集区隔开，方便医疗废物的装卸、装卸人员及运送车辆的出入；

2.1.3 应有严密的封闭措施，设专人管理，避免非工作人员进出，以及防鼠、防蚊蝇、防蟑螂、防盗以及预防儿童接触等安全措施；

2.1.4 地面和1.0米高的墙裙须进行防渗处理，地面有良好的排水性能，易于清洁和消毒，产生的废水应采用管道直接排入医疗卫生机构内的医疗废水消毒、处理系统，禁止将产生的废水直接排入外环境；

2.1.5 库房外宜设有供水龙头，以供暂时贮存库房的清洗用；

2.1.6 避免阳光直射库内，应有良好的照明设备和通风条件；

2.1.7 库房内应张贴“禁止吸烟、饮食”的警示标识；

2.1.8 应按GB　15562.2和卫生、环保部门制定的专用医疗废物警示标识要求，在库房外的明显处同时设置危险废物和医疗废物的警示标识；

暂时贮存库房专用医疗废物警示标识具体要求见附录A。

2.2 专用暂时贮存柜（箱）

不设住院病床的医疗卫生机构，如门诊部、诊所、医疗教学、科研机构，当难以设置独立的医疗废物暂时贮存库房时，应设立专门的医疗废物专用暂时贮存柜（箱），并应满足下述要求：

2.2.1　医疗废物暂时贮存柜（箱）必须与生活垃圾存放地分开，并有防雨淋、防扬散措施，同时符合消防安全要求；

2.2.2　将分类包装的医疗废物盛放在周转箱内后，置于专用暂时贮存柜（箱）中。柜（箱）应密闭并采取安全措施，如加锁和固定装置，做到无关人员不可移动，外部应按照GB　15562.2和附录A要求设置警示标识；

2.2.3　可用冷藏柜（箱）作为医疗废物专用暂时贮存柜（箱）；也可用金属或硬制塑料制作，具有一定的强度，防渗漏。

2.3　卫生要求

2.3.1　医疗废物暂时贮存库房每天应在废物清运之后消毒冲洗，冲洗液应排入医疗卫生机构内的医疗废水消毒、处理系统。

2.3.2　医疗废物暂时贮存柜（箱）应每天消毒一次。

2.4　暂时贮存时间

2.4.1　应防止医疗废物在暂时贮存库房和专用暂时贮存柜（箱）中腐败散发恶臭，尽量做到日产日清。

2.4.2　确实不能做到日产日清，且当地最高气温高于25 ℃时，应将医疗废物低温暂时贮存，暂时贮存温度应低于20 ℃，时间最长不超过48小时。

2.5　管理制度

2.5.1　医疗卫生机构应制定医疗废物暂时贮存管理的有关规章制度、工作程序及应急处理措施。

2.5.2　医疗卫生机构的暂时贮存库房和医疗废物专用暂时贮存柜（箱）存放地，应当接受当地环保和卫生主管部门的监督检查。

第三章　医疗废物的交接

3.1　医疗废物运送人员在接收医疗废物时，应外观检查医疗卫生机构是否按规定进行包装、标识，并盛装于周转箱内，不得打开包装袋取出医疗废物。对包装破损、包装外表污染或未盛装于周转箱内的医疗废物，医疗废物运送人员应当要求医疗卫生机构重新包装、标识，并盛装于周转箱内。拒不按规定对医疗废物进行包装的，运送人员有权拒绝运送，并向当地环保部门报告。

化学性医疗废物应由医疗卫生机构委托有经营资格的危险废物处置单位处置，未取得相应许可的处置单位医疗废物运送人员不得接收化学性医疗废物。

3.2　医疗卫生机构交予处置的废物采用危险废物转移联单管理。设区的市环保部门对医疗废物转移计划进行审批。转移计划批准后，医疗废物产生单位和处置单位的日常医疗废物交接可采用简化的《危险废物转移联单》（医疗废物专用）。在医疗卫生机构、处置单位及运送方式变化后，应对医疗废物转移计划进行重新审批。

《危险废物转移联单》（医疗废物专用）一式两份，每月一张，由处置单位医疗废物运送人员和医疗卫生机构医疗废物管理人员交接时共同填写，医疗卫生机构和处置单位分别保存，保存时间为5年。

《危险废物转移联单》（医疗废物专用）的格式见附录 B。

3.3　每车每次运送的医疗废物采用《医疗废物运送登记卡》管理，一车一卡，由医疗卫生机构医疗废物管理人员交接时填写并签字。

当医疗废物运至处置单位时，处置厂接收人员确认该登记卡上填写的医疗废物数量真实、准确后签收。

《医疗废物运送登记卡》格式见附录 C。

3.4　医疗废物处置单位应当填报医疗废物处置月报表，报当地环保主管部门。

医疗废物产生单位和处置单位应当填报医疗废物产生和处置的年报表，并于每年1月份向当地环保主管部门报送上一年度的产生和处置情况年报表。

医疗废物处置月报表格式见附录D，医疗废物产生、处置的年报表格式见附录E。

第四章　医疗废物的运送

4.1　运送车辆要求

4.1.1　医疗废物运送应当使用专用车辆。车辆厢体应与驾驶室分离并密闭；厢体应达到气密性要求，内壁光滑平整，易于清洗消毒；厢体材料防水、耐腐蚀；厢体底部防液体渗漏，并设清洗污水的排水收集装置。

运送车辆应符合《医疗废物转运车技术要求》（GB　19217）。

4.1.2　运送车辆应配备

（1）本规范文本

（2）《危险废物转移联单》（医疗废物专用）

（3）《医疗废物运送登记卡》

（4）运送路线图

（5）通讯设备

（6）医疗废物产生单位及其管理人员名单与电话号码

（7）事故应急预案及联络单位和人员的名单、电话号码

（8）收集医疗废物的工具、消毒器具与药品

（9）备用的医疗废物专用袋和利器盒

（10）备用的人员防护用品

4.1.3　图形和文字标识

（1）医疗废物运送车辆必须在车辆前部和后部、车厢两侧设置专用警示标识；

（2）运送车辆驾驶室两侧喷涂医疗废物处置单位的名称和运送车辆编号。

4.1.4　医疗废物运送车如需改作其他用途，应经彻底消毒处置，并经环保部门同意，取消车辆的医疗废物运送车辆编号，按照公安交通管理规定重新办理车辆用途变更手续。

4.2　运送要求

4.2.1　医疗废物处置单位应当根据总体医疗废物处置方案，配备足够数量的运送车辆和备用应急车辆。

医疗废物处置单位应为每辆运送车指定负责人，对医疗废物运送过程负责。

4.2.2　运送频次：对于有住院病床的医疗卫生机构，处置单位必须每天派车上门收集，做到日产日清；对于确实无法做到日产日清的有住院病床的医疗卫生机构，应按本规范2.4条第2款要求处理。

对于无住院病床的医疗卫生机构，如门诊部、诊所，医疗废物处置单位至少2天收集一次医疗废物。

4.2.3　运送路线：尽量避开人口密集区域和交通拥堵道路。

4.2.4　经包装的医疗废物应盛放于可重复使用的专用周转箱（桶）或一次性专用包装容器内。专用周转箱（桶）或一次性专用包装容器应符合《医疗废物专用包装物、容器标准和警示标识规定》。

4.2.5　医疗废物装卸载尽可能采用机械作业，将周转箱整齐地装入车内，尽量减少人工操作；如需手工操作应做好人员防护。

4.2.6　医疗废物运送前，处置单位必须对每辆运送车的车况进行检查，确保车况良好后方可出车。运送车辆负责人应对每辆运送车是否配备本规范4.1.2所要求的辅助物品进行检查，确保完备。

4.2.7　医疗废物运送车辆不得搭乘其他无关人员，不得装载或混装其他货物和动植物。

4.2.8　车辆行驶时应锁闭车厢门，确保安全，不得丢失、遗撒和打开包装取出医疗废物。

4.3　消毒和清洗要求

4.3.1　医疗废物处置单位必须设置医疗废物运送车辆清洗场所和污水收集消毒处理设施。

医疗废物运送专用车每次运送完毕，应在处置单位内对车厢内壁进行消毒，喷洒消毒液后密封至少30分钟。

医疗废物运送的重复使用周转箱每次运送完毕，应在医疗卫生机构或医疗废物处置单位内对周转箱进行消毒、清洗。

4.3.2 医疗废物运送车辆应至少2天清洗一次（北方冬季、缺水地区可适当减少清洗次数），或当车厢内壁或（和）外表面被污染后，应立刻进行清洗。禁止在社会车辆清洗场所清洗医疗废物运送车辆。

4.3.3 清洗污水应收集入污水消毒处理设施，不可在不具备污水收集消毒处理条件时清洗内壁，禁止任意向环境排放清洗污水。车辆清洗晾干后方可再次投入使用。

4.4 水域运送的特殊要求

水域运送医疗废物应遵守《医疗废物管理条例》第十五条有关规定和以下要求：

4.4.1 对于建在岛屿或水上流动的医疗卫生机构，其产生的医疗废物在无法通过陆路运送的情况下，经当地设区的市级以上环保部门批准，可以允许水域运送。

水域运送的感染性医疗废物必须在产生场所就地消毒处理，确认达到卫生部门规定的消毒效果后方可运送。

4.4.2 水域运送医疗废物必须将包装后的医疗废物装入特制的密封不透水的塑料周转箱（桶）中。周转箱（桶）盖应扣紧，并将周转箱（桶）装入船中，船上应有适当的安全措施，使装载的周转箱稳固。

为了保证盛装医疗废物的周转箱（桶）在发生意外落水事故后不致沉入水底，周转箱（桶）的载荷比重应小于1×10^3 kg/m³。

4.4.3 采用设置专用警示标识的专用船只装载医疗废物，其船仓内壁应光滑平整，易于清洗消毒。清洗污水应收集送至医疗废物处置单位处理，不得直接排入水体。

船上除配备打捞工具外，还应依照第4.1.2条要求随船配备文件、用品、装备。

装载医疗废物专用船只不得搭乘其他无关人员，不得装载或混装其他货物和动植物。

4.5 运送人员专业技能与职业卫生防护

医疗废物处置单位应对运送人员进行有关专业技能和职业卫生防护的培训，并达到如下要求：

4.5.1 专业技能

（1）熟悉有关的环保法律法规，掌握环保部门制定的医疗废物管理的规章制度；

（2）熟知本岗位的职责和理解本规范的重要性；

（3）熟悉医疗废物分类与包装标识要求，装卸、搬运医疗废物容器（如包装袋、利器盒等）、周转箱（桶）的正确操作程序；

（4）在运送途中一旦发生医疗废物外溢、散落等应急情况时，知道如何采取应急措施，并及时报告。

4.5.2 职业卫生防护

（1）了解医疗废物对环境和健康的危害性，以及坚持使用个人卫生防护用品的重要性；

（2）运送人员在运送过程中须穿戴防护手套、口罩、工作服、靴等防护用品；

（3）运送人员体检：2次/年，必要时进行预防性免疫接种。

4.6 应急措施

4.6.1 运送过程中当发生翻车、撞车（沉船、翻船）导致医疗废物大量溢出、散落时，运送人员应立即向本单位应急事故小组取得联系，请求当地公安交警、环境保护或城市应急联动中心的支持。同时，运送人员应采取下述应急措施：

（1）立即请求公安交通警察在受污染地区设立隔离区，禁止其他车辆和行人穿过，避免污染物扩散和对行人造成伤害；

（2）对溢出、散落的医疗废物迅速进行收集、清理和消毒处理。对于液体溢出物采用吸附材料吸收处理；

（3）清理人员在进行清理工作时须穿戴防护服、手套、口罩、靴等防护用品，清理工作结束后，用具和防护用品均须进行消毒处理；

（4）如果在操作中，清理人员的身体（皮肤）不慎受到伤害，应及时采取处理措施，并到医院接受救治；

（5）清洁人员还须对被污染的现场地面进行消毒和清洁处理。

4.6.2 对发生的事故采取上述应急措施的同时，处置单位必须向当地环保和卫生部门报告事故发生情况。事故处理完毕后，处置单位要向上述两个部门写出书面报告，报告的内容包括：

（1）事故发生的时间、地点、原因及其简要经过；

（2）泄露、散落医疗废物的类型和数量、受污染的原因及医疗废物产生单位名称；

（3）医疗废物泄露、散落已造成的危害和潜在影响；

（4）已采取的应急处理措施和处理结果。

第五章 医疗废物高温热处置

国家推行医疗废物集中处置，现阶段医疗废物集中处置应采用高温热处置技术，该技术适用于除化学性废物以外的所有医疗废物。

5.1 处置厂选址

5.1.1 处置厂的选址应符合当地城市总体规划和环保规划，并进行环境影响评价。

5.1.2 处置厂不允许建设在GB 3838中规定的地表水Ⅰ类、Ⅱ类功能区和GB 3095中规定的环境空气质量Ⅰ类功能区。

5.1.3 处置厂选址应遵守《医疗废物管理条例》第24条规定，远离居（村）民区、交通干道，要求处置厂厂界与上述区域和类似区域边界的距离大于800 m。

处置厂的选址应遵守国家饮用水源保护区污染防治管理规定。

处置厂距离工厂、 企业等工作场所直线距离应大于300 m，地表水域应大于150 m。

5.1.4 处置厂的选址应尽可能位于城市常年主导风向或最大风频的下风向。

5.2 处置厂的设施要求

5.2.1 医疗废物处置单位应在处置厂出入口、暂时贮存设施、处置场所等，按照GB 15562.2以及卫生和环保部门制定的《医疗废物专用包装物、容器和警示标识规定》设置警示标志。

5.2.2 医疗废物处置单位应在法定边界设置隔离围护结构，防止无关人员和家禽、宠物进入。

5.2.3 医疗废物处置厂的医疗废物暂时贮存库房、清洗消毒间应采用全封闭、微负压设计，并保证新风量30 m³/人·h。室内换出的空气必须进入医疗废物焚烧（热解焚烧）炉内焚烧处理。

5.2.4 20万人口以上城市的医疗废物集中处置厂，应保证其医疗废物处置设施全年正常运行。

5.2.5 医疗废物处置厂应建有污水集中消毒处理设施，处置厂的车辆、周转箱、暂时贮存场所、处置现场地面的冲洗污水应先进行消毒处理，再排入处置厂内的污水集中消毒处理设施处理。

5.2.6 医疗废物处置厂应建有污泥脱水或干化处理设施，脱水或干化后焚烧处理。

5.2.7 医疗废物处置厂应设自动称重装置，计量医疗废物的处置量。

5.2.8 医疗废物处置单位应建立符合要求的医疗废物计算机信息管理系统，并定期向环境保护主管部门报送数据。

5.3 医疗废物的接收和记录

5.3.1 医疗废物运至处置单位时，应由专人核对《医疗废物运送登记卡》，登记数量与实际接收的数量是否符合，经核实无误后，签字确认，表明已接收到废物。

5.3.2 如发现接收量与登记量不相符，接收人员立刻向处置单位负责人汇报，由负责人组织查明情况。同时，处置单位应以书面形式分别向当地环保和卫生主管部门报告，说明情况和已采取的措施。

5.3.3 《医疗废物运送登记卡》保存时间为5年，以备当地环保部门和卫生部门检查。

5.3.4 医疗废物处置厂应每天统计接收医疗废物的数量或重量，并输入计算机信息管理系统。

5.4 暂时贮存

5.4.1 进入处置厂的医疗废物若不能立即处置，应盛装于周转箱内贮存于医疗废物暂时贮存库房中。

5.4.2 医疗废物暂时贮存库房应具有良好的防渗性能，易于清洗和消毒。

必须附设污水收集装置，收集暂时贮存库房清洗、消毒产生的污水。

5.4.3 当处置厂医疗废物暂时贮存温度≥5 ℃，医疗废物暂时贮存时间不得超过24小时；当医疗废物暂时贮存温度<5 ℃，医疗废物暂时贮存时间不得超过72小时。

5.5 处置技术要求

5.5.1 医疗废物焚烧（热解焚烧）炉的处理能力应符合以下要求：

（1）原则上，地级或地级以上城市建一座医疗废物集中处置厂；

经省级环境保护行政主管部门批准可建两座，特大型城市可建三座。

（2）对每个医疗废物集中处置厂，其正常运行的焚烧（热解焚烧）炉数量不应超过三台。

5.5.2 医疗废物焚烧（热解焚烧）炉应符合以下要求：

（1）自动投料，不得损坏包装；

（2）设置温度、炉压自动控制及超温安全保护装置；

（3）设有运行工况（温度、炉压、CO、O_2等）在线监测及记录系统；

（4）设有确保医疗废物不能绕过正常焚烧程序的控制系统；

（5）符合相关的职业卫生与安全标准。

5.5.3 主要处置工艺与运行要求

（1）医疗废物在进入高温焚烧（热解）炉之前，任何人不得打开医疗废物包装袋取出医疗废物，应使医疗废物处于完好包装状态。

（2）医疗废物焚烧开始时，应确保当焚烧系统达到规定温度时，才开始运转、进料和处置医疗废物。

（3）高温焚烧处置装置应设置二燃室，并保证二燃室烟气温度≥850 ℃时的停留时间≥2.0 s，烟气中氧浓度含量6%～10%（干烟气）。

（4）烟气净化系统应包括：控制二噁英再生成的急冷装置，控制酸性气体的装置和除尘装置，除尘装置优先采用布袋除尘器。

（5）医疗废物焚烧设施的排气筒高度、焚烧效果与焚烧（热解焚烧）炉的大气污染物排放应符合GB 18484《危险废物焚烧污染控制标准》中的相应要求。

（6）医疗废物焚烧设施的烟气自动连续监测装置应能监测CO、烟尘、SO_2、NOX项目，在线监测记录系统与当地环保局联网并保证处于正常状态。

5.6 焚烧残余物的最终处置

5.6.1 医疗废物除尘设备产生的飞灰必须密闭收集贮存，并按照GB 18598《危险废物填埋污染控制标准》固化填埋处置。

5.6.2 焚烧产生的炉渣可送生活垃圾填埋场填埋处置（经检测属于危险废物的除外）。

5.6.3 其他烟气净化装置产生的固体废物按GB 5085.3鉴别判断是否属于危险废物，如属于危险废物，则按危险废物处置，否则按第5.6.2条执行。

5.7　运行参数、处置效果的监测与记录

5.7.1　记录每一批次医疗废物焚烧的数量和重量。

5.7.2　二燃室烟气温度：连续监测二燃室烟气二次燃烧段前后温度。

烟气停留时间：通过监测烟气排放速率和审查焚烧设计文件、检验产品结构尺寸确定。

5.7.3　按照GB　18484的规定，至少每6个月监测一次焚烧残渣的热灼减率。

5.7.4　应连续自动监测排气中CO、烟尘、SO_2、NOX；对于目前尚无法采用自动连续装置监测的GB　18484表3中规定的烟气黑度、氟化氢、氯化氢、重金属及其化合物，应按GB　18484的监测管理要求，每季度至少采样监测1次。

5.7.5　记录医疗废物最终残余物处置情况，包括焚烧残渣与飞灰的数量、处置方式和接收单位。

5.7.6　医疗废物处置单位应定期报告上述运行参数、处置效果的监测数据。监测数据保存期为3年。

5.8　操作人员专业技能与职业卫生防护

医疗废物处置单位应对处置单位操作人员进行有关专业技能和安全防护的培训，并达到如下标准要求：

5.8.1　专业技能

（1）处置设备的运行，包括设备的启动和关停；

（2）控制、报警和指示系统的运行和检查，必要时的纠正措施；

（3）最佳的运行温度、压力、污染物排放浓度、速率以及保持设备良好运行的条件；

（4）设备的日常或定期的检查、清洁、润滑等维护；

（5）发生设备故障、报警情况时，设备的操作及应采取的紧急措施，并及时报告；

（6）设备正常、异常以及紧急情况下的运行记录和维修记录。

5.8.2　职业卫生防护

（1）理解医疗废物对环境和健康的危害性，以及坚持使用个人防护用品的重要性；

（2）操作人员在操作过程中须穿戴防护手套、口罩、工作服、靴等防护用品，如有液体或熔融物溅出危险时，还须配戴护目镜。

5.9　边远县（旗）区医疗废物集中处置

边远县（旗）区单独建设的医疗废物集中处置设施，除采用高温热处置技术外，可采用其它经省级环保和卫生部门认可的医疗废物处理技术，处理过程中主要工艺参数的控制应达到处置设备的设计要求。

第六章　重大传染病疫情期间医疗废物处置特殊要求

在国务院卫生行政主管部门发布的重大传染病疫情期间，按照《中华人民共和国传染病防治法》第24条第（一）项中规定需要隔离治疗的甲类传染病和乙类传染病中的艾滋病病人、炭疽中的肺炭疽病以及国务院卫生行政部门根据情况增加的其他需要隔离治疗的甲类或乙类（如SARS）传染病的病人、疑似病人在治疗、隔离观察、诊断及其相关活动中产生的高度感染性医疗废物的集中处置，适用于本章规定，本章未做规定的，适用于本规范其他部分有关规定。

6.1　分类收集、暂时贮存

6.1.1　医疗废物应由专人收集、双层包装，包装袋应特别注明是高度感染性废物。

6.1.2　医疗卫生机构医疗废物的暂时贮存场所应为专场存放、专人管理，不能与一般医疗废物和生活垃圾混放、混装。

暂时贮存场所由专人使用0.2%-0.5%过氧乙酸或1 000 mg/1-2 000 mg/1含氯消毒剂喷洒墙壁或拖地消毒，每天上下午各一次。

6.2　运送和处置

6.2.1　处置单位在运送医疗废物时必须使用固定专用车辆，由专人负责，并且不得与其他医疗废物混装、混运。

运送时间应错开上下班高峰期，运送路线要避开人口稠密地区；运送车辆每次卸载完毕，必须使用0.5%过氧乙酸喷洒消毒。

6.2.2　医疗废物采用高温焚烧处置，运抵处置场所的医疗废物尽可能做到随到随处置，在处置单位的暂时贮存时间最多不得超过12小时。

6.2.3　处置厂内必须设置医疗废物处置的隔离区，隔离区应有明显的标识，无关人员不得进入。

6.2.4　处置厂隔离区必须由专人使用0.2%-0.5%过氧乙酸或1 000 mg/1-2 000 mg/1含氯消毒剂对墙壁、地面或物体表面喷洒或拖地消毒，每天上下午各一次。

6.3　人员卫生防护

6.3.1　运送及焚烧处置装置操作人员的防护要求应达到卫生部门规定的一级防护要求，即必须穿工作服、隔离衣、防护靴、戴工作帽和防护口罩，近距离处置废物的人员还应戴护目镜。

6.3.2　每次运送或处置操作完毕后立即进行手清洗和消毒，并洗澡。手消毒用0.3%-0.5%碘伏消毒液或快速手消毒剂揉搓1-3分钟。

6.4　应急处置要求

当医疗废物集中处置单位的处置能力无法满足疫情期间医疗废物处置要求时，经环保部门批准，可采用其他应急医疗废物处置设施，增加临时医疗废物处理能力。

附加说明

本规范由国家环境保护总局科技标准司提出。

本规范由国家环境保护总局归口。

本规范为首次发布。

本规范委托以下单位起草：中国环境科学研究院环境标准研究所、广州市固体废物管理中心。

本规范由国家环境保护总局负责解释。

附录A

（规范性附录）

医疗废物暂时贮存场所标牌

医疗废物的暂时贮存场所应设置医疗废物警示性标牌，样式如下：

要求：

1、材料：坚固、耐用、抗风化、淋蚀

2、颜色：背景色　黄色

文字和字母 黑色

3、尺寸：

警示牌	等边三角形 边长≥400 ㎜
主标识	高≥150 ㎜
中文文字	高≥40 ㎜
英文文字	高≥40 ㎜

附录B

（规范性附录）

《危险废物转移联单》（医疗废物专用）格式

医疗卫生机构名称：

医疗废物处置单位：　　　　　　　　　　　　　　　　　时间：　　年　　月

日期	感染性废物及其他		损伤性废物		医疗卫生机构交接人员签名	废物运送人员签名	交接时间
	体积（箱）	重量（kg）	体积（箱）	重量（kg）			

附录C

（规范性附录）

《医疗废物运送登记卡》

运送车辆编号：　　　　　　　　　　　　运送车辆负责人：

医疗卫生机构名称期	感染性废物及其他		损伤性废物		医疗卫生机构交接人员签名
	体积（箱）	重量（kg）	体积（箱）	重量（kg）	

处置厂医疗废物接收人员声明：我声明，我已接收上述数量的医疗废物，包装、标识状态良好。

若有问题，在此注明：

接收时间：　　年　月　日　时　分—　时　分

接收人员签名：

附录D

（规范性附录）

医疗废物处置月报表（　年　月）

医疗废物集中处置单位：　　　（盖章）

经办人：　　　　审核人：

填表日期：　年　月　日

医疗废物产生单位	感染性废物及其他		损伤性废物	
	体积（箱）	重量（kg）	体积（箱）	重量（kg）
合　计				

说明：此表由医疗废物集中处置单位按月报送。

附录E

（规范性附录）

医疗废物产生、处置年报表（202 年）

报送单位：（盖章）

经办人：审核人：填表日期：年 月 日

月份	感染性废物及其他		损伤性废物	
	体积（箱）	重量（kg）	体积（箱）	重量（kg）
1				
2				
3				
4				
5				
6				
7				
8				
9				
10				
11				
12				
合 计				

说明：此表由医疗废物集中处置单位按月报送。

20. 医疗废物专用包装袋、容器和警示标志标准 (HJ 421—2008)

1 适用范围

本标准规定了医疗废物专用包装袋、利器盒和周转箱（桶）的技术要求以及相应的试验方法和检验规则，并规定了医疗废物警示标志。

本标准适用于医疗废物专用包装袋、容器的生产厂家、运输单位和医疗废物处置单位。

2 规范性引用文件

本标准内容引用了下列文件中的条款。凡是不注日期的引用文件，其有效版本适用于本标准。

GB/T 3181 漆膜颜色标准

GB/T 4456 包装用聚乙烯吹塑薄膜

GB/T 4857.3 包装 运输包装件基本试验 静载荷堆码试验方法

GB/T 4857.5 包装 运输包装件基本试验 跌落试验方法

GB/T 5737 食品塑料周转箱

GB/T 9639 塑料薄膜和薄片抗冲击性能试验方法 自由落膘法

GB/T 13022 塑料薄膜拉伸性能试验方法

GB/T 18893 商品零售包装袋

QB/T 2358 塑料薄膜包装袋热合强度试验方法

3 术语和定义

下列术语和定义适用于本标准。

3.1

包装袋 packaging bag

用于盛装除损伤性废物之外的医疗废物初级包装，并符合一定防渗和撕裂强度性能要求的软质口袋。

3.2

利器盒 sharps box

用于盛装损伤性医疗废物的一次性专用硬质容器。

3.3

周转箱（桶） transfer container/barrel

在医疗废物运送过程中，用于盛装经初级包装的医疗废物的专用硬质容器。

3.4

医疗废物 medical waste

医疗卫生机构在医疗、预防、保健以及其他相关活动中产生的具有直接或者间接感染性、毒性以及其他危害性的废物。

4 包装袋技术要求

4.1 包装袋在正常使用情况下，不应出现渗漏、破裂和穿孔。

4.2 采用高温热处置技术处置医疗废物时，包装袋不应使用聚氯乙烯材料。

4.3 包装袋容积大小应适中，便于操作，配合周转箱（桶）运输。

4.4 医疗废物包装袋的颜色为淡黄，颜色应符合GB/T 3181中Y06 的要求，包装袋的明显处应印制图1所示的警示标志和警告语。

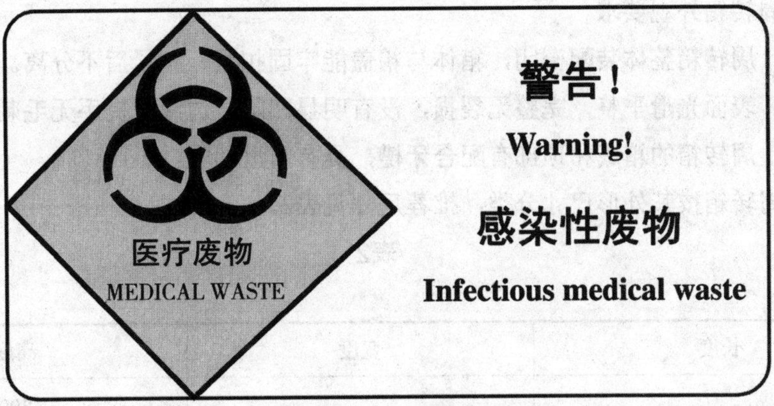

图1 带警告语的警示标志

4.5 包装袋外观质量：表面基本平整、无皱褶、污迹和杂质，无划痕、气泡、缩孔、针孔以及其他缺陷。

4.6 包装袋物理机械性能应符合表1 的规定。

表1

项目	指标
拉伸强度（纵、横向）	≥20 MPa
断裂伸长率（纵、横向）	≥250%
落膘冲击质量	130 g
跌落性能	无破裂、无渗漏
漏水性	无渗漏
热合强度	≥10N/15 mm

5 利器盒技术要求

5.1 利器盒整体为硬质材料制成，封闭且防刺穿，以保证在正常情况下，利器盒内盛装物不撒漏，并且利器盒一旦被封口，在不破坏的情况下无法被再次打开。

5.2 采用高温热处置技术处置损伤性废物时，利器盒不应使用聚氯乙烯材料。

5.3 利器盒整体颜色为淡黄，颜色应符合GB/T 3181中Y06的要求。利器盒侧面明显处应印制图1 所示的警示标志，警告语为“警告！损伤性废物”。

5.4 满盛装量的利器盒从1.2 m高处自由跌落至水泥地面，连续3次，不会出现破裂、被刺穿等情况。

5.5 利器盒的规格尺寸根据用户要求确定。

6 周转箱（桶）技术要求

6.1 周转箱（桶）整体应防液体渗漏，应便于清洗和消毒。

6.2 周转箱（桶）整体为淡黄，颜色应符合GB/T 3181中Y06的要求。箱体侧面或桶身明显处应印（喷）制图1 所示的警示标志和警告语。

6.3 周转箱外观要求

6.3.1 周转箱整体装配密闭，箱体与箱盖能牢固扣紧，扣紧后不分离。

6.3.2 表面光滑平整，完整无裂损，没有明显凹陷，边缘及提手无毛刺。

6.3.3 周转箱的箱底和顶部有配合牙槽，具有防滑功能。

6.4 周转箱按其外形尺寸分类，推荐尺寸见表2。

表2

单位：mm

长度	宽度	高度
600	400	300 400

6.5 周转箱物理机械性能应符合表3规定。

6.6 周转桶应参照周转箱性能要求制造。

表3

项目	指标
箱底承重	箱底平面变形量不大于10 mm
收缩变形率	箱体内对角线变化率不大于1.0%
跌落性能	不应产生裂纹
堆码性能	箱体高度变化率不大于2.0%

7 标志和警告语

7.1 警示标志的形式为直角菱形，警告语应与警示标志组合使用，样式如图1所示。

7.2 警示标志的颜色和规格应符合表4的规定。

表4

标志颜色		
	菱形边框	黑色
	背景色	淡黄（GB/T 3181中的Y06）
	中英文文字	黑色
标志规格		
包装袋	感染性标志	高度最小5.0 cm
	中文文字	高度最小1.0 cm
	英文文字	高度最小0.6 cm
	警示标志	最小12.0 cm×12.0 cm
利器盒	感染性标志	高度最小2.5 cm
	中文文字	高度最小0.5 cm
	英文文字	高度最小0.3 cm
	警示标志	最小6.0 cm×6.0 cm
周转箱（桶）	感染性标志	高度最小10.0 cm
	中文文字	高度最小2.5 cm
	英文文字	高度最小1.65 cm
	警示标志	最小20.0 cm×20.0 cm

7.3 带有警告语的警示标志的底色为包装袋和容器的背景色，边框和警告语的颜色均为黑色，长宽比为2∶1，其中宽度与警示标志的高度相同。

7.4 警示标志和警告语的印刷质量要求油墨均匀；图案、文字清晰、完整；套印准确，套印误差应不大于1 mm。

8 试验方法

8.1 包装袋试验方法

8.1.1 外观检验

在自然光线下目测。

8.1.2 物理机械性能

8.1.2.1 拉伸强度及断裂伸长率

按GB/T 13022规定进行，试验速度（空载）500±50 mm/min。

8.1.2.2 落膘冲击试验

落膘冲击质量按GB 9639规定进行。

8.1.2.3 跌落性能

将实际内装物或相当标称内装物装满3/4 袋，用胶粘带将袋口封上，从500 mm高度自由落下，试验地面为光滑的水泥地面，观察袋子是否损坏。用三个袋子进行试验，以损坏最严重的为试验结果。

8.1.2.4 漏水试验

将袋子装入1/5体积的23 ℃±2 ℃清水，保持静置，1 min后观察袋子底部是否有滴落水珠，并记录所观察的现象。用三个袋子进行试验，以漏水最多的为试验结果。

8.1.2.5 热合强度

热合强度按QB/T 2358 规定进行。

8.2 周转箱试验方法

8.2.1 外观检验

在自然光线条件下目测和采用相应的量具测量。

8.2.2 物理机械性能

8.2.2.1 箱底承重

按GB/T 5737 的“5.6.2 箱底承重变形量”规定进行。

8.2.2.2 收缩变形率

按GB/T 5737 的“5.6.3 收缩变形率”规定进行。

8.2.2.3 跌落性能

按GB/T 4857.5 的规定进行。

8.2.2.4 堆码性能

按GB/T 4857.3 的规定进行。

8.3 印刷套印试验方法

套印部分用分度值为0.5 mm的钢板尺测量，结果以套印误差最大值计。

9 检验规则

9.1 包装袋检验规则

按GB/T 4456 的“6 检验规则”规定进行。

9.2 周转箱检验规则

按GB/T 5737 的“6 检验规则”规定进行。

9.3 印刷质量检验规则

按GB/T 18893 的“7 检验规则”规定进行。

21. 临床实验室废物处理原则
（WS/T 249—2005）

1 范围

本标准规定了临床实验室废物的分类和处理原则。

本标准适用于临床实验室。

2 术语和定义

下列术语和定义适用于本标准。

腐蚀性（Corrosive）：在接触人体组织后可造成肉眼可见损伤的任何物质。

锐利物（Sharps）：能够造成刺透或撕破的废物。此类废物包括针、刀、玻璃或塑料碎片。

废物（Waste）：使用者不再使用的一切物质。可产生于生物活动、日常生活或科研活动。

3 化学废物安全处理

3.1 化学废物的特性

为了正确地处理化学废物，所有临床实验室都应对化学废物的产生及其危害程度加以分析和确认。有害化学废物的危害通常可分为可燃性、腐蚀性、活性和毒性。

3.1.1 可燃性废物

液体可燃性有害废物的燃点通常低于60 ℃或具有一些可引起火灾的其他特性。非液体可燃性有害废物可通过磨擦、吸湿或自发化学反应而造成火灾，或在燃烧时剧烈、持久。此类废物如：有机溶剂、烷烃、硝酸盐及过氧化物等。

3.1.2 腐蚀性废物

具有腐蚀性的液体有害废物一般为强酸（pH≤2）或强碱（pH≥12.5）或具有腐蚀钢材的能力。如：硫酸、盐酸、磷酸、氢氧化铵等。

3.1.3 活性废物

活性有害废物包括了那些性质不稳定、易发生巨变、能与水剧烈反应或有爆炸可能性的化学废物。氰化物或亚硫酸盐废物，及能产生毒气、蒸气或烟的废物也属于活性废物。如：碱性金属、固体苦味酸、氰化物或亚硫酸盐溶液。

3.1.4 毒性废物

一切可引起人类或其他生物急性或慢性中毒、对环境有潜在污染性的废物。

3.2 废物安全处理

有害化学废物从其产生到处理完成的全过程都必须注意安全。

3.2.1 废物分离

有害化学废物不能与一般废物、无害化学废物、放射性或感染性废物相混合。稀释通常不能使有害化学废物的毒性减低。有害化学废物在产生后应分别收集、运输、贮存和处理；必需混合时，应注意不兼溶性。

3.2.2 工程控制

为保证有害废料在产生、堆集和保存期间不发生意外、泄漏、破损等，应采取必要的控制措施，如：通风措施、相对封闭及隔离系统、安全措施、防火措施和安全通道。

3.2.3 操作控制

实验室应有完备的处理技术，以确保仪器、工作面和防护设备的污染在最低水平。实验室管理者有责任对工作人员进行有关培训，工作人员有责任向实验室管理者报告不安全的工作因素。

3.2.4 包装和标签

在化学废料的产生、处理、堆集和保存期间，对其包装及标签要求如下：根据废物种类使用废物容器、使用“有害废物”的标签或标记、在任何时候都确保废物容器的密闭性。

3.2.5 个人防护

在所有对有害化学废料的操作过程中，工作人员必须根据化学废料的种类和性质采取适当的防护措施，如手套、防护服、面罩等。

3.3 废料贮存及运输

化学废料的贮存计划应按国家有关规定和要求进行。通常不应大量贮存化学废料及使用公共交通运输。

3.4 废物处理和处置的选择

有害废物的管理应充分考虑对未来的影响，对职业及环境可能造成的危害及对实验室本身的影响。

3.4.1 对于无法确定特性的废物，不能做任何处理或处置。

3.4.2 对于某些酸性废料可在实验室内经有经验的技术人员按规定进行中和反应后，再行处理。

3.4.3 对于某些用过的溶剂可通过合理分类及蒸馏的方法进行回收。

3.4.4 实验室在清除废物之前应尽量减少其有害程度。

3.4.5 可通过商业途径，请专业人员进行废物处理和回收。

3.4.6 有害废料原则上不可以通过卫生间下水道排放。

3.4.7 严格禁止有害废料与一般废料或固体废料混和处理。

3.4.8 实验室应尽可能地减少有害废物的生成量。

3.5 紧急情况

实验室的所有工作人员都应严格遵守有关操作规程，避免在有害材料的使用中发生意外。

3.5.1　在紧急情况发生时，实验室全体人员都有责任进行以下工作：①火灾时报告火警，并应尽可能分清火源种类。②有害物质发生泄漏时，应尽可能采取措施减少扩散，并进行清洁。

3.5.2　实验室应有紧急情况发生时应采取措施的程序文件，并应对全体实验人员进行有关培训，使了解有害物质及紧急情况的处理方法。

4.　感染性废物安全处理

临床实验室的废料可能对人类健康和生存环境造成影响。感染性废物对医务工作人员和废物处理人员是重要的职业性有害物质。

4.1　感染性废物

感染性废物是指能传播感染性疾病的废物，有以下特点：①含有致病能力的病原体；②病原体有足够的致病能力；③病原体有进入体内的入口；④易感宿主。

4.2　感染性废物管理程序

临床实验室应按以下内容制定和完成感染性废物的管理程序。

4.2.1　指定专人负责和协调感染性废物的管理。

4.2.2　确定感染性废物的产生地并确定废物的成分及数量。

4.2.3　建立有关减少废物产生的文件。

4.2.4　建立隔离、包装、转运、保存和处置程序。

4.2.5　建立审核及质量保证程序。

4.2.6　建立有关废物管理培训、紧急情况处理和安全操作等的程序及相应文件。

4.2.7　有关操作要求文件化，要有记录。

4.3　感染性废物的处理

操作感染性或任何有潜在危害的废物时，必须穿戴手套和防护服。对有多种成份混和的医学废料，应按危害等级较高者处理。处理含有锐利物品的感染性废料时应使用防刺破手套。

4.3.1　隔离

有关单位必须对临床实验室可能产生的感染性废物加以确定，并采取安全、有效、经济的隔离和处理方法。必须由专业人员严格区分感染性和非感染性废物，一旦分开后，感染性废物必须加以隔离。

4.3.2　锐利物

锐利物品包括针、刀和任何可以穿破聚乙烯包装袋的物品。

实验室应尽量减少使用可生成锐利物的用品。

采用有皱的包装材料包装易碎的玻璃和塑料制品，在包装中同时加入吸附性材料。

针或刀应保存在有明显标记、防泄漏、防刺破的容器内。

4.3.3　标签

已经确认的感染性废物应分类丢入垃圾袋，所有收集感染性废物的容器都应有“生物危害”标志，或使用红色容器。

装有锐利物品的容器在任何时候都应有“生物危害”标志。

所有运输未经处理的感染性废料的容器上都应有“生物危害”标志。

4.3.4　包装

所有的感染性废物都必须进行包装，并应依据废物的性质及数量选用适合的包装材料。

应使用红色或桔黄色聚乙烯或聚丙烯包装袋，并应标记有感染性物品。

有液体的感染性废料时，应确保容器无泄漏。

4.4　处置

感染性废料的处置即减少或限制其潜在致病性的过程，灭菌和焚烧是最常用的处置方法。处置的主要目的是去除污染，使病原体数量减少到致病水平以下。

4.4.1　压力蒸汽灭菌

感染性实验室废物、设备和玻璃器皿均可通过压力蒸汽灭菌去除污染。至少每月应使用一次生物指示剂（如：Bacillus stearothermophilus孢子）监测处理效果。

处理过程应保证在121 ℃进行（被处理物中心温度不低于115 ℃），时间60～90分钟（不少于20分钟）。

4.4.2　干热处理

由于不使用蒸汽而需要更长的加热时间和更高的温度以达到去除污染的目的。

必须对要处理的废物进行标准化分类，以适应不同物体的导热特性。

4.4.3　气体灭菌

使用化学蒸汽如环氧乙烷也可达到灭菌效果，但费用较高，常用于不可进行压力消毒的器械或物品，并应确保感染性废物能充分暴露于化学蒸汽中，且持续一定的时间。

4.4.4　化学消毒

适用于处理液体废物和物体表面，对表面无孔和无吸附作用的废物，消毒效果较好。常用的化学消毒剂有酸、碱、醛、乙醇、过氧乙酸、H_2O_2等。消毒方法应根据污染物种类、污染程度、蛋白含量等确定使用化学消毒剂的种类、浓度及消毒时间。

4.5　贮存

感染性废料的贮存地应有“生物危险”标志和进入管理限制，且应位于产生废物的实验室附近。感染性废物的贮存还应满足以下要求：①保证包装内容物不暴露于空气和受潮；②保存温度及时间应使保存物无腐败发生，必要时，可用低温保存，以防微生物生长和产生异味；③贮存地及包装应确保内容物不成为鼠类或其他生物的食物来源；④贮存地不得对公众开放。

4.6 转运

运输工具应有明显的标记和防泄漏设备。在处理、运输、装卸过程中应确保感染性废物的包装完好，一般不得使用机械进行装卸。长途运输应请专业人员进行操作。

4.7 处理

4.7.1 填埋

应在指定的地点进行。

4.7.2 焚烧

可使生物活性灭活90%以上，可用于所有种类的感染性废物。对空气的污染指标应符合有关规定。

4.7.3 卫生间排水道

得到有关部门许可后，对少量的血液或体液废物可注入卫生间下水道，同时放水冲洗。处理大量废物时，工作人员应有防护措施。倾倒感染性废物的下水道不得用于洗手。微生物培养基不得倒入卫生间下水道。

4.8 紧急情况的处理

实验室应有针对传染物泄漏、工作人员受伤及处理过程故障的解决计划。

4.8.1 泄漏或溢出

对泄漏物去除污染的方法应可在工作台边查到，且应包含以下内容：①对有致命微生物和剧毒材料的实验室，应设紧急疏散出口和必要的医疗救护设施；②泄漏物性质和范围的评估；③为去除污染的工作人员提供防护装备；④完善的去污染工作程序及消毒剂选择程序；⑤洗手及其他卫生防护程序。

4.8.2 人员受伤

实验室应有书面文件规定工作人员受伤或受污染时的处理办法，包括紧急处理、通知程序、体检和随访程序。应使所有工作人员知道在受伤或受污染后的处理程序。

4.8.3 处理过程故障

实验室应对其用于处理感染性废物的设备及地点进行备份，即准备双份设备、废物贮存备用地点等。

5 锐利物安全处理

锐利物为机械危险废物，可造成刺破或划破伤。

5.1 范围

锐利物可分为感染性废物、限制性医学废物、固体废物或有害化学废物。通常指注射器、针、刀、毛细管、破损的玻璃器皿等。

5.2 管理目标

对锐利物管理的应满足以下要求：①防止穿刺或划伤；②减少传染疾病的可能性；

③确保锐利物被彻底破坏。

5.3 处理和隔离

所有锐利物都必须放置在容器内，并与其他废物分别存放。必须使用硬质、防漏、防刺破的容器。

5.3.1 针

应注意以下几点：①废弃的针具必须丢入硬质、防刺破的容器内；②不要试图用手去改变针具的外型及破坏其与附属物的联接。如果联针的附属物（如注射器、血袋）内有20 ml以上的液体时，应在处理前排净；③尽量减少对针具的操作；④不要将针型废物直接丢入生物危险袋中，也不要与其他废物混和丢弃。

5.3.2 其他锐利物

所有锐利物都必须单独存放，并统一按医学废物处理。

5.3.3 包装

必须使用硬质、防漏、防刺破材料。

5.3.4 标签

应根据需要贴有“感染性废料”、“医学废料”、“生物危险”标识或使用黄色或红色包装袋。

5.4 贮存

对锐利废物的贮存要求与对感染性废物的相同。

6 无害废物的处理

6.1 无害废物

无害废物是指已知其本质无害、且无潜在危害的废物，它们可以是固体、液体或气体。

6.2 固型废物的管理

大约80%的生活废弃物、实验室无害废物或固型废物可通过填埋处理。但在实际工作中应注意以下几点：①尽量减少废物的产生；②对纸、玻璃、食物和其他可生物降解的有机物质应尽可能进行回收；③焚烧平均可减少90%的废物体积和杀灭大量感染因子，但必须在指定的地点进行。④与日常废物一起丢弃时应符合有关规定。

6.3 液体废物的管理

可直接排入市政废水处理系统或使用专用贮藏系统。

22. 病区医院感染管理规范
（WS/T　510—2016）

1　范围

本标准规定了病区医院感染的管理要求、布局与设施、医院感染监测与报告、医院感染预防与控制、职业防护。

本标准适用于医院病区的医院感染管理。医院其他部门可参照执行。

2　规范性引用文件

下列文件对于本文件的应用是必不可少的。凡是注日期的引用文件，仅注日期的版本适用于本文件。凡是不注日期的引用文件，其最新版本（包括所有的修改单）适用于本文件。

GBZ/T　213 血源性病原体职业接触防护导则

GB　19193 疫源地消毒总则

WS　310.1 医院消毒供应中心　第1部分：管理规范

WS　310.2 医院消毒供应中心　第2部分：清洗消毒及灭菌技术操作规范

WS　310.3 医院消毒供应中心　第3部分：清洗消毒及灭菌效果监测标准

WS/T　311 医院隔离技术规范

WS/T　312 医院感染监测规范

WS/T 313 医务人员手卫生规范

WS/T　367 医疗机构消毒技术规范

WS/T 368 医院空气净化管理规范

医务人员艾滋病病毒职业暴露防护工作指导原则（中华人民共和国原卫生部2004年）

3　术语和定义

下列术语和定义适用于本文件。

3.1　病区 ward area

由一个护士站统一管理的多个病室（房）组成的住院临床医疗区域，与住院部公用区域或公用通道由门分隔。一般包括病室（房）、护士站、医生办公室、医务人员值班室、治疗室、污物间等。

3.2　病室（房） inpatient room

病区内住院患者接受医学观察、诊疗、睡眠、休息和就餐的房间，一般配备床单元、隔离帘、座椅、呼叫系统、氧源、负压吸引系统、手卫生设施、卫生间、非医疗废物桶等。

3.3　床单元 bed unit

病室（房）内为每位住院患者配备的基本服务设施，一般包括病床及其床上用品、床头柜、床边治疗带等。

4　管理要求

4.1　医院感染管理小组

4.1.1　要求

应建立职责明确的病区医院感染管理小组，负责病区医院感染管理工作，小组人员职责明确，并落实。

4.1.2　人员构成

4.1.2.1　病区负责人为本病区医院感染管理第一责任人。

4.1.2.2　医院感染管理小组人员包括医师和护士。

4.1.2.3　医院感染管理小组人员宜为病区内相对固定人员，医师宜具有主治医师以上职称。

4.1.3　职责

4.1.3.1　医院感染管理小组负责本病区医院感染管理的各项工作，结合本病区医院感染防控工作特点，制定相应的医院感染管理制度，并组织实施。

4.1.3.2　根据本病区主要医院感染特点，如医院感染的主要部位、主要病原体、主要侵袭性操作和多重耐药菌感染，制定相应的医院感染预防与控制措施及流程，并组织落实。

4.1.3.3　配合医院感染管理部门进行本病区的医院感染监测，及时报告医院感染病例，并应定期对医院感染监测、防控工作的落实情况进行自查、分析，发现问题及时改进，并做好相应记录。

4.1.3.4　结合本病区多重耐药菌感染及细菌耐药情况，落实医院抗菌药物管理的相关规定。

4.1.3.5　负责对本病区工作人员医院感染管理知识和技能的培训。

4.1.3.6　接受医院对本病区医院感染管理工作的监督、检查与指导，落实医院感染管理相关改进措施，评价改进效果，做好相应记录。

4.2　工作人员

4.2.1　应积极参加医院感染管理相关知识和技能的培训。

4.2.2　应遵守标准预防的原则，落实标准预防的具体措施，手卫生应遵循WS/T　313的要求；隔离工作应遵循WS/T　311的要求；消毒灭菌工作应遵循WS/T　367的要求。

4.2.3　应遵循医院及本病区医院感染相关制度。

4.2.4　应开展医院感染的监测，按照医院的要求进行报告。

4.2.5　应了解本病区、本专业相关医院感染特点，包括感染率、感染部位、感染病原体及多重耐药菌感染情况。

4.2.6 在从事无菌技术诊疗操作如注射、治疗、换药等时，应遵守无菌技术操作规程。

4.2.7 应遵循国家抗菌药物合理使用的管理原则，合理使用抗菌药物。

4.2.8 保洁员、配膳员等应掌握与本职工作相关的清洁、消毒等知识和技能。

4.3 教育与培训

4.3.1 病区医院感染管理小组应定期组织本病区医务人员学习医院感染管理相关知识，并做好考核。

4.3.2 病区医院感染管理小组应定期考核保洁员的医院感染管理相关知识，如清洁与消毒、手卫生、个人防护等，并根据其知识掌握情况开展相应的培训与指导。

4.3.3 病区医院感染管理小组应对患者、陪护及其他相关人员进行医院感染管理相关知识如手卫生、隔离等的宣传及教育。

5 布局与设施

5.1 病区内病房（室）、治疗室等各功能区域内的房间应布局合理，洁污分区明确。

5.2 收治传染病患者的医院应具备隔离条件，独立设区，病房内通风良好。

5.3 设施、设备应符合医院感染防控要求，应设有适于隔离的房间和符合WS/T 313要求的手卫生设施。

5.4 治疗室等诊疗区域内应分区明确，洁污分开，配备手卫生设施；应保持清洁干燥，通风良好。没有与室外直接通风条件的房间应配置空气净化装置。

5.5 新建、改建病房（室）宜设置独立卫生间，多人房间的床间距应大于0.8 m，床单元之间可设置隔帘，病室床位数单排不应超过3床；双排不应超过6床。

6 医院感染监测与报告

6.1 医院感染病例监测

6.1.1 病区医务人员应按照医院要求配合医院感染管理部门开展医院感染及其相关监测，包括医院感染病例监测、医院感染的目标性监测、医院感染暴发监测、多重耐药菌感染的监测等，监测方法应遵循WS/T 312的要求。

6.1.2 病区医务人员应按照医院要求报告医院感染病例，对监测发现的感染危险因素进行分析，并及时采取有效控制措施。

6.1.3 病区医务人员应根据本病区医院感染防控主要特点开展针对性风险因素监测。怀疑医院感染暴发时，应及时报告医院感染管理部门，并配合调查，认真落实感染控制措施。

6.1.4 如发现传染病疫情或者发现其他传染病暴发、流行以及突发原因不明的传染病时，应当遵循疫情报告属地管理原则，按照国务院或者卫生计生行政部门规定的内容、程序、方式和时限报告。

6.2　消毒相关监测

6.2.1　应根据病区采用的消毒方法，按照WS/T　367要求开展相应监测。使用不稳定消毒剂如含氯消毒剂、过氧乙酸等时，应现配现用，并在每次配制后进行浓度监测，符合要求后方可使用。

6.2.2　采用紫外线灯进行物体表面及空气消毒时，应按照WS/T　367的要求，监测紫外线灯辐照强度。

6.2.3　怀疑医院感染暴发与空气、物体表面、医务人员手、消毒剂等污染有关时，应对空气、物体表面、医务人员手、消毒剂等进行监测，并针对目标微生物进行检测。

7　医院感染预防与控制

7.1　标准预防措施

7.1.1　进行有可能接触患者血液、体液的诊疗、护理、清洁等工作时应戴清洁手套，操作完毕，脱去手套后立即洗手或进行卫生手消毒。

7.1.2　在诊疗、护理操作过程中，有可能发生血液、体液飞溅到面部时，应戴医用外科口罩、防护眼镜或防护面罩；有可能发生血液、体液大面积飞溅或污染身体时，应穿戴具有防渗透性能的隔离衣或者围裙。

7.1.3　在进行侵袭性诊疗、护理操作过程中，如在置入导管、经椎管穿刺等时，应戴医用外科口罩等医用防护用品，并保证光线充足。

7.1.4　使用后针头不应回套针帽，确需回帽应单手操作或使用器械辅助；不应用手直接接触污染的针头、刀片等锐器。废弃的锐器应直接放入耐刺、防渗漏的专用锐器盒中；重复使用的锐器，应放在防刺的容器内密闭运输和处理。

7.1.5　接触患者黏膜或破损的皮肤时应戴无菌手套。

7.1.6　应密封运送被血液、体液、分泌物、排泄物污染的被服。

7.1.7　有呼吸道症状（如咳嗽、鼻塞、流涕等）的患者、探视者、医务人员等应采取呼吸道卫生（咳嗽礼仪）相关感染控制措施。

7.2　手卫生

7.2.1　应配备符合WS/T　313要求的设施，包括洗手池、清洁剂、干手设施如干手纸巾、速干手消毒剂等，设施位置应方便医务人员、患者和陪护人员使用；应有醒目、正确的手卫生标识，包括洗手流程图或洗手图示等。

7.2.2　清洁剂、速干手消毒剂宜为一次性包装。

7.2.3　应有医务人员手卫生正确性和依从性的自查和监督检查，发现问题，及时改进。

7.3　清洁与消毒

7.3.1　应保持病区内环境整洁、干燥，无卫生死角。

7.3.2　应按照《消毒管理办法》，执行医疗器械、器具的消毒工作技术规范，所使用物品应达到以下要求：

a）进入人体无菌组织、器官、腔隙，或接触人体破损皮肤、破损黏膜、组织的诊疗器械、器具和物品应进行灭菌；

b）接触完整皮肤、完整黏膜的诊疗器械、器具和物品应进行消毒；

c）各种用于注射、穿刺、采血等有创操作的医疗器具应一用一灭菌；

d）使用的消毒药械、一次性医疗器械和器具应符合国家有关规定；

e）一次性使用的医疗器械、器具应一次性使用。

7.3.3　诊疗用品的清洁与消毒

7.3.3.1　重复使用的器械、器具和物品如弯盘、治疗碗等，应遵循WS　310.1～WS　310.3的规定进行清洗、消毒或灭菌；接触完整皮肤的医疗器械、器具及物品如听诊器、监护仪导联、血压计袖带等应保持清洁，被污染时应及时清洁与消毒。

7.3.3.2　湿化水、湿化瓶、呼吸机管路、呼吸机等的清洁、消毒与更换，应遵循有关标准的规定。

7.3.3.3　治疗车上物品应摆放有序，上层放置清洁与无菌物品，下层放置使用后物品；治疗车应配备速干手消毒剂，每天进行清洁与消毒，遇污染随时进行清洁与消毒。

7.3.4　患者生活卫生用品的清洁与消毒

7.3.4.1　生活卫生用品如毛巾、面盆、痰盂（杯）、便器、餐饮具等，应保持清洁，个人专用，定期消毒；患者出院、转院或死亡后应对其使用过的生活卫生用品应进行终末消毒。

7.3.4.2　有条件的病区污物间可配置便器清洗消毒器。

7.3.4.3　对传染病患者及其用物应按传染病管理的有关规定，采取相应的消毒、隔离和管理措施。

7.3.5　床单元的清洁与消毒

7.3.5.1　应进行定期清洁和（或）消毒，遇污染应及时清洁与消毒；患者出院时应进行终末消毒。

7.3.5.2　床单、被套、枕套等直接接触患者的床上用品，应一人一更换；患者住院时间超过一周时，应每周更换；被污染时应及时更换。更换后的用品应及时清洗与消毒。

7.3.5.3　被芯、枕芯、褥子、病床隔帘、床垫等间接接触患者的床上用品，应定期清洗与消毒；被污染时应及时更换、清洗与消毒。

7.3.5.4　甲类及按甲类管理的乙类传染病患者、不明原因病原体感染的患者，使用后的床上用品及患者尸体等应按照GB　19193相关要求处理。

7.3.5.5　消毒方法应合法、有效，其使用方法与注意事项等应遵循产品的使用说明。

7.3.6 物体表面、地面的清洁与消毒

7.3.6.1 物体表面（包括监护仪器、设备等的表面）应每天湿式清洁，保持清洁、干燥；遇污染时应及时清洁与消毒。

7.3.6.2 擦拭物体表面的布巾，不同患者之间和洁污区域之间应更换，擦拭地面的地巾不同病房及区域之间应更换，用后集中清洗、消毒，干燥保存。

7.3.7 应保持通风良好，发生呼吸道传染病（麻疹除外）时应进行空气消毒，消毒方法应遵循WS/T 368的相关要求。

7.4 隔离

7.4.1 隔离措施应遵循WS/T 311的要求。

7.4.2 应根据疾病传播途径的不同，采取接触隔离、飞沫隔离或空气隔离措施，标识正确、醒目。

7.4.3 隔离的确诊或疑似传染病患者或隔离的非传染病感染患者，除确诊为同种病原体感染之外，应安置在单人隔离房间。

7.4.4 隔离患者的物品应专人专用，定期清洁与消毒，患者出院或转院、死亡后应进行终末消毒。

7.4.5 接触隔离患者的工作人员，应按照隔离要求，穿戴相应的隔离防护用品，如穿隔离衣、戴医用外科口罩、手套等，并进行手卫生。

7.5 呼吸机相关性肺炎、导管相关血流感染、导尿管相关泌尿道感染、手术部位感染、多重耐药菌感染等的预防与控制应遵循有关标准的规定。

7.6 抗菌药物的使用管理

7.6.1 应遵照《抗菌药物临床应用管理办法》进行抗菌药物使用的管理。

7.6.2 应对感染患者及时采集标本送检，并参考临床微生物标本检测结果，结合患者的临床表现等，合理选用抗菌药物。

7.6.3 应对抗菌药物临床应用实行分级管理。

7.6.4 使用特殊使用级抗菌药物应掌握用药指征，经抗菌药物管理工作组指定的专业技术人员会诊后，由具有相应处方权的医师开具处方。

7.6.5 手术预防使用抗菌药物时间应控制在术前30 min～2 h（剖宫产手术除外），抗菌药物品种选择和使用疗程应合理。

7.7 消毒物品与无菌物品的管理

7.7.1 应根据药品说明书的要求配置药液，现用现配。

7.7.2 抽出的药液和配制好的静脉输注用无菌液体，放置时间不应超过2 h；启封抽吸的各种溶媒不应超过24 h。

7.7.3 无菌棉球、纱布的灭菌包装一经打开，使用时间不应超过24 h；干罐储存无菌持物钳使用时间不应超过4 h。

7.7.4 碘伏、复合碘消毒剂、季铵盐类、氯己定类、碘酊、醇类皮肤消毒剂应注明开瓶日期或失效日期，开瓶后的有效期应遵循厂家的使用说明，无明确规定使用期限的应根据使用频次、环境温湿度等因素确定使用期限，确保微生物污染指标低于100 CFU/mL。连续使用最长不应超过7 d；对于性能不稳定的消毒剂如含氯消毒剂，配制后使用时间不应超过24 h。

7.7.5 盛放消毒剂进行消毒与灭菌的容器，应达到相应的消毒与灭菌水平。

7.8 一次性医疗器械的管理

7.8.1 一次性医疗器械应一次性使用。

7.8.2 一次性医疗器械应由医院统一购置，妥善保管，正确使用。

7.8.3 使用前应检查包装的完好性，有无污损，并在有效期内使用。

7.8.4 使用过程中密切观察患者反应，如发生异常，应立即停止使用，做好留样与登记，并及时按照医院要求报告；同批未用过的物品应封存备查。

7.8.5 用后的一次性医疗器械的处理，应按7.9中要求管理。

7.9 医疗废物及污水的管理

7.9.1 应做好医疗废物的分类。

7.9.2 医疗废物的管理应遵循《医疗废物管理条例》及其配套文件的要求。正确分类与收集，感染性医疗废物置黄色废物袋内，锐器置于锐器盒内。

7.9.3 少量的药物性废物可放入感染性废物袋内，但应在标签上注明。

7.9.4 医疗废物容器应符合要求，不遗洒；标识明显、正确，医疗废物不应超过包装物或容器容量的3/4。应使用有效的封口方式，封闭包装物或者容器的封口。

7.9.5 隔离的（疑似）传染病患者或隔离的非传染病感染患者产生的医疗废物应使用双层包装物包装，并及时密封。

7.9.6 不应取出放入包装物或者容器内的医疗废物。

7.9.7 应有具体措施防止医疗废物的流失、泄漏、扩散，一旦发生前述情形时，应按照本单位的规定及时采取紧急处理措施。

7.9.8 具有污水消毒处理设施并达标排放的医疗机构，患者的引流液、体液、排泄物等，可直接排入污水处理系统；无污水消毒处理设施或不能达标排放的，应按照国家规定进行消毒，达到国家规定的排放标准后方可排入污水处理系统。

7.9.9 应与医院内转运人员做好交接登记并双签字，记录应保存3年。

8 职业防护

8.1 医务人员

8.1.1 应遵循标准预防的原则，在工作中执行标准预防的具体措施。

8.1.2 存在职业暴露风险者，如无免疫史并有相关疫苗可供使用，宜接种相关疫苗。

8.1.3 发生职业暴露后，应及时进行局部处理，并按照要求和流程进行报告。

8.1.4 发生职业暴露后应根据现有信息评估被传染的风险，现有信息包括源患者的液体类型（例如血液，可见体液，其他潜在的传染性液体或组织和浓缩的病毒）和职业暴露类型（即经皮伤害、经黏膜或破损皮肤和叮咬）。

8.1.5 对于乙型肝炎病毒职业暴露者，应通过乙肝疫苗接种史和接种效果对职业暴露者评估乙肝病毒感染的免疫状况，并针对性采取相应预防措施。

8.1.6 职业暴露后应追踪检测相关指标。

8.1.7 具体评估、处理、预防及检测流程应遵循GBZ/T 213及《医务人员艾滋病病毒职业暴露防护工作指导原则》。

8.2 其他工作人员

其他工作人员的职业防护参照医务人员职业防护执行。

23. 医院感染预防与控制评价规范
（WS/T 592—2018）

1　范围

本标准规定了医院感染预防与控制的评价基本原则、评价方法、评价内容与要求。

本标准适用于医院，其他有床位的医疗机构可参照执行。

2　规范性引用文件

下列文件对于本文件的应用是必不可少的。凡是注日期的引用文件，仅注日期的版本适用于本文件。凡是不注日期的引用文件，其最新版本（包括所有的修改单）适用于本文件。

WS　310.1　医院消毒供应中心 第1部分：管理规范

WS　310.2　医院消毒供应中心 第2部分：清洗消毒及灭菌技术操作规范

WS　310.3　医院消毒供应中心 第3部分：清洗消毒及灭菌效果监测标准

WS/T　311　医院隔离技术规范

WS/T　312　医院感染监测规范

WS/T　313　医务人员手卫生规范

WS/T　367　医疗机构消毒技术规范

WS/T　506　口腔器械消毒灭菌技术操作规范

WS　507　软式内镜清洗消毒技术规范

WS/T　508　医院医用织物洗涤消毒技术规范

WS/T　509　重症监护病房医院感染预防与控制规范

WS/T　510　病区医院感染管理规范

WS/T　512　医疗机构环境表面清洁与消毒管理规范

WS/T　524　医院感染暴发控制指南

抗菌药物临床应用管理办法 原卫生部　2012年

新生儿病室建设与管理指南（试行） 原卫生部　2009年

3　术语和定义

下列术语和定义适用于本文件。

3.1　个案追踪 individual patient tracer

医院现场评价所使用的一种方法，即采用真实患者分析医院所提供治疗、护理和服务的过程，以评估各学科、科室、项目、服务之间相互关系，以及他们在所提供的治疗和服务中的重要功能，旨在追踪某一患者在医院接受诊疗服务的全过程。

注：所选择的真实患者通常是那些接受过多学科或复杂服务的患者。

3.2 系统追踪 individual-based system tracer

以个案追踪为基础的医院现场评价方法，用于评价各诊疗环节之间的整合与协调、各学科和各部门之间的沟通，以发现各环节的潜在问题。

注：系统追踪评价的三个方面是数据利用、感染预防和控制以及用药管理。

3.3 医院感染重点部门 department of high infection risk

医院感染预防与控制过程中需要重点关注的、具有感染率高或引发感染风险高等特点的科室，如重症医学科、器官移植病房、骨髓移植病房、血液透析中心（室）、新生儿病房及重症新生儿监护病房、感染性疾病科、手术部（室）、产房、母婴同室、急诊科及其病房、口腔科门诊、介入手术室、临床检验科（实验室，含输血科）、内镜中心（室）、医院消毒供应中心等。

4 评价基本原则

4.1 医院感染管理工作的评价，应符合国家医院感染管理有关法律、法规、规章、标准和规范等的要求。

4.2 医院应鼓励相关科室根据循证医学原则，采用有效的预防与控制医院感染的方法，降低医院感染发生的风险。

4.3 医院感染监测、预防与控制等管理措施应得当。

4.4 医院感染预防与控制工作应体现持续质量改进。

5 评价方法

5.1 采取现场评估和查阅资料相结合的方法，对医院感染管理工作进行评价。

5.2 现场评估宜采用个案追踪和系统追踪方法。

5.3 医院感染管理质量指标宜与同地区同类医院进行比较分析，促进医院感染预防与控制工作的持续质量改进。

6 评价内容与要求

6.1 评价内容包括医院感染组织管理、医院感染预防与控制知识的培训与教育、医院感染监测、医院感染预防与控制措施、重点部门医院感染的预防与控制、医务人员职业暴露和感染的预防与控制。

6.2 具体评价内容及要求见附录A。

附录A

（规范性附录）

医院感染预防与控制评价内容及要求

A.1 管理

A.1.1 组织建设与职责落实

A.1.1.1 有医院感染管理委员会，至少每年召开两次工作会议，有会议记录或会议简报。

A.1.1.2 有医院感染管理部门，专兼职人员配备应符合《医院感染管理办法》的要求。

A.1.1.3 临床及医技科室有医院感染管理小组。

A.1.1.4 有三级组织的工作制度及职责并落实，有定期检查，对存在问题有反馈及持续改进。

A.1.1.5 相关人员知晓本部门、本岗位医院感染管理相关的职责并履行。

A.1.1.6 与医院相关部门分工协作，共同推进医疗质量与安全管理及持续改进。

A.1.1.7 有临床、检验、医院感染管理、药学等部门的联动机制，信息及时共享。

A.1.1.8 有医院感染重大事件如医院感染暴发的应急体系及联动机制，并落实。

A.1.2 制度建设与落实

A.1.2.1 有根据相关法律、法规、标准，并结合本医院实际情况，不断修订和完善的医院感染预防与控制制度。

A.1.2.2 有保障制度落实的工作流程、具体措施。

A.1.2.3 医院感染管理相关人员熟知相关制度、工作流程及所管辖部门医院感染特点。

A.1.2.4 全体员工熟知本部门、本岗位有关医院感染管理相关制度及要求，并执行。

A.1.3 医院感染管理部门职责与落实

A.1.3.1 有年度工作总结与计划，工作计划有效落实。

A.1.3.2 开展的工作内容符合《医院感染管理办法》的要求和医院工作的需要。

A.1.3.3 专职人员每年参加医院感染管理及相关学科知识的培训。

A.1.4 医院感染相关部门、科室的医院感染管理职责与落实

A.1.4.1 医务部门的医院感染管理职责与落实，包括以下内容：

a）协助组织医师和医技部门人员预防、控制医院感染知识的培训；

b）有监督指导医师和医技人员落实医院感染预防与控制的制度及措施；

c）当发生医院感染暴发时，负责组织、协调相关科室、部门开展感染调查与控制的工作，根据需要进行医师和医技人力调配，组织对患者的治疗和善后处理。

A.1.4.2 护理部门的医院感染管理职责与落实，包括以下内容：

a）协助组织全院护理人员预防、控制医院感染知识的培训；

b）有监督指导护理人员落实医院感染预防与控制包括消毒与隔离等的制度及措施；

c）当发生医院感染暴发时，根据需要进行护士人力调配。

A.1.4.3 人力资源部门的医院感染管理职责与落实:可将医院感染管理的绩效指标纳

入医师、护士、医技人员和后勤人员的考核体系。

A.1.4.4 教育部门的医院感染管理职责与落实:负责组织医院感染管理及相关知识的培训与考核。

A.1.4.5 药学部门

a）有全院抗菌药物临床应用的管理、监测和评价制度。

b）有“抗菌药物临床应用和管理实施细则”和“抗菌药物分级管理制度”，有明确的限制使用抗菌药物和特殊使用抗菌药物临床应用程序，实行责任制管理。

c）协助对医务人员进行抗菌药物合理应用的培训。

d）有定期抗菌药物临床应用的监测与评价分析报告，有改进措施，及时为临床提供抗菌药物信息。

e）督促临床医务人员严格执行抗菌药物应用的管理制度和应用原则。

A.1.4.6 后勤或相关主管部门的医院感染管理职责与落实，包括以下内容：

a）有医院感染预防与控制相关设施、设备，包括清洗、消毒、灭菌、通风系统、一次性使用物品、防护用品的保障制度与措施，并落实；

b）医院新建、改建与扩建应有论证制度，应符合医院感染预防和控制的要求；

c）有医疗废物管理规章制度和岗位职责，落实并符合以下要求：

1）有专人负责医疗废物处理工作，知晓相关知识；

2）医疗废物的分类收集、运送、暂存、交接等工作符合有关法规的要求，有相应记录；

3）医疗废物处置设施设备运转正常，有运行日志；

4）有医疗废物处置人员的防护制度，防护用品配备合格，使用得当；

5）有医疗废物泄露应急预案。

d）有医用织物的管理制度，织物的管理符合WS/T 508的要求；

e）配合医院感染管理部门完成对消毒药械和一次性使用医疗器械、器具和物品的相关证明的审核；

f）有主管部门对制度与岗位职责落实情况的监管和持续质量改进记录。

A.1.4.7 病区、医技部门的医院感染管理职责与落实，包括以下内容：

a）病区的医院感染管理，遵循WS/T 510的要求；重点部门病区的医院感染管理，还应遵循相关法规、标准的要求；

b）医技部门的医院感染管理，遵循相关法律、法规、标准和规范的要求。

A.2 培训与教育

A.2.1 有针对各级各类人员制定的医院感染管理培训计划和培训内容。

A.2.2 有培训责任部门，根据不同人员设计相关知识与技能等培训内容，并有考核。

A.2.3 各级各类人员应掌握本部门、本岗位相应的医院感染预防与控制知识与技能。

A.3 监测

A.3.1 基本监测要求

A.3.1.1 有医院感染监测计划，有全院综合性监测、目标性监测、医院感染预防与控制相关因素如消毒、灭菌和环境卫生学等的监测，监测方法规范。

A.3.1.2 对监测资料有定期（至少每季度）分析、总结与反馈，能体现持续质量改进。

A.3.1.3 根据需要开展现患率调查，调查方法规范。

A.3.1.4 宜开展医院感染预防与控制措施，如手卫生、术前正确皮肤准备、预防血管导管相关血流感染最大无菌屏障等依从性的监测。

A.3.1.5 有信息系统的医院，宜采用信息技术对医院感染及其危险因素进行监测、分析，其结果对医院感染预防及控制决策提供支持作用。

A.3.2 目标性监测要求

A.3.2.1 应有针对医院感染重点部门、重点人群与高风险因素的监测计划与控制措施，并落实。

A.3.2.2 有对呼吸机相关性肺炎、血管导管相关血流感染、导尿管相关尿路感染、手术部位感染等主要部位感染和多重耐药菌感染的监测。

A.3.2.3 对目标性监测工作有定期（至少每季度）检查、自查，对监测资料有定期（至少每季度）总结、分析与反馈，能体现持续质量改进。

A.3.3 上报监测信息

按有关部门要求上报医院感染监测信息，信息真实、准确。

A.3.4 医院感染暴发的报告与处理

A.3.4.1 有医院感染暴发报告流程与处置预案。

A.3.4.2 有多种形式与渠道，使医务人员和医院感染的相关管理人员及时获得医院感染的信息。

A.3.4.3 有医院感染暴发预防与控制的有效措施。

A.3.4.4 按要求上报医院感染暴发事件。

A.3.4.5 相关人员对医院感染暴发报告流程和处置预案知晓率达100%。

A.3.4.6 有对存在问题所采取的改进措施和成效进行追踪。

A.3.4.7 医院感染暴发的调查与控制，遵循WS/T 524的要求。

A.3.5 其它监测工作

应符合WS/T 312的要求。

A.4 措施

A.4.1 基础性医院感染预防与控制措施

A.4.1.1 手卫生

A.4.1.1.1 定期开展手卫生知识与技能的培训，医务人员知晓手卫生知识与方法。

A.4.1.1.2 手卫生设施、种类、数量和安置的位置等应符合WS/T 313的要求。

A.4.1.1.3 对手卫生工作有检查、总结与反馈，能达到持续质量改进。

A.4.1.2 清洁、消毒与灭菌

A.4.1.2.1 基本要求

A.4.1.2.1.1 有医院清洁、消毒制度，并落实。

A.4.1.2.1.2 环境、物体表面无尘、无污渍。

A.4.1.2.1.3 医务人员知晓本岗位的清洁、消毒知识与技能。

A.4.1.2.1.4 医院的清洁、消毒工作符合WS/T 367的要求。

A.4.1.2.1.5 对重点部门清洁、消毒和/或灭菌工作有定期的检查、总结分析与反馈，提出改进措施。

A.4.1.2.2 消毒药械的管理

A.4.1.2.2.1 应有感染管理部门对医院购置消毒药械的审核意见。

A.4.1.2.2.2 医院配备有满足消毒或灭菌要求的设施、设备与消毒剂。

A.4.1.2.2.3 消毒、灭菌产品符合国家相关规定，证件齐全，质量和来源可追溯。

A.4.1.2.2.4 定期对消毒、灭菌设备的消毒效果进行检测。

A.4.1.2.2.5 定期对使用中消毒剂的浓度、消毒或灭菌效果等进行监测。

A.4.1.2.2.6 对消毒药械管理工作有定期的自查、检查、总结分析与反馈，能做到持续质量改进。

A.4.1.3 隔离

A.4.1.3.1 有符合医院特点的隔离工作制度，并落实。

A.4.1.3.2 医务人员知晓本岗位的隔离知识与技能。

A.4.1.3.3 医院的隔离工作应符合WS/T 311的要求。

A.4.1.3.4 对重点部门隔离工作有定期的检查、总结分析与反馈，提出改进措施。

A.4.1.4 一次性使用无菌医疗用品的管理

A.4.1.4.1 有一次性使用无菌医疗用品的管理制度、流程，有相关记录。

A.4.1.4.2 采购、使用、储存、发放、使用后处理等工作规范。

A.4.1.4.3 有一次性使用无菌医疗用品感染监测与报告制度与程序，有改进措施并得到落实。

A.4.1.4.4 有定期自查、检查、总结分析与反馈，能做到持续质量改进。

A.4.1.5 抗菌药物合理使用的管理

A.4.1.5.1 有抗菌药物合理使用管理组织、制度包括抗菌药物分级管理制度及具体措施，并落实。

A.4.1.5.2　有主管部门与相关部门共同监管抗菌药物合理使用的协作机制，各部门职责分工明确。

A.4.1.5.3　有抗菌药物临床应用与细菌耐药情况监测，定期分析、评估、上报监测数据并发布相关信息，提出干预和改进措施，并落实。

A.4.1.5.4　有抗菌药物管理相关法律、法规、规章制度和技术规范培训，医务人员知晓相关知识。

A.4.1.5.5　感染管理部门参与医院抗菌药物合理使用的管理。

A.4.1.5.6　抗菌药物的使用符合《抗菌药物临床应用管理办法》的要求。

A.4.1.5.7　有信息系统的医院，宜采用信息技术进行抗菌药物合理应用的管理。

A.4.2　主要感染部位的医院感染预防与控制措施

A.4.2.1　呼吸机相关性肺炎

A.4.2.1.1　医院应制定呼吸机相关性肺炎预防与控制相关管理制度和操作流程。

A.4.2.1.2　相关医护人员应熟练掌握无菌技术、气管插管、气管切开技术以及呼吸机相关性肺炎预防的相关知识和操作规程。

A.4.2.1.3　相关医护人员应评估患者发生呼吸机相关性肺炎的危险因素，实施预防和控制呼吸机相关性肺炎的综合措施，包括落实抬高床头、口腔护理、呼吸管路的更换、评估是否可以撤机等相关措施。

A.4.2.1.4　开展重症监护病房呼吸机相关性肺炎的目标性监测。

A.4.2.1.5　目标监测资料有定期（至少每季度）分析、总结、反馈及持续质量改进。

A.4.2.1.6　有感染预防与控制措施落实情况的检查、分析及反馈，预防与控制有效。

A.4.2.2　血管导管相关血流感染

A.4.2.2.1　医院应制定血管导管相关血流感染预防与控制相关管理制度和操作流程，并落实。

A.4.2.2.2　相关医护人员应熟练掌握正确置管、维护和血管导管相关血流感染预防的相关知识和操作规程。

A.4.2.2.3　相关医护人员应评估患者发生血管导管相关血流感染的危险因素，实施预防和控制血管导管相关血流感染的综合措施，包括落实无菌操作、手卫生、皮肤护理、血管导管的更换、保留导管必要性评估等相关措施。

A.4.2.2.4　开展重症监护病房血管导管相关血流感染的目标性监测。

A.4.2.2.5　目标监测资料有定期（至少每季度）分析、总结、反馈及持续质量改进。

A.4.2.2.6　有感染预防与控制措施落实情况的检查、分析及反馈，预防与控制有效。

A.4.2.3　导尿管相关尿路感染

A.4.2.3.1　医院应制定导尿管相关尿路感染预防与控制制度和操作流程，并落实。

A.4.2.3.2　相关医护人员应熟练掌握无菌技术、导尿操作、留置导尿管的维护以及导尿管相关尿路感染预防的相关知识和操作规程。

A.4.2.3.3　相关医护人员应评估患者发生导尿管相关尿路感染的危险因素，实施预防和控制导尿管相关尿路感染的综合措施，包括落实无菌操作、手卫生、导尿管更换、留置尿管必要性评估等相关措施。

A.4.2.3.4　开展重症监护病房导尿管相关尿路感染的目标性监测。

A.4.2.3.5　目标监测资料有定期（至少每季度）分析、总结、反馈及持续质量改进。

A.4.2.3.6　有感染预防与控制措施落实情况的检查、分析及反馈，预防与控制有效。

A.4.2.4　手术部位感染

A.4.2.4.1　医院应制定手术部位感染预防与控制制度和操作流程，并落实。

A.4.2.4.2　相关医护人员应熟练掌握无菌技术操作原则及换药流程等手术部位感染预防的有关知识和操作规程。

A.4.2.4.3　相关医护人员应评估患者发生手术部位感染的危险因素，实施预防和控制手术部位感染的综合措施，包括落实无菌操作、手术部位皮肤准备、围手术期抗菌药物的使用、血糖控制和术中保温等相关措施。

A.4.2.4.4　开展感染高风险科室手术部位感染的目标性监测。

A.4.2.4.5　目标性监测资料有定期（至少每季度）分析、总结、反馈及持续质量改进。

A.4.2.4.6　有感染预防与控制措施落实情况的检查、分析及反馈，预防与控制有效。

A.4.3　多重耐药菌感染预防与控制措施

A.4.3.1　针对多重耐药菌医院感染的监测、预防和控制等各个环节，结合实际工作，制订并落实多重耐药菌感染管理的规章制度和预防与控制措施。

A.4.3.2　有落实预防与控制多重耐药菌（如耐甲氧西林金黄色葡萄球菌、耐碳青霉烯类鲍曼不动杆菌、耐碳青霉烯类肠杆菌科细菌、耐万古霉素肠球菌等）感染的有效措施，包括手卫生、隔离、无菌操作、环境清洁与消毒等。

A.4.3.3　根据细菌耐药性监测情况，加强抗菌药物临床应用管理，落实抗菌药物的合理使用。

A.4.3.4 医务人员知晓多重耐药菌感染预防与控制知识与技能。

A.4.3.5 有多重耐药菌感染的监测与控制的检查、分析与反馈，多重耐药菌感染预防与控制有效。

A.4.3.6 有多部门（临床科室、微生物实验室或检验部门、医院感染管理部门、医务部门、护理部门等）多重耐药菌感染预防与控制的合作机制，发生多重耐药菌感染暴发时能有效发挥作用。

A.4.3.7 至少每季度向全院公布临床常见分离细菌菌株及其药敏情况，包括全院和重点部门多重耐药菌的检出变化情况和感染趋势等。

A.5 重点部门医院感染的预防与控制

A.5.1 通用要求

A.5.1.1 有医院感染管理小组，职责明确，并落实。

A.5.1.2 有根据本部门的特点，制定适于本部门的医院感染管理制度并落实。

A.5.1.3 有落实标准预防的具体措施。

A.5.1.4 配合医院感染管理部门开展医院感染的监测，并能将监测结果用于临床医院感染的预防与控制。

A.5.1.5 有落实医院感染监测、手卫生、清洁、消毒、隔离、抗菌药物合理使用、医疗废物管理等的具体措施与流程。

A.5.1.6 有医院感染相关知识的培训，医务人员知晓本部门、本岗位医院感染预防与控制知识与技能。

A.5.1.7 医院感染管理小组有定期（至少每季度）对医院感染预防与控制工作进行自查、总结分析，能体现持续质量改进。

A.5.2 重症医学科

A.5.2.1 重症医学科布局合理，病房配置设备设施符合WS/T 509的基本设备要求。

A.5.2.2 有单独的隔离房间，隔离工作符合WS/T 311的要求。

A.5.2.3 手卫生设施、用品及医务人员的手卫生符合WS/T 313的要求。

A.5.2.4 有预防呼吸机相关性肺炎、血管导管相关血流感染、导尿管相关尿路感染、多重耐药菌感染等的制度及措施。

A.5.2.5 开展呼吸机相关性肺炎、血管导管相关血流感染、导尿管相关尿路感染目标性监测，至少每季度进行监测资料的分析与讨论，感染预防与控制有效。

A.5.2.6 了解其前五位的医院感染病原微生物名称及耐药情况。

A.5.3 新生儿病房及重症新生儿监护病房

A.5.3.1 建筑布局符合医院感染预防与控制要求，做到洁污分区，功能流程合理，符合《新生儿病室建设与管理指南（试行）》的要求。

A.5.3.2 有新生儿暖箱、奶瓶、奶嘴清洁消毒制度及流程，并落实。

A.5.3.3　有新生儿暖箱、奶瓶、奶嘴消毒效果定期监测。

A.5.3.4　有单独的隔离房间，隔离工作符合WS/T　311的要求。

A.5.3.5　手卫生设施、用品及医务人员的手卫生符合WS/T　313的要求。

A.5.3.6　重症新生儿监护病房有预防呼吸机相关性肺炎、血管导管相关血流感染等的制度及措施。

A.5.3.7　重症新生儿监护病房开展呼吸机相关性肺炎、血管导管相关血流感染目标性监测，至少每季度进行监测资料的分析与讨论，感染预防与控制有效。

A.5.3.8　重症新生儿监护病房的医务人员应了解其前五位的医院感染病原微生物名称及耐药情况。

A.5.4　感染性疾病科

A.5.4.1　根据相关法规要求设置感染性疾病科，其建筑布局、医疗设备和设施基本符合医院感染预防与控制有关规范。

A.5.4.2　感染性疾病科的设置要相对独立，做到布局合理，分区清楚，符合医院感染预防与控制要求。

A.5.4.3　有感染性疾病患者就诊流程规定并公示。

A.5.4.4　有完善的感染性疾病科各项规章制度与流程、岗位职责，并落实。

A.5.5　手术部（室）

A.5.5.1　手术部（室）布局合理，分区明确，标识清楚，洁污区域分开。

A.5.5.2　医务人员知晓各工作区域功能及要求，并有效执行。

A.5.5.3　有医疗设备、手术器械及物品的清洁、消毒、灭菌及存放规定。

A.5.5.4　在手术部（室）内消毒的手术器械及物品，应达到WS　310.1、WS　310.2和WS　310.3的要求。

A.5.5.5　手术部（室）工作区域，手术全部完毕后，应进行彻底清洁与消毒。

A.5.5.6　连台手术之间，应及时对手术间进行清洁、消毒处理。

A.5.6　血液透析中心（室）

A.5.6.1　布局和流程应满足工作需要，符合医院感染预防与控制要求。

A.5.6.2　有满足工作需要的设备及物品，如水处理、复用设备、职业防护物品等。

A.5.6.3　有患者管理制度，对初次透析的患者进行乙型肝炎病毒、丙型肝炎病毒、梅毒螺旋体、艾滋病病毒感染的相关检查，每半年复查一次。

A.5.6.4　乙型肝炎病毒、丙型肝炎病毒、梅毒螺旋体及艾滋病病毒感染的患者应在隔离透析治疗区（或间）进行专机血液透析。

A.5.6.5　定期对反渗机和供水管路进行消毒和冲洗，冲洗后检测消毒剂残留量，有记录。

A.5.6.6　有透析液和透析用水质量监测制度与执行的流程。

A.5.6.7　有完整的水质量监测记录，包括透析用水、透析液内毒素和细菌污染物的监测。

A.5.6.8　透析器复用的，有相应的管理制度和流程，符合国家相关规定。

A.5.6.9　从事血液透析器复用的人员应是护理人员、技术员或经过培训的专门人员。

A.5.7　内镜中心（室）

A.5.7.1　布局合理，有符合医院感染预防与控制要求的清洗、消毒与储存空间。

A.5.7.2　内镜及其配件的数量应满足患者诊疗工作的需要，并配备合适的清洗、消毒与灭菌设备。

A.5.7.3　有内镜清洗、消毒、灭菌与无菌操作等制度并落实，有消毒灭菌效果的监测并记录。

A.5.7.4　有针对内镜诊疗特点的医院感染预防与控制知识培训，并记录，医务人员知晓相关内容。

A.5.7.5　内镜清洗消毒的相关管理要求应符合WS　507的要求。

A.5.7.6　有医院感染预防与控制包括内镜清洗与消毒工作的自查、检查、总结分析及持续质量改进。

A.5.8　临床检验科（实验室，含输血科）

A.5.8.1　至少每季度分析常见细菌、药敏试验及细菌耐药性监测结果并反馈，包括全院和重点部门多重耐药菌的检出变化情况和耐药趋势等，为医院抗菌药物管理提供依据。

A.5.8.2　有临床标本采集、运送、交接、处理和保存过程等相应的生物安全制度与流程，有培训与考核，防护设施齐备、合理、完好，医务人员知晓并能正确操作。

A.5.8.3　有标本溢洒处理流程，有各种传染病职业暴露后的应急预案，有发生生物安全事项的登记、上报。

A.5.8.4　有适当的生物安全警示标识。

A.5.8.5　有微生物菌种、毒株的管理规定与流程。

A.5.8.6　消毒、样品收集、取用等有相应的过程记录。

A.5.8.7　有医疗废物的处理制度与流程；有落实措施；有明确的责任人。

A.5.8.8　能配合医院感染流行病学病原微生物的检测。

A.5.8.9　手卫生设施合格；有针对不同情况的消毒措施并实施，并定期监测各种消毒用品的有效性。

A.5.8.10　有定期检查、分析、反馈和持续质量改进。

A.5.9　医院消毒供应中心

A.5.9.1　应采取集中管理的方式，对所有需要消毒或灭菌后重复使用的诊疗器械、器具和物品由消毒供应中心回收，集中清洗、消毒、灭菌和供应，相应工作符合WS 310.1的要求。

A.5.9.2 消毒供应中心相对独立，周围环境清洁，无污染源。

A.5.9.3 内部环境整洁，通风、采光良好，分区（辅助区域、工作区域等）明确并有间隔。

A.5.9.4 有基本消毒灭菌设备、设施。

A.5.9.5 污染物品由污到洁，不交叉、不逆流。洁、污染物品分别有专用通道。

A.5.9.6 有清洗、消毒及灭菌技术操作规范，并符合WS 310.2的要求。

A.5.9.7 有清洗、消毒与灭菌质量控制、监测、医务人员防护等的制度与流程，符合WS 310.3的要求，并落实。

A.5.9.8 消毒供应中心清洗、消毒与灭菌效果监测落实到位，并有原始记录与监测报告。

A.5.9.9 消毒供应中心人员知晓相关制度、本岗位职责、操作技能与知识，并执行。

A.5.9.10 消毒供应中心物流管理宜实行全程信息化管理。

A.5.10 其他重点部门

应遵循国家相关法律、法规、标准和规范的要求。

A.6 医务人员职业暴露和感染的预防与控制

A.6.1 有医务人员职业暴露与感染的预防与控制的规章制度，并落实。

A.6.2 医务人员在诊疗工作中采取标准预防的原则和相应的措施。

A.6.3 有根据医务人员在工作时的感染风险程度采取分级防护的规定，防护措施适宜。

A.6.4 医务人员使用的防护用品符合国家有关标准，配置完整、充足，便于医务人员获取和使用。

A.6.5 有医务人员发生医院感染的监测、报告制度与处理程序。

A.6.6 医务人员知晓本部门、本岗位职业暴露和防护的知识与技能。

A.6.7 有职业暴露的应急预案，处置流程明确。

A.6.8 有职业暴露的完整登记、处置、随访等资料，并根据案例或阶段分析改进职业防护工作。

24. 关于印发《医疗废物分类目录》的通知
(卫医发〔2003〕287号)

各省、自治区、直辖市卫生厅局、环境保护局，新疆生产建设兵团卫生局、环境保护局：

根据《医疗废物管理条例》，卫生部和国家环境保护总局制定了《医疗废物分类目录》。现印发给你们，请遵照执行。

附件：医疗废物分类目录

二OO三年十月十日

医疗废物分类目录

类别	特征	常见组分或者废物名称
感染性废物	携带病原微生物具有引发感染性疾病传播危险的医疗废物。	1、被病人血液、体液、排泄物污染的物品，包括： ——棉球、棉签、引流棉条、纱布及其他各种敷料； ——一次性使用卫生用品、一次性使用医疗用品及一次性医疗器械； ——废弃的被服； ——其他被病人血液、体液、排泄物污染的物品。
		2、医疗机构收治的隔离传染病病人或者疑似传染病病人产生的生活垃圾。
		3、病原体的培养基、标本和菌种、毒种保存液。
		4、各种废弃的医学标本。
		5、废弃的血液、血清。
		6、使用后的一次性使用医疗用品及一次性医疗器械视为感染性废物。
病理性废物	诊疗过程中产生的人体废弃物和医学实验动物尸体等。	1、手术及其他诊疗过程中产生的废弃的人体组织、器官等。
		2、医学实验动物的组织、尸体。
		3、病理切片后废弃的人体组织、病理腊块等。
损伤性废物	能够刺伤或者割伤人体的废弃的医用锐器。	1、医用针头、缝合针。
		2、各类医用锐器，包括：解剖刀、手术刀、备皮刀、手术锯等。
		3、载玻片、玻璃试管、玻璃安瓿等。

续表

类别	特征	常见组分或者废物名称
药物性废物	过期、淘汰、变质或者被污染的废弃的药品。	1、废弃的一般性药品，如：抗生素、非处方类药品等。
		2、废弃的细胞毒性药物和遗传毒性药物，包括： ——致癌性药物，如硫唑嘌呤、苯丁酸氮芥、萘氮芥、环孢霉素、环磷酰胺、苯丙胺酸氮芥、司莫司汀、三苯氧氨、硫替派等； ——可疑致癌性药物，如：顺铂、丝裂霉素、阿霉素、苯巴比妥等； ——免疫抑制剂。
		3、废弃的疫苗、血液制品等。
化学性废物	具有毒性、腐蚀性、易燃易爆性的废弃的化学物品。	1、医学影像室、实验室废弃的化学试剂。
		2、废弃的过氧乙酸、戊二醛等化学消毒剂。
		3、废弃的汞血压计、汞温度计。

说明：

一次性使用卫生用品是指使用一次后即丢弃的，与人体直接或者间接接触的，并为达到人体生理卫生或者卫生保健目的而使用的各种日常生活用品。

一次性使用医疗用品是指临床用于病人检查、诊断、治疗、护理的指套、手套、吸痰管、阴道窥镜、肛镜、印模托盘、治疗巾、皮肤清洁巾、擦手巾、压舌板、臀垫等接触完整粘膜、皮肤的各类一次性使用医疗、护理用品。

一次性医疗器械指《医疗器械管理条例》及相关配套文件所规定的用于人体的一次性仪器、设备、器具、材料等物品。

医疗卫生机构废弃的麻醉、精神、放射性、毒性等药品及其相关的废物的管理，依照有关法律、行政法规和国家有关规定、标准执行。

25. 卫生部关于二级以上综合医院感染性疾病科建设的通知（卫医发〔2004〕292号）

各省、自治区、直辖市卫生厅局，新疆生产建设兵团卫生局：

当前，传染病严重威胁人民群众的生命健康，原已被控制的传染病死灰复燃，新的传染病陆续出现，突发性传染病暴发流行时有发生。同时，由于各种原因导致的耐药菌株不断增加，使得感染性疾病发病率上升，治疗难度加大，感染性疾病对人民群众身体健康和生命安全具有潜在的严重威胁。

二级以上综合医院接诊病人数量大，也是病人首诊就医的地点，因此，切实做好二级以上综合医院的感染性疾病科建设，提高其对传染病的筛查、预警和防控能力及感染性疾病的诊疗水平，实现对传染病的早发现、早报告，早治疗，及时控制传染病的传播，有效救治感染性疾病，保护人民群众身体健康具有十分重要的意义。二级以上综合医院要高度重视感染性疾病科的建设，在卫生行政部门的指导下，要求于今年十月底前建立感染性疾病科。为指导各地做好二级以上综合医院感染性疾病科的建设，现将有关要求通知如下。

一、提高认识，加强领导

感染性疾病科是临床业务科室。做好感染性疾病科的建设，是提高医院感染性疾病诊疗和感染控制水平，增强医院预防、控制传染病能力的重要手段，也是保护人民群众身体健康和生命安全，促进经济和社会协调发展的科学发展观在医疗卫生工作中的具体体现。各级卫生行政部门和二级以上综合医院必须提高对感染性疾病科重要作用的认识，结合各地实际，将发热门诊、肠道门诊、呼吸道门诊和传染病科统一整合为感染性疾病科，并加强对感染性疾病科建设和管理的领导，将感染性疾病科的建设纳入当地医疗救治体系，统筹兼顾，采取有效措施为感染性疾病科的发展创造条件。同时，卫生行政部门要加强对感染性疾病科的监督、管理，确保其职责明确，功能到位。

二、以人为本，科学建设

卫生行政部门和医院要重视对感染性疾病科建设的投入，按照有关法律、法规和技术规范的要求，搞好设计和建设。感染性疾病科的设置要相对独立，内部结构做到布局合理，分区清楚，便于患者就诊，并符合医院感染预防与控制要求。二级综合医院感染性疾病科门诊应设置独立的挂号收费室、呼吸道（发热）和肠道疾病患者的各自候诊区和诊室、治疗室、隔离观察室、检验室、放射检查室、药房（或药柜）、专用卫生间；三级综合医院感染性疾病科门诊还应设置处置室和抢救室等。感染性疾病科门诊应配备必要的医疗、防护设备和设施。设有感染性疾病病房的，其建筑规范、医疗设备和设施应符合国家有关规定。感染性疾病科要合理配置医务人员，要选拔技术好、责任心强的医务人员充实到感染性疾病科，为患者提供便捷、舒适、人性化较好的医疗服务。

三、明确职责，完善制度

感染性疾病科负责就诊患者的传染病筛查和感染性疾病治疗。二级以上综合医院要制订感染性疾病科各级医师、护士等工作人员的岗位职责；并根据《传染病防治法》、《突发公共卫生事件应急处理条例》、《医疗废物管理条例》、《医院感染管理规范》和《消毒技术规范》等法律、法规和技术规范制定完善感染性疾病科的各项规章制度和工作流程。要注重对规章制度和工作流程落实情况的监督检查，保证感染性疾病科的医疗质量和医疗安全。

四、强化培训，提高素质

要加强感染性疾病科工作人员的培训，既要培训有关传染病防治的法律、法规、部门规章、工作制度，又要培训感染性疾病的流行病学、预防、诊断、治疗、职业暴露处理和防护等内容，并定期进行考核和传染病处置的演练，切实提高感染性疾病的诊疗能力和救治水平。

做好二级以上综合医院感染性疾病科的建设是一项十分重要的工作，各地要按照本通知精神认真抓好落实，并在实践中不断完善。在工作中遇到的问题和建议请及时反馈我部医政司。

二〇〇四年九月三日

26. 卫生部办公厅关于对医院输液容器处理问题的复函
（卫办医函〔2004〕338号）

江苏省卫生厅：

你厅《关于医院输液容器处理的请示》（苏卫医便〔2004〕30号）收悉。现答复如下：

根据卫生部、国家环保总局2003年10月颁布的《关于印发〈医疗废物分类目录〉的通知》（卫医发〔2003〕287号），对于各种玻璃（一次性塑料）输液瓶（袋）、青霉素及头孢类抗生素的废弃瓶，未被病人血液、体液、排泄物污染的，不属于感染性废物，不必按医疗废物要求处理。

二〇〇四年八月四日

27. 卫生部关于产妇分娩后胎盘处理问题的批复
（卫政法发〔2005〕123号）

山东省卫生厅：

青岛市卫生局《关于产妇分娩后医疗机构如何处理胎盘问题的请示》（青卫发〔2005〕22号）收悉。经研究，答复如下：

产妇分娩后胎盘应当归产妇所有。产妇放弃或者捐献胎盘的，可以由医疗机构进行处置。任何单位和个人不得买卖胎盘。如果胎盘可能造成传染病传播的，医疗机构应当及时告知产妇，按照《传染病防治法》、《医疗废物管理条例》的有关规定进行消毒处理，并按照医疗废物进行处置。

此复。

二〇〇五年三月三十一日

28. 关于明确医疗废物分类有关问题的通知
（卫办医发〔2005〕292号）

各省、自治区、直辖市卫生厅局、环境保护局，新疆生产建设兵团卫生局、环境保护局：

为进一步贯彻落实《医疗废物管理条例》，加强医疗废物监督管理工作，针对各地在医疗废物分类中存在的理解方面的差异，现对有关问题说明如下：

一、使用后的一次性医疗器械属于医疗废物。根据卫生部和国家环境保护总局联合下发的《医疗废物分类目录》（卫医发〔2003〕287号）规定，使用后的一次性医疗器械，不论是否剪除针头，是否被病人体液、血液、排泄物污染，均属于医疗废物，均应作为医疗废物进行管理。

二、使用后的输液瓶不属于医疗废物。使用后的各种玻璃（一次性塑料）输液瓶（袋），未被病人血液、体液、排泄物污染的，不属于医疗废物，不必按照医疗废物进行管理，但这类废物回收利用时不能用于原用途，用于其他用途时应符合不危害人体健康的原则。

二〇〇五年十二月二十八日

29. 卫生部办公厅关于加强医疗卫生机构医疗废物监督管理工作的通知
（卫办医政发〔2010〕186号）

各省、自治区、直辖市卫生厅局，新疆生产建设兵团卫生局：

近日，中央有关媒体曝光了河南省周口市部分医疗卫生机构医疗废物处置不规范，甚至个别机构、人员存在非法买卖医疗废物的违法行为。我部和环境保护部也分别接到媒体举报，反映山西省稷山县部分医疗卫生机构医疗废物收集、贮存、处置等环节不规范。上述事件反映出部分医疗卫生机构在医疗废物管理工作中违反《医疗废物管理条例》、《医疗卫生机构医疗废物管理办法》的有关规定，部分卫生行政部门监管职责不落实。为加强医疗卫生机构医疗废物规范管理，加大监管力度，现将有关要求通知如下：

一、依法严格管理，落实法定责任

医疗卫生机构要高度重视医疗废物管理工作，严格按照《医疗废物管理条例》、《医疗卫生机构医疗废物管理办法》的规定，全面加强医疗废物管理工作。

各级卫生行政部门要切实履行对辖区内各级各类医疗卫生机构医疗废物的监管职责，加强检查指导，落实管理措施，健全处置方案。医疗卫生机构要严格执行《医疗废物管理条例》、《医疗卫生机构医疗废物管理办法》的规定，建立医疗废物管理责任制，明确岗位职责，制定并实施有关规章制度和工作规范，确保责任到位、工作到位。

二、突出工作重点，强化管理措施

医疗卫生机构要切实做好医疗废物的分类收集、暂时贮存工作，并将医疗废物交由经设区的市级以上环境保护行政部门许可的医疗废物集中处置单位进行处置。要重点加强感染性、损伤性和病理性废物的管理，特别是使用后的一次性医疗器械，均应当作为感染性医疗废物，直接放入医疗废物专用包装物或者容器中，针头、刀片等锐器放入利器盒中，一并交由医疗废物处置单位处置。

各级卫生行政部门要加强监管，对违反《医疗废物管理条例》、《医疗卫生机构医疗废物管理办法》规定的医疗卫生机构及相关责任人，依法严肃处罚。

三、全面监督检查，督促落实整改

（一）开展自查（2010年12月—2011年2月）。各级各类医疗卫生机构要对本单位医疗废物管理工作开展自查，并针对发现的问题及时进行整改。

（二）开展监督检查（2011年3月—2011年6月）。各级卫生行政部门要对辖区内各级各类医疗卫生机构进行监督检查，尤其加强对尚未建立医疗废物集中处置单位的地区以及一级以下医疗机构的监督检查，对发现的问题提出整改意见，并及时复查整改落实情况。

县级卫生行政部门要开展拉网式监督检查，覆盖辖区内100%的医疗卫生机构；市级卫生行政部门对不少于30%的县（区）进行抽查；省级卫生行政部门对不少于20%的市（州、盟）进行抽查。各地要加大监督检查和惩处力度，对于造成危害后果的典型案例，要进行通报，公开曝光，对有关责任人要依法追究责任。

各省级卫生行政部门要及时汇总本辖区医疗废物管理监督检查情况并形成报告，于2011年6月30日前报送我部医政司、监督局。我部将适时对部分省（区、市）医疗废物管理情况进行督查，并将有关情况进行通报。

四、不断总结探索，完善长效管理

各级卫生行政部门要不断探索，逐步完善医疗废物管理工作的长效机制。已建立医疗废物集中处置单位的地区，卫生行政部门应当与环保、物价部门沟通协调，制定合理的医疗废物处置费用标准并纳入医疗成本。尚未建立医疗废物集中处置单位的地区，卫生行政部门应当与环保部门协商，共同制订符合环境保护和卫生安全要求的医疗废物处置方案，并指导辖区内医疗卫生机构实施，确保对医疗废物的全程规范管理。

各级卫生行政部门要将专项督查与日常监管结合起来，督促医疗卫生机构落实医疗废物各项管理职责；将医疗机构对医疗废物的规范管理纳入医疗机构校验管理，加大管理力度。

二〇一〇年十一月二十六日

30. 关于进一步加强危险废物和医疗废物监管工作的意见（环发〔2011〕19号）

各省、自治区、直辖市环境保护厅（局）、卫生厅（局），新疆生产建设兵团环境保护局、卫生局：

危险废物（含医疗废物）污染防治是环境保护工作的重要组成部分。危险废物含有有毒有害成分，若利用和处置不当，将对水体、大气和土壤造成严重污染，甚至严重威胁人民群众身心健康。“十一五”期间，我国不断加大危险废物监管力度，规范利用处置行为，纳入规范化管理的危险废物数量持续大幅度上升。但是非法收集、转移、利用和处置危险废物的现象屡禁不止，由此引发的突发环境事件呈多发态势，暴露出危险废物监管工作依然薄弱，防范危险废物环境风险的压力巨大。各级环保部门要进一步提高认识，增强责任感和紧迫感，采取切实措施，进一步加强危险废物监管工作。现提出如下意见：

一、总体要求

（一）指导思想。以科学发展观为指导，以有效控制危险废物环境风险为目标，以全过程规范化管理为抓手，以产生、利用、处置危险废物的单位为监管重点，以落实危险废物管理制度为根本，进一步加强能力建设，完善危险废物监管体制机制，创新监管手段，严格环境监管，保障人体健康，维护生态安全，促进经济社会可持续发展。

（二）目标任务。到2015年，摸清全国重点危险废物产生单位以及利用、处置单位情况，建立健全危险废物管理信息系统。危险废物管理进一步规范，产生单位危险废物规范化管理抽查合格率达到90%；经营单位危险废物规范化管理抽查合格率达到95%。发展一批危险废物利用处置骨干企业，取缔一批非法利用处置危险废物企业，淘汰一批落后的利用处置设施。大、中城市医疗废物基本实现无害化处置。有效遏制危险废物引发的突发环境事件。

二、规范产生和经营单位内部管理

（三）规范产生单位危险废物管理。产生危险废物的单位应当以控制危险废物的环境风险为目标，制定危险废物管理计划和应急预案并报所在地县级以上地方环保部门备案。依据《固体废物鉴别导则》（原国家环保总局、国家发展改革委、商务部、海关总署、国家质检总局公告2006年第11号）、《国家危险废物名录》（环境保护部令第1号）和《危险废物鉴别标准》（GB 5085），自行或委托专业机构正确鉴别和分类收集危险废物。对盛装危险废物的容器和包装物，要确保无破损、泄漏和其他缺陷，依据《危险废物贮存污染控制标准》（GB 18597）规范建设危险废物贮存场所并设置危险废物标识。加强危险废物贮存期间的环境风险管理，危险废物贮存时间不得超过一年。严格执行危险废物转移联单制度，禁止将危险废物提供或委托给无危险废物经营许可证的单位从事收集、贮存、利用、处置等经营活动。严禁委托无危险货物运输资质的单位运输危险废物。自建危险废物贮存、利用、处置设施的，应当符合《危险废物贮存污染控制标准》（GB 18597）、《危险废物填埋污染控制标准》（GB 18598）、《危险废物焚烧污染控制标准》（GB 18484）等相关标准的要求，依法进行环境影响评价并遵守国家有关建设项目环境保护管理的规定；按照所在地环保部门要求定期对利用处置设施污染物排放进行监测，其中对焚烧设施二噁英排放情况每年至少监测一次。要将危险废物的产生、贮存、利用、处置等情况纳入生产记录，建立危险废物管理台账，如实记录相关信息并及时依法向环保部门申报。

（四）加强危险废物经营单位管理。危险废物经营单位应当依据《危险废物经营许可证管理办法》（国务院令第408号）依法申领危险废物经营许可证。禁止无经营许可证或者不按照经营许可证规定从事危险废物收集、贮存、利用、处置的经营活动。要参照《危险废物经营单位记录和报告经营情况指南》（环境保护部公告2009年第55号）、《危险废物经营单位编制应急预案指南》（原环保总局公告2007年第48号），建立危险废物经营情况记录簿，定期向环保部门报告经营活动情况；制定突发环境事件的防范措施和应急预案，配置应急防护设施设备，定期开展应急演练；要建立日常环境监测制度，自行或委托有资质的单位对污染物排放进行监测，其中对焚烧设施排放二噁英情况每年至少监测一次，防止污染环境。

（五）加强业务培训。危险废物产生单位和经营单位应当对本单位工作人员进行培训，提高全体人员对危险废物管理的认识。确保相关管理人员和从事危险废物收集、运送、暂存、利用和处置等工作的人员掌握国家相关法律法规、规章和有关规范性文件的规定；熟悉本单位制定的危险废物管理规章制度、工作流程和应急预案等各项工作要求；掌握危险废物分类收集、运送、暂存的正确方法和操作程序，提高安全防护和应急处置能力。对危险废物填埋和焚烧设施操作人员探索实行职业资格证书制度。

三、加强对产生单位的环境监管

（六）完善环评审批。建设产生危险废物的项目，应当严格进行环境影响评价，合理分析危险废物的产生环节、种类、危害特性、产生量、利用或处置方式，科学预测其环境影响。对危险废物产生强度大以及所产生的危险废物分析不清、无妥善利用或处置方案和风险防范措施的建设项目，不予批准其环评文件。建设项目竣工环境保护验收时，应对危险废物产生、贮存、利用和处置情况，风险防范措施，管理计划等进行核查。

（七）建立监管重点源清单。各级环保部门应当于2011年年底前建立危险废物产生单位监管重点源清单并及时更新。原则上年产生或贮存危险废物1吨以上的单位列为市级危险废物重点源；年产生或贮存危险废物10吨以上的单位列为省级危险废物重点源；年产生或贮存危险废物100吨以上的单位应当列为国家级危险废物监管重点源。产生含氰等剧毒类危险废物以及被剧毒化学品污染的废弃包装容器的单位应当纳入市级以上地方环保部门的重点监管范围。

（八）强化监督管理。各级环保部门要积极开展产生单位危险废物规范化管理工作，推动落实各项危险废物管理制度。对纳入监管重点源的危险废物产生单位，年抽查率不低于30%。对产生单位非法转移危险废物的，要坚决打击，从严处理。对超期贮存危险废物的产生单位，应责令限期处置；逾期不处置或处置不符合国家有关规定的，由所在地的县级以上环保部门指定单位代为处置，处置费用由危险废物产生单位承担。以产生废矿物油和铅酸蓄电池的机动车维修企业为重点，因地制宜，探索对流通领域危险废物产生单位的监管。

（九）开展对自有利用处置设施的专项检查。各省（区、市）环保部门应当于2011年年底前，组织对危险废物产生单位自有危险废物利用处置设施开展一次全面排查和评估。对于污染物排放超标的设施，特别是二噁英超标的焚烧设施，要依法处罚并限期治理；逾期未完成治理任务的，要依法关停；限期治理期限最长不得超过1年。

四、加强对经营单位的环境监管

（十）严格许可证审查。各级环保部门应当严格执行《危险废物经营许可证管理办法》，按照《危险废物经营单位审查和许可证指南》（环境保护部公告2009年第65号），不断规范和完善危险废物经营许可证的审批工作。上级环保部门应当加强对下级环保部门审批颁发危险废物经营许可证情况的监督检查，及时纠正下级环保部门审批颁发危险废物经营许可证过程中的违法行为。要做好新建危险废物利用处置项目环境影响评价审批与危险废物经营许可证审批工作的衔接工作。对从事收集、贮存废弃荧光灯管、废铅酸蓄电池等流通领域危险废物经营活动的单位，依法开展危险废物经营许可证审批工作，鼓励生产企业回收废弃荧光灯管和废铅酸蓄电池。

（十一）加强监督性检查和监测。地方各级环保部门要落实对危险废物经营单位的属地监管责任，积极开展危险废物经营单位规范化管理工作。发证机关应当组织对持证单位每年至少开展一次监督检查和监督性监测，对危险废物焚烧设施的二噁英排放情况每年至少监测一次。要定期对持证单位污染防治情况和突发环境事件防范能力进行全面评估，对存在严重安全和污染隐患，不符合原许可条件的持证单位，要责令限期整改，直至依法吊销危险废物经营许可证。

（十二）严格依法处罚违法行为。各级环保部门要严格执法，坚决取缔无证从事危险废物收集、贮存、利用、处置经营活动的行为。对不按照经营许可证规定从事收集、贮存、利用、处置危险废物经营活动的，要责令停止违法行为，没收违法所得，可以并处违法所得3倍以下的罚款，并可以由发证机关吊销经营许可证。被依法吊销或者收缴危险废物经营许可证的单位，5年内不得再申请领取危险废物经营许可证。

五、加强医疗废物监管

（十三）建立医疗废物管理责任制。落实《医疗废物管理条例》（国务院令第380

号）和《医疗卫生机构医疗废物管理办法》（卫生部令第36号），建立医疗废物管理责任制。医疗卫生机构负责医疗废物产生后的分类收集管理并及时将医疗废物交由医疗废物集中处置单位处置。医疗废物集中处置单位负责从医疗卫生机构收集医疗废物并进行无害化处置。医疗卫生机构和医疗废物集中处置单位的法定代表人为第一责任人。第一责任人要切实履行职责，防止因医疗废物导致疾病传播和环境污染事故，特别是防止医疗废物流向社会非法加工利用。

（十四）加大对医疗废物的监管力度。卫生行政部门应当加强对医疗卫生机构医疗废物管理工作的监督检查；环保部门应当加强对医疗废物集中处置单位和设施的监管，特别是加强对小规模医疗废物焚烧处置设施的监督性监测力度，对不能稳定达标的，要在1年内依法淘汰或者关停。各停用处置设施可用于突发疫情期间应急处置医疗废物。不具备集中处置医疗废物条件的农村等偏远地区，自行就地处置医疗废物的，应当符合《医疗废物管理条例》规定的基本要求。

六、完善监管机制

（十五）建立风险监管机制。落实危险废物经营单位经营情况报告制度，开展危险废物产生单位申报登记工作。以此为基础，充分利用污染源普查成果和其他相关调查成果，结合群众举报等相关信息，加强对各危险废物产生、经营单位违规可能性的分析，建立健全违规风险识别和评估机制，提高监管的针对性和有效性。定期组织开展环境风险排查，着重防范突发自然灾害引发危险废物，特别是长期堆存的危险废物污染环境事件。

（十六）推行考核机制。在2010年危险废物污染防治督查工作的基础上，进一步完善危险废物规范化管理的指标体系。各省（区、市）级环保部门要加强对辖区内危险废物产生、利用、处置单位的监督性检查和抽查，考核各单位危险废物规范化管理情况，统计各地区危险废物规范化管理合格率。危险废物规范化管理合格率要纳入对地方环境保护绩效考核的指标体系中。对危险废物规范化管理合格率低于60%的地区，要通报批评，暂停对该地区有关环境保护的评比创建活动。

（十七）建立合作协调机制。各级环保部门要加强区域合作，以及与公安、交通、安监、卫生等相关部门的合作，联合打击危险废物非法转移、利用和处置的行为。鼓励建立危险废物应急处置区域合作和协调机制，提高风险应对能力。各级环保部门的污染防治、固体废物管理、环评、监测、监察、应急、宣教等部门要信息共享，加强协调，形成合力。

（十八）完善危险废物收费政策。按照成本加合理利润的原则，配合有关部门推动危险废物处理处置收费政策的制定完善，保证处置设施的正常运行。

七、创新监管手段

（十九）建立危险废物管理信息系统。加快国家和省级固体废物管理机构能力建设项目的建设进度，保障危险废物管理信息系统建设质量，尽快实现危险废物网上申报登记、转移管理和经营许可证审批，建立危险废物产生单位、利用、处置单位档案库，建设危险废物突发环境事件应急辅助决策系统，提高危险废物信息化管理能力和水平。

（二十）探索电子监管。充分运用现代物联网技术，探索对危险废物产生、贮存、转移、利用、处置进行全过程电子跟踪监管，提高管理效率，防止非法倾倒。

（二十一）推进信息公开。各级环保部门要落实《固体废物污染环境防治法》关于固体废物污染防治信息发布的制度，参照《大中城市固体废物污染环境防治信息发布导则》（原国家环保总局公告2006年第33号）的要求，定期公开危险废物的种类、产生量、利用和处置状况，监督管理情况等信息，保证公众知情权，促进舆论监督。

八、加强基础建设

（二十二）加强能力建设。地方各级环保部门要因地制宜，进一步理顺承担固体废物管理工作的行政管理部门和事业单位的关系，明确相关职能定位，形成相互支持，相互配合的局面，提高管理效能。国家和省级固体废物管理机构应于2011年年底前完成标准化建设，加强大、中城市固体废物管理机构建设。加大对危险废物执法人员的业务培训力度。各级固体废物管理机构要强化自身建设，积极开展基础调查工作，摸清本地区各行业危险废物基本情况，研究对策建议；指导危险废物产生、利用、处置单位开展规范化管理工作；配合环境应急部门加强危险废物污染事故应急处置能力建设。建立危险废物污染防治专家库。

（二十三）加强危险废物鉴别能力建设。及时动态修订《国家危险废物名录》，完善危险废物鉴别标准。各地应当因地制宜，依托现有环境监测机构或固体废物管理机构，加快危险废物鉴别机构建设，提升危险废物鉴别能力。鼓励危险废物鉴别机构在条件成熟时，根据国家有关规定逐步加入国家司法鉴定体系。

（二十四）保障中长期危险废物填埋处置能力。各省（区、市）环保部门应当会同有关部门抓紧研究制定危险废物填埋设施选址规划，保障中长期危险废物填埋设施建设用地；要采取技术措施和经济手段，控制危险废物填埋数量。

九、建立长效机制

（二十五）完善政策法规。抓紧研究《固体废物污染环境防治法》和《危险废物经营许可证管理办法》的修订工作，健全危险废物全过程管理制度。完善危险废物贮存、利用、处置有关污染控制标准规范。针对危险废物鉴别、申报登记、管理计划、转移管理、应急预案、经营许可、经营情况记录等各项管理制度，逐一制定和完善配套的实施办法和指南，增强可操作性。积极推动地方危险废物相关立法工作。重点针对量大面广的危险废物，建立健全危险废物综合利用产品的质量标准体系，促进综合利用。建立健全危险废物相关环境影响评价导则、违规风险识别和评估导则。

（二十六）加强技术研发和推广。加强含重金属盐类危险废物、阴极射线管的含铅玻璃、生活垃圾焚烧飞灰、废氯化汞触媒和废弃含汞荧光灯等危险废物利用处置，水泥窑等工业窑炉共处置危险废物，以及危险废物污染场地评估与修复等技术的研发，依托重点工程项目组织开展试点示范。研发铬渣、砷渣、镉渣和氰渣等危险废物的污染防治和利用处置技术，统筹国家和地方的科技资源，促进科研单位、企业、政府之间的联合，加快先进、适用技术示范与推广。鼓励低汞触媒生产技术在聚氯乙烯行业，无钙焙烧工艺在铬盐生产行业的应用。

（二十七）制定专项规划。环境保护部要抓紧编制全国“十二五”危险废物污染防治规划，提出加强危险废物污染防治和监督管理的总体思路、目标、原则、工作重点和相关政策措施。各省（区、市）环保部门要制定相应的实施方案，积极落实。

（二十八）加强组织领导。各级环保部门要健全领导机制，明确责任和分工，做到责任到位、措施到位，监管到位。环境保护部各督查中心要对各省（区、市）执行国家危险废物污染防治政策、规划、法规、标准情况进行监督检查并将情况报环境保护部。

各地要在2011年3月31日前，将本地区落实本意见的实施方案，报送环境保护部备案。

二〇一一年二月十六日

31. 卫生部办公厅关于加强医疗机构废弃药品包装处置管理工作的通知

（卫办医政函〔2012〕681号）

各省、自治区、直辖市卫生厅局，新疆生产建设兵团卫生局：

为加强医疗机构废弃药品包装处置管理，规范医疗机构废弃药品包装处置行为，现就做好医疗机构废弃药品包装处置管理有关工作要求如下：

一、各级各类医疗机构要高度重视废弃药品包装处置管理工作，建立健全规章制度，明确专门部门或指定专人负责本机构废弃药品包装处置管理，做到责任到人。要对临床医护人员、相关管理人员和废弃药品包装临时收集人员开展教育培训工作，确保废弃药品包装处置规范到位。

二、各级各类医疗机构处置废弃药品包装要遵循以下原则：

（一）关于麻醉药品和精神药品的废弃包装处置。要严格按照《麻醉药品和精神药品管理条例》、《医疗机构麻醉药品、第一类精神药品管理规定》（卫医发〔2005〕438号）等有关规定，做好麻醉药品、第一类精神药品废弃空安瓿、贴剂的回收、核对、记录和监督销毁工作。

（二）关于按医疗废物处理的废弃药品包装处置。对被病人血液、体液、排泄物污染的各种玻璃（一次性塑料）输液瓶（袋）、空安瓿（注射药小瓶）等废弃药品包装，要严格按照《医疗废物管理条例》、《医疗卫生机构医疗废物管理办法》（卫生部令36号）、《关于明确医疗废物分类有关问题的通知》（卫办医发〔2005〕292号）等有关规定进行规范处置。

（三）关于其他废弃药品包装的处置。对于医疗过程中产生的上述废弃药品包装以外的、按生活垃圾处理的其他废弃药品包装特别是贵重药品废弃包装，应当尽量在使用前进行毁形，不易毁形的要进行破坏性标记，并将此类废弃药品包装统一收集后，交由有资质的回收机构统一处理。

三、各省级卫生行政部门要加强对医疗机构废弃药品包装处置管理工作的监督和指导，组织对医疗机构废弃药品包装处置工作进行督导检查，并于9月30日前将督导检查情况报我部医政司。

四、我部将适时组织对各地医疗机构废弃药品包装处置工作进行督导检查。

32. 国家卫生计生委办公厅关于印发基层医疗机构医院感染管理基本要求的通知（国卫办医发〔2013〕40号）

各省、自治区、直辖市卫生计生委（卫生厅局），新疆生产建设兵团卫生局：

为加强基层医疗机构医院感染管理工作，提高医疗质量，保障医疗安全，结合基层医疗机构医院感染管理的现状，我委组织制定了《基层医疗机构医院感染管理基本要求》。现印发给你们，请遵照执行。

国家卫生计生委办公厅

2013年12月23日

基层医疗机构医院感染管理基本要求

为加强基层医疗机构医院感染管理工作，提高基层医疗机构医院感染预防与控制水平，落实《传染病防治法》、《医院感染管理办法》和相关标准、规范，制定本要求。本要求适用于社区卫生服务中心（站）、诊所、乡镇卫生院、村卫生室等基层医疗机构。

一、组织管理

（一）健全医疗机构医院感染管理体系，实行主要负责人负责制，配备医院感染管理专（兼）职人员，承担医院感染管理和业务技术咨询、指导工作。相关人员应当经过上级卫生计生行政部门或医疗机构组织的医院感染管理知识岗位培训并经考核合格。

（二）制定符合本单位实际的医院感染管理规章制度，内容包括：清洁消毒与灭菌、隔离、手卫生、医源性感染预防与控制措施、医源性感染监测、医源性感染暴发报告制度、一次性使用无菌医疗器械管理、医务人员职业卫生安全防护、医疗废物管理等。

（三）医院感染管理专（兼）职人员负责对全体职员开展医院感染管理知识培训。医疗机构工作人员应当学习、掌握与本职工作相关的医院感染预防与控制知识。

二、基础措施

（一）布局流程应遵循洁污分开的原则，诊疗区、污物处理区、生活区等区域相对独立，布局合理，标识清楚，通风良好。

（二）环境与物体表面一般情况下先清洁再消毒。当其受到患者的血液、体液等污染时，先去除污染物，再清洁与消毒。清洁用具应分区使用，标志清楚，定位放置。

（三）医疗器械、器具、物品的消毒灭菌应达到如下要求：

1. 进入人体组织、无菌器官的医疗器械、器具和物品必须灭菌；耐热、耐湿的手术器械，应首选压力蒸汽灭菌，不应采用化学消毒剂浸泡灭菌。

2. 接触皮肤、粘膜的医疗器械、器具和物品必须消毒。

3. 各种用于注射、穿刺、采血等有创操作的医疗器具必须一用一灭菌。

4. 医疗机构使用的消毒药械、一次性医疗器械和器具应当符合国家有关规定。一次性使用的医疗器械、器具不得重复使用。

5. 被朊病毒、气性坏疽及突发不明原因的传染病病原体污染的诊疗器械、器具和物品，应按照《医疗机构消毒技术规范》（WS/T　367—2012）有关规定执行。

（四）基层医疗机构设消毒供应室的，应当严格按照《医院消毒供应中心第2部分：清洗消毒及灭菌技术操作规范》（WS　310.2—2009）规定对可重复使用的医疗器械进行清洗，并使用压力蒸汽灭菌法灭菌（“5.8.1.压力蒸汽灭菌”节选见附件1）。没有设置消毒供应室的基层医疗机构，可以委托经地级市以上卫生计生行政部门认定的医院消毒供应中心，对可重复使用的医疗器械进行清洗、消毒和灭菌。

（五）无菌物品、清洁物品、污染物品应当分区放置。无菌物品必须保持包装完整，注明物品名称、灭菌日期、失效日期，以及检查打包者姓名或编号、灭菌器编号、灭菌批次号等标识，按灭菌日期顺序置于无菌物品存放柜内，并保持存放柜清洁干燥。

（六）从无菌容器中取用无菌物品时应使用无菌持物钳（镊）。从无菌容器（包装）中取出的无菌物品，虽未使用也不可放入无菌容器（包装）内，应重新灭菌处理后方可使用。

（七）一次性使用无菌医疗用品应由医疗机构统一采购，购入时索要《医疗器械生产企业许可证》、《医疗器械产品注册证》及附件、《医疗器械经营企业许可证》等证明文件，并进行质量验收，建立出入库登记账册。用前应检查小包装的密封性、灭菌日期及失效日期，进口产品应有相应的中文标识等，发现不合格产品或质量可疑产品时不得使用。使用中发生热原反应、感染或其他异常情况时，应当立即停止使用，并及时上报医疗机构主管部门。使用后的一次性使用医疗用品按医疗废物进行处置。

（八）应根据消毒对象选择消毒剂的种类，所用的消毒剂必须由医疗机构统一采购，购入时索要《消毒产品生产企业卫生许可证》、《消毒产品卫生安全评价报告》等证明文件，建立进货验收和出入库登记账册。严格按照消毒剂使用说明书中的使用范围、方法、注意事项正确使用。医务人员应掌握消毒剂的使用浓度、配制方法、消毒对象、更换时间、影响因素等，保证消毒效果的可靠。具体选择原则和适用方法参照《医疗机构消毒技术规范（2012年版）》（WS/T　367—2012）“附录C常用消毒与灭菌方法”的要求（节选见附件2）。

（九）严格掌握抗菌药物临床应用的基本原则，合理使用抗菌药物。规范抗菌药物的种类、剂量、给药时间和途径，严格遵循“能口服的不注射，能肌肉注射的不静脉注射”

的用药原则。

（十）提高医务人员手卫生依从性和正确率，特别是在诊断、治疗、护理等操作前后严格实施手卫生。有关要求参照《医务人员手卫生规范》（WS/T 313—2009）（节选见附件3）。

（十一）医护人员诊疗操作时严格遵守无菌操作原则。

（十二）诊疗工作应当遵循《医院隔离技术规范》（WS/T 311—2009），按照标准预防的原则做好防护工作。

（十三）使用后的锐器应当立即弃置于符合规定的利器盒内。严禁用手直接接触使用后的针头、刀片等锐器，落实防止锐器伤的各项措施。

（十四）医务人员应当参照《医院感染诊断标准（试行）》（卫医发〔2001〕2号），掌握医院感染诊断标准。发生3例以上医院感染暴发或5例以上疑似医院感染暴发时，应当于12小时内向所在地县级卫生行政部门报告，并同时向所在地疾病预防控制机构报告。

三、重点部门

（一）手术室

1.独立设置、分区明确、流程规范、标识清楚、清洁卫生。连台手术之间、当天手术全部完毕后，应及时进行清洁消毒处理。

2.凡进入手术室的人员应更换手术室专用的衣、帽、一次性外科口罩、鞋。非感染手术和感染手术应分室进行，如在同一手术间进行，应先安排非感染手术、再安排感染手术。

3.手术器械与物品使用后尽快清洗，器械必须一用一灭菌，清洗、包装、灭菌应符合国家有关规定。耐湿耐高温器械与物品应使用压力蒸汽灭菌。灭菌后的手术器械包应存放在清洁干燥的存放柜内。

4.麻醉用具定期清洁、消毒。可复用喉镜、螺纹管、面罩、口咽通道、简易呼吸器等须“一人一用一消毒”，清洁、干燥、密闭保存。

（二）产房、人流室

1.区域相对独立、分区明确、标识清楚，邻近母婴室和新生儿室；建议产房（人流室）使用面积不少于20㎡。

2.凡进入产房（人流室）人员应更换产房专用衣、帽、一次性医用外科口罩、鞋，严格执行无菌技术操作。接触产妇所有诊疗物品应“一人一用一消毒或灭菌”，产床上的所有织物均应“一人一换”。

3.对传染病或疑似传染病的产妇及未进行经血传播疾病筛查的产妇，应采取隔离待产、隔离分娩，按消毒隔离制度及规程进行助产，所用物品做好标识单独处理。分娩结束后，分娩室应严格进行终末消毒。

人流室参照产房执行。

（三）口腔科

1. 布局合理，诊疗室和器械清洗消毒室应分开设置。如开展拔牙、口腔外伤缝合等项目的应设置口腔外科诊室。器械、器具等诊疗用品配置数量应与诊疗工作量相符合，使用防虹（回）吸手机。

2. 进入患者口腔内的所有诊疗器械，根据诊疗需要和消毒灭菌原则，必须达到一人一用一消毒或灭菌的要求。在进行可能造成粘膜破损的操作时，所用器械必须灭菌。

3. 口腔综合治疗椅、操作台面及所使用仪器、物体表面至少每天清洁和消毒，有血液、体液污染应立即清洁消毒。

（四）中医临床科室

1. 保持物体表面及诊疗床清洁，定期更换床单、枕套等，如被污染应及时更换。配有洗手设施和干手用品。

2. 进行针灸穿刺操作时严格执行无菌技术操作规程，正确进行穿刺部位的皮肤消毒；针灸针具（毫针、耳针、头针、长圆针、梅花针、三棱针、小针刀等）做到“一人一针一用一灭菌”，火罐“一人一用一消毒”。

3. 进行拔罐、刮痧、中药足浴等操作时严格执行无菌技术操作规程，必要时进行操作部位的皮肤消毒；相关器具和物品做到“一人一用一消毒”或“一人一用一灭菌”。

4. 一次性针灸针具、中药足浴一次性塑料袋连同足浴液严禁重复使用，用后按损伤性医疗废物处理；可重复使用的针灸针具及拔罐、刮痧、中药足浴器具、物品使用后按规定进行清洗与灭菌。

（五）治疗室、换药室、注射室

1. 保持室内物体表面、地面清洁。室内应设流动水洗手池，洗手液、干手设施（用品），速干手消毒剂等；手消毒剂应标启用时间，在有效期内使用。

2. 治疗车、换药车上物品应摆放有序，上层为清洁区、下层为污染区；利器盒放置于治疗车的侧面；进入病室的治疗车、换药车应配有速干手消毒剂。

3. 各种治疗、护理及换药操作应按照先清洁伤口、后感染伤口依次进行。特殊感染伤口如：炭疽、气性坏疽等应就地（诊室或病室）严格隔离，处置后进行严格终末消毒，不得进入换药室。感染性敷料应弃置于双层黄色防渗漏的医疗废物袋内并及时密封。

（六）普通病房

1. 床单元应定期清洁，遇污染时及时清洁与消毒。直接接触皮肤的床上用品一人一换，遇污染及时更换。

2. 病人出院或死亡后应对床单元及其相邻区域进行清洁和终末消毒。

四、重点环节

（一）安全注射

1. 进行注射操作前半小时应停止清扫地面等工作，避免不必要的人员活动。严禁在非清洁区域进行注射准备等工作。

2. 配药、皮试、胰岛素注射、免疫接种等操作时，严格执行注射器“一人一针一管一用”。

3. 尽可能使用单剂量注射用药。多剂量用药无法避免时，应保证“一人一针一管一用”，严禁使用用过的针头及注射器再次抽取药液。

4. 抽出的药液、开启的静脉输入用无菌液体须注明开启日期和时间，放置时间超过2小时后不得使用；启封抽吸的各种溶媒超过24小时不得使用。灭菌物品（棉球、纱布等）一经打开，使用时间不得超过24小时，提倡使用小包装。

5. 盛放用于皮肤消毒的非一次性使用的碘酒、酒精的容器等应密闭保存，每周更换2次，同时更换灭菌容器。一次性小包装的瓶装碘酒、酒精，启封后使用时间不超过7天。

6. 药品保存应遵循厂家的建议，不得保存在与患者密切接触的区域，疑有污染时应立即停止使用并按要求处置。

（二）各种插管后的感染预防措施

1. 气管插管：如无禁忌，患者应采用床头抬高30-45度体位，且尽可能采用无创通气；吸痰时严格无菌操作；重复使用的呼吸机管道、雾化器须灭菌或高水平消毒。呼吸机管道如有明显分泌物污染应及时更换；湿化器添加水应使用无菌水每天更换。对危重病人须注意口腔卫生，实施正确的口腔护理。

2. 导尿管：采用连续密封的尿液引流系统；悬垂集尿袋并低于膀胱水平，不接触地面。采用连续密闭的尿液引流系统。不常规使用抗菌药物冲洗膀胱预防感染。保持会阴部清洁干燥。

3. 血管内置管：开展血管内置管的使用、维护及相关感染的预防与控制培训；保持插管部位清洁，有污染时及时更换敷贴；血管导管的三通锁闭阀要保持清洁，发现污垢或残留血迹时及时更换。每日评估，及时撤管。

（三）手术操作

1. 择期手术病人术前清洁手术部位皮肤，备皮应当在手术当日进行，手术切口皮肤消毒范围应当符合手术要求。手术医务人员应当按照《医务人员手卫生规范》（WS/T 313—2009）的要求做好洗手和外科手消毒（节选见附件3）。

2. 对于需要引流的手术切口，应当首选密闭负压引流，尽量选择远离手术切口、位置合适的部位进行置管引流，确保引流充分。术后保持引流通畅，根据病情尽早为患者拔除引流管。

3. 术中保持患者体温正常，防止低体温。

（四）超声检查

1. 超声探头（经皮肤，黏膜或经食管、阴道、直肠等体腔进行超声检查）须做到一人一用一消毒或隔离膜等。

2. 每班次检查结束后，须对超声探头等进行彻底清洁和消毒处理，干燥保存。

（五）医疗废物管理

1. 当地有医疗废物集中处置单位的医疗机构，医疗废物严格分类、收集后，置于医疗废物暂存处的周转箱内，并与医疗废物集中处置单位进行交接登记，记录单至少保存3年。

2. 自行处置的医疗废物能够焚烧的及时焚烧，不能焚烧的可采取消毒并毁形后填埋处理。

3. 基层医疗机构污水处理应依据《医疗机构水污染物排放标准》（GB 18466—2005）的相关要求进行，有条件的或20张床位及以上的医疗机构应配备污水处理设施，并设专（兼）职人员负责，健全制度，明确职责；设备运行正常，药品按时投放、定期进行监测，登记项目齐全，资料保存完整，污水排放符合国家标准。没有条件的或20张床位以下的基层医疗机构产生的污水、传染病病人或者疑似传染病病人的排泄物，应当按照国家规定严格消毒，达到国家规定的排放标准后方可排放。

附件：1.《医院消毒供应中心第2部分：清洗消毒及灭菌技术操作规范》（节选）

2.《医疗机构消毒技术规范（2012年版）》附录C常用消毒与灭菌方法（节选）

3.《医务人员手卫生规范》（节选）

附件1

医院消毒供应中心第2部分：清洗消毒及灭菌技术操作规范（WS 310.2—2009）（节选）

5.8.1 压力蒸汽灭菌

5.8.1.1 适用于耐湿、耐热的器械、器具和物品的灭菌。

5.8.1.2 包括下排气式和预真空压力蒸汽灭菌，根据待灭菌物品选择适宜的压力蒸汽灭菌器和灭菌程序。灭菌器操作方法遵循生产厂家的使用说明或指导手册。

5.8.1.3 压力蒸汽灭菌器灭菌参数见表2。硬质容器和超重的组合式手术器械，应由供应商提供灭菌参数。

表2 压力蒸汽灭菌器灭菌参数

设备类别	物品类别	温度	所需最短时间	压力
下排气式	敷料	121 ℃	30 min	102.9 kPa
	器械	121 ℃	20 min	102.9 kPa
预真空式	器械、敷料	132～134 ℃	4 min	205.8 kPa

5.8.1.4 压力蒸汽灭菌器操作程序包括灭菌前准备、灭菌物品装载、灭菌操作、无菌物品卸载和灭菌效果的监测等步骤。

5.8.1.4.1 灭菌前按以下要求进行准备：

a）每天设备运行前应进行安全检查，包括灭菌器压力表处在“零”的位置；记录打印装置处于备用状态；灭菌器柜门密封圈平整无损坏，柜门安全锁扣灵活、安全有效；灭菌柜内冷凝水排出口通畅，柜内壁清洁；电源、水源、蒸汽、压缩空气等运行条件符合设备要求。

b）进行灭菌器的预热。

c）预真空灭菌器应在每日开始灭菌运行前空载进行B-D试验。

5.8.1.4.2 灭菌物品按以下要求进行装载：

a）应使用专用灭菌架或篮筐装载灭菌物品。灭菌包之间应留间隙，利于灭菌介质的穿透。

b）宜将同类材质的器械、器具和物品，置于同一批次进行灭菌。

c）材质不相同时，纺织类物品应放置于上层、竖放，金属器械类放置于下层。

d）手术器械包、硬式容器应平放；盆、盘、碗类物品应斜放，包内容器开口朝向一致；玻璃瓶等底部无孔的器皿类物品应倒立或侧放；纸袋、纸塑包装应侧放；利于蒸汽进入和冷空气排出。

e）下排气压力蒸汽灭菌器中，大包宜摆放于上层，小包宜摆放于下层。

f）下排气压力蒸汽灭菌器的装载量不应超过柜室容积80%。预真空和脉动真空压力蒸汽灭菌器的装载量不应超过柜室容积的90%；同时不应小于柜室容积的10%和5%。

5.8.1.4.3 按以下要求进行灭菌操作：

a）应观测并记录灭菌时的温度、压力和时间等灭菌参数及设备运行状况。

b）灭菌过程的监测应符合WS 310.3《医院消毒供应中心第3部分：清洗消毒及灭菌效果监测标准》中相关规定。

5.8.1.4.4 无菌物品按以下要求进行卸载：

a）从灭菌器卸载取出的物品，待温度降至室温时方可移动，冷却时间应＞30 min。

b）每批次应确认灭菌过程合格，包外、包内化学指示物合格；检查有无湿包现象，防止无菌物品损坏和污染。无菌包掉落地上或误放到不洁处应视为被污染。

附件2

医疗机构消毒技术规范（2012年版）（WS/T　367—2012）

附录C　常用消毒与灭菌方法（节选）

C.8.1　戊二醛

C.8.1.1　适用范围

适用于不耐热诊疗器械、器具与物品的浸泡消毒与灭菌。

C.8.1.2　使用方法

C.8.1.2.1　诊疗器械、器具与物品的消毒与灭菌　将洗净、干燥的诊疗器械、器具与物品放入2%的碱性戊二醛溶液中完全浸没，并应去除器械表面的气泡，容器加盖，温度20 ℃～25 ℃，消毒作用到产品使用说明的规定时间，灭菌作用10 h。无菌方式取出后用无菌水反复冲洗干净，再用无菌纱布等擦干后使用。其他戊二醛制剂的用法遵循卫生行政部门或国家相关规定进行。

C.8.1.2.2　用于内镜的消毒或灭菌应遵循国家有关要求。

C.8.1.3　注意事项

C.8.1.3.1　诊疗器械、器具与物品在消毒前应彻底清洗、干燥。新启用的诊疗器械、器具与物品先除去油污及保护膜，再用清洁剂清洗去除油脂，干燥后及时消毒或灭菌。

C.8.1.3.2　戊二醛对人有毒性，应在通风良好的环境中使用。对皮肤和黏膜有刺激性，使用时应注意个人防护。不慎接触，应立即用清水连续冲洗干净，必要时就医。

C.8.1.3.3　戊二醛不应用于物体表面的擦拭或喷雾消毒、室内空气消毒、手和皮肤黏膜的消毒。

C.8.1.3.4　强化酸性戊二醛使用前应先加入pH调节剂（碳酸氢钠），再加防锈剂（亚硝酸钠）充分混匀。

C.8.1.3.5　用于浸泡灭菌的容器，应洁净、密闭，使用前应先经灭菌处理。

C.8.1.3.6　在20 ℃～25 ℃温度条件下，加入pH调节剂和亚硝酸钠后的戊二醛溶液连续使用时间应≤14 d。

C.8.1.3.7　应确保使用中戊二醛浓度符合产品使用说明的要求。

C.8.1.3.8　戊二醛应密封，避光，置于阴凉、干燥、通风的环境中保存。

C.10　含氯消毒剂

C.10.1　适用范围

适用于物品、物体表面、分泌物、排泄物等的消毒。

C.10.2　使用方法

C.10.2.1　消毒液配制

根据产品有效氯含量，按稀释定律，用蒸馏水稀释成所需浓度。具体计算方法及配制步骤按C.9.1.2.1进行。

C.10.2.2　消毒方法

C.10.2.2.1　浸泡法　将待消毒的物品浸没于装有含氯消毒剂溶液的容器中，加盖。对细菌繁殖体污染物品的消毒，用含有效氯500 mg/L的消毒液浸泡＞10 min，对经血传播病原体、分支杆菌和细菌芽孢污染物品的消毒，用含有效氯2 000 mg/L～5 000 mg/L消毒液，浸泡＞30 min。

C.10.2.2.2　擦拭法　大件物品或其他不能用浸泡消毒的物品用擦拭消毒，消毒所用的浓度和作用时间同浸泡法。

C.10.2.2.3　喷洒法 对一般污染的物品表面，用含有效氯400 mg/L～700 mg/L的消毒液均匀喷洒，作用10 min～30 min；对经血传播病原体、结核杆菌等污染表面的消毒，用含有效氯2 000 mg/L的消毒液均匀喷洒，作用＞60 min。喷洒后有强烈的刺激性气味，人员应离开现场。

C.10.2.2.4　干粉消毒法　对分泌物、排泄物的消毒，用含氯消毒剂干粉加入分泌物、排泄物中，使有效氯含量达到10 000 mg/L，搅拌后作用＞2 h；对医院污水的消毒，用干粉按有效氯50 mg/L用量加入污水中，并搅拌均匀，作用2 h后排放。

C.10.3　注意事项

C.10.3.1　粉剂应于阴凉处避光、防潮、密封保存；水剂应于阴凉处避光、密闭保存。使用液应现配现用，使用时限≤24 h。

C.10.3.2　配制漂白粉等粉剂溶液时，应戴口罩、手套。

C.10.3.3　未加防锈剂的含氯消毒剂对金属有腐蚀性，不应做金属器械的消毒。加防锈剂的含氯消毒剂对金属器械消毒后，应用无菌蒸馏水冲洗干净，干燥后使用。

C.10.3.4　对织物有腐蚀和漂白作用，不应用于有色织物的消毒。

C.11　醇类消毒剂（含乙醇、异丙醇、正丙醇、或两种成分的复方制剂）

C.11.1　适用范围

适用于手、皮肤、物体表面及诊疗器具的消毒。

C.11.2　使用方法

C.11.2.1　手消毒　使用符合国家有关规定的含醇类手消毒剂，手消毒方法遵循WS/T 313的要求。

C.11.2.2　皮肤消毒　使用70%～80%（体积比）乙醇溶液擦拭皮肤2遍，作用3 min。

C.11.2.3　物体表面的消毒　使用70%～80%（体积比）乙醇溶液擦拭物体表面2遍，作用3 min。

C.11.2.4　诊疗器具的消毒　将待消毒的物品浸没于装有70%～80%（体积比）的乙醇溶液中消毒≥30 min，加盖；或进行表面擦拭消毒。

C.11.3 注意事项

C.11.3.1 醇类易燃，不应有明火。

C.11.3.2 不应用于被血、脓、粪便等有机物严重污染表面的消毒。

C.11.3.3 用后应盖紧，密闭，置于阴凉处保存。

C.11.3.4 醇类过敏者慎用。

C.12 含碘类消毒剂

C.12.1 碘伏

C.12.1.1 适用范围

适用于手、皮肤、黏膜及伤口的消毒。

C.12.1.2 使用方法

C.12.1.2.1 消毒液配制

冲洗黏膜时，根据有效碘含量用灭菌蒸馏水或纯化水，按照稀释定律，将碘伏稀释成所需浓度。具体计算方法及配制步骤按C.9.1.2.1进行。

C.12.1.2.2 消毒方法

C.12.1.2.2.1 擦拭法 皮肤、粘膜擦拭消毒，用浸有碘伏消毒液原液的无菌棉球或其它替代物品擦拭被消毒部位。外科手消毒用碘伏消毒液原液擦拭揉搓作用至少3 min。手术部位的皮肤消毒，用碘伏消毒液原液局部擦拭2～3遍，作用至少2 min。注射部位的皮肤消毒，用碘伏消毒液原液局部擦拭2遍，作用时间遵循产品的使用说明。口腔黏膜及创面消毒，用含有效碘1 000 mg/L～2 000 mg/L 的碘伏擦拭，作用3 min～5 min。

C.12.1.2.2.2 冲洗法 对阴道黏膜及创面的消毒，用含有效碘500 mg/L的碘伏冲洗，作用到使用产品的规定时间。

C.12.1.3 注意事项

C.12.1.3.1 应置于阴凉处避光、防潮、密封保存。

C.12.1.3.2 含乙醇的碘制剂消毒液不应用于黏膜和伤口的消毒。

C.12.1.3.3 碘伏对二价金属制品有腐蚀性，不应做相应金属制品的消毒。

C.12.1.3.4 碘过敏者慎用。

C.12.2 碘酊

C.12.2.1 适用范围

适用于注射及手术部位皮肤的消毒。

C.12.2.2 使用方法

使用碘酊原液直接涂擦注射及手术部位皮肤2遍以上，作用时间1 min～3 min，待稍干后再用70%～80%（体积比）乙醇脱碘。

C.12.2.3 注意事项

C.12.2.3.1 不宜用于破损皮肤、眼及口腔粘膜的消毒。

C.12.2.3.2 不应用于碘酊过敏者；过敏体质者慎用。

C.12.2.3.3 应置于阴凉处避光、防潮、密封保存。

C.12.3 复方碘伏消毒液

C.12.3.1 适用范围

主要适用于医务人员的手、皮肤消毒，有些可用于黏膜消毒。应遵循卫生部消毒产品卫生许可批件规定的使用范围。

C.12.3.2 作用方法

C.12.3.2.1 含有乙醇或异丙醇的复方碘伏消毒剂可用于手、皮肤消毒，原液擦拭1～2遍，作用1 min～2 min，不可用于黏膜消毒。

C.12.3.2.2 含有氯己定的复方碘伏消毒剂，用途同普通碘伏消毒剂，应遵循该消毒剂卫生许可批件的使用说明，慎用于腹腔冲洗消毒。

C.12.3.3 注意事项

同碘伏，使用中应注意复方物质的毒副作用。

C.16 煮沸消毒

C.16.1 适用范围

适用于金属、玻璃制品、餐饮具、织物或其他耐热、耐湿物品的消毒。

C.16.2 使用方法

将待消毒物品完全浸没水中，加热水沸腾后维持≥15 min。

C.16.3 注意事项

C.16.3.1 从水沸腾时开始计消毒时间，中途加入物品应重新计时。

C.16.3.2 消毒物品应保持清洁，所消毒的物品应全部浸没于水中，可拆卸物品应拆开。

C.16.3.3 高海拔地区，应适当延长煮沸时间。

C.16.3.4 煮沸消毒用水宜使用软水。

附件3

医务人员手卫生规范（WS/T 313—2009）（节选）

5 手卫生设施

5.1 洗手与卫生手消毒设施

5.1.1 设置流动水洗手设施。

5.1.2 手术室、产房、导管室、层流洁净病房、骨髓移植病房、器官移植病房、重症监护病房、新生儿室、母婴室、血液透析病房、烧伤病房、感染疾病科、口腔科、消毒供应中心等重点部门应配备非手触式水龙头。有条件的医疗机构在诊疗区域均宜配备非手触式水龙头。

5.1.3 应配备清洁剂。肥皂应保持清洁与干燥。盛放皂液的容器宜为一次性使用，重复使用的容器应每周清洁与消毒。皂液有浑浊或变色时及时更换，并清洁、消毒容器。

5.1.4 应配备干手物品或者设施，避免二次污染。

5.1.5 应配备合格的速干手消毒剂。

5.1.6 手卫生生设施的设置应方便医务人员使用。

5.1.7 卫生手消毒剂应符合下列要求：

a）应符合国家有关规定。

b）宜使用一次性包装。

c）医务人员对选用的手消毒剂应有良好的接受性，手消毒剂无异味、无刺激性等。

5.2 外科手消毒设施

5.2.1 应配置洗手池。洗手池设置在手术间附近，水池大小、高矮适宜，能防止洗手水溅出，池面应光滑无死角易于清洁。洗手池应每日清洁与消毒。

5.2.2 洗手池及水龙头的数量应根据手术间的数量设置，水龙头数量应不少于手术间的数量，水龙头开关应为非手触式。

5.2.3 应配备清洁剂，并符合5.1.3的要求。

5.2.4 应配备清洁指甲用品；可配备手卫生的揉搓用品。如配备手刷，刷手应柔软，并定期检查，及时剔除不合格手刷。

5.2.5 手消毒剂应取得卫生部卫生许可批件，有效期内使用。

5.2.6 手消毒剂的出液器应采用非手触式。消毒剂宜采用一次性包装，重复使用的消毒剂容器应每周清洁与消毒。

5.2.7 应配备干手物品。干手巾应每人一用，用后清洁、灭菌；盛装消毒巾的容器应每次清洗、灭菌。

5.2.8 应配备计时装置、洗手流程及说明图。

6 洗手与卫生手消毒

6.1 洗手与卫生手消毒应遵循以下原则：

a）当手部有血液或其他体液等肉眼可见的污染时，应用肥皂（皂液）和流动水洗手。

b）手部没有肉眼可见污染时，宜使用速干手消毒剂消毒双手代替洗手。

6.2 在下列情况下，医务人员应根据6.1的原则选择洗手或使用速干手消毒剂：

a）直接接触每个患者前后，从同一患者身体的污染部位移动到清洁部位时。

b）接触患者黏膜、破损皮肤或伤口前后，接触患者的血液、体液、分泌物、排泄物、伤口敷料等之后。

c）穿脱隔离衣前后，摘手套后。

d）进行无菌操作、接触清洁、无菌物品之前。

e）接触患者周围环境及物品后。

f）处理药物或配餐前。

6.3　医务人员在下列情况时应先洗手，然后进行卫生手消毒：

a）接触患者的血液、体液和分泌物以及被传染性致病微生物污染的物品后。

b）直接为传染病患者进行检查、治疗、护理或处理传染患者污物之后。

6.4　医务人员洗手方法，见附录A

6.5　医务人员卫生手消毒应遵循以下方法：

a）取适量的速干手消毒剂于掌心。

b）严格按照附录A医务人员洗手方法A.3揉搓的步骤进行揉搓。

c）揉搓时保证手消毒剂完全覆盖手部皮肤，直至手部干燥。

7　外科手消毒

7.1　外科手消毒应遵循以下原则：

a）先洗手，后消毒。

b）不同患者手术之间、手套破损或手被污染时，应重新进行外科手消毒。

7.2　洗手方法与要求

7.2.1　洗手之前应先摘除手部饰物，并修剪指甲，长度应不超过指尖。

7.2.2　取适量的清洁剂清洗双手、前臂和上臂下1/3，并认真揉搓。清洁双手时，应注意清洁指甲下的污垢和手部皮肤的皱褶处。

7.2.3　流动水冲洗双手、前臂和上臂下1/3。

7.2.4　使用干手物品擦干双手、前臂和上臂下1/3。

7.3　外科手消毒方法

7.3.1　冲洗手消毒方法　取适量的手消毒剂涂抹至双手的每个部位、前臂和上臂下1/3，并认真揉搓2 min～6 min，用流动水冲净双手、前臂和上臂下1/3，无菌巾彻底擦干。流动水应达到GB 5749 的规定。特殊情况水质达不到要求时，手术医师在戴手套前，应用醇类手消毒剂再消毒双手后戴手套。手消毒剂的取液量、揉搓时间及使用方法遵循产品的使用说明。

7.3.2　免冲洗手消毒方法　取适量的免冲洗手消毒剂涂抹至双手的每个部位、前臂和上臂下1/3，并认真揉搓直至消毒剂干燥。手消毒剂的取液量、揉搓时间及使用方法遵循产品的使用说明。

7.4　注意事项

7.4.1　不应戴假指甲，保持指甲和指甲周围组织的清洁。

7.4.2　在整个手消毒过程中应保持双手位于胸前并高于肘部，使水由手部流向肘部。

7.4.3　洗手与消毒可使用海绵、其他揉搓用品或双手相互揉搓。

7.4.4 术后摘除外科手套后，应用肥皂（皂液）清洁双手。

7.4.5 用后的清洁指甲用具、揉搓用品如海绵、手刷等，应放到指定的容器中；揉搓用品应每人使用后消毒或者一次性使用；清洁指甲用品应每日清洁与消毒。

（规范性附录）

医务人员洗手方法

A.1 在流动水下，使双手充分淋湿。

A.2 取适量肥皂（皂液），均匀涂抹至整个手掌、手背、手指和指缝。

A.3 认真揉搓双手至少15秒钟，应注意清洗双手所有皮肤，包括指背、指尖和指缝，具体揉搓步骤为：

图A.1 掌心相对揉搓

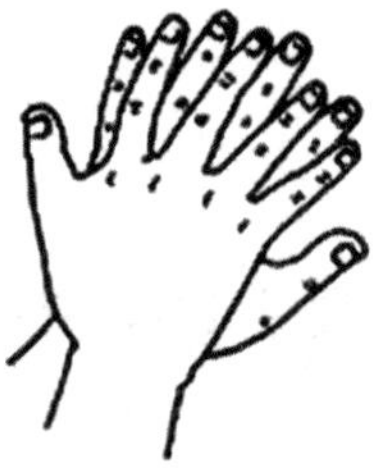

图A.2 手指交叉，掌心对手背揉搓

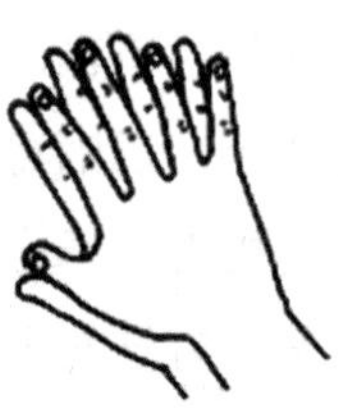

图A.3 手指交叉，掌心相对揉搓

图A.4 弯曲手指关节在掌心揉搓

图A.5 拇指在掌中揉搓

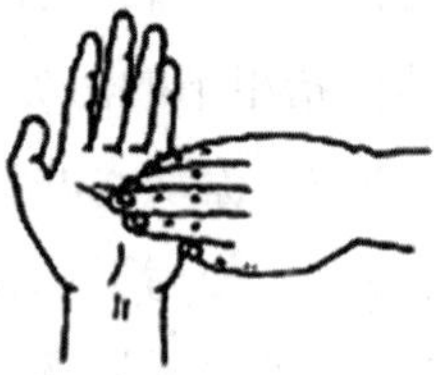

图A.6 指尖在掌心中揉搓

A.3.1 掌手相对，手指并拢，相互揉搓，见图A.1。

A.3.2 手心对手背沿指缝相互揉搓，交换进行，见图A.2。

A.3.3 掌心相对，双手交叉指缝相互揉搓，见图A.3。

A.3.4 弯曲手指使关节在另一手掌心旋转揉搓，交换进行，见图A.4。

A.3.5 右手握住左手大拇指旋转揉搓，交换进行，见图A.5。

A.3.6 将五个手指尖并拢放在另一手掌心旋转揉搓，交换进行，见图A.6。

A.4 在流动水下彻底冲净双手，擦干，取适量护手液护肤。

33. 国家卫生计生委办公厅环境保护部办公厅关于进一步加强医疗废物管理工作的通知（国卫办医发〔2013〕45号）

各省、自治区、直辖市卫生计生委（卫生厅局）、环境保护厅（局），新疆生产建设兵团卫生局、环境保护局：

自《医疗废物管理条例》（以下简称《条例》）公布实行以来，医疗废物管理进入法制化轨道。但是，部分地区还存在医疗废物管理不规范、处置能力不足的问题，导致医疗废物非法收集、利用和处置等现象时有发生。为贯彻落实《条例》，维护人民群众健康和环境安全，现就进一步加强医疗废物管理工作通知如下：

一、规范医疗废物管理措施

（一）加强医疗卫生机构医疗废物管理工作。医疗卫生机构必须严格执行《条例》及有关配套规章、文件的规定，建立医疗废物管理责任制，提高全体人员的责任意识和职业卫生安全防护意识，切实做好医疗废物分类收集、暂存、交由集中处置单位处置等环节工作，落实转移联单制度。

重点加强基层医疗卫生机构医疗废物管理能力建设。具备医疗废物集中处置条件的地区，基层医疗卫生机构要做好医疗废物的分类收集并交由医疗废物集中处置单位处置；不具备集中处置条件的农村地区，基层医疗卫生机构要按照《医疗卫生机构医疗废物管理办法》（卫生部令第36号）的规定做好医疗废物处置工作。

各级各类医疗卫生机构要按照《关于明确医疗废物分类有关问题的通知》（卫办医发〔2005〕292号）要求，对未被污染的输液瓶（袋）加强统一管理，严禁混入针头、一次性输液器、输液管等医疗废物。

（二）规范医疗废物集中处置单位的经营管理。医疗废物集中处置单位应当依据《危险废物经营许可证管理办法》依法申领危险废物经营许可证，并参照《危险废物经营单位记录和报告经营情况指南》（环境保护部公告2009年第65号）进行管理，包括建立危险废物经营情况记录簿，定期向环保部门报告经营活动情况；制订突发环境事件的防范措施和应急预案，配置应急防护设施设备，定期开展应急演练；建立日常环境监测制度，自行或委托有资质的单位对污染物排放进行监测等。各医疗废物集中处置单位要按照《条例》要求，做好相关人员职业卫生安全防护措施。

二、加大监督执法力度

（一）加强对医疗卫生机构的监督管理。各级卫生计生行政部门、监督机构要把医疗废物管理工作纳入医疗卫生机构日常监管的主要内容，将《条例》实施情况列入重点监督检查计划。以偏远地区、基层医疗卫生机构为重点，加强对医疗卫生机构医疗废物管理制度建立及落实、工作人员职业卫生安全防护、医疗废物分类、收集、转运、暂存、集中处置以及不具备集中处置条件的机构自行处置医疗废物等情况的监督检查，并将检查结果与医疗机构校验管理等工作挂钩。各级卫生计生行政部门应商环境保护等部门建立完善未被污染输液瓶（袋）统一回收、处理的具体办法。

（二）加强对医疗废物集中处置单位的监督管理。各级环境保护行政主管部门要依法落实属地管理责任，加强对医疗废物集中处置单位的监督检查和监督性监测，对不能稳定达标的医疗废物集中处置设施要依法报当地人民政府关停。坚决取缔无证从事医疗废物收集、贮存、运输、利用、处置经营活动的行为。对不按照经营许可证规定从事收集、贮存、运输、处置医疗废物经营活动的，要责令停止违法行为，没收违法所得，可以并处违法所得3倍以下的罚款，并可以由发证机关吊销经营许可证。

三、完善工作机制

各级卫生计生行政部门、环境保护行政主管部门要认真贯彻落实《传染病防治法》、《固体废物污染环境防治法》、《条例》等法律法规，健全领导机制，明确责任和分工，针对存在的突出问题，有重点、有步骤地完善医疗废物管理有关制度。

（一）完善医疗废物无害化处置机制。各级环境保护行政主管部门要加大《全国危险废物和医疗废物处置设施建设规划》（环发〔2004〕16号）内市级医疗废物集中处置设施建设的组织协调力度，限期完成建设任务。对于不能达到集中处置医疗废物要求的地区，要制订过渡性处置方案并组织实施。各级环境保护行政主管部门要加强对医疗机构自行处置医疗废物工作的指导，规范处置行为。

（二）落实医疗废物集中处置收费政策。各地要按照《条例》和《关于实行危险废物处置收费制度促进危险废物处置产业化的通知》（发改价格〔2003〕1874号）要求，于2015年底前建立较完善的医疗废物收费制度。根据医疗机构的级别、类型不同，综合通过医疗保险和财政投入等渠道，妥善解决医疗废物处置费用分担问题。

（三）加强信息通报和部门协作。完善医疗卫生机构和卫生计生行政部门间的信息通报机制，及时发现和制止违法违规处置医疗废物行为。卫生计生行政部门和环境保护行政主管部门要加强信息通报，加强同公安部门之间的协作。对非法排放、倾倒、处置医疗废物涉嫌犯罪的应当及时移交公安机关查处，并依据《最高人民法院、最高人民检察院关于办理环境污染刑事案件适用法律若干问题的解释》（法释〔2013〕15号）予以严厉打击。各地区应当制订并动态调整疫情期间医疗废物应急处置预案，建立卫生计生、环境保护等多部门联动机制，提高疫情期间医疗废物应急处置能力。

国家卫生计生委办公厅　环境保护部办公厅

2013年12月27日

34. 关于在医疗机构推进生活垃圾分类管理的通知
（国卫办医发〔2017〕30号）

各省、自治区、直辖市、新疆生产建设兵团卫生计生委（卫生局）、宣传部、发展改革委、工业和信息化厅（局）、环境保护厅（局）、住房和城乡建设厅（局）、商务厅（局）、中医药管理局：

为全面落实健康中国的战略部署，提高医疗行业生态文明建设水平，促进资源回收利用，按照《国务院办公厅关于转发国家发展改革委住房城乡建设部生活垃圾分类制度实施方案的通知》（国办发〔2017〕26号，以下简称《实施方案》）要求，决定在医疗机构率先实施生活垃圾分类管理。现将有关工作通知如下：

一、开展医疗机构内生活垃圾分类工作

（一）实施范围。所有医疗机构（含中医医疗机构，下同）应当实施生活垃圾分类管理。其中，《实施方案》中实施生活垃圾强制分类的城市和区域，医疗机构应当按照属地要求积极推进生活垃圾分类工作。未实施强制分类的城市和区域，医疗机构应当率先开展生活垃圾分类工作。

（二）工作目标。到2020年底，所有医疗机构实施生活垃圾分类管理，对产生的生活垃圾实现准确分类投放、暂存，并与各类垃圾回收单位按分类进行有效衔接，分类运输、分类处理。生活垃圾回收利用率达到40%以上。

二、明确医疗机构内生活垃圾分类管理要求

（一）明确分类类别。医疗机构应当按照《医疗废物管理条例》等相关规定严格医疗废物的源头分类管理，规范收集暂存，严禁将医疗废物混入生活垃圾。医疗机构内产生的生活垃圾按照属性分为有害垃圾、易腐垃圾、可回收物和其他垃圾四类。

1. 有害垃圾。主要包括废电池（镉镍电池、氧化汞电池、铅蓄电池等）、废荧光灯管（日光灯管、节能灯等）、废胶片及废相纸等。

2. 易腐垃圾。主要包括食堂、办公楼等区域产生的餐厨垃圾、瓜果垃圾、花卉垃圾等。

3. 可回收物。主要包括未经患者血液、体液、排泄物等污染的输液瓶（袋），塑料类包装袋、包装盒、包装箱，纸张，纸质外包装物，废弃电器电子产品，经过擦拭或熏蒸方式消毒处理后废弃的病床、轮椅、输液架等。

4. 其他垃圾。

（二）明确分类投放要求。

1. 有害垃圾投放要求。医疗机构应当按照安全、便利、快捷的原则，集中或定点设立容器对不同品种的有害垃圾收集、暂存，并在醒目位置设置有害垃圾标志。

2. 易腐垃圾投放要求。医疗机构应当在易腐垃圾主要产生区域设置专门容器单独投放易腐垃圾，原则上应采用密闭容器存放。

3. 可回收物投放要求。医疗机构应当根据可回收物的种类和产生量，设置专门容器和临时存储空间，定点投放和暂存，必要时可设专人分拣打包，做到标识明显。

（三）明确分类处置要求。

1. 有害垃圾处置要求。医疗机构应当与有资质的危险废物处置单位签订合同，根据有害垃圾的品种和产生数量合理确定或约定收运频率。

2. 易腐垃圾处置要求。医疗机构可与易腐垃圾专业处置单位签订合同，每日产生的易腐垃圾由易腐垃圾专业处置单位上门收集并处理。有条件的医疗机构可采用生物转化有机肥等技术就地处置易腐垃圾。

3. 可回收物处置要求。医疗机构应当统一处置本单位产生的可回收物，与再生资源收单位做好交接、登记和统计工作，实现可回收物的可追溯。再生资源回收单位向再生资源利用单位提供输液瓶（袋）类可回收物时，应当说明来源并做好交接登记，确保可追溯。再生资源利用单位利用这类可回收物时不得用于原用途，用于其他用途时不应危害人体健康。

（四）明确使用后输液瓶（袋）的分类管理要求。

1. 对于未被患者血液、体液和排泄物等污染的输液瓶（袋），应当在其与输液管连接处去除输液管后单独集中回收、存放。去除后的输液管、针头等应当严格按照医疗废物处理，严禁混入未被污染的输液瓶（袋）及其他生活垃圾中。

2. 残留少量经稀释的普通药液的输液瓶（袋），可以按照未被污染的输液瓶（袋）处理。医疗机构应当科学、规范、节约用药，提高药物使用效率，减少浪费，降低药品消耗和环境承载压力。

3. 存在下列情形的输液瓶（袋），即使未被患者血液、体液和排泄物等污染，也不得纳入可回收生活垃圾管理。

（1）在传染病区使用，或者用于传染病患者、疑似传染病患者以及采取隔离措施的其他患者的输液瓶（袋），应当按照感染性医疗废物处理。

（2）输液涉及使用细胞毒性药物（如肿瘤化疗药物等）的输液瓶（袋），应当按照药物性医疗废物处理。

（3）输液涉及使用麻醉类药品、精神类药品、易制毒药品和放射性药品的输液瓶（袋），应当严格按照相关规定处理。

三、加强医疗机构内生活垃圾分类管理

（一）完善体系衔接，畅通处置渠道。各有关部门要加强沟通协调，落实责任，在积极推进医疗机构内生活垃圾分类管理的同时，加强与社会生活垃圾分类体系的衔接。逐步拓宽回收渠道，改进处置方式，发展循环经济，提升各类垃圾的回收、处置和资源再利用能力。

地方环境保护部门应当提供具有危险废物处置资质的单位名单及联系方式，地方住建部门应当提供易腐垃圾专业处置单位名单及联系方式。

（二）加强业务指导，落实主体责任。

1. 医疗机构是医疗机构内生活垃圾分类管理的责任主体，应当认真落实医疗机构内生活垃圾源头分类和暂存的主体责任，制定有关工作制度，开展生活垃圾分类专业知识和技能培训，并安排专门部门负责落实。

2. 各有关部门按各自职责加强行业监管和沟通协作，防止出现监管空白，促进形成回收规范、监管到位、环境可持续发展的垃圾综合处置模式。卫生计生行政部门（含中医药管理部门）负责对医疗机构内生活垃圾分类工作的指导和管理。住建部门负责对生活垃圾专业处置单位的行业指导和管理。环保部门负责对危险废物处置单位的环境监管。发展改革部门负责对生活垃圾无害化处理设施建设予以支持。商务部门负责对再生资源回收单位进行行业指导和管理。工业和信息化部门负责对再生资源利用单位进行行业指导和管理。

（三）突出宣传引导，确保取得实效。充分发挥新闻媒体作用，报道医疗机构内生活垃圾分类工作实施情况和典型经验，开展宣传引导工作，形成良好社会舆论氛围。医疗机构应当加大机构内生活垃圾分类宣传力度，通过采取宣传栏、海报、机构内宣教显示屏、宣教节目和新媒体等宣传手段，普及生活垃圾分类知识，建立垃圾分类督导员及志愿者队伍，严格执行管理制度，引导医疗机构工作人员及就医群众自觉分类投放生活垃圾。

国家卫生计生委办公厅　中宣部办公厅

国家发展改革委办公厅　工业和信息化部办公厅

住房和城乡建设部办公厅　商务部办公厅

环境保护部办公厅　国家中医药管理局办公室

2017年9月4日

35. 关于进一步规范医疗废物管理工作的通知
（国卫办医发〔2017〕32号）

各省、自治区、直辖市及新疆生产建设兵团卫生计生委（卫生局）、环境保护厅（局）、发展改革委（物价局）、公安厅（局）、中医药管理局：

为贯彻落实《中华人民共和国传染病防治法》《中华人民共和国固体废物污染环境防治法》《医疗废物管理条例》等法律法规，保障人民群众身体健康和环境安全，现就进一步规范医疗废物管理工作通知如下：

一、高度重视医疗废物管理工作

医疗废物属于对人体健康和生态环境具有较大危害的危险废物，关系人民群众身体健康和环境安全。做好医疗废物管理工作，对于全面落实健康中国战略部署，切实维护人民群众健康权益，加快推进生态文明建设，促进经济社会可持续发展具有重大意义。各级卫生计生行政部门（含中医药管理部门，下同）、环境保护主管部门、各级各类医疗卫生机构（含中医医疗机构，下同）、医疗废物集中处置单位要充分认识医疗废物管理工作的长期性和艰巨性，增强责任感和紧迫感，以对人民群众生命健康和环境安全负责的态度，认真贯彻落实《中华人民共和国传染病防治法》《中华人民共和国固体废物污染环境防治法》《医疗废物管理条例》和《危险废物经营许可证管理办法》等法律法规的要求，全面落实医疗废物管理责任，规范医疗废物分类收集、贮存、转运和处置的全过程管理。加大执法监督检查力度，将医疗卫生机构医疗废物管理列入年度综合执法监督检查，特别要将基层医疗机构和民营医疗机构纳入监管范围，每年有重点开展执法检查，有效控制医疗废物流失风险。

二、进一步规范医疗废物管理

（一）医疗卫生机构。

1. 建章立制，落实医疗卫生机构管理主体责任。医疗卫生机构要进一步建立健全医疗废物管理责任制，落实主体责任，加强组织领导，健全组织架构，完善工作机制，建立规章制度，落实岗位职责，配备专门人员负责检查、督促，落实医疗废物管理工作要求。医疗卫生机构法定代表人为本机构医疗废物管理第一责任人。实行后勤服务社会化管理的医疗卫生机构，更要增强主体意识，落实主体责任，加强对提供相应服务社会机构的管理监督、检查指导，并提供规范化培训。

2. 规范操作，完善医疗卫生机构医疗废物分类管理。医疗卫生机构应当按照要求做好医疗废物的源头分类，规范医疗废物分类收集、运送、暂存、交接的方法和程序。要依据《医疗废物分类目录》制定具体的分类收集清单，实施相应的分类管理流程，重点加强感染性、损伤性、病理性医疗废物分类管理。医疗废物的包装应当符合《医疗废物专用包装袋、容器和警示标志标准》（HJ 421—2008）要求。严格规范医疗废物暂存场所（设施）管理，不得露天存放，防止二次污染。医疗卫生机构应当将医疗废物交由持有危险废物经营许可证的医疗废物集中处置单位处置，建立交接登记制度，按照医疗废物的种类、数量做好交接登记，严格执行危险废物转移联单管理制度，认真填写《危险废物转移联单》（医疗废物专用）。

3.加强培训，提高医疗卫生机构医疗废物管理能力。医疗卫生机构要积极开展培训，强化相关人员的法制意识、责任意识，提高规范管理医疗废物的能力。特别要加强对涉及医疗废物分类收集、转运、暂存、交接等工作人员的培训和管理，严格落实职业安全防护措施，定期进行健康检查。

（二）医疗废物集中处置单位。

医疗废物集中处置单位应当依据《危险废物经营许可证管理办法》依法申领危险废物经营许可证。要参照《危险废物经营单位记录和报告经营情况指南》建立医疗废物经营情况记录簿，定期向环保部门报告经营活动情况。医疗废物集中处置单位上门收取医疗废物时应当执行危险废物转移联单管理制度，做好医疗废物的种类、数量、交接时间、处置方法等情况的登记工作，资料保存不少于3年。医疗废物集中处置单位应当按照《医疗废物管理条例》规定，采取有效的职业防护措施，配备数量充足的收集、转运周转设施和车辆，至少每两天到医疗卫生机构收集、运送一次医疗废物。收运、处置等行为应当符合《医疗废物集中处置技术规范》等相关法规标准要求，使用有明显医疗废物标识的专用车辆，防止医疗废物丢失、泄漏。

三、进一步加强基层医疗卫生机构医疗废物管理

（一）健全长效机制。卫生计生行政部门和环境保护主管部门应当高度重视基层医疗卫生机构医疗废物管理，掌握辖区内基层医疗卫生机构医疗废物管理的实际情况，着力解决城乡基层医疗卫生机构医疗废物分类收集、转运和处置困难的问题，逐步建立符合本地区基层医疗卫生机构实际的医疗废物处置工作长效机制，因地制宜推进农村、乡镇和偏远地区医疗废物安全处置。要共同制定规范基层医疗卫生机构医疗废物管理的具体工作方案，明确职责，落实任务。同时，加强基层医疗卫生机构医疗废物管理人员培训，提升基层医疗卫生机构医疗废物管理能力。

（二）推动集中处置。卫生计生行政部门和环境保护主管部门应当充分发挥乡村医疗卫生机构一体化管理和医联体等医疗管理新机制的功能，探索基层医疗卫生机构医疗废物集中上送至上级医疗卫生机构统一处置的管理模式，或就近运送到持有危险废物经营许可证的医疗废物集中处置单位进行统一处置。根据《国家危险废物名录》（环境保护部、国家发展和改革委员会、公安部令第39号）中危险废物豁免管理清单的规定，19张床以下（含19张）的医疗卫生机构上送医疗废物时，其收集过程不按危险废物管理。

（三）落实主体责任。基层医疗卫生机构要充分认识医疗废物管理工作的重要性，认真落实医疗废物管理主体责任，按照规定及时收集本机构产生的医疗废物。不具备集中处置医疗废物条件的农村、乡镇和偏远地区，自行处置医疗废物的应当符合《医疗卫生机构医疗废物管理办法》的有关规定，建立管理台账并如实记录。禁止将医疗废物混入其他废物和生活垃圾，防止因医疗废物处置不当导致疾病传播和环境污染。不得随意丢弃、遗撒和在非贮存地点倾倒、堆放医疗废物。禁止任何单位或者个人转让、买卖医疗废物。

四、加大医疗废物规范化管理工作指导和监管力度

各级卫生计生行政部门应当加强领导，切实履行监管职责，明确责任分工，层层落实责任。要及时、准确掌握本辖区医疗卫生机构医疗废物处置情况，加大监管工作力度，建立医疗废物管理责任追究机制，对医疗废物分类收集、运送、贮存、处置中的疾病防治工作要严格把关。重点加强对基层医疗卫生机构和民营医疗机构医疗废物处置的监管工作，消除监管空白和“盲区”，通过定期督导检查与不定期抽查，做到医疗卫生机构医疗废物处置监管工作全覆盖。对疏于监管、存在重大安全隐患或辖区内连续发生医疗废物管理不规范事件的，要进行严肃处理，并追究直接责任人和相关管理人员责任。

各级环境保护主管部门对医疗废物收集、运送、贮存、处置活动中的环境污染防治工作实施统一监督管理。要发布辖区内医疗废物集中处置单位名单、处置种类和联系方式。要加强对医疗废物集中处置单位和基层医疗卫生机构自行处置医疗废物工作的指导和环境监管，规范处置行为。各地要督促落实《“十三五”全国危险废物规范化管理督查考核工作方案》，全面提升医疗废物规范化管理水平，有效防范环境风险。要依法落实属地管理责任，加强对医疗废物集中处置单位的监督检查和监督性监测。推动地方政府实施医疗废物集中处置设施提标改造工程，对不符合有关标准规范和不能稳定达标的医疗废物集中处置设施，要依法限期整改，淘汰或者关停。严厉打击非法从事医疗废物收集、贮存、利用、处置经营活动的行为。造成环境污染的，依法追究法律责任。

各级发展改革（物价）、卫生计生等部门应当积极推动医疗废物处理处置收费政策的制定完善，落实《医疗废物管理条例》和《关于实行危险废物处置收费制度促进危险废物处置产业化的通知》（发改价格〔2003〕1874号）规定，将医疗机构交纳的医疗废物处置费用纳入医疗服务成本，合理调整医疗服务价格予以解决，在推进医疗服务价格改革中做好贯彻落实。有条件的地区，可以综合通过医疗保险和政府财政等渠道，妥善解决医疗废物处置费用分担问题。

各级公安机关要加强与卫生计生行政部门和环境保护主管部门的沟通联系，强化信息共享，依法严厉打击涉及医疗废物违法犯罪行为。各级卫生计生行政部门和环境保护主管部门在执法检查中，发现有涉嫌构成违法犯罪行为的，要及时向公安机关通报，并积极为公安机关办案提供必要的技术支持。

在有条件的地区，鼓励卫生计生行政部门、环境保护主管部门、各级医疗卫生机构和

医疗废物集中处置单位探索实施医疗废物信息化管理方式，对医疗废物分类收集、暂存、转运、处置进行全过程监管，实现数据信息的互通共享，防止非法倾倒买卖等行为。

国家卫生计生委办公厅　环境保护部办公厅

国家发展改革委办公厅　公安部办公厅

国家中医药管理局办公室

2017年9月13日

36. 关于印发医疗机构废弃物综合治理工作方案的通知（国卫医发〔2020〕3号）

各省、自治区、直辖市人民政府，司法部、交通运输部、税务总局：

经国务院同意，现将《医疗机构废弃物综合治理工作方案》印发给你们，请认真贯彻执行。

国家卫生健康委　　生态环境部
国家发展改革委　　工业和信息化部
公　安　部　　财　政　部
住房城乡建设部　　商　务　部
市场监管总局　　国家医保局

2020年2月24日

医疗机构废弃物综合治理工作方案

医疗机构废弃物管理是医疗机构管理和公共卫生管理的重要方面，也是全社会开展垃圾分类和处理的重要内容。为落实习近平总书记关于打好污染防治攻坚战的重要指示精神，加强医疗机构废弃物综合治理，实现废弃物减量化、资源化、无害化，针对当前存在的突出问题，借鉴国际经验，特制定本方案。

一、做好医疗机构内部废弃物分类和管理

（一）加强源头管理。医疗机构废弃物分为医疗废物、生活垃圾和输液瓶（袋）。通过规范分类和清晰流程，各医疗机构内形成分类投放、分类收集、分类贮存、分类交接、分类转运的废弃物管理系统。充分利用电子标签、二维码等信息化技术手段，对药品和医用耗材购入、使用和处置等环节进行精细化全程跟踪管理，鼓励医疗机构使用具有追溯功能的医疗用品、具有计数功能的可复用容器，确保医疗机构废弃物应分尽分和可追溯。（国家卫生健康委牵头，生态环境部参与）

（二）夯实各方责任。医疗机构法定代表人是医疗机构废弃物分类和管理的第一责任人，产生废弃物的具体科室和操作人员是直接责任人。鼓励由牵头医疗机构负责指导实行一体化管理的医联体内医疗机构废弃物分类和管理。实行后勤服务社会化的医疗机构要落实主体责任，加强对提供后勤服务组织的培训、指导和管理。适时将废弃物处置情况纳入公立医疗机构绩效考核。（国家卫生健康委负责）

二、做好医疗废物处置

（一）加强集中处置设施建设。各省份全面摸查医疗废物集中处置设施建设情况，要在2020年底前实现每个地级以上城市至少建成1个符合运行要求的医疗废物集中处置设施；到2022年6月底前，综合考虑地理位置分布、服务人口等因素设置区域性收集、中转或处置医疗废物设施，实现每个县（市）都建成医疗废物收集转运处置体系。鼓励发展医疗废物移动处置设施和预处理设施，为偏远基层提供就地处置服务。通过引进新技术、更新设备设施等措施，优化处置方式，补齐短板，大幅度提升现有医疗废物集中处置设施的处置能力，对各类医疗废物进行规范处置。探索建立医疗废物跨区域集中处置的协作机制和利益补偿机制。（省级人民政府负责）

（二）进一步明确处置要求。医疗机构按照《医疗废物分类目录》等要求制定具体的分类收集清单。严格落实危险废物申报登记和管理计划备案要求，依法向生态环境部门申报医疗废物的种类、产生量、流向、贮存和处置等情况。严禁混合医疗废物、生活垃圾和输液瓶（袋），严禁混放各类医疗废物。规范医疗废物贮存场所（设施）管理，不得露天存放。及时告知并将医疗废物交由持有危险废物经营许可证的集中处置单位，执行转移联单并做好交接登记，资料保存不少于3年。医疗废物集中处置单位要配备数量充足的收集、转运周转设施和具备相关资质的车辆，至少每2天到医疗机构收集、转运一次医疗废物。要按照《医疗废物集中处置技术规范（试行）》转运处置医疗废物，防止丢失、泄漏，探索医疗废物收集、贮存、交接、运输、处置全过程智能化管理。对于不具备上门收取条件的农村地区，当地政府可采取政府购买服务等多种方式，由第三方机构收集基层医疗机构的医疗废物，并在规定时间内交由医疗废物集中处置单位。确不具备医疗废物集中处置条件的地区，医疗机构应当使用符合条件的设施自行处置。（国家卫生健康委、生态环境部、交通运输部、地方各级人民政府按职责分工负责）

三、做好生活垃圾管理

医疗机构要严格落实生活垃圾分类管理有关政策，将非传染病患者或家属在就诊过程中产生的生活垃圾，以及医疗机构职工非医疗活动产生的生活垃圾，与医疗活动中产生的医疗废物、输液瓶（袋）等区别管理。做好医疗机构生活垃圾的接收、运输和处理工作。（国家卫生健康委、住房城乡建设部按职责分工负责）

四、做好输液瓶（袋）回收利用

按照“闭环管理、定点定向、全程追溯”的原则，明确医疗机构处理以及企业回收和利用的工作流程、技术规范和要求，用好用足现有标准，必要时做好标准制修订工作。明确医疗机构、回收企业、利用企业的责任和有关部门的监管职责。在产生环节，医疗机构要按照标准做好输液瓶（袋）的收集，并集中移交回收企业。国家卫生健康委要指导地方加强日常监管。在回收和利用环节，由地方出台政策措施，确保辖区内分别至少有1家回收和利用企业或1家回收利用一体化企业，确保辖区内医疗机构输液瓶（袋）回收和利用全覆盖。充分利用第三方等平台，鼓励回收和利用企业一体化运作，连锁化、集团化、规模化经营。回收利用的输液瓶（袋）不得用于原用途，不得用于制造餐饮容器以及玩具等儿童用品，不得危害人体健康。商务部要指导地方做好回收企业确定工作。工业和信息化部要指导废塑料综合利用行业组织完善处理工艺，引导行业规范健康发展，培育跨区域骨干企业。（国家卫生健康委、商务部、工业和信息化部、市场监管总局、地方各级人民政府按职责分工负责）

五、开展医疗机构废弃物专项整治

在全国范围内开展为期半年的医疗机构废弃物专项整治行动，重点整治医疗机构不规范分类和存贮、不规范登记和交接废弃物、虚报瞒报医疗废物产生量、非法倒卖医疗废物，医疗机构外医疗废物处置脱离闭环管理、医疗废物集中处置单位无危险废物经营许可证，以及有关企业违法违规回收和利用医疗机构废弃物等行为。国家卫生健康委、生态环境部会同商务部、工业和信息化部、住房城乡建设部等部门制定具体实施方案，明确部门职责分工。市场监管总局、公安部加强与国家卫生健康委、生态环境部的沟通联系，强化信息共享，依法履行职责。各相关部门在执法检查和日常管理中发现有涉嫌犯罪行为的，及时移送公安机关，并积极为公安机关办案提供必要支持。公开曝光违法医疗机构和医疗废物集中处置单位。（国家卫生健康委、生态环境部牵头，商务部、工业和信息化部、住房城乡建设部、市场监管总局、公安部参与，2020年底前完成集中整治）

六、落实各项保障措施

（一）完善信息交流和工作协同机制。建立医疗废物信息化管理平台，覆盖医疗机构、医疗废物集中贮存点和医疗废物集中处置单位，实现信息互通共享。卫生健康部门要及时向生态环境部门通报医疗机构医疗废物产生、转移或自行处置情况。生态环境部门要及时向卫生健康部门通报医疗废物集中处置单位行政审批情况，面向社会公开医疗废物集中处置单位名单、处置种类和联系方式等。住房城乡建设（环卫）部门要及时提供生活垃圾专业处置单位名单及联系方式。商务、工业和信息化部门要共享有能力回收和利用输液瓶（袋）等可回收物的企业名单、处置种类和联系方式，并及时向卫生健康部门通报和定期向社会公布。医疗机构要促进与医疗废物集中处置单位、回收企业相关信息的共享联动，促进医疗机构产生的各类废弃物得到及时处置。建立健全医疗机构废弃物监督执法结果定期通报、监管资源信息共享、联合监督执法机制，相关部门既要履行职责，也要积极沟通，全面提升医疗机构废弃物的规范管理水平。（国家卫生健康委、生态环境部牵头，商务部、工业和信息化部、市场监管总局、公安部、住房城乡建设部参与）

（二）落实医疗机构废弃物处置政策。综合考虑区域内医疗机构总量和结构、医疗废物实际产生量及处理成本等因素，鼓励采取按床位和按重量相结合的计费方式，合理核定医疗废物处置收费标准，促进医疗废物减量化。将医疗机构输液瓶（袋）回收和利用所得列入合规收入项目。符合条件的医疗废物集中处置单位和输液瓶（袋）回收、利用企业可按规定享受环境保护税等相关税收优惠政策。医疗机构按照规定支付的医疗废物处置费用作为医疗成本，在调整医疗服务价格时予以合理补偿。（国家发展改革委、财政部、税务总局、国家医保局、国家卫生健康委按职责分工负责）

七、做好宣传引导

统筹城市生活垃圾分类和无废城市宣传工作，充分发挥中央主要媒体、各领域专业媒体和新媒体作用，开展医疗废物集中处置设施、输液瓶（袋）回收和利用企业向公众开放等形式多样的活动，大力宣传医疗机构废弃物科学分类、规范处理的意义和有关知识，引导行业、机构和公众增强对医疗机构废弃物处置的正确认知，重点引导其对输液瓶（袋）回收利用的价值、安全性有更加科学、客观和充分的认识。制修订相关标准规范时，要公开听取各方面意见，既广泛凝聚社会共识，也做好知识普及。加大对涉医疗机构废弃物典型案件的曝光力度，形成对不法分子和机构的强力震慑，营造良好社会氛围。（国家卫生健康委、生态环境部、住房城乡建设部、商务部、工业和信息化部按职责分工负责，中央宣传部、中央网信办、公安部参与）

八、开展总结评估

相关牵头部门要于2020年底前组织对各牵头工作进行阶段性评估，2022年底前完成全面评估，对任务未完成、职责不履行的地方和有关部门进行通报，存在严重问题的，按程序追究相关人员责任。根据评估情况，适时启动《医疗废物管理条例》修订工作。（国家卫生健康委、生态环境部、国家发展改革委、住房城乡建设部、商务部、工业和信息化部、司法部等按职责分工负责）

《医疗机构废弃物综合治理工作方案》政策解读

一、文件制定背景

近年来，随着医疗卫生事业的快速发展和人民群众对健康以及环境要求的不断增加，国务院领导同志高度重视医疗机构废弃物的规范管理工作。国家卫生健康委认真贯彻落实有关要求，依法依规加强医疗机构内废弃物管理，保护生态环境，保障人民群众健康。在贯彻落实《医疗废物管理条例》的基础上，国家卫生健康委、生态环境部会同有关部门不断完善医疗废物管理法规体系。2017年，原国家卫生计生委、原环保部等5部门印发《关于进一步规范医疗废物管理工作的通知》，原国家卫生计生委、原环保部、住房城乡建设部等8部门印发《关于在医疗机构推进生活垃圾分类管理的通知》，进一步规范了医疗机构废弃物管理工作。但在实践中，医疗机构废弃物处置能力水平与医疗机构需求和人民群众期望仍有一定差距，主要表现在：医疗废物集中处置能力不能满足需求，输液瓶（袋）管理存在困难，医疗机构处置医疗废物的费用负担重，部门间的综合监管还有一定难度等。

为落实习近平总书记关于打好污染防治攻坚战的重要指示精神，进一步加强医疗机构废弃物的综合治理，保障人民群众身体健康和环境安全，国家卫生健康委会同生态环境部等10部门多次研究完善，制定了《医疗机构废弃物综合治理工作方案》（以下简称《方案》）并经国务院同意。

二、主要内容

《方案》共包括8个方面：一是做好医疗机构内部废弃物分类和管理，二是做好医疗废物处置，三是做好生活垃圾管理，四是做好输液瓶（袋）的回收利用，五是开展医疗机构废弃物专项整治，六是保障各项措施落实，七是做好宣传引导，八是开展总结评估。重点强调了以下内容：

一是加强废弃物的分类及源头管理。将医疗机构产生的医疗废物、生活垃圾、输液瓶（袋）等进行分类管理。在做好分类的基础上，要求医疗机构严格做好废弃物的分类投放、分类收集、分类贮存、分类交接、分类转运等工作。

二是解决医疗废物集中处置设施不足的问题。明确要求，未达标省份要在2020年底前实现每个地级以上城市至少建成1个符合运行要求的医疗废物集中处置设施；到2022年6月底，实现每个县（市）都建成医疗废物收集转运处置体系。

三是解决输液瓶（袋）回收利用的问题。明确了“闭环管理、定点定向、全程追溯”的原则。特别是在回收利用环节，由地方出台政策措施，确保辖区内分别至少有1家回收和利用企业或1家回收利用一体化企业，确保辖区内医疗机构输液瓶（袋）回收和利用全覆盖，并做到定点定向。

四是开展多部门专项整治。在全国范围内开展废弃物专项整治行动。重点整治医疗机构不规范分类和贮存、登记和交接废弃物、虚报瞒报医疗废物产生量、非法倒卖医疗废物，医疗机构外医疗废物处置脱离闭环管理、医疗废物集中处置单位无危险废物经营许可证，有关企业违法违规回收和利用医疗机构废弃物等行为。

五是完善相关保障措施和工作机制。部门之间加强信息沟通并建立协同机制，促进医疗机构产生的各类废弃物及时得到处置。落实各类废弃物的处置政策，合理减轻医疗机构处置的费用负担。另外，做好相关的宣传引导，使得社会公众正确认识医疗机构废弃物的处置工作，理性看待输液瓶（袋）回收利用的价值和安全性。

《方案》在每项措施后都明确了负责部门，要求各有关部门、各地区及时制定或完善配套措施，细化工作举措，同时要求牵头部门对各地落实情况进行督导检查和跟踪分析，确保政策全部兑现，取得扎实成效。

37.国家卫生健康委办公厅关于进一步加强医疗机构感染预防与控制工作的通知
（国卫办医函〔2019〕480号）

各省、自治区、直辖市及新疆生产建设兵团卫生健康委：

为进一步加强医疗机构感染预防与控制（以下简称感控）工作，提高医疗质量，保障医疗安全，维护人民群众身体健康与生命安全，针对当前存在的薄弱环节，提出以下工作要求：

一、进一步提高对感控工作重要性的认识

做好感控工作是保障医疗质量和医疗安全的底线要求，是医疗机构开展诊疗活动中必须履行的基本职责。地方各级卫生健康行政部门和各级各类医疗机构要以高度的责任感和敏感性，提高政治站位，树立底线意识，重视并做好感控工作。要严格落实相关法律法规、规章制度及技术标准，采取有力有效措施，提高感染性疾病诊疗防控能力，预防和控制感染性疾病传播，杜绝医源性感染发生，防范化解感染暴发风险，以对人民健康高度负责的态度，切实加强感控管理，为人民群众提供安全、高质量的医疗服务。

二、强化责任意识，落实感控制度要求

地方各级卫生健康行政部门和各级各类医疗机构要履行主体责任，法定代表人或主要负责人是感控工作的第一责任人。医疗机构要切实发挥本机构感控委员会的作用，明确感控管理部门、医务、药学、护理、临床检验以及各临床科室的职责分工，压实部门责任，并建立多学科、多部门协作机制，形成合力共同开展感控工作。要认真学习贯彻《医疗机构感染预防与控制基本制度（试行）》（见附件），根据本机构实际情况，细化具体制度措施，加强全过程管理。医疗机构要加强感控人才队伍建设，确保感控专（兼）职人员配备充足，感控队伍专业结构合理，健全感控人员职业发展路径和激励机制，加大投入倾斜力度，保持感控队伍的稳定性。

三、突出工作重点，做好重点科室感控工作

对感染性疾病病例较多，易发生人间传播，特别是易发生医源性感染的科室，要重点关注并加强管理。尤其要针对新生儿病房、新生儿重症监护室、重症医学科、器官（骨髓）移植病房、血液透析中心（室）、感染性疾病科、手术室、产房、急诊科、口腔科、介入手术室、输血科、内镜室、消毒供应中心等重点部门和科室的特点，制订并落实具体防控措施。重点科室要指定专人负责本科室感控工作，明确其岗位责任，统一接受感控管理部门业务指导，确保各项防控措施落实到位。

四、开展主动监测，及时评估，降低潜在感染风险

建立完善国家级、省级、医疗机构三级感染监测控制体系，逐步实现全国范围内医疗机构感染前瞻性目标监测。医疗机构要加强对重点科室的主动监测，对侵入性操作环节（例如手术治疗、中心静脉插管、留置导尿管、呼吸机辅助呼吸、透析治疗、内镜操作等）实现全覆盖。通过主动监测，及时发现感染散发病例、感染聚集性病例和感染暴发，持续改进感控工作。医疗机构要定期开展感控风险因素科学评估，明确影响本机构感控的主要风险因素和优先干预次序。根据风险评估结果，合理设定或调整干预目标和策略。采取基于循证证据的干预措施，进行科学防控，避免防控过度和防控不足。建立并实施基于风险评估结果开展感染高危人群筛查的工作机制。医疗机构应当积极创造条件，利用信息化手段开展感染监测评估工作。

五、开展全员培训，全面提升感控能力水平

地方各级卫生健康行政部门和各级各类医疗机构要建立感控全员培训制度，制订培训大纲和培训计划，每年至少开展1次感控法律法规、知识和技能专项培训。培训对象覆盖全体医务人员以及医疗机构的管理、后勤（包括外包服务）等人员，培训内容针对不同岗位特点设定，并组织培训效果考核。将参加培训情况以及考核结果作为重要内容，纳入医师定期考核、护士执业注册、药学、医技以及其他人员档案管理等，并与职称晋升、绩效分配、评优评先等挂钩。

六、增强敏感性，做好感染暴发报告及处置工作

建立感染暴发报告、调查和处置过程中的规章制度、工作程序和工作预案，明确感控委员会、感控管理部门、感控专（兼）职人员及相关部门医务人员在感染暴发报告及处置工作中的职责，做到分工明确、反应迅速、管理规范，提高感染暴发的防控和处置水平，降低感染造成的伤害。发生疑似感染暴发或暴发后，医疗机构必须按照规定及时报告上级卫生健康行政部门。各级卫生健康行政部门接到报告后，应当及时组织有关专家指导医疗机构开展感染暴发的医疗救治及调查处置工作，并提供相应的指导和技术支持。

七、加强监督管理，督促各项要求有效落实

地方各级卫生健康行政部门要加强对辖区内医疗机构的日常监督、管理和指导，将感控工作作为“一票否决”项纳入医疗机构等级评审、绩效考核、评优评先等工作。充分发挥感染质控中心等专业组织的作用，协助行政部门开展人员培训、指导评估、督导考核等工作，促进感控水平的持续提升。对于发现的薄弱环节及风险隐患，要立即督促整改；对于违反有关法律法规和技术规范，造成严重后果的，要对相关责任人依法依规处理。

国家卫生健康委办公厅

2019年5月18日

38. 国家卫生计生委关于印发传染病防治卫生监督工作规范的通知
（国卫监督发〔2014〕44号）

各省、自治区、直辖市卫生计生委（卫生厅局），新疆生产建设兵团卫生局，中国疾病预防控制中心、卫生监督中心：

2010年原卫生部印发《传染病防治日常卫生监督工作规范》（卫监督发〔2010〕82号），对指导和规范地方传染病防治监督工作发挥了积极作用。经认真总结近几年的执行情况，结合机构改革和职能转变要求，我委组织对原规范进行了修改完善，形成了《传染病防治卫生监督工作规范》（可从我委网站“综合监督”栏目下载）。现印发给你们，请遵照执行。

国家卫生计生委

2014年7月14日

传染病防治卫生监督工作规范

第一章　总　则

第一条　为保障公众健康，规范传染病防治卫生监督工作，根据《中华人民共和国传染病防治法》及相关法规、规章，制定本规范。

第二条　本规范所称传染病防治卫生监督，是指县级以上地方卫生计生行政部门及其综合监督执法机构依据传染病防治相关法律法规，对医疗卫生机构传染病防治工作进行监督执法的活动。

本规范所指的医疗卫生机构包括医疗机构、疾病预防控制机构和采供血机构。

第三条　县级以上地方卫生计生行政部门负责传染病防治卫生监督能力建设，保障人员配备，合理配置工作装备，并将工作经费纳入预算管理。

第四条　县级以上地方卫生计生行政部门及其综合监督执法机构在开展传染病防治卫生监督时，适用本规范。

第二章　监督职责及要求

第五条　省级卫生计生行政部门及其综合监督执法机构职责：

（一）制定全省（区、市）传染病防治卫生监督工作规划、年度计划，以及相应工作制度；根据传染病防治卫生监督工作情况，确定年度重点监督工作；

（二）组织实施全省（区、市）传染病防治卫生监督工作及相关培训；对下级传染病防治卫生监督工作进行指导、督查；

（三）组织协调、督办、查办辖区内传染病防治重大违法案件；

（四）承担国家卫生监督抽检任务，组织实施辖区内卫生监督抽检；

（五）负责全省（区、市）传染病防治卫生监督信息管理及数据汇总、核实、分析和上报工作；

（六）承担上级部门指定或交办的传染病防治卫生监督任务。

第六条　设区的市、县级卫生计生行政部门及其综合监督执法机构职责：

（一）根据本省（区、市）传染病防治卫生监督工作规划、年度计划，结合实际，制订辖区内传染病防治卫生监督计划，明确重点监督内容并组织落实；

（二）组织开展辖区内传染病防治卫生监督培训工作；

（三）组织开展辖区内医疗卫生机构预防接种、传染病疫情报告、传染病疫情控制措施、消毒隔离制度执行情况、医疗废物处置及病原微生物实验室生物安全管理等传染病防治日常卫生监督工作；

（四）组织查处辖区内传染病防治违法案件；

（五）负责辖区内传染病防治卫生监督信息的汇总、核实、分析和上报工作；

（六）设区的市对县级传染病防治卫生监督工作进行指导、督查；

（七）承担上级部门指定或交办的传染病防治卫生监督任务。

第七条　省级和设区的市级综合监督执法机构应当明确具体科（处）室，负责传染病防治卫生监督工作；县级综合监督执法机构应当有负责传染病防治监督的科室或指定专人从事传染病防治卫生监督工作。

第八条　实施现场卫生监督前，监督人员应当明确传染病防治卫生监督任务、方法、要求，检查安全防护装备，做好安全防护。

第九条　实施现场卫生监督时，发现违法行为，应当依法收集证据；在证据可能灭失或以后难以取得的情况下，应当依法先行采取证据保全措施。

第十条　县级以上地方综合监督执法机构应当建立传染病防治卫生监督档案，掌握辖区内医疗卫生机构的基本情况及传染病防治工作情况。

第三章　卫生监督内容及方法

第一节　预防接种的卫生监督

第十一条　疾病预防控制机构、接种单位预防接种的卫生监督内容：

（一）接种单位和人员的资质情况；

（二）接种单位疫苗公示、接种告知（询问）的情况；

（三）疫苗的接收、购进、分发、供应、使用登记和报告情况；

（四）预防接种异常反应或者疑似预防接种异常反应的处理和报告情况；

（五）疾病预防控制机构开展预防接种相关宣传、培训、技术指导等工作情况。

第十二条　监督检查疾病预防控制机构、接种单位预防接种时，主要采取以下方法：

（一）查阅接种单位的医疗机构执业许可证、经过县级卫生计生行政部门指定的证明文件、工作人员的预防接种专业培训和考核合格资料；

（二）核查接种单位接收第一类疫苗或者购进第二类疫苗的记录，接种情况登记、报告记录，以及完成国家免疫规划后剩余第一类疫苗的报告记录；

（三）查阅接种单位医疗卫生人员在实施接种前，对受种者或者其监护人告知、询问记录；查阅实施预防接种的医疗卫生人员填写的接种记录；

（四）检查接种单位在其接种场所的显著位置公示第一类疫苗的品种和接种方法的情况；

（五）查阅乡级医疗卫生机构向承担预防接种工作的村医疗卫生机构分发第一类疫苗的记录；

（六）查阅疾病预防控制机构的疫苗购进、分发、供应记录，核查记录的保存期限；

（七）查阅疾病预防控制机构开展预防接种相关宣传、培训、技术指导等工作记录和资料；

（八）查阅疾病预防控制机构、接种单位接收或者购进疫苗时向疫苗生产企业、疫苗批发企业索取的证明文件，核查文件的保存期限；

（九）查阅疾病预防控制机构、接种单位对预防接种异常反应或者疑似预防接种异常反应的处理和报告的记录。

第二节　传染病疫情报告的卫生监督

第十三条　传染病疫情报告的卫生监督内容：

（一）建立传染病疫情报告的管理组织、制度情况；

（二）依法履行传染病疫情报告、日常管理和质量控制的情况；

（三）疾病预防控制机构及时对辖区内的传染病疫情信息审核确认，并开展疫情分析、调查与核实的情况；

（四）疾病预防控制机构依法履行与相关部门传染病疫情信息通报职责的情况。

第十四条　监督检查疾病预防控制机构传染病疫情报告情况时，主要采取以下方法：

（一）查阅设置疫情报告管理部门或明确疫情报告管理职责分工的文件资料，核查疫情报告管理部门和专职疫情报告人员，查阅传染病疫情报告管理制度；

（二）查阅传染病疫情报告和审核记录、各类常规疫情分析报告等文字资料，核查设置疫情值班、咨询电话的情况；核查收到无网络直报条件责任报告单位报送的传染病报告卡后，进行网络直报的情况；

（三）查阅传染病疫情通报制度，与港口、机场、铁路疾病预防控制机构以及国境卫生检疫机关互相通报甲类传染病疫情的记录；与动物防疫机构互相通报动物间和人间发生的人畜共患传染病疫情以及相关信息的记录；

（四）检查传染病疫情网络直报设备运行情况，疫情报告人员现场演示传染病的报告、审核确认、查重等情况；

（五）查阅与传染病疫情报告相关的其他记录情况。

第十五条　监督检查医疗机构传染病疫情报告情况时，主要采取以下方法：

（一）查阅设置疫情报告管理部门或明确疫情报告管理职责分工的文件资料，核查专职疫情报告人员；查阅传染病报告管理制度，内容应当包括传染病诊断、登记、报告、异常信息的快速反馈、自查等方面；

（二）查阅诊疗原始登记（包括门诊日志、出入院登记、检验和影像阳性结果）、传染病报告卡、传染病网络直报信息等资料，核查未按照规定报告传染病疫情或隐瞒、谎报、缓报传染病疫情报告的情况；

（三）查阅开展传染病疫情报告管理内部自查的记录及有关资料；

（四）查阅定期组织临床医生、新上岗人员开展传染病报告管理专业培训与考核的资料；

（五）检查传染病疫情网络直报专用设备及运转情况，专职疫情报告人员演示传染病网络直报操作；

（六）对不具备网络直报条件的县级以下医疗机构，查阅传染病报告登记记录。

第十六条　监督检查采供血机构传染病疫情报告情况时，主要采取以下方法：

（一）查阅传染病疫情报告管理制度；

（二）查阅HIV抗体检测两次初筛阳性结果登记情况，以及献血者或供浆员登记簿，核查HIV初筛阳性结果报告情况及送检确认情况；

（三）对于设置疫情网络直报系统的机构，检查疫情报告人员演示网络直报操作，检查传染病疫情网络直报系统的运转情况；

（四）对不具备网络直报条件的机构，查阅传染病报告登记记录。

第三节　传染病疫情控制的卫生监督

第十七条　医疗机构传染病疫情控制的卫生监督内容：

（一）建立传染病预检、分诊制度及落实情况；检查医疗卫生人员、就诊病人防护措施的落实情况；

（二）感染性疾病科或分诊点的设置和运行情况；

（三）发现传染病疫情时，按照规定对传染病病人、疑似传染病病人提供诊疗的情况；

（四）消毒隔离措施落实情况；对传染病病原体污染的污水、污物、场所和物品的消毒处理情况。

第十八条　监督检查医疗机构传染病疫情控制时，主要采取以下方法：

（一）查阅传染病预检、分诊制度和应急处理预案等管理文件；

（二）检查感染性疾病科或分诊点设置情况和预检、分诊落实情况；

（三）检查医疗卫生人员、就诊病人防护措施落实情况；

（四）检查对传染病病人、疑似传染病病人提供诊疗服务情况；

（五）检查对法定传染病病人或者疑似传染病病人采取隔离控制措施的场所、设施设备以及使用记录。查阅对被传染病病原体污染的场所、物品以及对医疗废物实施消毒或者无害化处置的记录。

第十九条　疾病预防控制机构传染病疫情控制的卫生监督内容：

（一）依法履行传染病监测职责的情况；

（二）发现传染病疫情时，依据属地管理原则及时采取传染病控制措施的情况。

第二十条　监督检查疾病预防控制机构传染病疫情控制时，主要采取以下方法：

（一）查阅传染病监测制度、本辖区内的传染病监测计划和工作方案，收集、分析和报告传染病监测信息的资料，以及预测传染病的发生、流行趋势的资料；

（二）查阅传染病疫情调查处置技术方案或预案，以及传染病疫情调查处理记录、报告；

（三）查阅传染病疫情流行病学调查工作记录和资料，以及疫点、疫区卫生处理记录。

第四节　消毒隔离制度执行情况的卫生监督

第二十一条　消毒隔离制度执行情况的卫生监督内容：

（一）建立消毒管理组织、制度及落实情况；

（二）医疗卫生人员接受消毒技术培训、掌握消毒知识、执行消毒隔离制度的情况；

（三）医疗用品、器械的消毒、灭菌情况；

（四）开展消毒与灭菌效果检测的情况；

（五）消毒产品进货检查验收、使用和管理情况；

（六）对传染病病人、疑似传染病病人的消毒隔离措施落实情况。

第二十二条　监督检查消毒隔离制度执行情况时，主要采取以下方法：

（一）查阅消毒管理组织设置文件、消毒管理制度、工作计划及检查记录；

（二）查阅工作人员消毒技术培训记录；现场提问相关工作人员消毒隔离知识；检查相关工作人员消毒隔离制度执行情况；

（三）查阅消毒与灭菌效果检测记录或检测报告，查阅检测结果不合格的整改记录。必要时现场采样监测消毒与灭菌效果；

（四）查阅消毒产品进货检查验收记录；检查消毒产品相关证明文件、使用日期和有效期；

（五）检查医疗机构相关科室（重点是发热门诊、肠道门诊和感染性疾病科等）执行消毒技术规范、标准和规定情况；

（六）检查对传染病病人、疑似传染病病人进行隔离的场所、设施和措施。

第五节　医疗废物处置的卫生监督

第二十三条　医疗废物处置情况的卫生监督内容：

（一）医疗废物管理组织、制度、应急方案的建立和落实情况；

（二）从事医疗废物分类收集、运送、暂时贮存、处置工作人员和管理人员的职业卫生安全防护和培训情况；

（三）医疗废物分类收集、转运、登记的情况；

（四）医疗废物暂时贮存的情况；

（五）医疗废物、污水的处置情况；

（六）实行医疗废物集中处置的医疗卫生机构与具有资质的医疗废物集中处置单位签订合同的情况；不具备集中处置医疗废物条件的医疗卫生机构按照有关部门的要求自行处置医疗废物的情况。

第二十四条　监督检查医疗废物处置时，主要采取以下方法：

（一）查阅设置医疗废物管理监控部门或者专（兼）职人员、岗位职责的文件资料，核查监控部门和管理人员；

（二）查阅医疗废物管理责任制，医疗废物分类收集、交接、登记等规章制度以及应急方案；

（三）查阅从事医疗废物分类收集、运送、暂时贮存、处置的工作人员和管理人员，进行相关法律和专业技术、安全防护以及紧急处理等知识培训的资料；

（四）检查从事医疗废物分类收集、运送、暂时贮存、处置的工作人员和管理人员的职业卫生安全防护设备，查阅健康检查记录；

（五）查阅医疗废物登记簿，检查医疗废物分类收集点是否按照《医疗废物分类目录》规定，使用专用包装物或容器分类收集医疗废物，检查医疗废物分类收集方法说明和警示标识；

（六）检查医疗废物运送工具、专用包装物或容器、暂时贮存的地点和条件，核查医疗废物运送线路；

（七）检查使用后的医疗废物运送工具的消毒、清洁地点与情况；

（八）查阅医疗废物集中处置单位资质、危险废物转移联单等资料；检查不具备集中处置医疗废物条件的医疗卫生机构自行处置医疗废物的设施、方法及记录资料；

（九）检查对污水、传染病病人或者疑似传染病病人的排泄物实施消毒的设备设施及其运转维护情况；查阅消毒处理记录和监测记录。

第六节　病原微生物实验室生物安全管理的卫生监督

第二十五条　病原微生物实验室生物安全管理的卫生监督内容：

（一）一、二级病原微生物实验室的备案情况；三、四级病原微生物实验室开展高致病性病原微生物实验活动的资格；

（二）从事实验活动的人员培训、考核及上岗持证情况；

（三）管理制度、应急预案的制定和落实情况；

（四）开展实验活动情况；

（五）实验档案建立和保存情况；

（六）菌（毒）种和样本的采集、运输和储存情况。

第二十六条　监督检查病原微生物实验室菌（毒）种和样本采集、运输及实验活动等管理情况时，主要采取以下方法：

（一）查阅一级、二级实验室的备案证明和三级、四级实验室《高致病性病原微生物实验室资格证书》；

（二）查阅实验室工作人员的培训、考核资料和上岗证；

（三）核查实验室将病原微生物菌（毒）种和样本就地销毁或者送交保藏机构保管的记录；

（四）检查二级及以上实验室相应设备配置情况；

（五）查阅实验档案；核查高致病性病原微生物相关实验活动实验档案的保存年限；

（六）查阅从事某种高致病性病原微生物或者疑似高致病性病原微生物实验活动的批准文件；查阅实验室经论证可使用新技术、新方法从事高致病性病原微生物相关实验活动的证明文件；查阅从事在我国尚未发现或者已经宣布消灭的病原微生物相关实验活动的资质证明文件，以及相关实验活动的记录；

（七）查阅高致病性病原微生物实验室安全保卫制度；检查三、四级实验室在明显位置标示的生物危险标识和生物安全实验室级别标志，以及进入实验室人员的防护用品配备情况；

（八）查阅高致病性病原微生物或者疑似高致病性病原微生物相关实验活动的登记及结果报告记录；检查是否在同一个实验室的同一个独立安全区域内同时从事两种或者两种以上高致病性病原微生物的相关实验活动；

（九）查阅高致病性病原微生物实验室感染应急处置预案及向所在地省级卫生计生行政部门备案的资料；

（十）查阅实验室工作人员出现高致病性病原微生物感染、实验室发生高致病性病原微生物泄漏的报告、处置记录；

（十一）查阅高致病性病原微生物样本来源、采集过程和方法的记录；

（十二）查阅运输高致病性病原微生物菌（毒）种或样本的批准文件；查阅高致病性病原微生物菌（毒）种和样本运输过程中发生被盗、被抢、丢失、泄漏后的报告记录。

第二十七条　监督检查保藏机构菌（毒）种和样本储存管理时，主要采取以下方法：

（一）查阅保藏机构的资格证书；

（二）查阅安全保管制度、病原微生物菌（毒）种和样本进出与储存的记录，接受实验室提交的病原微生物菌（毒）种和样本的登记和开具接收证明情况；

（三）查阅向实验室提供高致病性病原微生物菌（毒）种和样本的登记，核查实验室提交的从事高致病性病原微生物相关实验活动的批准文件；检查高致病性病原微生物菌（毒）种和样本设专库或者专柜单独储存的情况；

（四）查阅高致病性病原微生物菌（毒）种和样本储存过程中发生被盗、被抢、丢失、泄漏后的报告记录。

第四章　信息管理

第二十八条　各级卫生计生行政部门应当加强传染病防治卫生监督信息系统建设，组织分析辖区传染病防治卫生监督信息，为制定传染病防治相关政策提供依据。

第二十九条　各级综合监督执法机构应当定期汇总分析传染病防治卫生监督信息，报同级卫生计生行政部门和上级综合监督执法机构。

各级综合监督执法机构应当设置专（兼）职人员负责辖区传染病防治卫生监督信息采集、报告任务，及时、准确上报监督检查相关信息。

第五章　监督情况的处理

第三十条　县级以上地方卫生计生行政部门及其综合监督执法机构开展传染病防治卫生监督后，应当及时将检查情况反馈被检查单位，将监督检查结果与医疗机构不良执业行为记分、校验和等级评审等管理工作挂钩。对存在问题的，应当出具卫生监督意见书；对存在违法行为的，应当依法查处；对涉嫌犯罪的，应当及时移送当地公安机关。

第三十一条　对菌（毒）种保藏机构未依照规定储存实验室送交的菌（毒）种和样本，或者未依照规定提供菌（毒）种和样本的，县级以上地方卫生计生行政部门应当及时逐级报告。

第三十二条　对重大的传染病防治违法案件，县级以上地方卫生计生行政部门应当及时向上级卫生计生行政部门报告。

第六章　附　则

第三十三条　对涉及消毒产品、饮用水、学校和公共场所的传染病防治卫生监督，应当适用相关的法律、法规和规章。

对医疗废物集中处置单位、科研机构及其他相关单位的传染病防治卫生监督参照本规范执行。

第三十四条　传染病疫情暴发、流行期间，县级以上地方卫生计生行政部门及其综合监督执法机构应当重点对医疗卫生机构传染病疫情报告、疫情控制措施等进行监督检查。

第三十五条　本规范自公布之日起实施。原卫生部2010年9月17日印发的《传染病防治日常卫生监督工作规范》（卫监督发〔2010〕82号）同时废止。

39. 国家卫生计生委办公厅关于加强医疗机构传染病管理工作的通知
（国卫办医函〔2017〕250号）

各省、自治区、直辖市卫生计生委，新疆生产建设兵团卫生局：

为进一步加强医疗机构传染病管理工作，提高医疗机构传染病诊疗管理和医院感染管理规范化水平，控制医源性传播，保护广大人民群众的身体健康，现就有关要求通知如下：

一、提高认识，完善传染病管理体系建设

（一）深刻认识加强医疗机构传染病管理工作的重要意义。传染性疾病是严重威胁人民群众健康和社会公共卫生的重要疾病。医疗机构面对的患者数量众多、病情复杂、流动性大，特别是早期传染病患者及传染病病原体感染者，病情隐蔽、传染性强，如发现不及时、防护不到位、医院感染管理不规范，极易导致传染病医源性传播，影响人民健康权益，造成恶劣社会影响。加强医疗机构传染病管理工作，及早发现传染病患者及感染者，实施针对性诊疗措施，加强医院感染管理，避免医源性传播，对于保障患者和医务人员安全，提高卫生系统传染病防治水平，具有十分重要的意义。

各地卫生计生行政部门和医疗机构要认真贯彻落实全国卫生与健康大会精神，从提高人民群众健康水平、保障社会稳定发展的高度，重视传染病管理工作。要牢固树立风险意识、责任意识，狠抓医疗机构传染病管理重点环节，确保医疗机构传染病诊疗管理工作有序进行。

（二）完善传染病防治工作体系建设。各级卫生计生行政部门要进一步完善和细化疾病预防控制机构、传染病定点医疗机构、专科疾病防治机构、综合（专科）医院等的职责和任务，明确分工和工作环节的衔接机制，探索完善传染病综合管理服务模式。二级以上医疗机构要明确传染病防治管理职能部门，加强传染病诊疗、转诊、信息报送等传染病防治相关法定职能的组织管理。各级各类医疗机构要强化责任意识，提高对传染病的识别和初筛初诊能力，做好发现和报告转诊工作，并加强医院感染管理，防范医源性传播。传染病定点医疗机构、专科疾病防治机构要完善工作制度，规范开展传染病的诊断治疗，不断提高规范化诊治水平。 各级各类医疗机构要积极配合疾病预防控制部门，做好传染病确诊检测、疫情监测和信息分析报告、疫情处置、流行病学调查和转诊追踪、重点人群的防治和健康教育，组织落实患者治疗期间的规范管理等工作。

二、全面加强医疗机构传染病管理工作

（一）完善医疗机构传染病管理制度规范。各级各类医疗机构要落实《传染病防治法》、《艾滋病防治条例》、《突发公共卫生事件应急条例》等法律法规、规范性文件，结合自身职责定位，制定完善医疗机构传染病预检分诊、诊疗隔离、医院感染管理、报告转诊等工作制度规范和处置预案并认真贯彻实施。

（二）加大传染病检测力度。各级各类医疗卫生机构要按照有关法律法规规定，结合诊疗及医源性感染防护需要，加强对艾滋病、结核等重点传染病的检测力度，及时发现传染病患者或病原体携带者，并采取相应防护措施。医疗机构不具备确诊条件的，要及时协调转诊至相关定点医院进行复检确诊，或将患者标本及时送至疾病预防控制机构进行检测。

非传染病定点医疗机构，要及时协调将患者转诊至传染病定点医疗机构或专科疾病防治机构就诊。

（三）规范诊疗，强化质量管理。定点医疗机构、专科疾病防治机构要根据有关诊断标准、诊疗指南、技术操作规范和临床路径要求，对相关传染病进行规范诊治，落实患者复查和随访检查，确保完成全程治疗，提高治愈率。各级卫生计生行政部门要完善重点传染病医疗质量管理工作机制，将传染病诊疗纳入医疗质量控制工作体系，根据本地实际，制定相关制度、规范和具体实施方案。

（四）加强医院感染管理，控制传染病医源性传播。各级卫生计生行政部门要将医院感染管理纳入医疗管理常规内容，各级各类医疗机构要完善医院感染管理制度，建立健全医院感染管理组织，明确部门、人员和岗位职责。严格落实传染病防治和医院感染管理有关要求，加强发热门诊、腹泻门诊、急诊、输血科、手术室、注射室、医学检验实验室等传染病传播风险较高部门的管理，做到区域划分明确，布局流程合理，防护设施完善；规范医疗场所环境清洁和可复用医疗器械管理，严格落实标准预防和无菌操作规程，规范手术、内镜检查、注射、采血等侵入性操作管理；严格落实《医疗废物管理条例》要求，加强医疗废物规范化管理，防范医疗废物污染环境和传播传染病的风险。

（五）依法做好传染病上报工作。医疗机构要按照《医院感染暴发报告及处置管理规范》（卫医政发〔2009〕73号）和《传染病信息报告管理规范》（国卫办疾控发〔2015〕53号）等要求，落实医源性感染和传染病报告制度，按照属地化管理和首诊负责制的原则，依法依规进行信息报告。各级卫生计生行政部门和医疗机构应按照信息化建设的总体要求，提高信息化水平，完善相关技术，逐步实现传染病诊疗信息与传染病报告系统的安全有效衔接，确保报告数据的及时性、完整性和准确性。各级卫生计生行政部门要加强对传染病报告工作的培训、督导检查和报告质量控制，督促医疗机构严格落实传染病信息安全管理规定，提高防范能力。

三、加大医疗机构传染病管理工作保障力度

（一）完善并落实医疗机构传染病管理支持政策。各地要加大对医疗机构的支持力度，加强医疗机构传染病诊断能力、医院感染管理能力建设和相关设备设施配置。对于医疗机构承担的传染病防治、信息报告等公共卫生职能，要保障传染病防治人员卫生防疫津贴等相关资金落实到位。有关医疗机构要完善医务人员职业暴露防护措施，在职称晋升、绩效分配等方面，对承担传染病管理相关工作的医务人员给予倾斜。

（二）加强医疗机构人员管理和培训。医疗机构要加强相关医务人员资质管理，不得使用非卫生技术人员从事医疗卫生技术工作。各地卫生计生行政部门和医疗机构要强化传染病管理、医院感染管理、职业暴露防范相关法律法规和诊断标准、诊疗指南等专业技术知识技能培训；加强医务人员无菌操作基本理论、基本知识、基本技能培训，并结合医务人员普法教育、医师规范化培训和定期考核等，加大督导考核力度，切实提高医务人员传染病管理专业化水平，防范医院感染风险。

（三）开展传染病防治科普宣教。各级卫生计生行政部门要不断创新方式方法，全方位、多维度开展传染病防治知识科普宣教和传染病防治工作宣传，提高公众对传染病的防范意识，营造良好的社会氛围。医疗机构要结合临床工作需要，对传染病患者、感染者、拟实施手术患者、泌尿生殖科患者等重点人群及患有基础性疾病的易感人群，有针对性地开展宣传教育和沟通，增强宣传教育的实效。

各级卫生计生行政部门要加强对医疗机构传染病管理工作的监督，确保各项工作要求落实。要针对薄弱环节，排查隐患，督促整改，提高医疗机构传染病管理相关工作规范化水平。对于违反传染病管理有关法律法规和技术规范，造成传染病医源性感染的，对有关责任人要依法依规严肃处理，并及时报告和通报有关情况。

国家卫生计生委办公厅

2017年3月15日

40. 国家卫生健康委办公厅关于印发新型冠状病毒实验室生物安全指南（第二版）的通知（国卫办科教函〔2020〕70号）

各省、自治区、直辖市及计划单列市、新疆生产建设兵团卫生健康委，中国疾病预防控制中心、中国医学科学院：

为指导各地做好新型冠状病毒感染的肺炎防控工作，我委组织专家修订了《新型冠状病毒实验室生物安全指南》（第二版），请遵照执行。各地在执行过程中遇到有关情况和问题，请及时反馈我委。

国家卫生健康委办公厅

2020年1月23日

新型冠状病毒实验室生物安全指南（第二版）

根据目前掌握的新型冠状病毒生物学特点、流行病学特征、致病性、临床表现等信息，该病原体暂按照病原微生物危害程度分类中第二类病原微生物进行管理。

一、实验活动生物安全要求

（一）病毒培养：指病毒的分离、培养、滴定、中和试验、活病毒及其蛋白纯化、病毒冻干以及产生活病毒的重组实验等操作。上述操作应当在生物安全三级实验室内进行。使用病毒培养物提取核酸，裂解剂或灭活剂的加入必须在与病毒培养等同级别的实验室和防护条件下进行，裂解剂或灭活剂加入后可比照未经培养的感染性材料的防护等级进行操作。实验室开展相关活动前，应当报经国家卫生健康委批准，取得开展相应活动的资质。

（二）动物感染实验：指以活病毒感染动物、感染动物取样、感染性样本处理和检测、感染动物特殊检查、感染动物排泄物处理等实验操作，应当在生物安全三级实验室操作。实验室开展相关活动前，应当报经国家卫生健康委批准，取得开展相应活动的资质。

（三）未经培养的感染性材料的操作：指未经培养的感染性材料在采用可靠的方法灭活前进行的病毒抗原检测、血清学检测、核酸提取、生化分析，以及临床样本的灭活等操作，应当在生物安全二级实验室进行，同时采用生物安全三级实验室的个人防护。

（四）灭活材料的操作：感染性材料或活病毒在采用可靠的方法灭活后进行的核酸检测、抗原检测、血清学检测、生化分析等操作应当在生物安全二级实验室进行。分子克隆等不含致病性活病毒的其他操作，可以在生物安全一级实验室进行。

二、病原体及样本运输和管理

（一）国内运输：新型冠状病毒毒株或其他潜在感染性生物材料的运输包装分类属于A类，对应的联合国编号为UN2814，包装符合国际民航组织文件Doc9284《危险品航空安全运输技术细则》的PI602分类包装要求；环境样本属于B类，对应的联合国编号为UN3373，包装符合国际民航组织文件Doc9284《危险品航空安全运输技术细则》的PI650分类包装要求；通过其他交通工具运输的可参照以上标准包装。

新型冠状病毒毒株或其他潜在感染性材料运输应当按照《可感染人类的高致病性病原微生物菌（毒）种或样本运输管理规定》（卫生部令第45号）办理《准运证书》。

（二）国际运输：新型冠状病毒毒株或样本在国际间运输的，应当规范包装，按照《出入境特殊物品卫生检疫管理规定》办理相关手续，并满足相关国家和国际相关要求。

（三）毒株和样本管理：新型冠状病毒毒株和相关样本应当由专人管理，准确记录毒株和样本的来源、种类、数量、编号登记，采取有效措施确保毒株和样本的安全，严防发生误用、恶意使用、被盗、被抢、丢失、泄露等事件。

三、废弃物管理

（一）开展新型冠状病毒相关实验活动的实验室应当制定废弃物处置程序文件及污物、污水处理操作程序。

（二）所有的危险性废弃物必须依照统一规格化的容器和标示方式，完整并且合规地标示废弃物内容。

（三）应当由经过适当培训的人员使用适当的个人防护装备和设备处理危险废弃物。

（四）废弃物的处理措施：废弃物的处理是控制实验室生物安全的关键环节，切实安全地处理感染性废弃物，必须充分掌握生物安全废弃物的分类，并严格执行相应的处理程序。

1.废液的处理：实验室产生的废液可分为普通污水和感染性废液。

（1）普通污水产生于洗手池等设备，对此类污水应当单独收集，排入实验室水处理系统，经处理达标后方可排放。

（2）感染性废液即在实验操作过程中产生的废水，采用化学消毒或物理消毒方式处理，并对消毒效果进行验证，确保彻底灭活。

（3）工作人员应当及时处理废弃物，不得将废弃物带出实验区。

2.固体废物的处理：

（1）固体废物分类收集，固体废物的收集容器应当具有不易破裂、防渗漏、耐湿耐热、可密封等特性。实验室内的感染性垃圾不允许堆积存放，应当及时压力蒸汽灭菌处理。废物处置之前，应当存放在实验室内指定的安全地方。

（2）小型固体废物如组织标本、耗材、个人防护装备等均需经过压力蒸汽灭菌处理，再沿废弃物通道移出实验室。

（3）体积较大的固体废物如HEPA过滤器，应当由专业人士进行原位消毒后，装入安全容器内进行消毒灭菌。不能进行压力蒸汽灭菌的物品如电子设备可以采用环氧乙烷熏蒸消毒处理。

（4）经消毒灭菌处理后移出实验室的固体废物，集中交由固体废物处理单位处置。

（5）实验过程如使用锐器（包括针头、小刀、金属和玻璃等）要直接弃置于锐器盒内，高压灭菌后，再做统一处理。

（五）建立废弃物处理记录：定期对实验室排风HEPA过滤器进行检漏和更换，定期对处理后的污水进行监测，采用生物指示剂监测压力蒸汽灭菌效果。

四、实验室生物安全操作失误或意外的处理

（一）新型冠状病毒毒株或其他潜在感染性材料污染生物安全柜的操作台造成局限污染：使用有效氯含量为0.55%消毒液，消毒液需要现用现配，24小时内使用。此后内容中有效氯含量参照此浓度。

（二）含病毒培养器皿碎裂或倾覆造成实验室污染：保持实验室空间密闭，避免污染物扩散，使用0.55%有效氯消毒液的毛巾覆盖污染区。必要时（大量溢撒时）可用过氧乙酸加热熏蒸实验室，剂量为2 g/m^3，熏蒸过夜；或20 g/L过氧乙酸消毒液用气溶胶喷雾器喷雾，用量8 ml/m^3，作用1～2小时；必要时或用高锰酸钾-甲醛熏蒸：高锰酸钾8 g/m^3，放入耐热耐腐蚀容器（陶罐或玻璃容器），后加入甲醛（40%）10 ml/m^3，熏蒸4小时以上。熏蒸时室内湿度60%-80%。

（三）清理污染物严格遵循活病毒生物安全操作要求，采用压力蒸汽灭菌处理，并进行实验室换气等，防止次生危害。

41. 国家卫生健康委办公厅关于做好新型冠状病毒感染的肺炎疫情期间医疗机构医疗废物管理工作的通知
（国卫办医函〔2020〕81号）

各省、自治区、直辖市及新疆生产建设兵团卫生健康委：

为做好新型冠状病毒感染的肺炎疫情期间医疗废物管理工作，有效防止疾病传播，按照《传染病防治法》《医疗废物管理条例》和《医疗卫生机构医疗废物管理办法》等法律法规规定，现将有关要求通知如下：

一、落实医疗机构主体责任

医疗机构要高度重视新型冠状病毒感染的肺炎疫情期间医疗废物管理，切实落实主体责任，其法定代表人是医疗废物管理的第一责任人，产生医疗废物的具体科室和操作人员是直接责任人。实行后勤服务社会化的医疗机构要加强对提供后勤服务机构和人员的管理，组织开展培训，督促其掌握医疗废物管理的基本要求，切实履行职责。加大环境卫生整治力度，及时处理产生的医疗废物，避免各种废弃物堆积，努力创造健康卫生环境。

二、加强医疗废物的分类收集

（一）明确分类收集范围。医疗机构在诊疗新型冠状病毒感染的肺炎患者及疑似患者发热门诊和病区（房）产生的废弃物，包括医疗废物和生活垃圾，均应当按照医疗废物进行分类收集。

（二）规范包装容器。医疗废物专用包装袋、利器盒的外表面应当有警示标识，在盛装医疗废物前，应当进行认真检查，确保其无破损、无渗漏。医疗废物收集桶应为脚踏式并带盖。医疗废物达到包装袋或者利器盒的3/4时，应当有效封口，确保封口严密。应当使用双层包装袋盛装医疗废物，采用鹅颈结式封口，分层封扎。

（三）做好安全收集。按照医疗废物类别及时分类收集，确保人员安全，控制感染风险。盛装医疗废物的包装袋和利器盒的外表面被感染性废物污染时，应当增加一层包装袋。分类收集使用后的一次性隔离衣、防护服等物品时，严禁挤压。每个包装袋、利器盒应当系有或粘贴中文标签，标签内容包括：医疗废物产生单位、产生部门、产生日期、类别，并在特别说明中标注“新型冠状病毒感染的肺炎”或者简写为“新冠”。

（四）分区域进行处理。收治新型冠状病毒感染的肺炎患者及疑似患者发热门诊和病区（房）的潜在污染区和污染区产生的医疗废物，在离开污染区前应当对包装袋表面采用1 000 mg/L的含氯消毒液喷洒消毒（注意喷洒均匀）或在其外面加套一层医疗废物包装袋；清洁区产生的医疗废物按照常规的医疗废物处置。

（五）做好病原标本处理。医疗废物中含病原体的标本和相关保存液等高危险废物，应当在产生地点进行压力蒸汽灭菌或者化学消毒处理，然后按照感染性废物收集处理。

三、加强医疗废物的运送贮存

（一）安全运送管理。在运送医疗废物前，应当检查包装袋或者利器盒的标识、标签以及封口是否符合要求。工作人员在运送医疗废物时，应当防止造成医疗废物专用包装袋和利器盒的破损，防止医疗废物直接接触身体，避免医疗废物泄漏和扩散。每天运送结束后，对运送工具进行清洁和消毒，含氯消毒液浓度为1 000 mg/L；运送工具被感染性医疗废物污染时，应当及时消毒处理。

（二）规范贮存交接。医疗废物暂存处应当有严密的封闭措施，设有工作人员进行管理，防止非工作人员接触医疗废物。医疗废物宜在暂存处单独设置区域存放，尽快交由医疗废物处置单位进行处置。用1 000 mg/L的含氯消毒液对医疗废物暂存处地面进行消毒，每天两次。医疗废物产生部门、运送人员、暂存处工作人员以及医疗废物处置单位转运人员之间，要逐层登记交接，并说明其来源于新型冠状病毒感染的肺炎患者或疑似患者。

（三）做好转移登记。严格执行危险废物转移联单管理，对医疗废物进行登记。登记内容包括医疗废物的来源、种类、重量或者数量、交接时间，最终去向以及经办人签名，特别注明“新型冠状病毒感染的肺炎”或“新冠”，登记资料保存3年。

医疗机构要及时通知医疗废物处置单位进行上门收取，并做好相应记录。各级卫生健康行政部门和医疗机构要加强与生态环境部门、医疗废物处置单位的信息互通，配合做好新型冠状病毒感染的肺炎疫情期间医疗废物的规范处置。

国家卫生健康委办公厅

2020年1月28日

42. 生态环境部印发《新型冠状病毒感染的肺炎疫情医疗废物应急处置管理与技术指南》

为应对新型冠状病毒感染的肺炎疫情，生态环境部于2020年1月28日印发《新型冠状病毒感染的肺炎疫情医疗废物应急处置管理与技术指南（试行）》（以下简称《指南》），指导各地及时、有序、高效、无害化处置肺炎疫情医疗废物，规范肺炎疫情医疗废物应急处置的管理与技术要求。

《指南》明确了肺炎疫情医疗废物应急处置管理要求。地方各级生态环境主管部门在本级人民政府统一领导下，协同卫生健康等部门完善应急处置协调机制，共同组织好肺炎疫情医疗废物应急处置工作。以设区的市为单位，统筹应急处置设施资源，建立肺炎疫情医疗废物应急处置资源清单。规范肺炎疫情医疗废物应急处置活动，防止疾病传染和环境污染，及时发布应急处置信息。

《指南》提出了肺炎疫情医疗废物应急处置技术路线。各地因地制宜，在确保处置效果的前提下，可以选择可移动式医疗废物处置设施、危险废物焚烧设施、生活垃圾焚烧设施、工业炉窑等设施应急处置肺炎疫情医疗废物，实行定点管理；也可以按照应急处置跨区域协同机制，将肺炎疫情医疗废物转运至临近地区医疗废物集中处置设施处置。将肺炎疫情防治过程中产生的感染性医疗废物与其他医疗废物实行分类分流管理。为医疗机构自行采用可移动式医疗废物处置设施应急处置肺炎疫情医疗废物提供便利，豁免环境影响评价等手续。

《指南》指出了肺炎疫情医疗废物应急处置技术要点。肺炎疫情防治过程中产生的感染性医疗废物，应严格按照《医疗废物专用包装袋、容器和警示标志标准》包装。医疗废物转运过程可根据当地实际情况运行电子转移联单或者纸质联单，应建立台账。医疗废物处置单位要优先收集和处置肺炎疫情防治过程产生的感染性医疗废物。危险废物焚烧设施、生活垃圾焚烧设施、工业炉窑等应急处置肺炎疫情医疗废物的活动，应按照卫生健康主管部门的要求切实做好卫生防疫工作。医疗废物收集、贮存、转运、处置过程应加强人员卫生防护。

新型冠状病毒感染的肺炎疫情医疗废物应急处置管理与技术指南（试行）

一、总体要求

为应对新型冠状病毒感染的肺炎疫情（以下简称肺炎疫情），及时、有序、高效、无害化处置肺炎疫情医疗废物，规范肺炎疫情医疗废物应急处置的管理与技术要求，保护生态环境和人体健康，特制定本指南。

地方各级生态环境主管部门和医疗废物应急处置单位可参考本指南及相关标准规范，因地制宜确定肺炎疫情期间医疗废物应急处置的技术路线及相应的管理要求。

肺炎疫情期间纳入医疗废物管理的固体废物种类、范围以及收集、贮存、转运、处置过程中的卫生防疫，按照卫生健康主管部门的有关要求执行。

二、编制依据

（一）《中华人民共和国固体废物污染环境防治法》

（二）《中华人民共和国传染病防治法》

（三）《突发公共卫生事件应急条例》（国务院令第376号）

（四）《医疗废物管理条例》（国务院令第380号）

（五）《危险废物经营许可证管理办法》（国务院令第408号）

（六）《国家突发环境事件应急预案》（国办函〔2014〕119号）

（七）《国家突发公共卫生事件应急预案》

（八）《危险废物经营单位编制应急预案指南》（原国家环境保护总局公告2007年第48号）

（九）《医疗废物集中处置技术规范（试行）》（环发〔2003〕206号）

（十）《医疗废物专用包装袋、容器和警示标志标准》（HJ 421—2008）

（十一）《应对甲型 H1N1 流感疫情医疗废物管理预案》（环办〔2009〕65号）

三、应急处置管理要求

（一）完善应急处置协调机制。地方各级生态环境主管部门在本级人民政府统一领导下，按照“统一管理与分级管理相结合、分工负责与联防联控相结合、集中处置与就近处置相结合”的原则，协同卫生健康、住房城乡建设、工业和信息化、交通运输、公安等主管部门，共同组织好肺炎疫情医疗废物应急处置工作。

（二）统筹应急处置设施资源。以设区的市为单位摸排调度医疗废物应急处置能力情况，将可移动式医疗废物处置设施、危险废物焚烧设施、生活垃圾焚烧设施、工业炉窑等纳入肺炎疫情医疗废物应急处置资源清单。各设区的市级生态环境主管部门应做好医疗废物处置能力研判，在满足卫生健康主管部门提出的卫生防疫要求的情况下，向本级人民政府提出启动应急处置的建议，经本级人民政府同意后启用应急处置设施。对存在医疗废物处置能力缺口的地市，也可以通过省级疫情防控工作领导小组和联防联控工作机制或者在省级生态环境主管部门指导下，协调本省其他地市或者邻省具有富余医疗废物处置能力的相邻地市建立应急处置跨区域协同机制。

（三）规范应急处置活动。各医疗废物产生、收集、贮存、转运和应急处置单位应在当地人民政府及卫生健康、生态环境、住房城乡建设、交通运输等主管部门的指导下，妥善管理和处置医疗废物。处置过程应严格按照医疗废物处置相关技术规范操作，保证处置效果，保障污染治理设施正常稳定运行，确保水、大气等污染物达标排放，防止疾病传染和环境污染。应急处置单位应定期向所在地县级以上地方生态环境和卫生健康主管部门报告医疗废物应急处置情况，根据形势的发展和需要可实行日报或周报。

（四）及时发布应急处置信息。地方各级生态环境主管部门应根据本级人民政府的有关要求做好相关信息发布工作。

四、应急处置技术路线

（一）科学选择应急处置方式。各地可根据本地区情况，因地制宜选择肺炎疫情医疗废物应急处置技术路线。新型冠状病毒感染的肺炎患者产生的医疗废物，宜采用高温焚烧方式处置，也可以采用高温蒸汽消毒、微波消毒、化学消毒等非焚烧方式处置，并确保处置效果。

（二）合理确定定点应急处置设施。应急处置医疗废物的，应优先使用本行政区内的医疗废物集中处置设施。当区域内现有处置能力无法满足肺炎疫情医疗废物应急处置需要时，应立即启动应急预案，由列入应急处置资源清单内的应急处置设施处置医疗废物，并实行定点管理，或者按照应急处置跨区域协同机制，转运至临近地区医疗废物集中处置设施处置。因特殊原因，不具备集中处置条件的，可根据当地人民政府确定的方案对医疗废物进行就地焚烧处置。

（三）推荐分类分流管理和处置医疗废物。应急处置期间，推荐将肺炎疫情防治过程中产生的感染性医疗废物与其他医疗废物实行分类分流管理。医疗废物集中处置设施、可移动式医疗废物处置设施应优先用于处置肺炎疫情防治过程中产生的感染性医疗废物。其他医疗废物可分流至其他应急处置设施进行处置。

（四）便利医疗机构就地应急处置活动。医疗机构自行或在邻近医疗机构采用可移动式医疗废物处置设施应急处置医疗废物，可豁免环境影响评价、医疗废物经营许可等手续，但应合理设置处置地点，避让饮用水水源保护区、集中居住区等环境敏感区，并在设区的市级卫生健康和生态环境主管部门报备。可移动式医疗废物处置设施供应商应确保医疗废物处置效果满足相关标准和技术规范要求。

五、应急处置技术要点

（一）收集与暂存。收治新型冠状病毒感染的肺炎患者的定点医院应加强医疗废物的分类、包装和管理。建议在卫生健康主管部门的指导下，对肺炎疫情防治过程中产生的感染性医疗废物进行消毒处理，严格按照《医疗废物专用包装袋、容器和警示标志标准》包装，再置于指定周转桶（箱）或一次性专用包装容器中。包装表面应印刷或粘贴红色“感染性废物”标识。损伤性医疗废物必须装入利器盒，密闭后外套黄色垃圾袋，避免造成包装物破损。医疗废物需要交由危险废物焚烧设施、生活垃圾焚烧设施、工业炉窑等应急处置设施处置时，包装尺寸应符合相应上料设备尺寸要求。有条件的医疗卫生机构可对肺炎疫情防治过程产生的感染性医疗废物的暂时贮存场所实行专场存放、专人管理，不与其他医疗废物和生活垃圾混放、混装。贮存场所应按照卫生健康主管部门要求的方法和频次消毒，暂存时间不超过24小时。贮存场所冲洗液应排入医疗卫生机构内的医疗废水消毒、处理系统处理。

（二）转运。肺炎疫情防治过程产生的感染性医疗废物的运输使用专用医疗废物运输车辆，或使用参照医疗废物运输车辆要求进行临时改装的车辆。医疗废物转运过程可根据当地实际情况运行电子转移联单或者纸质联单。转运前应确定好转运路线和交接要求。运输路线尽量避开人口稠密地区，运输时间避开上下班高峰期。医疗废物应在不超过 48 小时内转运至处置设施。运输车辆每次卸载完毕，应按照卫生健康主管部门要求的方法和频次进行消毒。有条件的地区，可安排固定专用车辆单独运输肺炎疫情防治过程产生的感染性医疗废物，不与其他医疗废物混装、混运，与其他医疗废物分开填写转移联单，并建立台账。

（三）处置。医疗废物处置单位要优先收集和处置肺炎疫情防治过程产生的感染性医疗废物。可适当增加医疗废物的收集频次。运抵处置场所的医疗废物尽可能做到随到随处置，在处置单位的暂时贮存时间不超过12小时。处置单位内必须设置医疗废物处置的隔离区，隔离区应有明显的标识，无关人员不得进入。处置单位隔离区必须由专人负责，按照卫生健康主管部门要求的方法和频次对墙壁、地面、物体表面喷洒或拖地消毒。

（四）其他应急处置设施的特殊要求。危险废物焚烧设施、生活垃圾焚烧设施、工业炉窑等非医疗废物专业处置设施开展肺炎疫情医疗废物应急处置活动，应按照卫生健康主管部门的要求切实做好卫生防疫工作。应针对医疗废物划定专门卸料接收区域、清洗消毒区域，增加必要防雨防淋、防泄漏措施，对医疗废物运输车辆规划专用行车路线，并配置专人管理。接收现场应设置警示、警戒限制措施。进料方式宜采用专门输送上料设备，防止医疗废物与其他焚烧物接触造成二次交叉污染。注意做好医疗废物与其他焚烧物的进料配伍，保持工艺设备运行平稳可控。技术操作人员应接受必要的技术培训。

（五）人员卫生防护。医疗废物收集、贮存、转运、处置过程应按照卫生健康主管部门有关要求，加强对医疗废物和相关设施的消毒以及操作人员的个人防护和日常体温监测工作。有条件的地区，可安排医疗废物收集、贮存、转运、处置一线操作人员集中居住。

（六）其他技术要点。肺炎疫情医疗废物应急处置的其他技术要点，可参照《医疗废物集中处置技术规范（试行）》（环发〔2003〕206号）、《应对甲型H1N1流感疫情医疗废物管理预案》（环办〔2009〕65号）相关要求。

43. 关于做好新型冠状病毒感染的肺炎疫情医疗污水和城镇污水监管工作的通知

（环办水体函〔2020〕52号）

各省、自治区、直辖市生态环境厅（局），新疆生产建设兵团生态环境局：

为有效应对新型冠状病毒感染的肺炎疫情（以下简称疫情），进一步加强医疗污水和城镇污水监管工作，防止新型冠状病毒通过污水传播扩散，现将有关事项通知如下。

一、高度重视医疗污水和城镇污水监管工作，将其作为疫情防控工作的一项重要内容抓紧抓实。进一步加强医疗污水收集、污染治理设施运行、污染物排放等监督管理；主动加强与卫生健康、城镇排水等部门的协调配合，健全联动机制，形成工作合力。

二、已发生疫情的地方，当地生态环境部门要指导督促接收新型冠状病毒感染的肺炎患者或疑似患者诊疗的定点医疗机构（医院、卫生院等）、相关临时隔离场所及研究机构，严格执行《医疗机构水污染物排放标准》（GB 18466—2005），参照《医院污水处理技术指南》（环发〔2003〕197号）、《医院污水处理工程技术规范》（HJ 2029—2013）和《新型冠状病毒污染的医疗污水应急处理技术方案（试行）》（见附件）等有关要求，对污水和废弃物进行分类收集和处理，确保稳定达标排放。对没有医疗污水处理设施或污水处理能力未达到相关要求的医院，应督促其参照《医院污水处理工程技术规范》及《医院污水处理技术指南》，因地制宜建设临时性污水处理罐（箱），采取加氯、过氧乙酸等措施进行杀菌消毒。切实加强对医疗污水消毒情况的监督检查，严禁未经消毒处理或处理未达标的医疗污水排放。对隔离区要指导其对外排粪便和污水进行必要的杀菌消毒。

地方生态环境部门要督促城镇污水处理厂切实加强消毒工作，结合实际，采取投加消毒剂或臭氧、紫外线消毒等措施，确保出水粪大肠菌群数指标达到《城镇污水处理厂污染物排放标准》（GB 18918—2002）要求。

当前公共场所和家庭为防控疫情多采用含氯消毒剂进行消毒，排入城镇污水处理厂的污水余氯量可能偏高，影响生化处理单元正常运行。地方生态环境部门要督促各城镇污水处理厂密切关注进水水质余氯指标的变化情况，及时采取有针对性的应对措施，确保出水达标。

三、未发生疫情的地方，当地生态环境部门要密切关注疫情发展，指导督促本行政区域内医疗机构、接纳医疗污水的城镇污水处理机构等提前做好应对准备。

四、加大农村医疗污水处置的监管力度，指导督促卫生院（所）因地制宜采取加氯、过氧乙酸等措施进行专门的灭菌消毒，防止病毒通过医疗污水扩散。严格污水灌溉的环境管理，禁止向农田灌溉渠道排放医疗污水。

五、进一步加强饮用水水源地保护，做好水质监测，确保饮用水水源不受污染。加大对农贸市场、集贸市场、超市、车站、机场、码头等重点场所污水收集处理的现场监督检查力度，依法查处违法排污，严防发生污染事故。

六、在当地党委政府统一领导下，做好本行政区域内医疗污水和城镇污水处理、污染物排放信息发布工作。按照生态环境部调度安排，及时准确统计报送当地医疗污水和城镇污水监管情况。要加强与卫生健康、城镇排水、农业农村、公安等部门信息共享，强化联防联控，严防疫情扩散蔓延，合力打赢疫情防控阻击战。

特此通知。

生态环境部办公厅

2020年2月1日

附件　新型冠状病毒污染的医疗污水应急处理技术方案（试行）

为了有效应对目前我国发生的新型冠状病毒感染的肺炎疫情（以下简称疫情）患者及治疗过程产生污水对环境的污染，规范医疗污水应急处理、杀菌消毒要求，保护生态环境和人体健康，特制定本方案。

本方案适用于接收新型冠状病毒感染的肺炎患者（以下简称肺炎患者）或疑似患者诊疗的定点医疗机构（医院、卫生院等）、相关临时隔离场所以及研究机构等产生污水的处理。疫情期间，以上机构产生的污水应作为传染病医疗机构污水进行管控，强化杀菌消毒，确保出水粪大肠菌群数等各项指标达到《医疗机构水污染物排放标准》的相关要求。地方有更严格的地方污染物排放标准的，从其规定。

一、编制依据

（一）《中华人民共和国水污染防治法》

（二）《中华人民共和国传染病防治法》

（三）《突发公共卫生事件应急条例》（国务院令第 376 号）

（四）《国家突发环境事件应急预案》（国办函〔2014〕119 号）

（五）《医疗机构水污染物排放标准》（GB　18466—2005）

（六）《城镇污水处理厂污染物排放标准》（GB　18918—2002）

（七）《医院污水处理工程技术规范》（HJ　2029—2013）

（八）《医院污水处理技术指南》（环发〔2003〕197号）

（九）《“SARS”病毒污染的污水应急处理技术方案》（环明传〔2003〕3号）

（十）《室外排水设计规范》（GB　50014—2006）

（十一）《氯气安全规程》（GB　11984—2008）

（十二）《疫源地消毒总则》（GB 19193—2015）

二、总体要求

（一）加强分类管理，严防污染扩散

接收肺炎患者或疑似患者诊疗的定点医疗机构（医院、卫生院等）以及相关单位产生的污水应加强杀菌消毒。对于已建设污水处理设施的，应强化工艺控制和运行管理，采取有效措施，确保达标排放；对于未建设污水处理设施的，应参照《医院污水处理技术指南》《医院污水处理工程技术规范》等，因地制宜建设临时性污水处理罐（箱），禁止污水直接排放或处理未达标排放。不得将固体传染性废物、各种化学废液弃置和倾倒排入下水道。

（二）强化消毒灭菌，控制病毒扩散

对于产生的污水最有效的消毒方法是投加消毒剂。目前消毒剂主要以强氧化剂为主，这些消毒剂的来源主要可分为两类。一类是化学药剂，另一类是产生消毒剂的设备。应根据不同情形选择适用的消毒剂种类和消毒方式，保证达到消毒效果。

三、采用化学药剂的消毒处理应急方案

（一）常用药剂

医院污水消毒常采用含氯消毒剂（如次氯酸钠、漂白粉、漂白精、液氯等）消毒、过氧化物类消毒剂消毒（如过氧乙酸等）、臭氧消毒等措施。

（二）药剂配制

所有化学药剂的配制均要求用塑料容器和塑料工具。

（三）投药技术

采用含氯消毒剂消毒应遵守《室外排水设计规范》要求。投放液氯用真空加氯机，并将投氯管出口淹没在污水中，且应遵守《氯气安全规程》要求；二氧化氯用二氧化氯发生器；次氯酸钠用发生器或液体药剂；臭氧用臭氧发生器。加药设备至少为2套，1用1备。没有条件时，也可以在污水入口处直接投加。各医院污水处理可根据实际情况优化消毒剂的投加点或投加量。

采用含氯消毒剂消毒且医院污水排至地表水体时，应采取脱氯措施。采用臭氧消毒时，在工艺末端必须设置尾气处理装置，反应后排出的臭氧尾气必须经过分解破坏，达到排放标准。

四、采用专用设备的消毒处理应急方案

（一）污水量测算

国内市场上可提供的成套消毒剂制备设备主要是二氧化氯发生器和臭氧发生器，这些设备基本可以采用自动化操作方式，设备选型根据产生的污水量而定。污水量的计算方法包括按用水量计算法、按日均污水量和变化系数计算法等，计算公式和参数选择参照《医院污水处理工程技术规范》执行。

（二）消毒剂投加量

1.消毒剂消毒

接收肺炎患者或疑似患者诊疗的定点医疗机构（医院、卫生院等）以及相关单位，采用液氯、二氧化氯、氯酸钠、漂白粉或漂白精消毒时，参考有效氯投加量为50 mg/L。消毒接触池的接触时间≥1.5小时，余氯量大于6.5 mg/L（以游离氯计），粪大肠菌群数＜100个/L。若因现有氯化消毒设施能力限制难以达到前述接触时间要求，接触时间为1.0小时的，余氯大于10 mg/L（以游离氯计），参考有效氯投加量为80 mg/L，粪大肠菌群数＜100个/L；若接触时间不足1.0小时的，投氯量与余氯还需适当加大。

2.臭氧消毒

采用臭氧消毒，污水悬浮物浓度应小于20 mg/L，接触时间大于0.5小时，投加量大于50 mg/L，大肠菌群去除率不小于99.99%，粪大肠菌群数＜100个/L。

3.肺炎患者排泄物及污物消毒方法

应按照《疫源地消毒总则》相关要求消毒。

五、污泥处理处置要求

（一）污泥在贮泥池中进行消毒，贮泥池有效容积应不小于处理系统24小时产泥量，且不宜小于1 m^3。贮泥池内需采取搅拌措施，以利于污泥加药消毒。

（二）应尽量避免进行与人体暴露的污泥脱水处理，尽可能采用离心脱水装置。

（三）医院污泥应按危险废物处理处置要求，由具有危险废物处理处置资质的单位进行集中处置。

（四）污泥清掏前应按照《医疗机构水污染物排放标准》表4的规定进行监测。

六、其他要求

（一）污水应急处理的其他技术要点，可参照《医院污水处理技术指南》《医院污水处理工程技术规范》相关要求。

（二）严格按照《医疗机构水污染物排放标准》的规定，对相关处理设施排出口和单位污水外排口开展水质监测和评价。

（三）以疫情暴发期集中收治区为重点，加强城镇污水处理厂出水的消毒工作，结合实际采取投加消毒剂或臭氧、紫外线消毒等措施，确保出水粪大肠菌群数指标达到《城镇污水处理厂污染物排放标准》要求，对剩余污泥采取必要的消毒措施，防止病毒扩散。

（四）污水应急处理中要加强污水处理站废气、污泥排放的控制和管理，防止病原体在不同介质中转移。

（五）位于室内的污水处理工程必须设有强制通风设备，并为工作人员配备工作服、手套、面罩、护目镜、防毒面具以及急救用品。

（六）地方各级生态环境部门和医疗污水处理单位可参考本方案及相关标准规范，因地制宜确定疫情期间医疗污水应急处理的具体要求。

44. 河南省卫生计生委关于重申加强医疗机构医疗废物规范化管理工作的通知（豫卫医〔2016〕41号）

各省辖市、省直管县（市）卫生计生委，省直各医疗机构：

为持续加强医疗机构医疗废物规范化管理，保障医疗安全，现就有关事宜重申如下，请认真贯彻落实。

一、严格落实相关法规和规范

各级医疗机构要认真组织学习、贯彻落实《医疗废物管理条例》（以下简称《条例》）、《医疗卫生机构医疗废物管理办法》（以下简称《办法》）、《危险废物转移联单管理办法》《医疗废物分类目录》《医疗废物管理行政处罚办法》《医疗废物专用包装物、容器和警示标识的标准》（HJ 421—2008）、《关于进一步加强医疗废物管理工作的通知》及《河南省医疗机构医疗废物规范化管理100问》，强化全体人员医疗废物管理责任意识和职业卫生安全防护意识，建立健全医疗废物管理责任制和医疗废物管理组织机构，明确岗位职责，全面加强医疗废物规范化管理，确保责任到位、工作到位，防止因医疗废物导致传染病传播和环境污染事故的发生。

二、制订严格的管理工作方案

各级各类医疗机构法定代表人为第一责任人，要切实履行职责，确保医疗废物的安全管理。要制定本单位医疗废物管理规章制度、工作流程、工作职责及发生医疗废物流失、泄露、扩散和意外事故的应急方案。常态化检查、督促、落实医疗废物管理工作，防止违反《条例》及《办法》等法规、规范行为发生。

各级各类医疗机构应采取有效措施，防止医疗废物在医院内发生流失、泄漏、扩散，避免因医疗废物外流导致不良事件发生。一旦发生医疗废物流失、泄漏、扩散及其它突发事件，应按照《条例》及《办法》的规定，及时采取减少危害的紧急处理措施，并在48小时内向所在地的县（市）级人民政府卫生计生行政主管部门、环境保护行政主管部门报告。调查处理工作结束后，医疗机构应当将调查处理结果向所在地的县级人民政府卫生计生行政主管部门、环境保护行政主管部门报告。

三、加强医疗废物基础设施建设

各医疗机构须购置并使用符合要求的医疗废物专用包装袋、容器和警示标示、院内运输工具；应建立符合要求的医疗废物暂存处，远离医疗区、食品加工区、人员活动区和生活垃圾存放场所，并设有醒目、规范的医疗废物暂存处警示标示和“禁止吸烟、饮食”警示标示。医疗废物暂存处应设置医疗废物暂存间、清洁转运车辆存放间、工作人员更衣、登记办公室。要规范配置非手触式流动水洗手、干手及手消毒设施、工作人员职业安全防护及职业暴露处理用物、用品。

各级各类医疗机构要为医疗废物收集人员配置必需的工作服及防护用品。工作人员应严格执行标准预防、消毒隔离及职业安全防护的各项措施，规范着装，防护到位，掌握职业暴露后处理流程及医疗废物管理应急预案。

四、切实规范医疗废物管理工作

各级各类医疗机构应制定并执行收集、暂存、转运登记和交接制度。要切实做好医疗废物从产生科室（部门）分类弃置、收集、暂时贮存、科室移交、院内运送、医疗废物暂存处暂存及移交医疗废物处置中心各环节规范操作及质量监管。要设专人负责并切实做好医疗废物分类收集、运送、暂存等工作；应使用专用车辆封闭将医疗废物运送至医疗废物暂存处。医疗废物分类登记，交、接登记项目齐全，内容详实；医疗废物产生科室（部门）与暂存处收集人员交、接双方签字。登记内容应包括医疗废物的来源、种类、重量或者数量、交接时间、最终去向以及经办人签名等项目。登记资料至少保存4年。严禁露天存放医疗废物。

各级各类医疗机构要重点加强感染性、损伤性、病理性废物及使用后的一次性医疗器械、高值医用耗材的管理；医疗机构化学性、放射性废物的临时贮存，还应符合危险化学品、放射性废弃物安全贮存要求。病理标本应弃置于专用密闭标本袋或容器内，及时运送至暂存处，不能及时处置的可暂存于冷藏柜内。实验室产生的医疗废物如病原体培养基、病原体标本、菌种、毒种保存液等高危险废物，应当按照国家和本市的规定先行消毒后，再按照感染性废物进行包装及交接。要依据原卫生部《关于明确医疗废物分类有关问题的通知》（卫办医发〔2005〕292号）要求，规范使用后的各种玻璃（一次性塑料）输液瓶（袋）的管理，加强监管。对未被污染的输液瓶（袋）交由具有环保部门颁发资质的机构进行统一处理，任何单位和个人不得随意买卖或处理。

五、加强产妇分娩后胎盘处置管理

各级各类医疗机构应依据原卫生部《产妇分娩后胎盘处理问题的批复》（卫政法发〔2005〕123号）要求，产妇分娩后的胎盘应当归产妇所有。产妇放弃或捐献胎盘的，可由医疗机构处置。任何单位和个人不得买卖胎盘。如果胎盘可能造成传染病传播的，医疗机构应告知产妇，按照《中华人民共和国传染病防治法》（以下简称《传染病防治法》）、《条例》等有关规定进行处理，并按照医疗废物进行处置。

对于死胎和死婴的管理，应遵照执行国家卫生计生委办公厅关于印发《医疗机构新生儿安全管理制度（试行）》的通知（国卫办医发〔2014〕21号）。凡死胎和死婴，医疗机构应当与产妇或其他监护人沟通确认，并加强管理，严禁按医疗机构废物处理死胎和死婴。对于有传染性疾病的死胎、死婴，经医疗机构征得产妇或其他监护人等同意后，产妇或其他监护人等应当在医疗文书上签字并配合办理相关手续。医疗机构应当按照《传染病防治法》《殡葬管理条例》等妥善处理，不得交由产妇或其他监护人等自行处理。

六、加强传染病患者或疑似传染病患者生活垃圾管理

各级各类医疗机构对收治的传染病患者或者疑似传染病患者产生的生活垃圾，应按照医疗废物进行管理。即传染病患者或者疑似传染病患者产生的生活垃圾应弃置于医疗废物包装袋内；感染性废物弃置于双层医疗废物包装袋内、分层封扎，袋外缚于警示标识。

医疗机构产生的污水、传染病患者或者疑似传染病患者的排泄物，应当按照国家规定严格消毒；达到国家规定的排放标准后，方可排入污水处理系统。

七、严格执行医疗废物集中处置制度

各级各类医疗机构应将医疗废物交由取得县级以上环境保护行政部门颁发经营许可证的医疗废物集中处置单位处置。尚未建立医疗废物集中处置的地区，卫生计生行政部门应当主动与当地环境保护行政主管部门协商，共同制定符合环境保护和卫生要求的医疗废物处置方案，确定医疗废物分类收集、运送、处置方式和处置单位，确保对医疗废物的全程化管理。医疗机构将医疗废物转交给医疗废物集中处置单位时，应建立医疗废物签收制度，并做好医疗废物交接联单签收记录。依照危险废物转移联单制度填写和保存转移联单。医疗废物转交出去后，医疗机构应当对暂存地点、设施及时进行清洁和消毒处理。

禁止医疗机构及工作人员转让、丢弃、买卖医疗废物，禁止在非收集、非暂存处倾倒、堆放医疗废物，禁止将医疗废物混入其他废物和生活垃圾。禁止将医疗废物交由未经县级以上环境保护行政部门许可的医疗废物集中处置单位。

八、强化监督管理和责任追究

（一）各级卫生计生行政部门要认真贯彻落实中共河南省委办公厅、河南省人民政府办公厅关于印发《河南省党政领导干部生态环境损害责任追究实施细则（试行）》的通知（豫办〔2016〕32号）要求，切实履行对辖区内各级各类医疗机构医疗废物的监督管理职责，加强检查指导，落实管理措施，健全处置方案，做好医疗废物安全管理和监督指导工作。医疗机构医疗废物的规范管理应纳入医疗机构校验管理，并将检查结果作为校验的重要依据。

（二）各级卫生计生行政部门要完善建立医疗废物规范化监管工作长效机制，将定期监督检查和不定期抽查、专项督查与日常监管结合起来，督促医疗机构落实医疗废物各项管理职责；发现医疗机构存在隐患的，应当责令立即整改。对违反《条例》和《办法》等规定的医疗机构及相关责任人，依法严肃查处；对疏于管理、查处不力、弄虚作假的，严肃追究有关责任人员的行政责任和监管责任。

（三）开展医院感染管理和医疗废物管理专项督导。按照属地管理、分级负责的原则，各地要组织督导组对所辖区域的各级各类医疗机构贯彻落实《传染病防治法》《条例》《办法》及《河南省县级和基层医疗机构医院感染管理专项督导工作方案》等法律、法规和部门规章情况进行拉网式监督检查（含基层医疗机构），监督检查要实现100%全覆

盖。要建立督查整改制度，针对存在突出问题，提出整改要求，限期整改并及时追踪、复查整改落实情况。省卫生计生委将不定期组织专项检查，对监管不力的予以通报批评，对问题突出、整改不力的医疗机构将依照有关法规进行处罚，并向社会公示。

各地及省直医疗机构专项督导检查报告请于8月底前书面报省卫生计生委。

联 系 人：河南省卫生计生委医政医管处　王秀萍　职晨阳

联系电话：0371—85966969

传　　真：0371—85961005

电子邮箱：yzcwxp@126.com

2016年7月

45. 河南省卫生计生委关于规范和加强医疗机构医院感染管理工作的通知

（豫卫医〔2018〕23号）

各省辖市、省直管县（市）卫生计生委，省直各医疗机构：

为进一步加强医疗机构质量与安全管理，提升医疗机构医院感染管理水平，确保医疗安全，现就规范和加强医院感染管理工作重申以下要求，请认真贯彻落实。

一、提高认识，高度重视医院感染规范化管理工作

患者安全事关人民群众生命和健康，是医疗管理的核心，也是深化医药卫生体制改革各项工作顺利推进的重要基础。保障患者安全，是健康服务的基本要求。各级卫生行政部门和各级各类医疗机构要提高站位，从切实维护人民群众健康和生命安全权益出发，充分认识医院感染管理工作的长期性和艰巨性，高度重视医院感染预防、控制及规范化管理工作的重要性，增强责任感和紧迫感，强化医院感染管理意识，保障医疗质量和医患安全。

各级各类医疗机构要落实医疗质量与安全、医院感染管理主体责任，将其纳入医疗质量与安全管理和医院管理整体规划中，从人力、物力和财力等方面给予保障。医疗机构法定代表人是本机构第一责任人，科室、部门主要负责人是本科室、本部门第一责任人，要建立健全医疗质量与安全管理、医患安全管理相关组织架构，明确部门及其岗位职责，建立工作制度、完善工作流程。

各级卫生行政部门和各级各类医疗机构要认真组织学习并贯彻落实医院感染管理相关法律、法规、规章、标准及指南（见附件），认真落实医疗机构主体责任，增强法律意识，坚决克服麻痹和侥幸思想，牢固树立底线思维和“红线”意识，强化医院感染防控等涉及医疗质量与安全的重点部门和重点环节的规范化管理，强化医疗机构全院、全员岗位培训教育，强化医疗质量与安全的自觉性、主动性，提高安全防范意识和质量管理能力，建立健全医院感染管理长效机制。

二、多措并举，聚力提升医院感染规范化管理水平

（一）落实医院感染管理相关规章制度。各级各类医疗机构应依据国家颁布的医院感染管理相关法律、法规、规章、标准及指南等，结合本单位实际，及时修订、完善并落实医疗质量与安全管理、医院感染管理及消毒隔离、医院感染病例报告、医院感染暴发报告、重复使用诊疗器械、器具和物品消毒灭菌、一次性使用无菌医疗用品管理、医疗废物管理等制度、流程及措施。

（二）加大医院重点部门和重点环节管理。各级各类医疗机构应依据医院消毒供应

中心3个行业标准（2016年版），实施重复使用诊疗器械、器具和物品集中化管理，加强医院消毒供应中心（室）10个环节的全面质量监控。对耐高温、耐湿的诊疗器械、器具和物品应首选压力蒸汽灭菌，尽量避免使用液体化学消毒剂进行浸泡灭菌。进入人体无菌组织、器官、腔隙，或接触人体破损皮肤、破损粘膜、组织的诊疗器械、器具和物品应达到灭菌水平；接触完整皮肤、完整黏膜的诊疗器械、器具和物品应达到消毒水平。使用的消毒药械、一次性使用无菌医疗用品等应符合国家有关规定。一次性使用医疗器械、器具和用品严禁重复使用。

（三）落实无菌技术操作原则及手卫生规范。各级各类医疗机构医务人员在实施手术、注射、插管及其他侵入性诊疗操作时，应严格遵守无菌技术操作规程，严格执行手卫生规范，避免因医务人员行为不规范而导致患者发生医院感染；降低因医疗用水、诊疗器械、器具和物品使用及环境和物体表面污染而导致医院感染发生的风险。

（四）强化医院感染监测工作。各级各类医疗机构应进一步加强重症医学科、手术部（室）、新生儿病室、血液净化（透析）室、内镜诊疗室、口腔科、消毒供应中心（室）等重点部门、重点环节及高危因素的监测，持续加强外科手术部位感染、导管相关血流感染、导尿管相关尿路感染、呼吸机相关肺炎等重点部位，以及手术、注射、插管、内镜诊疗操作等关键环节的医院感染监测工作，及时发现、早期诊断医院感染病例。特别是医疗机构发生聚集性、难治性注射部位或手术部位感染时，要及时进行可疑病原微生物、特殊病原体（如非结核分枝杆菌等）的特异性检测、病原学检测及抗菌药物敏感性、耐药模式的监测，必要时进行病理学检测；要规范标本采集、运送、检测等工作。要认真落实医院感染病例上报、医院感染聚集、疑似医院感染暴发、医院感染暴发报告的相关工作，有效控制医院感染。

（五）强化“三基、三严”培训。各级各类医疗机构要持续加强全院、全员医院感染管理相关知识与技能培训。通过开展规范化培训、岗前教育、专业岗位培训、继续教育等多种方式，对各级各类医务人员开展以提升医疗质量与安全、强化医院感染防控意识为核心的教育培训，并对培训效果实施考试、考核与评价，进一步提高全员医院感染管理的理论水平和业务能力。

（六）聚力推动医院安全管理系统。医疗质量与安全管理、医院感染管理涉及医疗机构各个部门和所有工作领域，需全体工作人员和患者的共同参与。各医疗机构应完善医疗安全管理顶层设计，建立并加强多学科、多部门合作的长效机制，明确分工、落实责任、形成合力，多层次、全方位、持续推进患者安全管理工作。

（七）规范医疗机构医疗废物管理。各级各类医疗机构要建立健全医疗废物管理责任制，落实主体责任，加强组织领导，健全组织架构，完善工作机制，强化全院、全员、全过程的医疗废物规范化管理。要建立健全规章制度、工作流程、工作职责及发生医疗废物流失、泄露、扩散和意外事故的应急方案。要进一步加强医疗机构医疗废物暂存处（点）

基础设施建设，建立符合要求的医疗废物暂存处（点）；购置并使用符合相关规范要求的医疗废物专用包装袋、容器、利器盒及院内运输工具。要提高职业卫生安全防护意识，规范配置流动水洗手池、非触摸式水龙头开关、干手及手消毒设施、工作人员职业安全防护及职业暴露处理、血液体液溅洒处理用物及用品等。要规范医疗机构内部医疗废物的分类弃置、收集、运送、暂存；医疗废物暂存处工作人员应与产生科室、与医疗废物集中处置单位的交接实施双签字制度，登记资料至少保存4年。

各地要结合实际会商环境保护主管部门，逐步建立符合本地区基层医疗机构实际的医疗废物处置工作的长效机制，因地制宜推进农村、乡镇和偏远地区医疗废物安全处置。要进一步规范并推动医疗废物集中处置，探索基层医疗机构医疗废物集中移交至辖区内上级医疗机构统一处置的管理模式，或就近运送到持有危险废物经营许可证的医疗废物集中处置单位进行统一处置。

三、强化监管，促进医院感染管理措施落到实处

按照属地管理、分级负责的原则，各级卫生行政部门要建立完善督查制度、整改制度和责任追究制度，加大对辖区内医疗机构医疗质量与安全、医院感染管理监管力度，重点督查医疗机构尤其是基层医疗机构医院感染管理体系是否健全；医院感染管理相关法律、法规、规章、标准等是否有效落实；医院感染管理基本措施、特别是重点部门和重点环节的医院感染管理措施是否有效落实；医院感染疑似暴发及医院感染暴发事件的处置、报告是否及时准确；医疗废物管理是否规范等，组织对所辖医疗机构“拉网式”的督导检查和指导，及时发现隐患，并跟踪整改问效，降低医院感染发生率。要切实履行监督管理的主体责任，克服麻痹思想，避免“走过场”，强化医疗安全意识，不断推进医疗机构医疗质量与安全、医院感染管理质量的进一步提升。对监管不力的予以通报批评，对问题突出、整改不力的医疗机构将依照有关法规进行处罚，并向社会公示。

46. 河南省卫生计生委关于实施医疗废物规范化管理责任承诺制的通知
（豫卫医〔2018〕31号）

各省辖市、省直管县（市）卫生计生委、各省直医疗机构：

为认真落实污染防治攻坚工作，规范和加强医疗机构医疗废物管理，保障人民群众身体健康和环境安全，决定在全省医疗系统实施医疗废物规范化管理责任承诺制度，现将有关事宜通知如下，请认真组织实施。

一、实施范围

全省各级各类医疗机构（含民营医疗机构）。

二、承诺书签订原则

按照属地管理、分级负责的原则，县（市、区）卫生计生行政部门与辖区内各级医疗机构签订，省辖市卫生计生行政部门与所辖医疗机构签订，省卫生计生委与省直省管医疗机构签订。各地务于8月20日前签订完毕。

三、工作要求

各级卫生计生行政部门和医疗机构，要切实增强“四个意识”，加强组织领导，明确工作目标，落实医疗机构医疗废物管理主体责任，实施“一把手”负责制、督导整改制和责任追究制度，建立健全各级各类医疗机构医疗废物管理长效机制，持续提升规范化管理水平，确保医患安全和环境安全。

附件：河南省医疗机构医疗废物规范化管理责任承诺书（式样）

2018年8月7日

河南省医疗机构医疗废物规范化管理责任承诺书

为规范和加强医疗废物法制化、规范化、常态化、科学化管理，特承诺如下：

一、抓组织领导

执行“一把手”负责制，成立医疗机构医疗废物管理委员会或领导小组，健全医疗废物管理三级组织管理体系，建立完善医疗废物管理责任制。强化全院、全员、全过程医疗废物管理责任意识，建立后勤管理部门、医院感染管理部门、医务部门、护理部、门诊部等相关职能部门多部门协作机制，明确并履行部门及其岗位职责，确保各项措施落实。

二、抓制度落实

认真贯彻落实《中华人民共和国传染病防治法》《中华人民共和国固体废物污染环境防治法》《医疗废物管理条例》《医疗卫生机构医疗废物管理办法》《关于进一步规范医疗废物管理工作的通知》及《河南省医疗机构医疗废物规范化管理100问》《河南省卫生计生委关于规范和加强医疗机构医院感染管理工作的通知》（豫卫医〔2018〕23号）、《河南省卫生计生委关于印发河南省医院感染及医疗废物规范化管理持续提升工作方案的通知》（豫卫医〔2018〕28号）等相关要求，及时修订、完善并落实医疗废物管理相关制度、工作职责、工作流程及相关措施要求，有发生医疗废物流失、泄露、扩散和意外事故的应急方案，履行岗位职责，责任到部门，责任到个人。

三、抓全过程监管

1. 加强医疗废物暂存处基础设施建设，购置并使用符合相关规范要求的医疗废物专用包装袋、容器、利器盒及院内运输工具，规范工作人员着装。医疗废物暂存处规范配置手卫生设施及用品、工作人员职业安全防护用品、职业暴露处理及血液体液溅洒处理用品等，做到规范执行。

2. 规范医疗废物从产生科室的分类弃置及暂存、院内收集、运送、暂存、交接及管理。

3. 规范病理性废液、病理性废物及胎盘、死胎及死婴暂存、交接及管理。

4. 规范医疗废物暂存处工作人员与产生科室、医疗废物集中处置单位的交接实施双签字制度和登记资料保存。

5. 规范使用后的输液瓶（袋）分类管理：

——使用后未被患者血液、体液、排泄物等污染的输液瓶（袋），应交由有资质的机构集中回收处置；

——被患者血液、体液、排泄物等污染的输液瓶（袋），在传染病区使用、或者用于传染病患者、疑似传染病患者以及采取隔离措施的其他患者的输液瓶（袋），应按照感染性医疗废物处理；

——输液涉及使用细胞毒性药物（如肿瘤化疗药物等）的输液瓶（袋），应按照药物性医疗废物处理；

——涉及使用麻醉类药品、精神类药品、易制毒药品和放射性药品的输液瓶（袋），应严格按照相关规定处理。

6. 加强环节质量监管，防止医疗废物丢失、遗撒、泄露和环境污染。禁止医疗机构及工作人员转让、丢弃、买卖医疗废物，禁止在非收集、非暂存处倾倒、堆放医疗废物，禁止将医疗废物混入其它废物和生活垃圾。

7. 实施医疗废物集中管理。禁止将医疗废物交由未经县（市）级以上环境保护行政部门许可的医疗废物集中处置单位。

四、抓管理培训

制定并落实医疗废物管理知识与技能年度培训计划，依据国家和我省医疗废物管理相关要求，实施不同人员、不同岗位的医疗废物管理、安全防护以及紧急处理措施等知识与技能的培训。

五、抓责任追究

对于违反医疗废物管理相关法规、规章、制度等要求的，因管理不当发生医疗废物流失、泄漏、扩散和意外事故的，或者导致发生传染病传播事故，或者有证据证明传染病传播的事故有可能发生时，造成不良影响及严重后果的，依据有关法律法规，对相关部门负责人、相关工作人员给予相应处罚，严重者追究刑事责任。

责任承诺单位（医疗机构盖章）	监督单位（卫生计生委盖章）
院长签字：	主任签字：
年　月　日	年　月　日

注：本承诺书一式两份，医疗机构、卫生计生主管部门各一份。